U0635901

抗日战争档案汇编

抗战时期江苏和南京地区人口伤亡及财产损失档案汇编3·综合卷

江苏省档案馆　编

中華書局

本册目录

五、教育业战时损失调查

（一）教育部、江苏省政府、教育厅关于抗战损失的调查

五、教育业战时损失调查

（一）教育部、江苏省政府、教育厅关于抗战损失的调查

江苏省政府关于抄发抗战损失调查委员会组织规程致教育厅的训令（一九四四年八月三十一日）

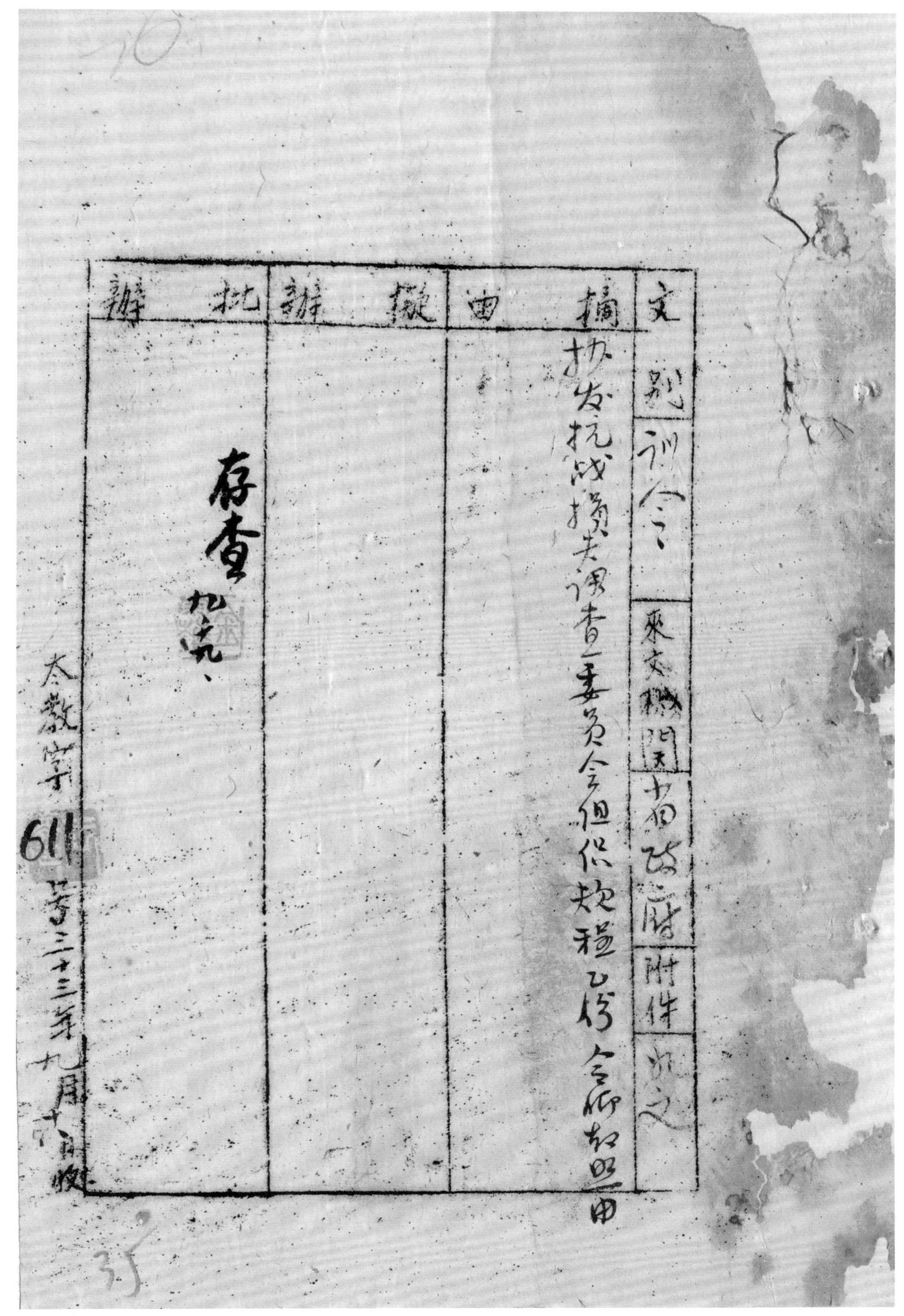

文别	训令
来文机关	省政府
附件	如之
摘由	抄发抗战损失调查委员会组织规程乙份令仰知照由
拟办	
批办	存查 九、九

本教字611号 三十三年九月十六日收

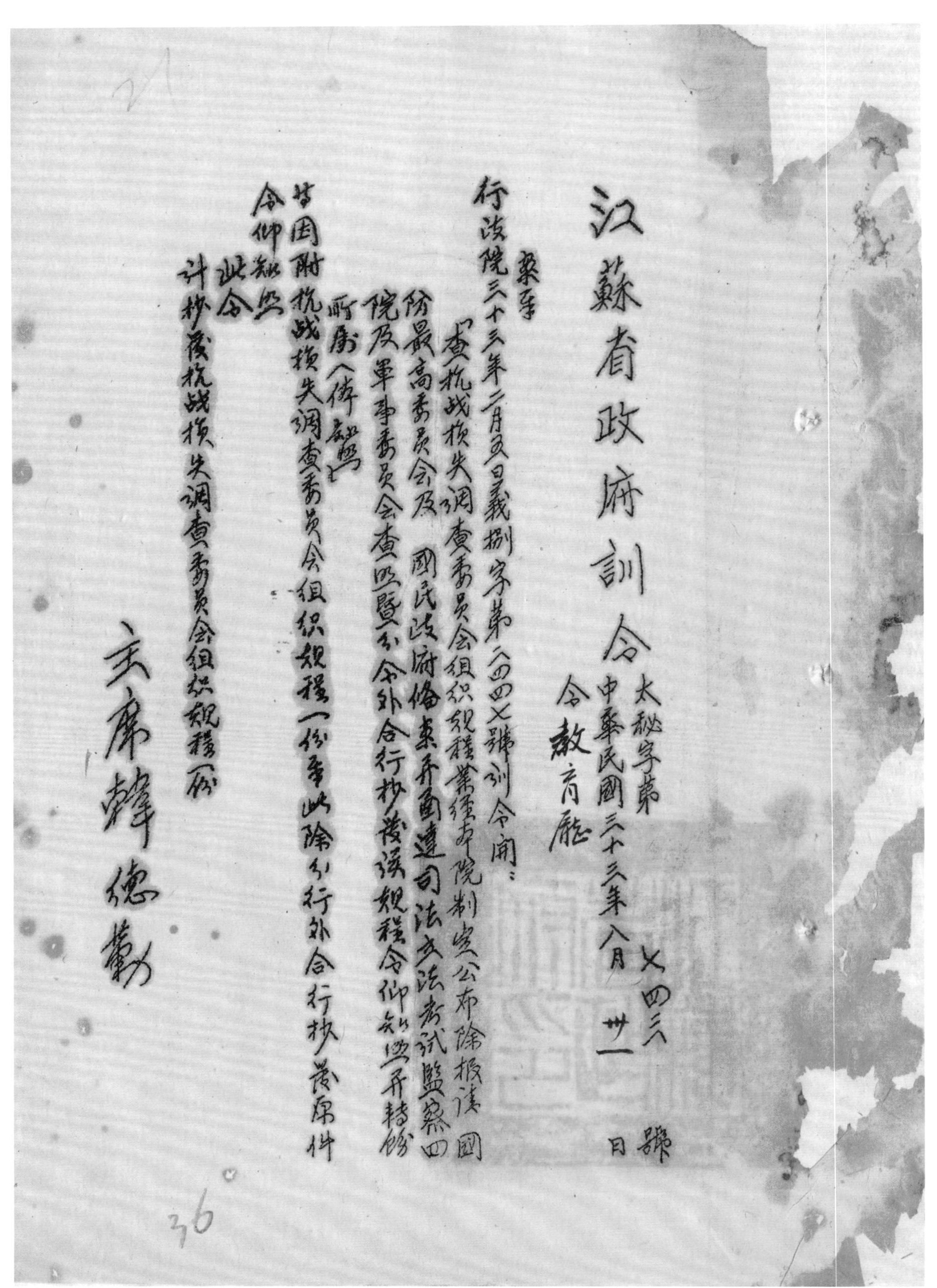

江蘇省政府訓令 太秘字第七四三八號

中華民國三十三年八月廿一日

令教育廳

行政院三十三年二月五日義捌字第二四四七號訓令開：

"案查抗戰損失調查委員會組織規程業經本院制定公布，除報請國防最高委員會及國民政府備案并函達司法、立法、考試、監察四院及軍事委員會查照暨分令外，合行抄發該規程，令仰知照并轉飭所屬一體知照。"

等因，附抗戰損失調查委員會組織規程一份。奉此，除分行外，合行抄發原件，令仰知照。

此令。

計抄發抗戰損失調查委員會組織規程一份

主席 韓德勤

第一條 抗戰損失調查委員會組織規程

為調查自民國二十年九月十八日以後因敵人侵略直接或間接所受損失向敵要求賠償起見設立抗戰損失調查委員會（以下簡稱本會）

第二條 調查事項如左：

一、中央各機關及其所屬機關所有或保管各種財產之損失

二、省級各機關及其所屬機關所有或保管各種財產之損失

三、縣級各機關及其所屬機關（區署及鄉鎮保甲在內）所有或保管各種財產之損失

四、國營之礦、道路、船舶及其他經濟事業之損失

五、民營之礦、船舶及其他企業之損失

六、國家地方及人民所有各種教育及文化事業之損失

七、國家地方及人民所辦醫院及慈善事業之損失

八、人民團體及個人產業之損失

九、其他因敵人侵略所受之財產及人民生命之損失

十、敵人在淪陷區域經營各種事業之調查

前項各類調查所得之材料及証據經整理後由常務委員會議審查決定之

第三條 本會直隸行政院，置委員二十八人至四十九人，由行政院院長派充之，並于委員中指定五人至七人為常務委員

37

第四條　本会設左列各處組分別掌理職務

一、秘書處　關于設計統計編輯會議及不屬于其他各組事項

二、第一組　關于教育及文化事業損失調查事項

三、第二組　關于公私財產損失調查事項

四、第三組　其他損失調查事項

五、第四組　關于敵人在淪陷區內經營各種事業之調查事項

第五條　本会置組主任四人由行政院指定委員分別兼充副組主任四人主任秘書一人秘書二人組員十人至十五人均由本会就有關機關人員分別調充或派充之並得酌用雇員

第六條　主任秘書組主任承常務委員之命分別掌理會務

第七條　本会每月舉行會議一次於必要時得由常務委員召開臨時會議

第八條　本会会議規則及辦事細則另行定之

第九條　本規程自公布日施行

38

教育部、江苏省教育厅等为抄（转）发补报抗战时期财产损失事的一组公文（一九四五年十一月二十一日至十二月二十三日）

教育部致江苏省教育厅的训令（一九四五年十一月二十一日）

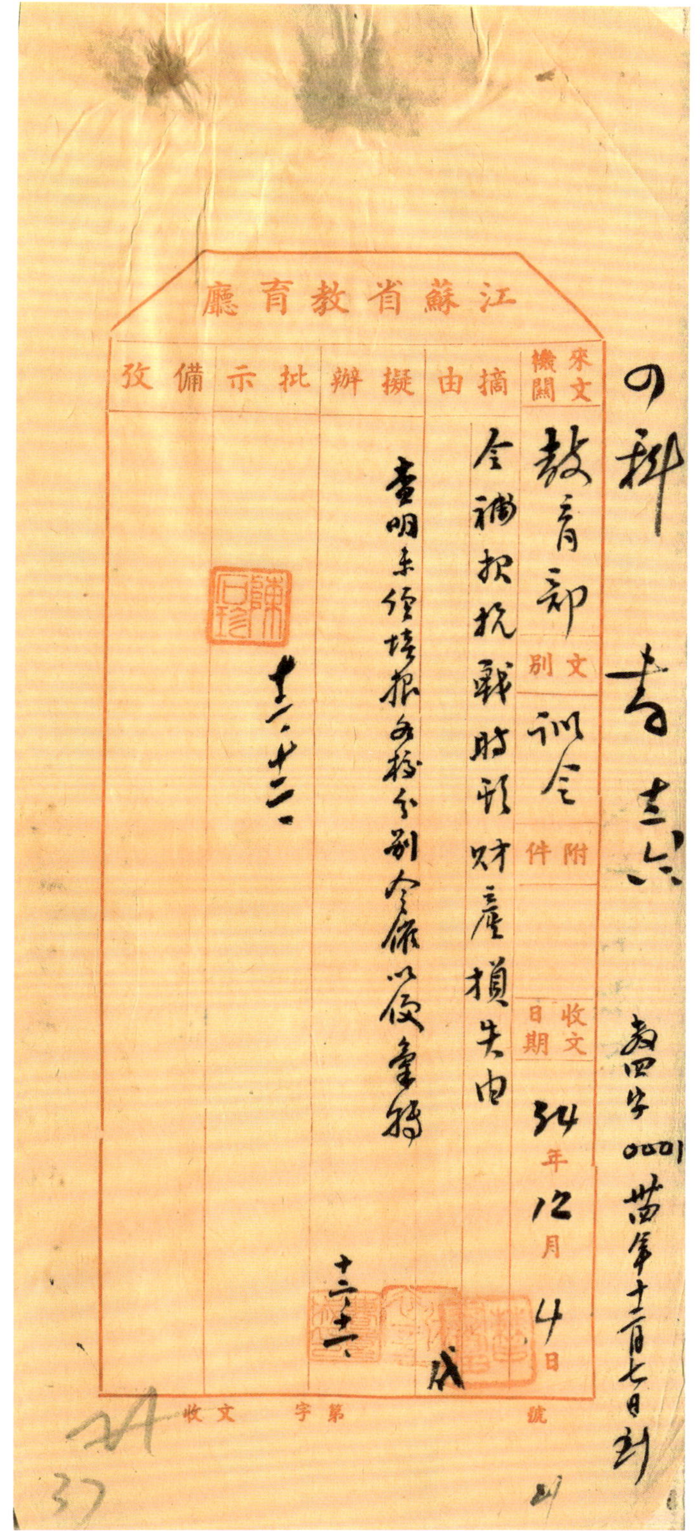

江蘇省教育廳

來文機關	教育部
文別	訓令
附件	
收文日期	34年12月4日
摘由	令補報抗戰時期財產損失由
擬辦	
批示	
備攷	

收文　　字第　　號

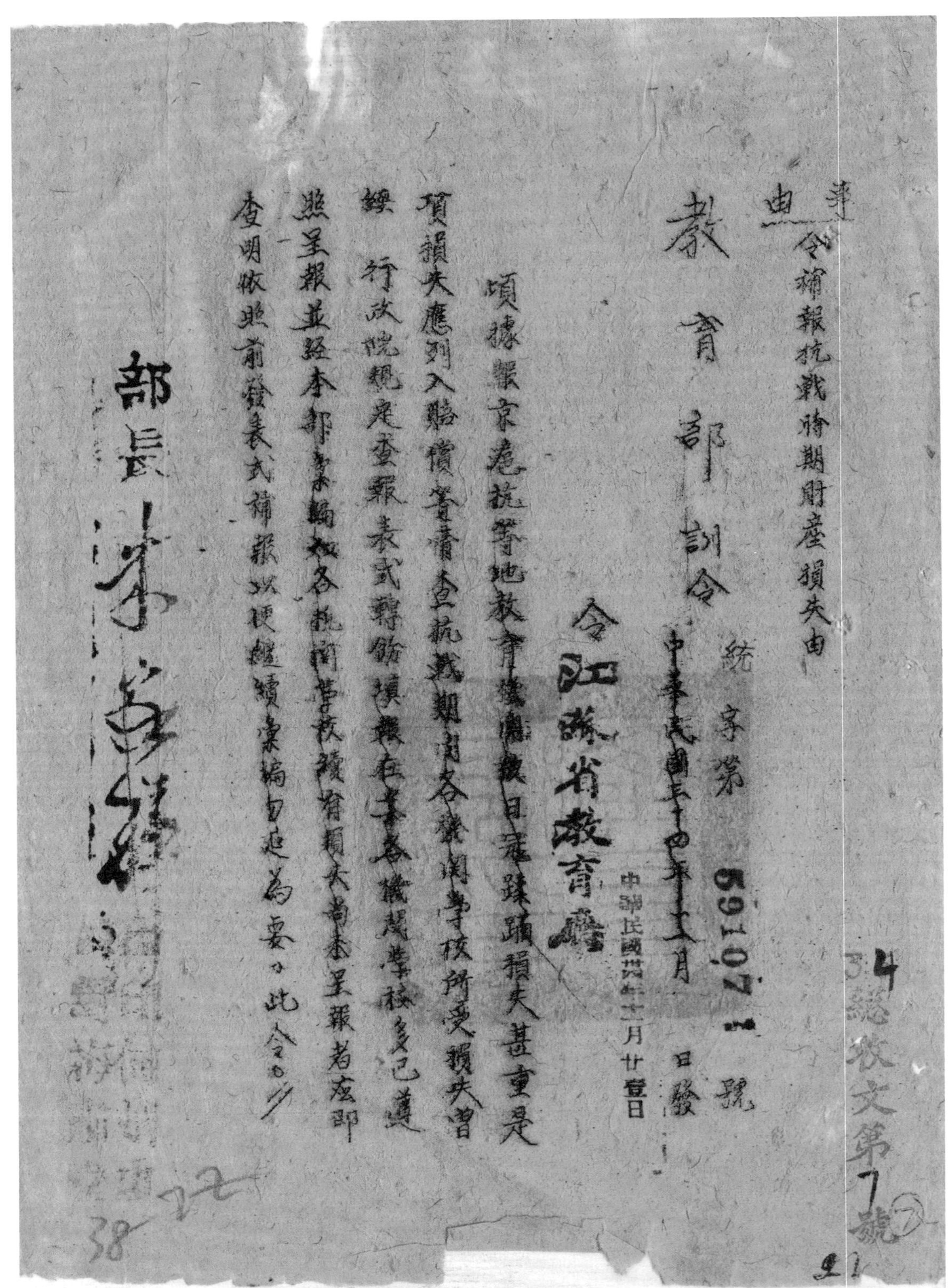

事由：令補報抗戰時期財產損失由

教育部訓令　統字第59107號

中華民國三十四年十二月　日發

令江蘇省教育廳

頃據報京滬杭等地教育機關被日寇蹂躪損失甚重，是項損失應列入賠償等情。查抗戰期間各機關學校所受損失，曾經行政院規定查報表式轉飭填報在案，各機關學校多已遵照呈報，並經本部彙編在案。各機關學校續有損失尚未呈報者，應即查明依照前發表式補報，以便繼續彙編，勿延為要。此令。

部長　朱家驊

中華民國卅四年十二月廿三日

34 總收文第7號

38　22

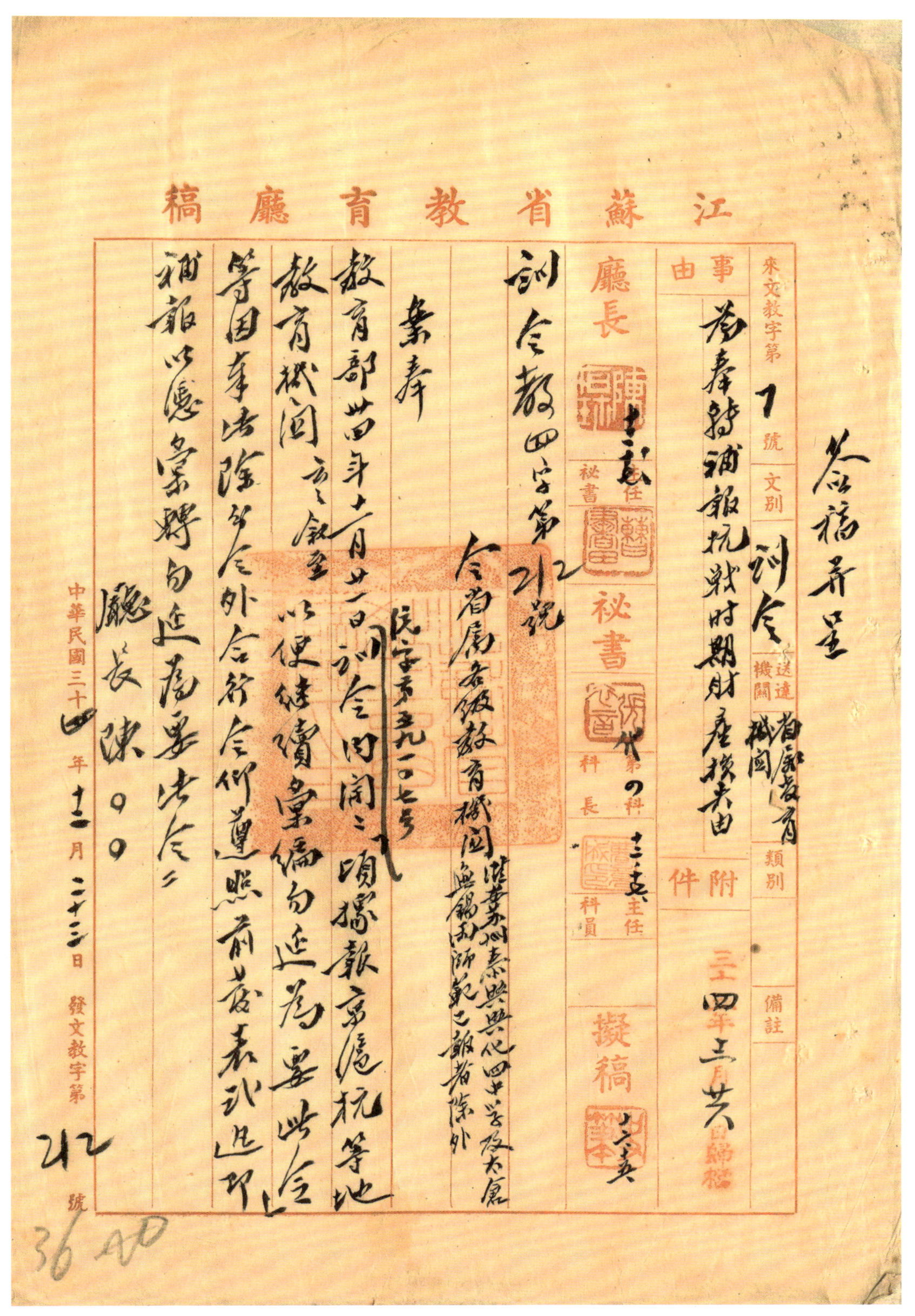
江蘇省教育廳稿

來文教字第　號
文別：訓令
送達機關：省屬教育機關
事由：爲奉轉補報抗戰時期財產損失由

訓令教四字第212號

令省屬各級教育機關（[illegible]）

案奉
教育部卅四年十一月廿二日訓令開：「頃據報京滬杭等地教育機關[illegible]，以便繼續彙編，[illegible]」等因。奉此，除分令外，合行令仰遵照前發表式，迅即補報，以憑彙轉爲要。此令。

廳長 陳○○

中華民國三十四年十二月二十三日 發文教字第212號

江苏省教育厅致省属教育机关的训令（一九四五年十二月二十三日）

教育部、内政部、江苏省教育厅等关于公告登记文物损失办法的一组公文（一九四五年十二月一至二十七日）

教育部、内政部致江苏省政府的公函（一九四五年十二月一日）

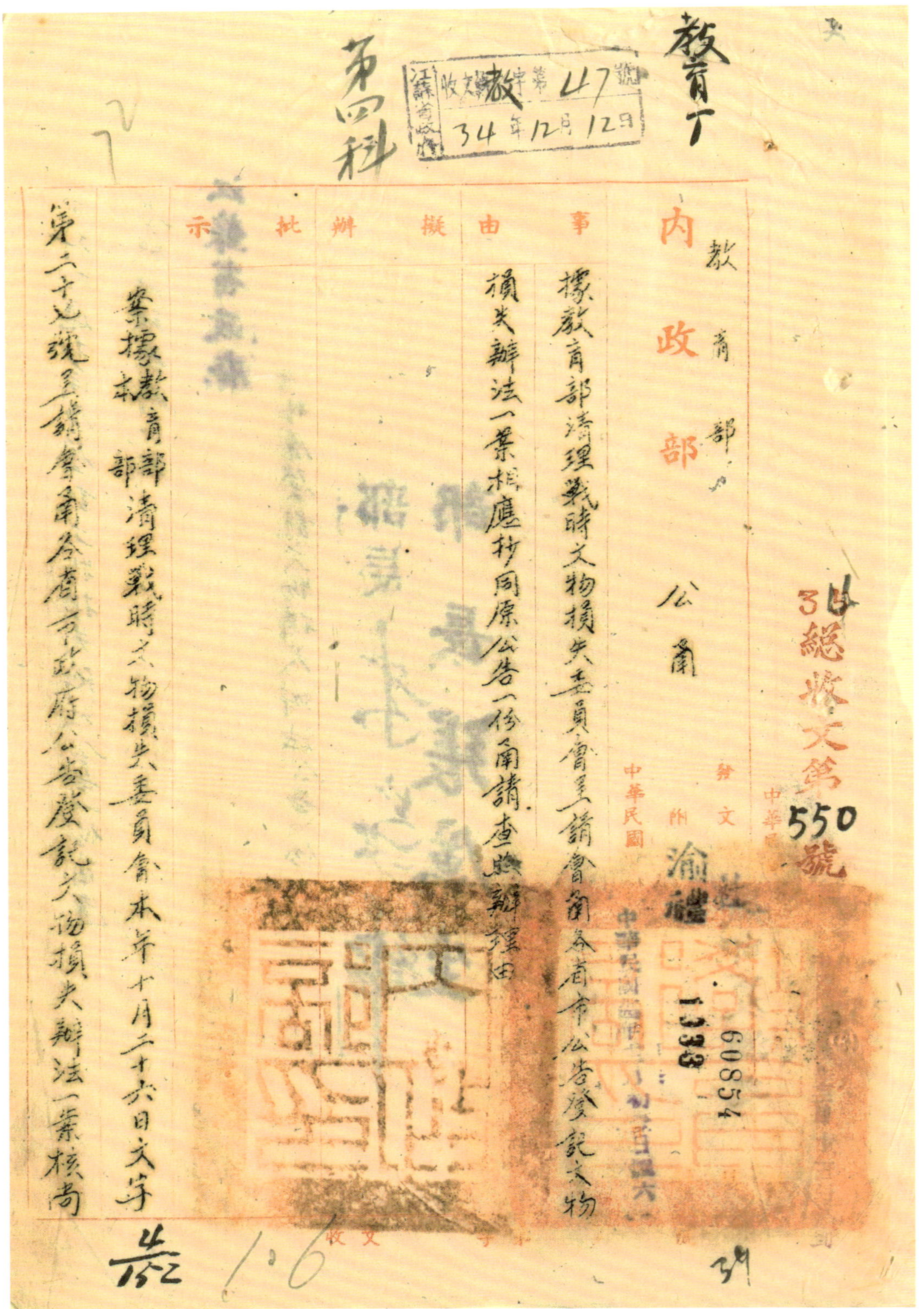

教育部
内政部 公函

事由：據教育部清理戰時文物損失委員會呈請會飭各省市公告登記文物損失辦法一案相應抄同原公告一份函請查照辦理由

擬辦

批示

案據教育部清理戰時文物損失委員會本年十月二十六日文字第二十七號呈請會飭各省市政府公告登記文物損失辦法一案核尚

總收文第550號

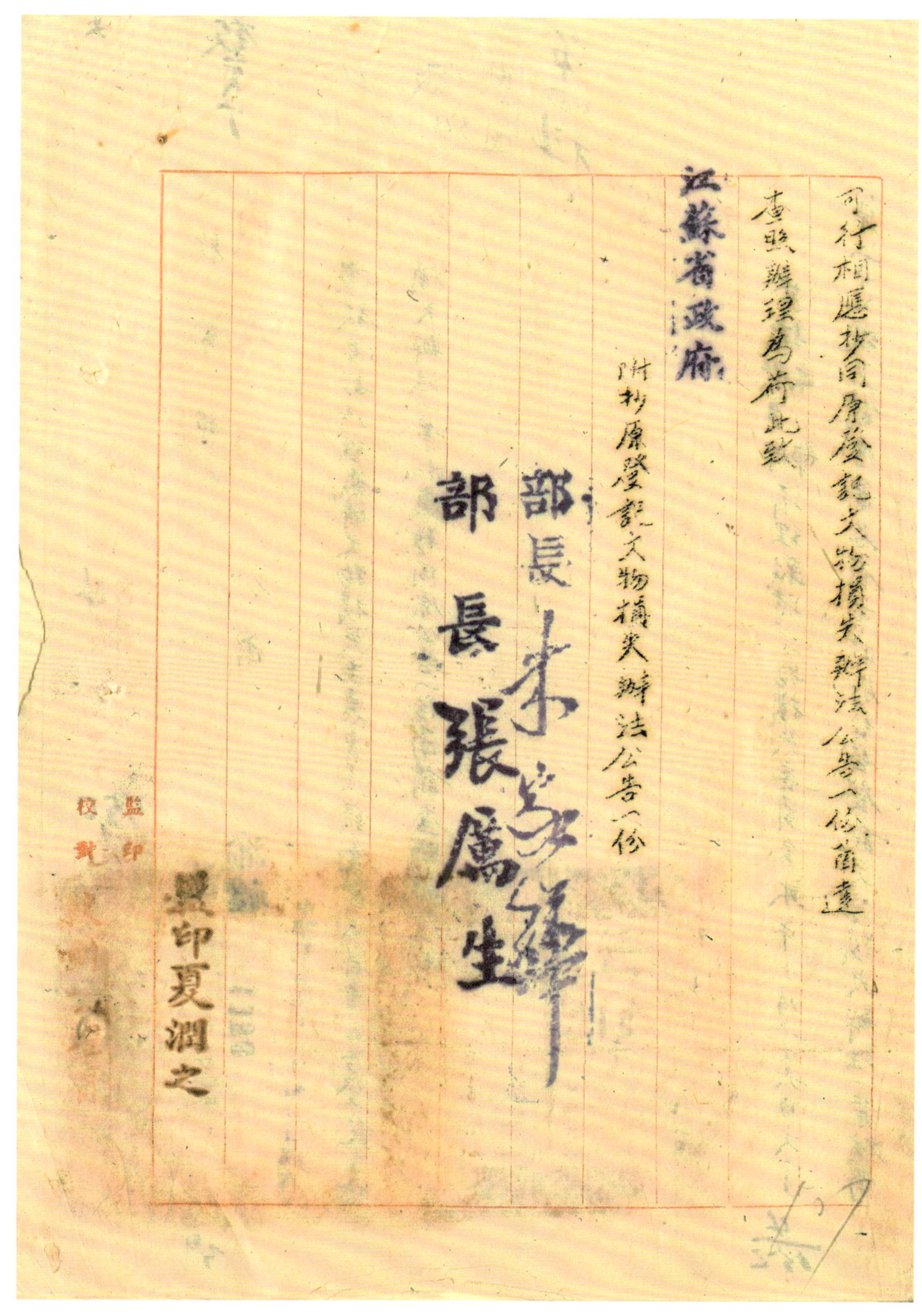

可行相應抄同原登記文物損失辦法公告一份函達

查照辦理為荷此致

江蘇省政府

附抄原登記文物損失辦法公告一份

部長 朱家驊

部長 張厲生

監印

校對

監印夏潤之

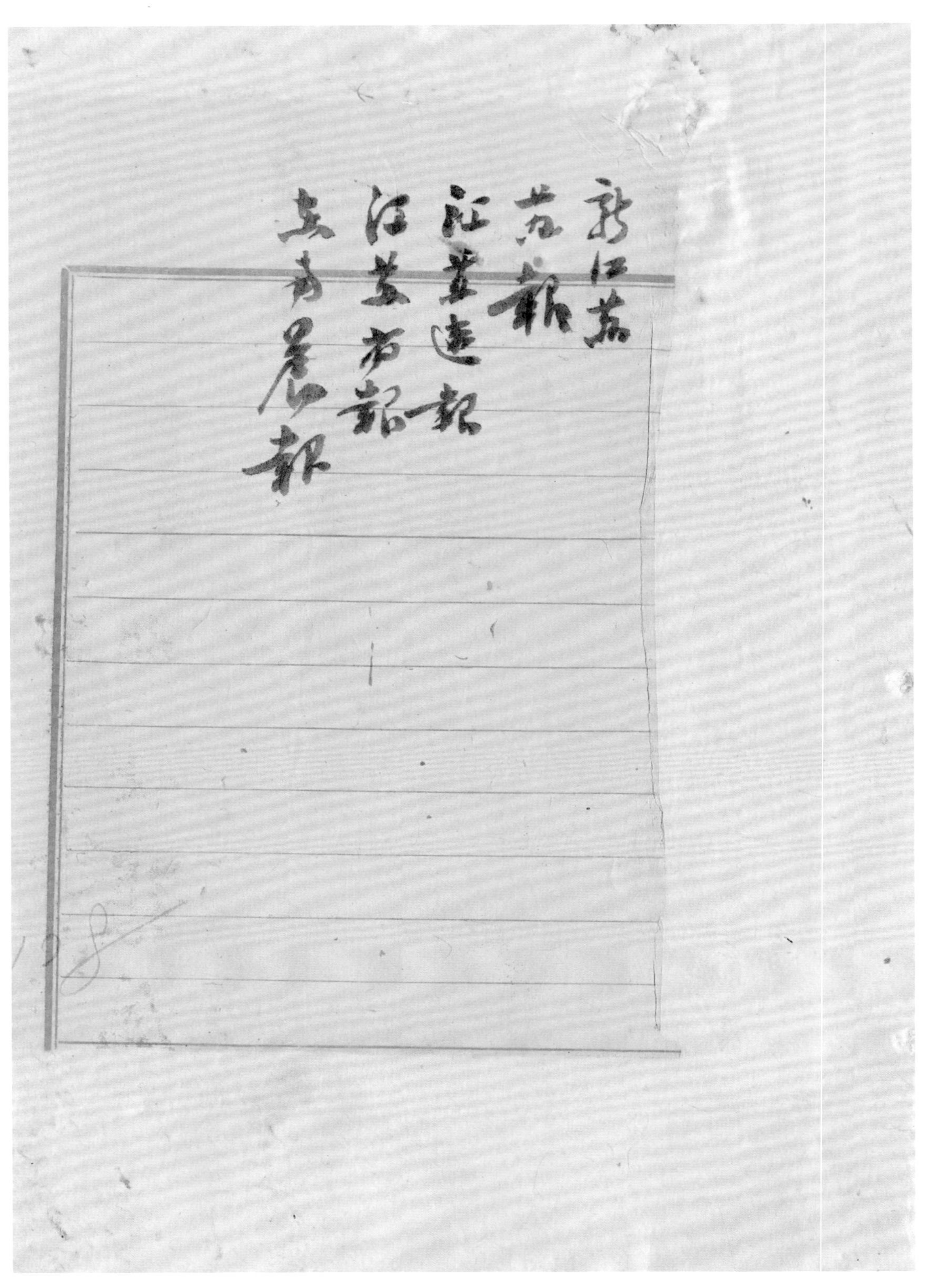
新江蘇
蘇報
江蘇速報
江蘇南報
東南晨報

省（市）政府為舉辦本省（市）文物損失登記公告

查抗戰以來我國公私文物為敵人損毀掠奪者為數甚夥，亟為
準備追償起見，特舉辦本省（市）文物損失登記，辦法如下：（一）凡本省（市）公私機
關及個人在戰事期間遭受文物損失者均可向……
申請登記。以上所稱文物，包括一切具有歷史藝術價值之建築、器物、圖書、
美術等品。（二）凡公私機關及個人申請登記，必須列表詳細註明以下各項：甲，
申請人姓名（或機關名稱）及通訊地點；乙，文物名稱及其重要性、損失之時間及
地點、損失情形及敵偽負責人姓名或機關部隊名稱、該項文物目前下落
等，而附送文物照片或圖稿；丁，對於個人申請登記，另須附送當地有關機
關或團體之證明書。（三）登記時間，于三十四年十二月底截止，由本府於[illegible]登
整理登記表格後轉送教育部清理戰時文物損失委員會辦理文物
追償事宜

主席
市長

中華民國　　年　　月　　日

新闻稿乙则　刊登本地各报纸　由甲处行

江苏省教育厅举办本省文物损失登记

凡公私机关及个人均可申请办理追偿

查抗战以来，我国公私文物为敌人损毁掠夺者，为数甚巨，亟应为详备追偿，兹见江苏省教育厅特举办本省文物损失登记，兹摘录其办法如下：（一）凡本省公私机关及个人在战争期间遭受文物损失者，均可向该厅申请登记，以上所称文物，包括一切具有历史艺术价值之建筑物、图书、美术等品。（二）凡公私机关及个人申请登记，必须列表详细注明以下各项：（甲）申请人姓名（或机关名称）及通信地点，（乙）……………………也

原文物主…………办理文物追偿事宜。

江苏省教育厅致所属各专署、各市县府的训令（一九四五年十二月二十七日）

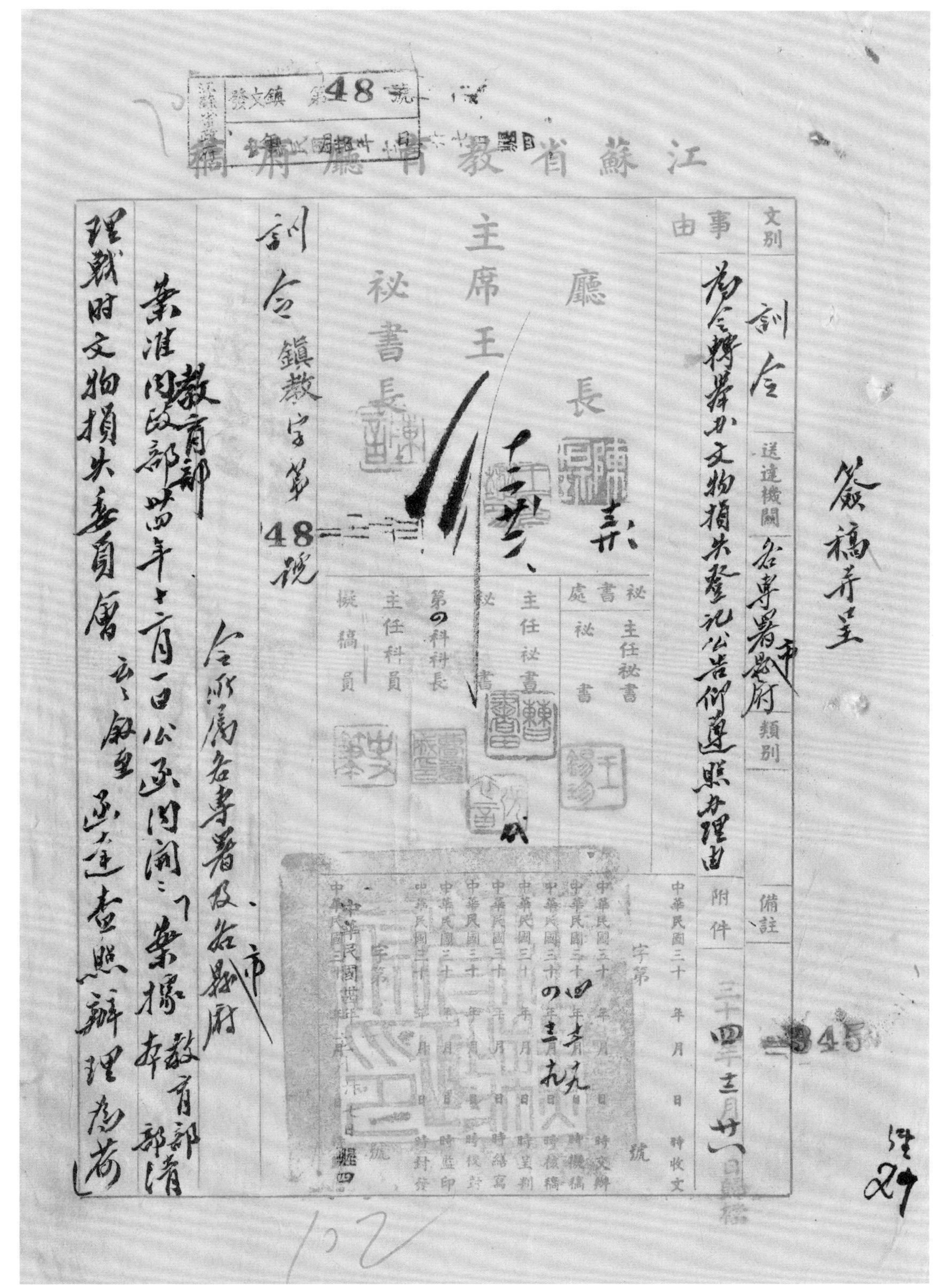
江蘇省教育廳用稿

文別：訓令

事由：為令轉舉办文物損失登記公告仰遵照办理由

送達機關：各專署縣市府

簽稿并呈

訓令 鎮教字第48號

令所屬各專署及各縣市府

案准內政部教育部卅四年十二月一日公函開：「案據本教育部部清理戰時文物損失委員會……函送……查照辦理為荷」

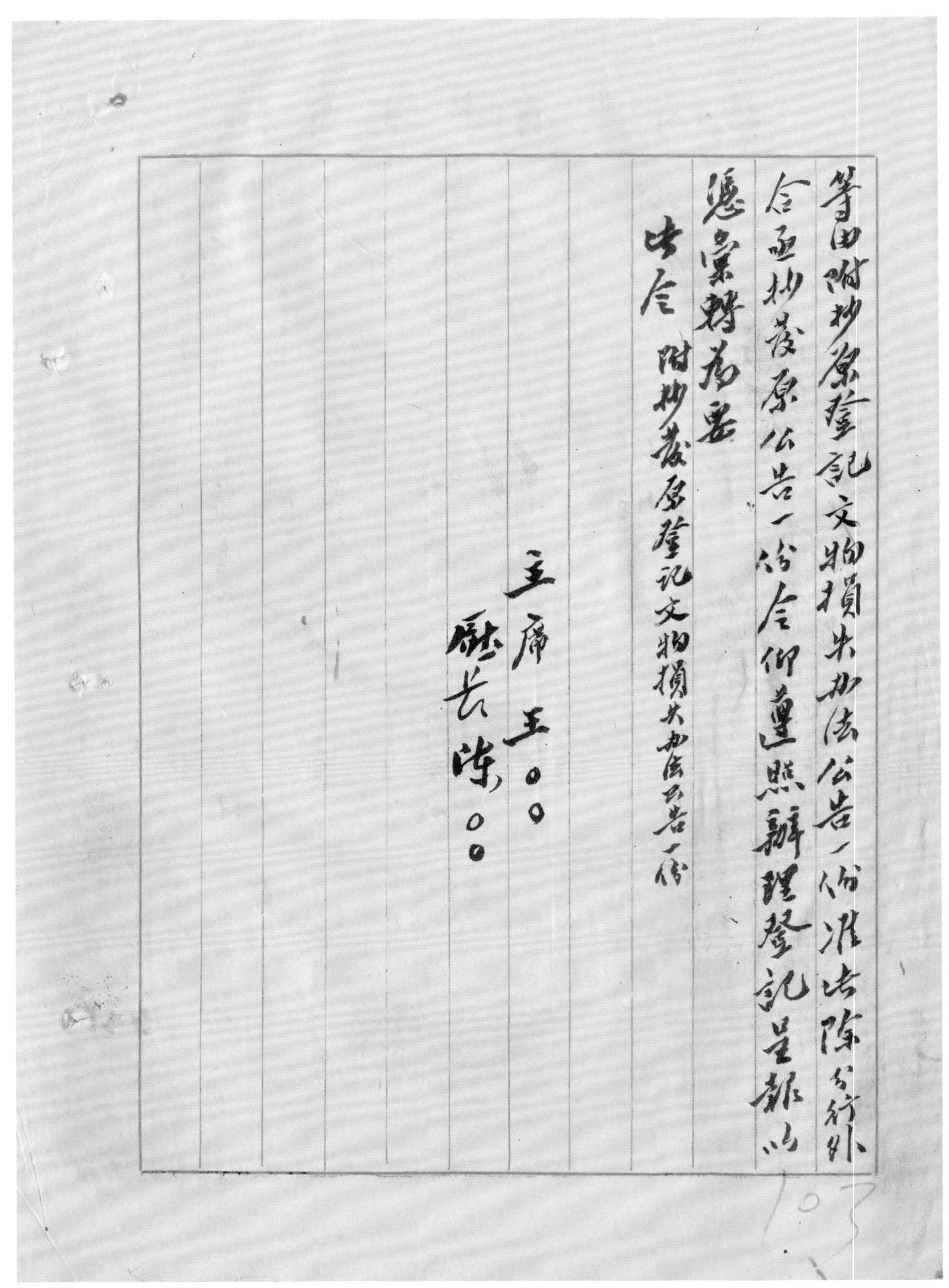

等由附抄原登記文物損失办法公告一份准此除分行外

合亟抄發原公告一份令仰遵照辦理登記呈報以

憑彙轉為要

此令 附抄發原登記文物損失办法公告一份

主席 王○○

廳長 陈○○

教育部、江苏省教育厅等关于抄（转）发抗战损失调查实施要点的一组公文

（一九四五年十二月七日至一九四六年一月五日）

教育部致江苏省教育厅的训令（一九四五年十二月七日）

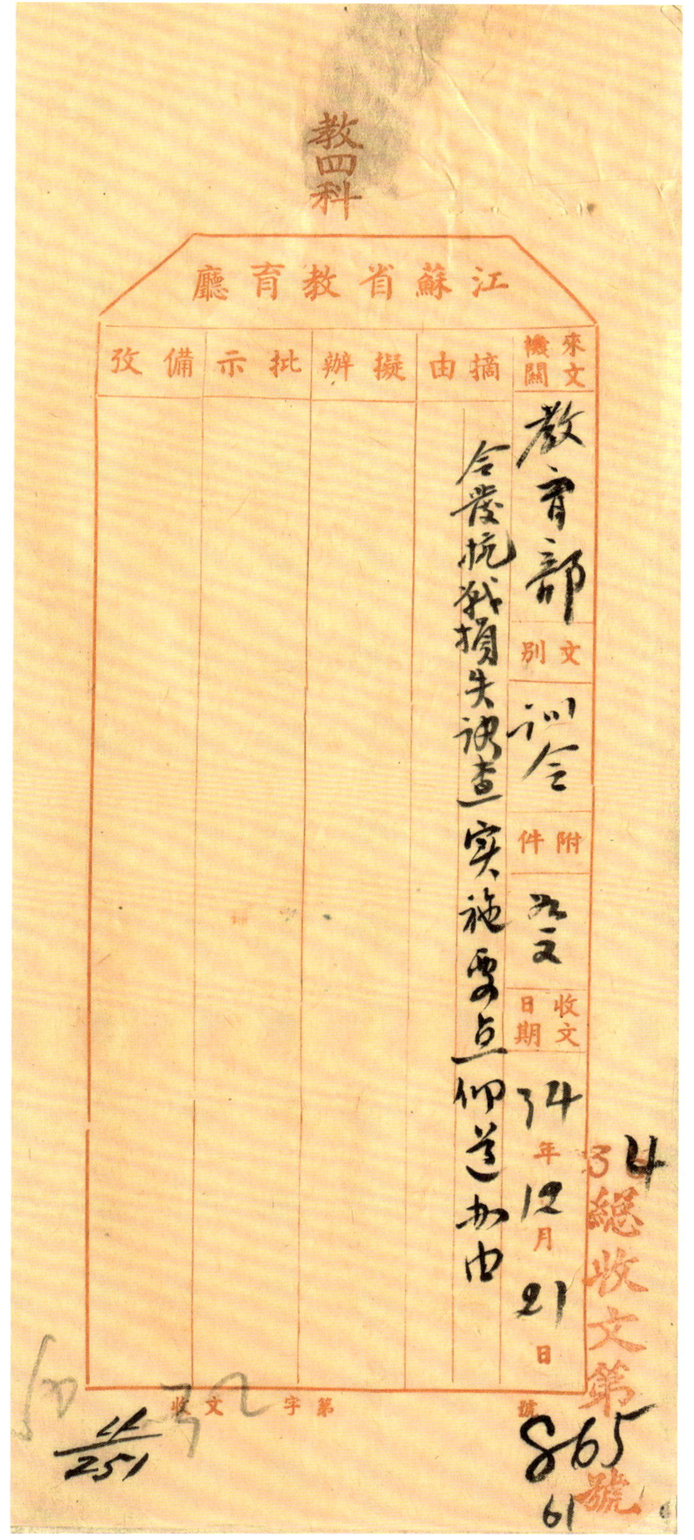
教四科

江蘇省教育廳

來文機關	教育部
文別	训令
附件	另文
收文日期	34年12月21日
摘由	令发抗战损失调查实施要点仰遵办由
擬辦	
批示	
備攷	

收文　字第　號

34 總收文第865號

251

61

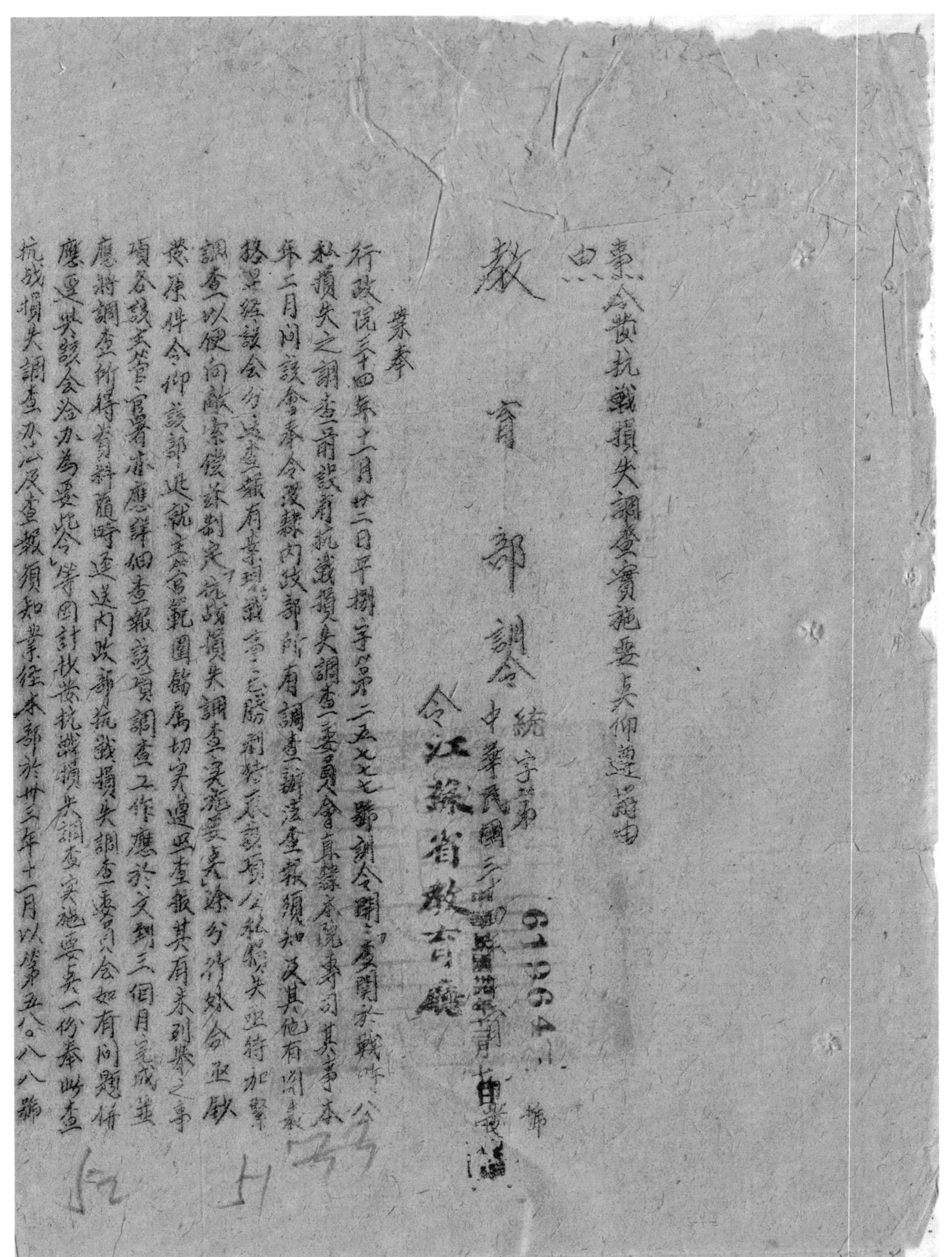

事由：令發抗戰損失調查實施要點仰遵照辦理由

教育部訓令　統字第61964號

中華民國三十四年十二月廿日發

令江蘇省教育廳

案奉

行政院三十四年十二月廿二日平捌字第二五七七七號訓令開：「查關於戰時公私損失之調查，前設有抗戰損失調查委員會，嗣奉院專司其事。本年二月間該會奉令改隸內政部，所有調查辦法、查報須知及其他有關表格，曾經該會分別查報有案。現戰事已勝利結束，各項公私損失亟待加緊調查，以便向敵索償。茲制定抗戰損失調查實施要點，除分行外，合亟抄發原件，令仰該部遵照，就主管範圍飭屬切實遵照查報。其有未列舉之事項，各該主管官署亦應詳細查報。該項調查工作應於文到三個月內完成，並應將調查所得資料隨時送達內政部抗戰損失調查委員會。如有問題，併應逕與該會洽辦為要。此令。」等因，計抄發抗戰損失調查實施要點一份。奉此，查抗戰損失調查辦法及查報須知業經本部於卅三年十一月以第五八〇八八號

訓令[illegible][illegible]在案茲本部令行抄發原要點飭遵照並就以下列各項辦理

（一）各該省市所屬公私立中小學（省私立專科以上學校已另案飭辦不必再由省飭報）及教育機關所受財產損失（包括直接損失及間接損失）以前業經具報者不必再報以免重複其尚未造報者應即趕編具報人口傷亡及私人財產之損失以往如有尚未呈報者應即同時趕編具報（以各省市所屬公私立中小學與教育機關之財產損失每表件應由省縣市教育行政機關切實負責督飭辦理由省市教育廳局彙呈本部彙編至人口傷亡及教育人員之私人財產損失（或告單則應遵照規定程序呈由省市政府轉送內政部抗戰損失調查委員會彙編所用表式及造報份數均應遵照抗戰損失查報須知辦理（三）關於古物書籍之損失應由受損失之學校或機關另案逕送教育部清理戰時文物損失委員會辦理其呈報辦法已登載卅四年十一月初旬重慶中央日報以上各項仰即遵照并轉飭遵照如期辦理具報又各省市中小學及社會教育機關財產損失總計數字前曾由本部代為估計並經令飭知照在案此係臨時應用之數字將來仍應以實際損失數字改正併仰知照此令

抄發抗戰損失調查實施要點一份

部長 朱家驊

附：抗战损失调查实施要点

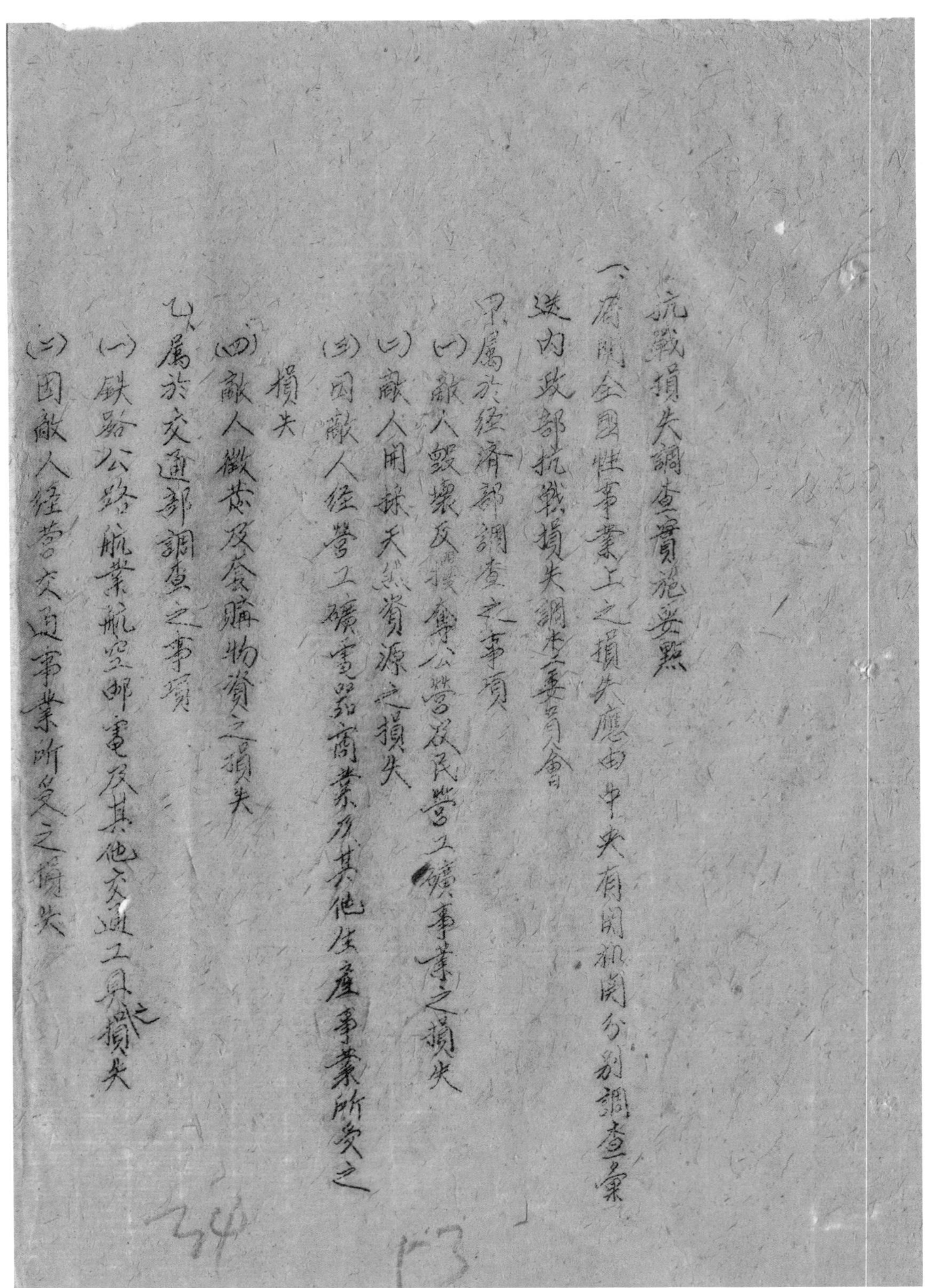

抗戰損失調查實施要點

一、有關全國性事業上之損失應由中央有關機關分別調查彙送內政部抗戰損失調查委員會

甲、屬於經濟部調查之事項

(一)敵人毀壞及擄奪公營及民營工礦事業之損失

(二)敵人開採天然資源之損失

(三)因敵人經營工礦電器商業及其他生產事業所受之損失

(四)敵人徵發及套購物資之損失

乙、屬於交通部調查之事項

(一)鐵路公路航業航空郵電及其他交通工具之損失

(二)因敵人經營交通事業所受之損失

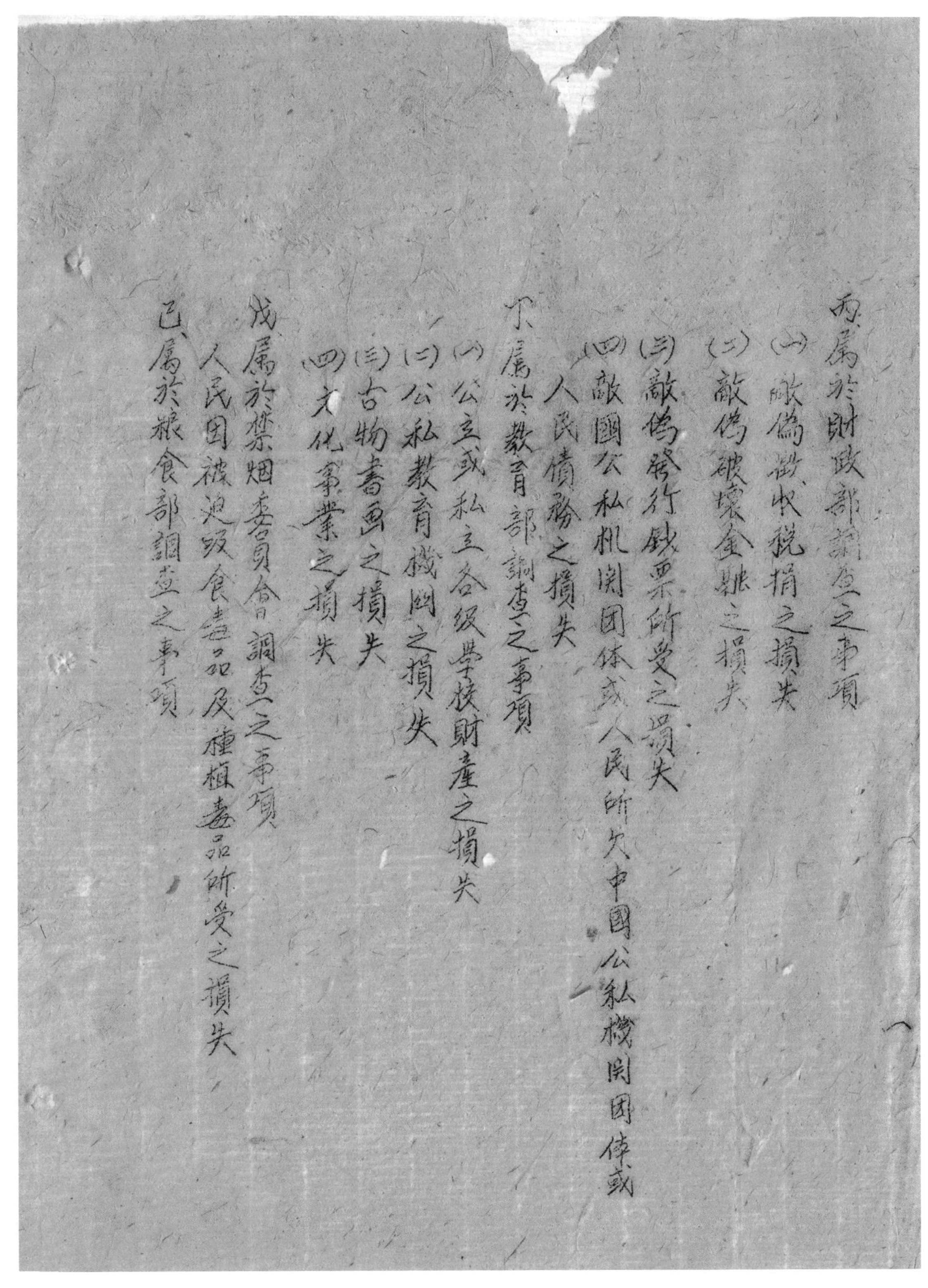

丙、屬於財政部調查之事項

（一）敵偽徵收稅捐之損失

（二）敵偽破壞金融之損失

（三）敵偽發行鈔票所受之損失

（四）敵國公私機關团体或人民所欠中國公私機關团体或人民債務之損失

丁、屬於教育部調查之事項

（一）公立或私立各級學校財產之損失

（二）公私教育機關之損失

（三）古物書画之損失

（四）文化事業之損失

戊、屬於禁烟委員會調查之事項

人民因被迫吸食毒品及種植毒品所受之損失

己、屬於糧食部調查之事項

一

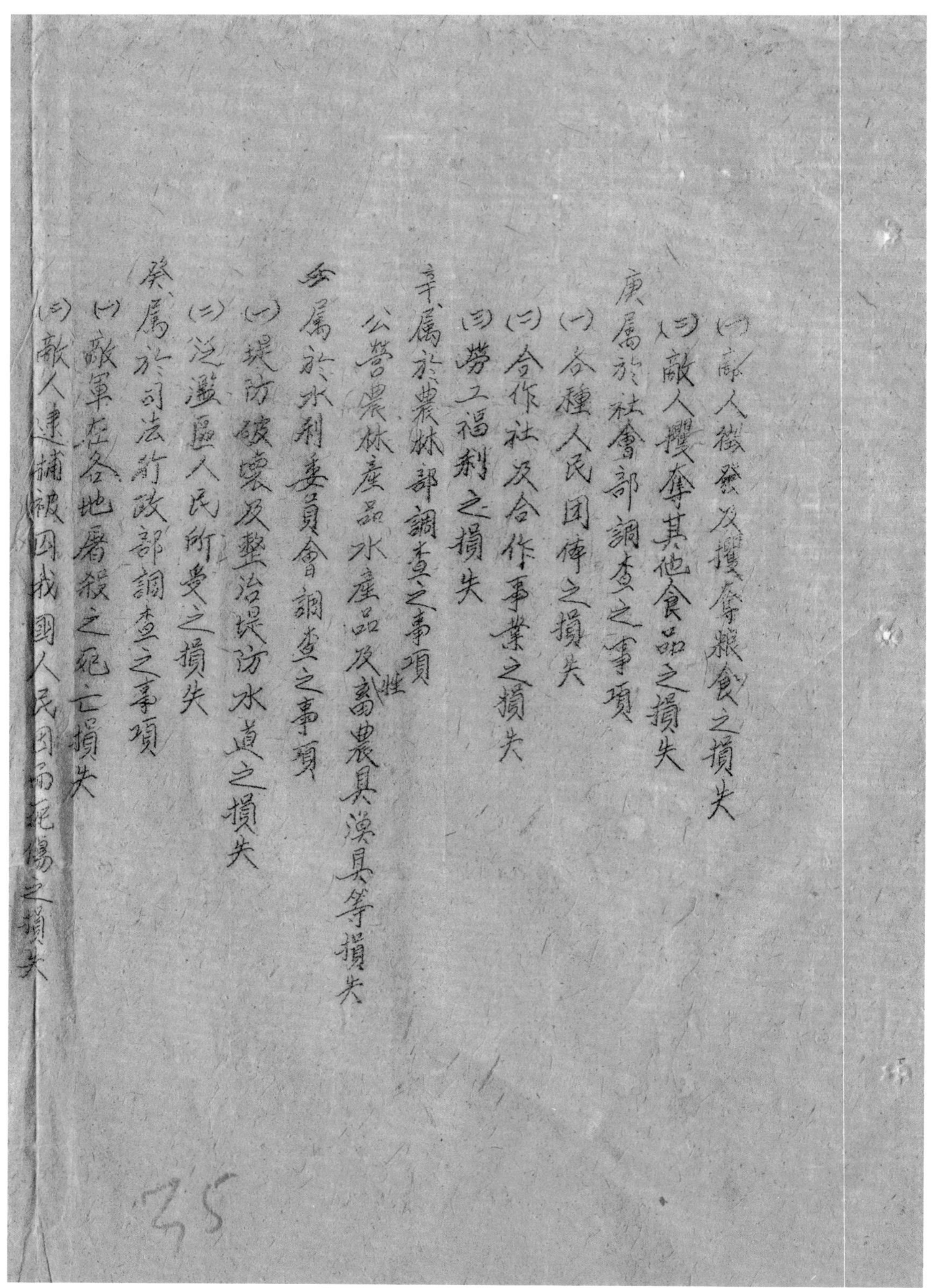

(一)敵人徵發及攫奪糧食之損失
(二)敵人攫奪其他食品之損失
庚、屬於社會部調查之事項
(一)各種人民團體之損失
(二)合作社及合作事業之損失
(三)勞工福利之損失
辛、屬於農林部調查之事項
公營農林產品水產品及畜牲農具漁具等損失
壬、屬於水利委員會調查之事項
(一)堤防破壞及整治堤防水道之損失
(二)泛濫區人民所受之損失
癸、屬於司法行政部調查之事項
(一)敵軍在各地屠殺之死亡損失
(二)敵人逮捕被囚我國人民因而死傷之損失

35

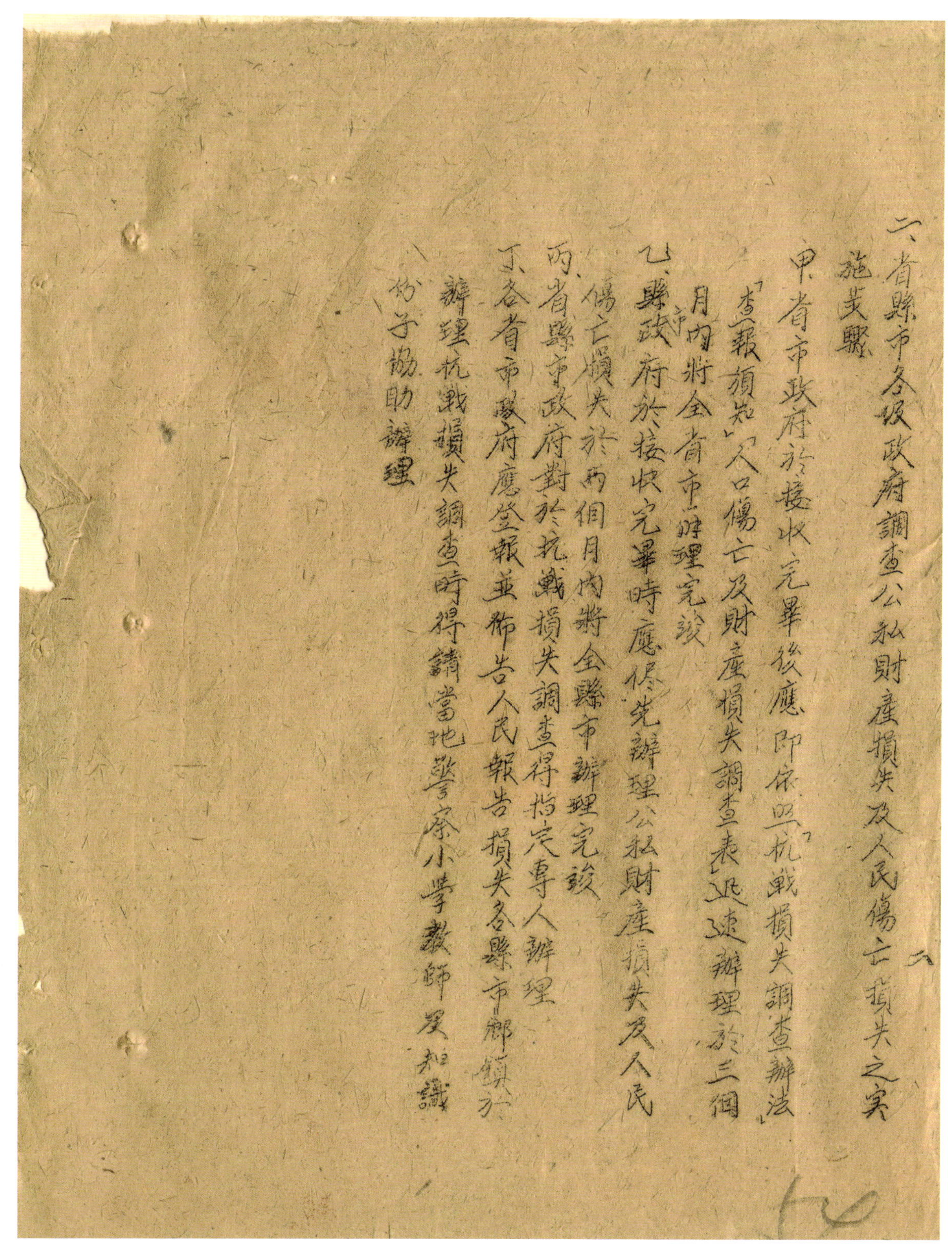

二、省縣市各級政府調查公私財產損失及人民傷亡損失之實施步驟

甲、省市政府於接收完畢後，應即依照「抗戰損失調查辦法」「查報須知」人口傷亡及財產損失調查表迅速辦理，於三個月內將全省市辦理完竣

乙、縣市政府於接收完畢時，應儘先辦理公私財產損失及人民傷亡損失，於兩個月內將全縣市辦理完竣

丙、省縣市政府對於抗戰損失調查得指定專人辦理

丁、各省市政府應登報並佈告人民報告損失，各縣市鄉鎮於辦理抗戰損失調查時得請當地警察、小學教師及知識份子協助辦理

江苏省教育厅致省级教育机关、学校及各县政府的训令（一九四六年一月五日）

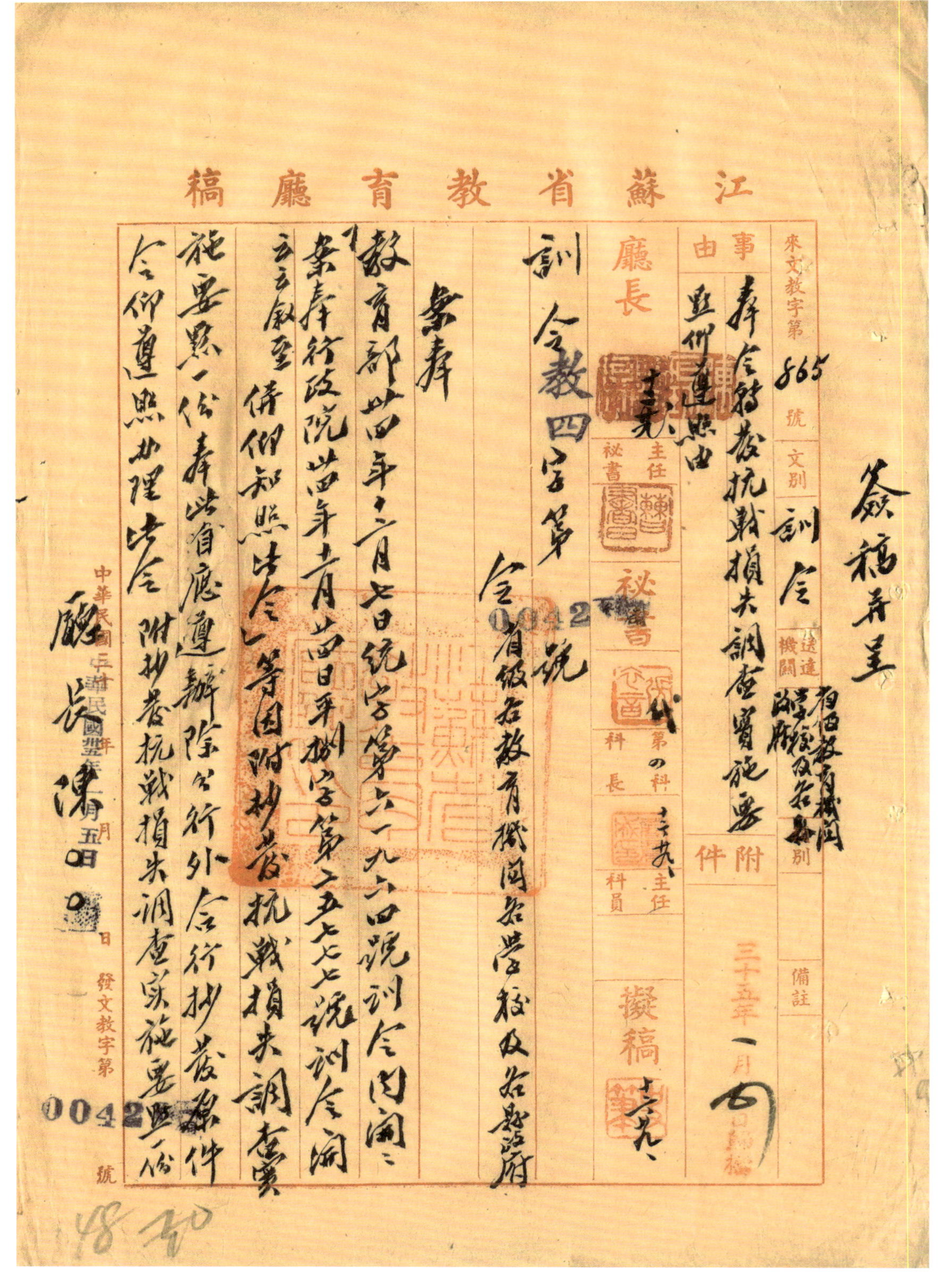

江蘇省教育廳稿

簽稿并呈

來文教字第865號

文別：訓令

送達機關：省級各教育機關學校及各縣政府

事由：奉令轉發抗戰損失調查實施要點仰遵照由

廳長

主任秘書

秘書

第四科科長

主任科員

擬稿

三十五年一月 日

訓令教四字第 號

令省級各教育機關學校及各縣政府

案奉

教育部卅四年十二月廿七日統字第六一九六四號訓令內開：「案奉行政院卅四年十二月廿四日平捌字第二五七七七號訓令內開：『云云』敘至：『併仰知照。此令。』等因，附抄發抗戰損失調查實施要點一份。奉此，自應遵辦。除分行外，合行抄發原件，令仰遵照辦理。此令。

附抄發抗戰損失調查實施要點一份

廳長 陳

中華民國三十五年一月五日

發文教字第00427號

教育部、江苏省教育厅关于检发江苏省各级学校及社教机关战时损失估计表及说明等事宜的一组公文

（一九四五年十二月十三日至一九四六年一月三日）

教育部致江苏省教育厅的训令（一九四五年十二月十三日）

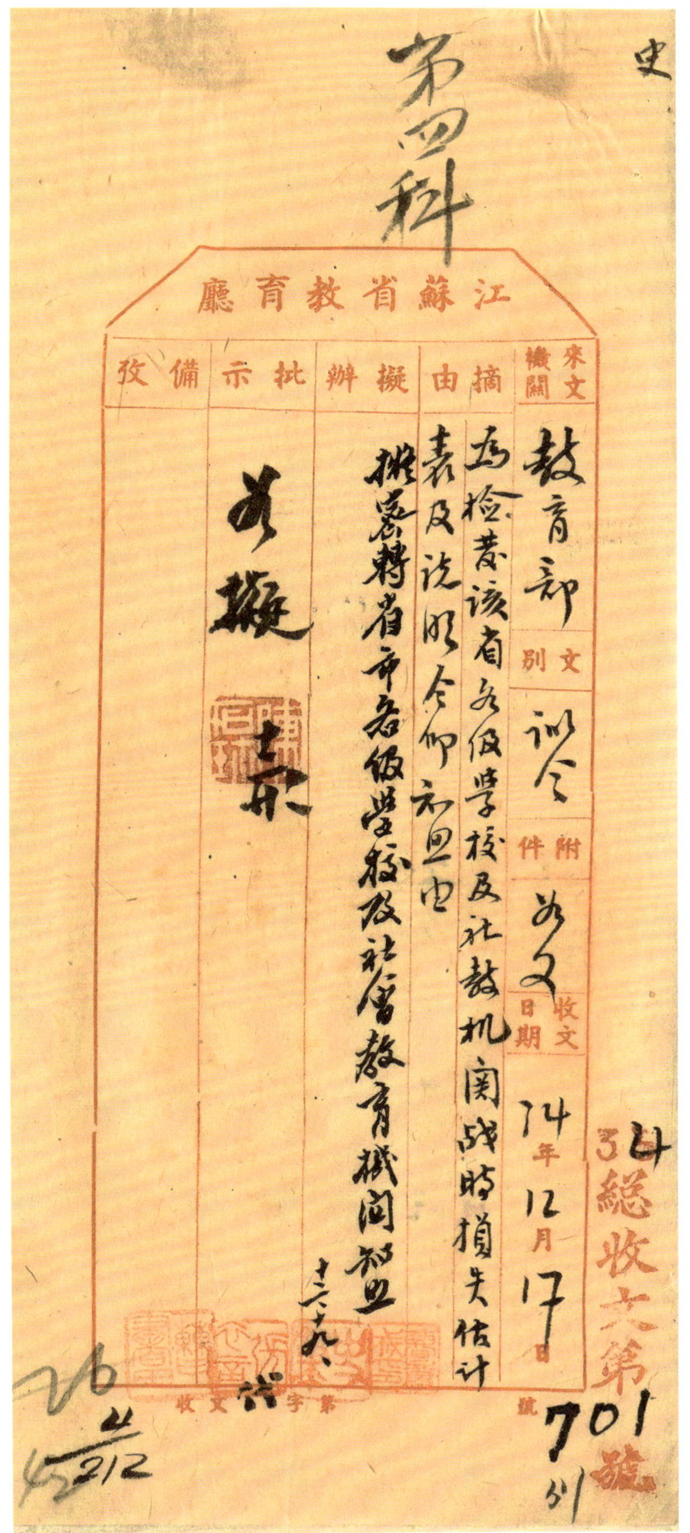

江蘇省教育廳

來文機關	教育部
文別	訓令
附件	如文
收文日期	34年12月17日
摘由	為檢發該省各級學校及社教機關戰時損失估計表及說明令仰知照由
擬辦	擬密轉省市各級學校及社會教育機關知照
批示	如擬
備考	

收文 字第 號

總收六第701號

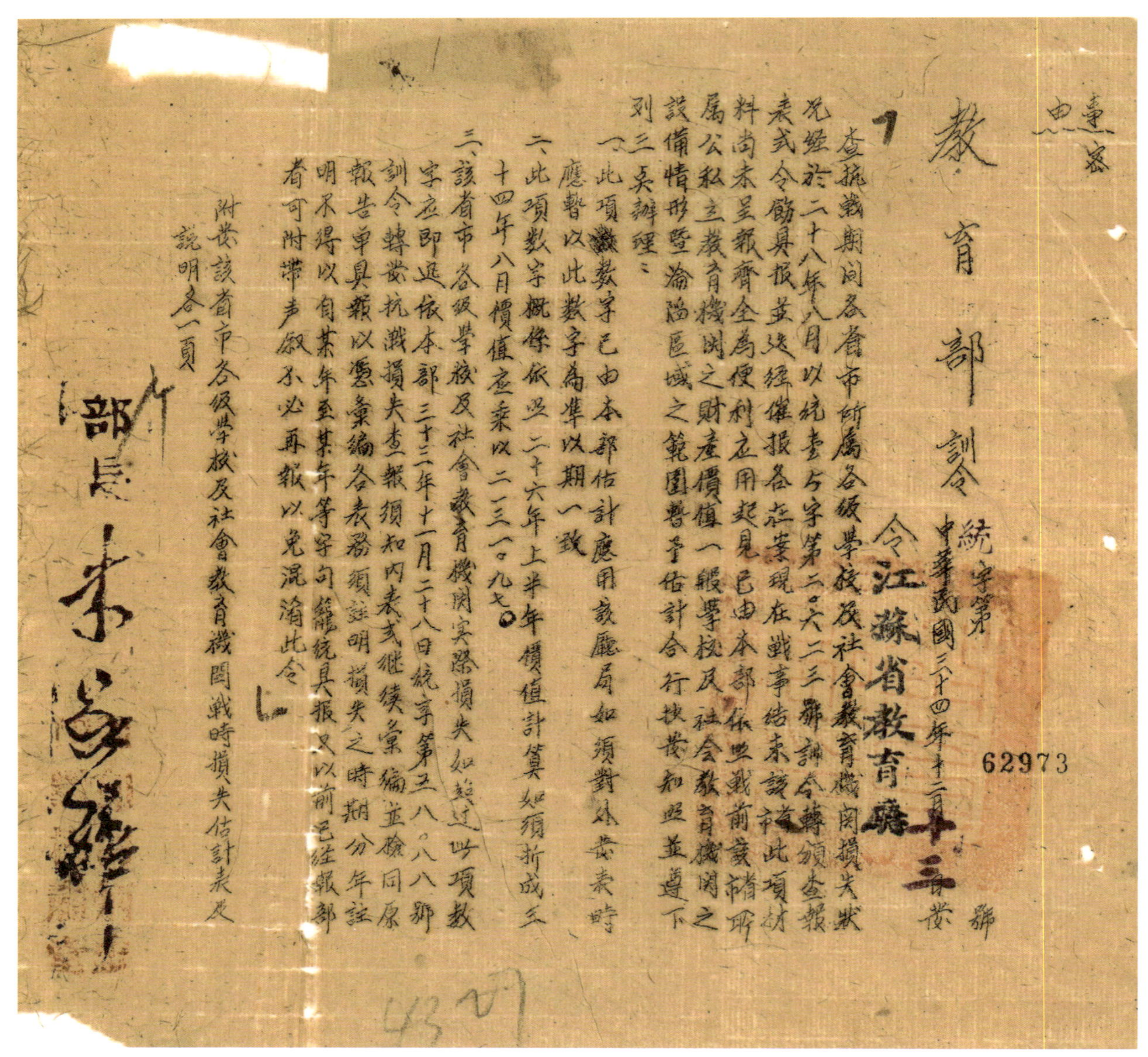
速 密

教育部訓令 統字第 號

中華民國三十四年十二月十三日發

令江蘇省教育廳

62973

查抗戰期間各省市所屬各級學校及社會教育機關損失狀況，經於二十八年八月以統壹字第二六二三號訓令轉頒查報表式，令飭具報並迭經催報各在案。現在戰事結束，該項材料尚未呈報齊全，為便利應用起見，已由本部依照戰前該省市所屬公私立教育機關之財產價值、一般學校及社會教育機關之設備情形暨淪陷區域之範圍，暫予估計，合行抄發，并遵下列三點辦理：

一、此項數字已由本部估計應用，該廳局如須對外發表時，應暫以此數字為準，以期一致。

二、此項數字概係依照二十六年上半年價值計算，如須折成三十四年八月價值，應乘以二一三〇九七。

三、該省市各級學校及社會教育機關實際損失如超過此項數字，應即迅依本部三十三年十一月二十八日統字第五八八八號訓令轉發抗戰損失查報須知內表式，繼續彙編，並檢同原報告單具報，以憑彙編。各表務須註明損失之時期，分年註明，不得以自某年至某年等字句籠統具報。又以前已經報部者，可附帶聲叙，不必再報，以免混淆。此令。

附發該省市各級學校及社會教育機關戰時損失估計表及說明各一頁

部長 朱家驊

43

附：江苏省市各级学校及社会教育机关战时损失估计表

江蘇省市各級學校及社會教育機關戰時損失估計

學校及機關別	受損失之校數或機關數	損失價值（元）									
		共計	直接損失							間接損失	
			計	建築	圖書	儀器	器具	醫藥	其他	計	遷移費
總計	25,554	60,752,000	59,900,000	28,471,500	11,909,100	4,605,700	8,654,700	2,369,000	3,890,000	852,000	852,000
中等學校	212	11,236,000	11,024,000	7,632,000	1,272,000	1,060,000	656,000	424,000	—	212,000	212,000
國民學校及小學	8,946	13,419,000	13,419,000	8,946,000	…	…	4,473,000	—	—	—	—
社會教育機關	16,396	36,097,000	35,457,000	11,893,500	10,637,100	3,545,700	3,545,700	1,945,000	3,890,000	640,000	640,000

說明：1. 本表所列受損失之教育機關以省市以下公私立中小學及社會教育機關為限，至省私立專科以上學校已另行呈報不再列入。

2. 本表數字參照戰前所屬各級學校及社會教育機關之財產價值，一般學校及社會教育機關之設備狀況，及淪陷區域之範圍（參照行政院所編戰區治權行使情形統計）加以估計。

3. 一般學校及社教機關損失情形及價值估計如下：

甲、中等學校

一、校舍估計每級學生需校舍五間，全校約有校舍三十間，每間建築費估計一千二百元。

二、圖書每校損失一萬二千冊，每冊售價五角。

三、科學儀器每校估計有物理實驗儀器四套，化學實驗儀器四套，物理示教儀器一套，生物標本與儀器一套，合計十套，平均每套價值以五百元計算。

四、校具每校三千元，醫藥用品每校二千元。

乙、國民學校及小學

每校估計平均建築物八千元，器具五百元，共八千五百元。

丙、社會教育機關

每一機關估計(1)建築，省立一萬元，縣立五百元。(2)圖書，省立一萬五千元，縣立五百元。(3)儀器標本模型，省立五千元，縣立八百元。(4)醫藥用品，省立五千元。(5)電器教材，省立一萬元。(6)器具，省立五千元，縣立八百元。(7)共計，省立五萬元，縣立二千元。

4. 本表數值係二十六年上半年價值，如須折成三十四年八月價值，應乘以2131.97（重慶市躉售物價指數以二十六年上半年為基期100，則三十四年八月物價指數為213197）。

江苏省教育厅秘书室致教育部收发室的笺函（一九四六年一月三日）

江蘇省教育廳稿

來文教字第 301 號

文別：箋函

事由：函請查復統字第六二九七三號訓令第二項二一三一〇九七數字有無錯誤由

送達機關：教育部收發室

附件

備註

廳長

秘書

主任秘書

第四科科長

主任科員

擬稿 三十五年一月二日歸檔

箋函

案奉

鈞部卅四年十二月十三日統字第六二九七三號訓令略以抗戰期間各省市所屬各級學校及社會教育機關損失狀況尚未呈報者為便利起見已由本部依照戰前該省市所屬公私立教育機關之財產價值一般學校及社會教育機關之設備情形暫予估計抄發估計表（通飭）冊並遵照下列三點辦理等因奉此自應遵辦

中華民國三十　年　月　日發文教字第 0008 0009 號

中華民國卅五年一月三日

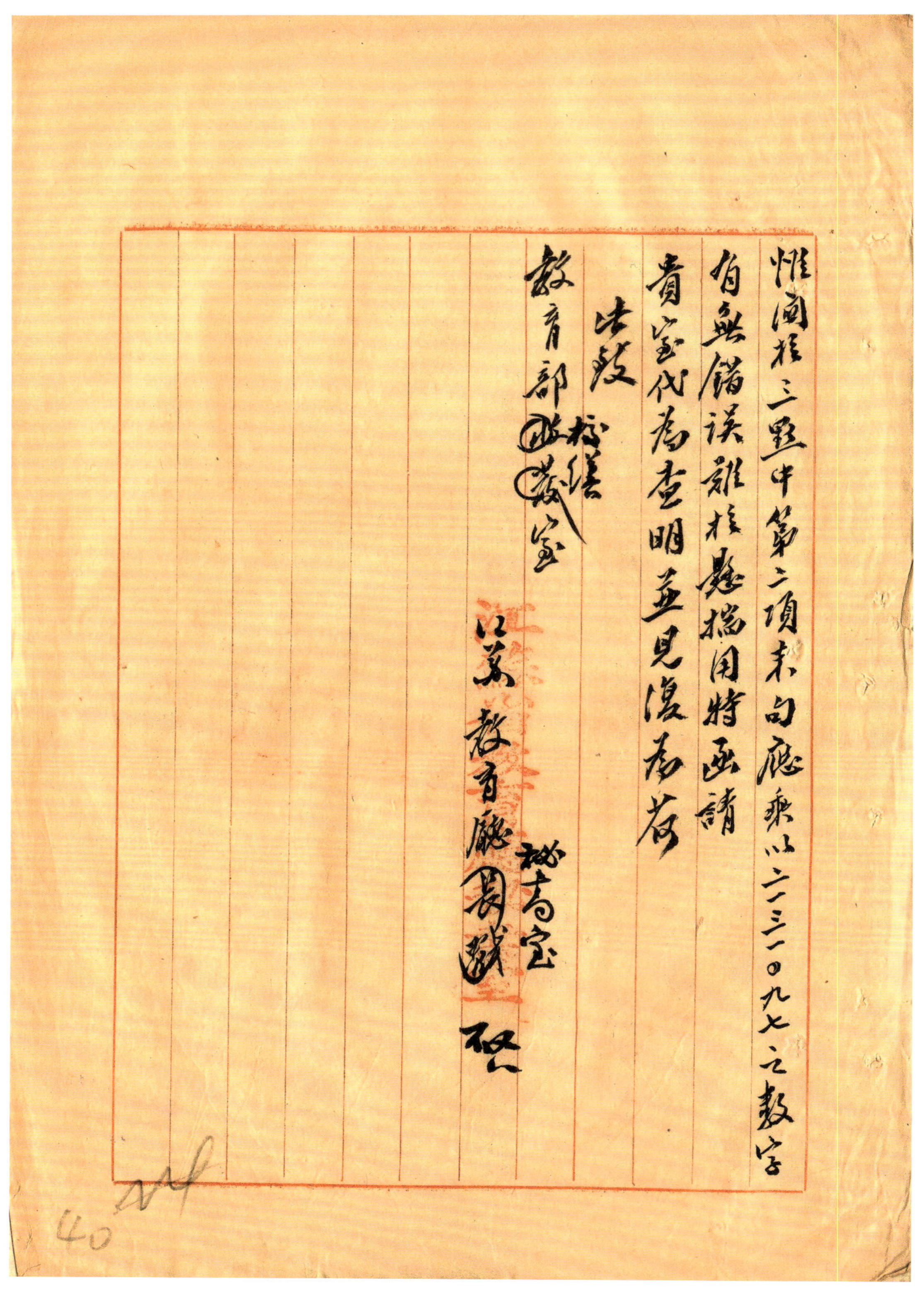

惟關於三點中第二項末句廳乘以二一三一〇九七之數字
有無錯誤難於懸揣用特函請
貴室代爲查明並見復爲荷
此致
教育部統計室
江蘇教育廳統計室啓

40

江苏省教育厅致省市各级学校及社教机关的训令（一九四六年一月三日）

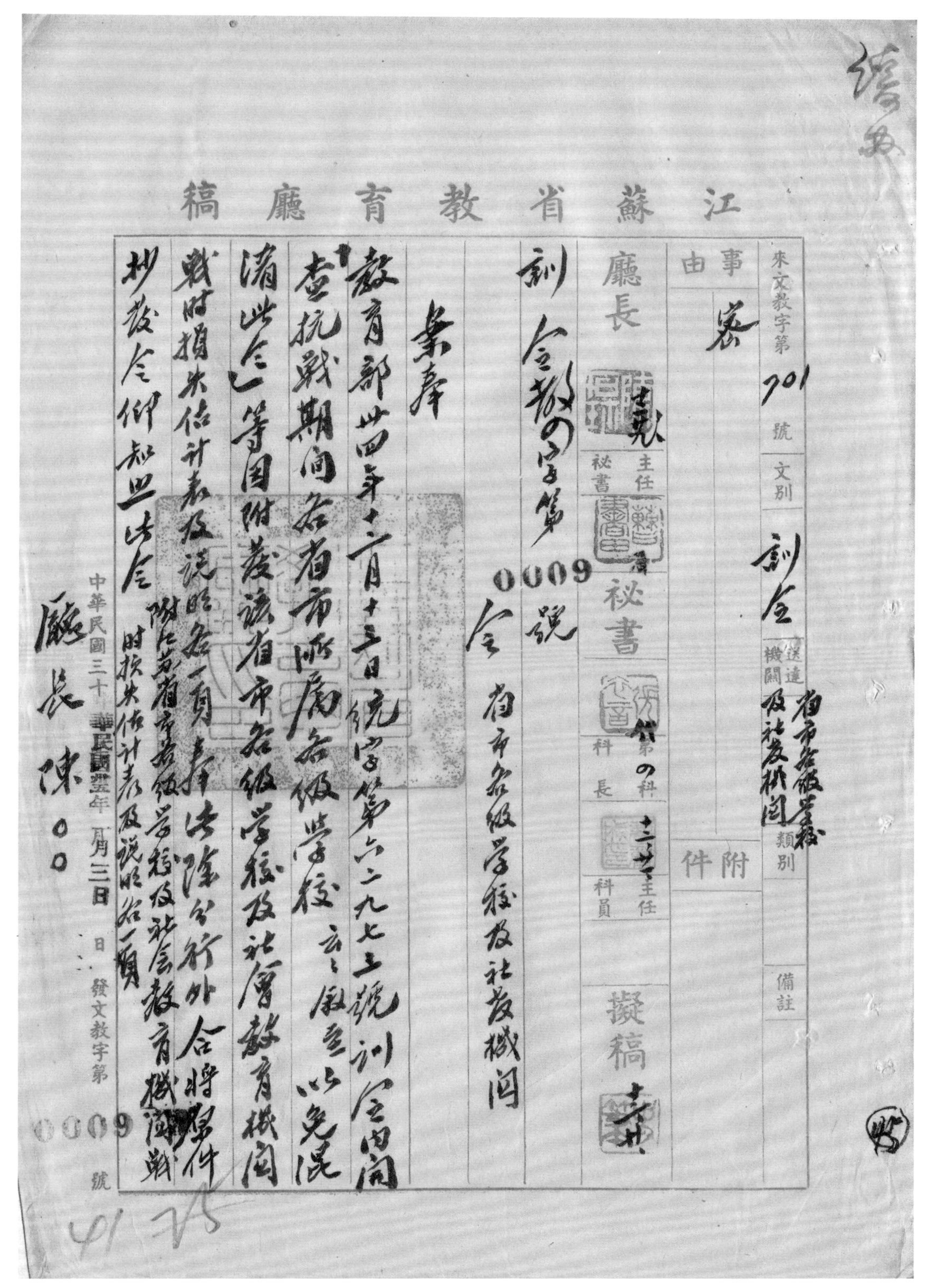
江蘇省教育廳稿

來文教字第701號
文別：訓令
送達機關：省市各級學校及社教機關
事由：密
廳長
主任秘書
秘書
科長
科員
擬稿

訓令教四字第0009號

令省市各級學校及社教機關

案奉
教育部卅四年十二月十三日范字第六二九七三號訓令内開：「查抗戰期間各省市所屬各級學校，云云，以免混淆此令。」等因，附發該省市各級學校及社會教育機關戰時損失估計表及説明各一頁。奉此，除分行外，合將原件抄發，令仰知照此令。

附抄發省市各級學校及社會教育機關戰時損失估計表及説明各一頁

廳長　陳○○

中華民國三十五年一月三日　發文教字第0009號

教育部、江苏省教育厅部署填写教育人员财产损失报告单的一组公文（一九四六年一月十二日至五月十四日）

教育部致江苏省教育厅的训令（一九四六年一月十二日）

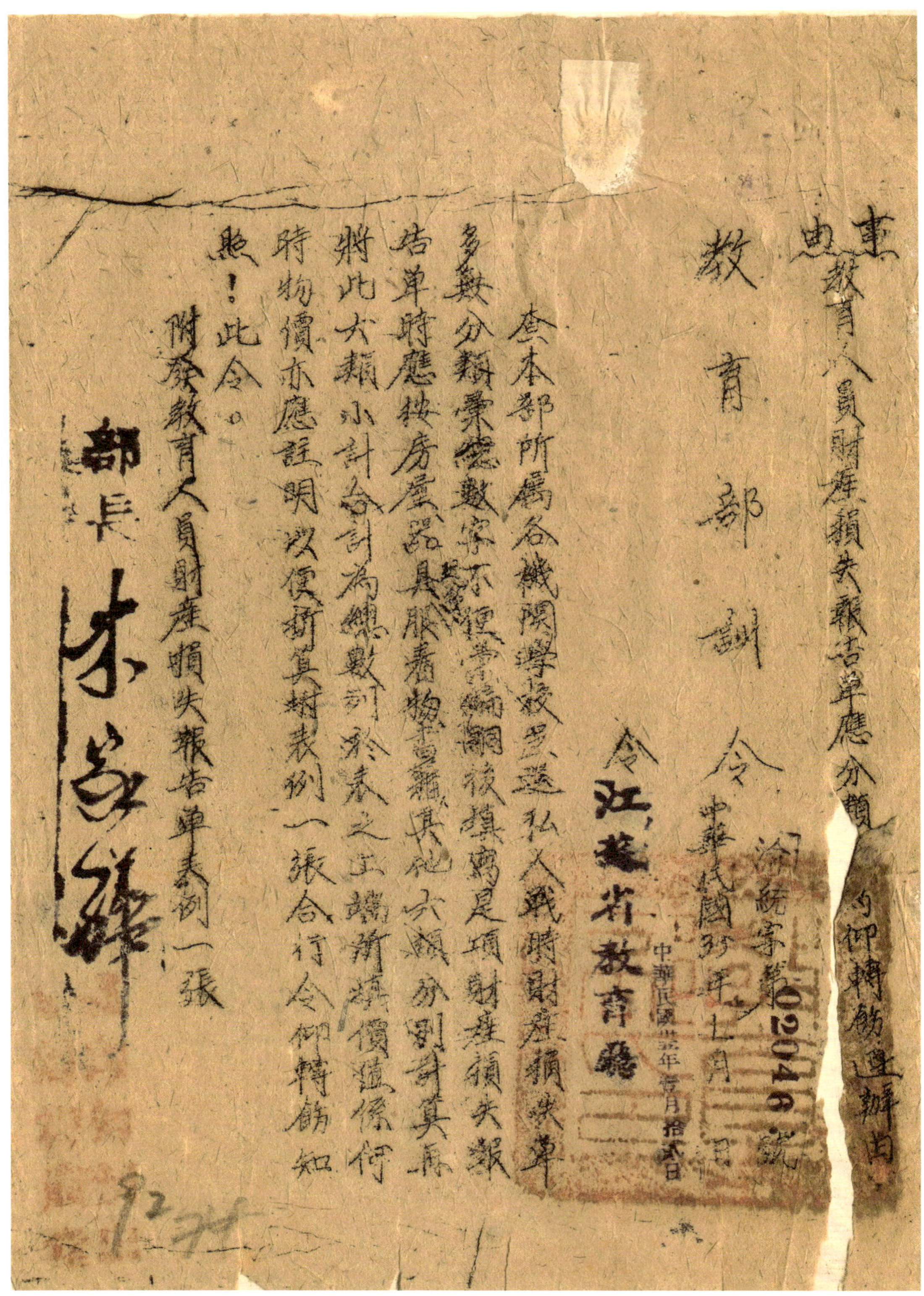

事由：教育人員財產損失報告單應分類□仰轉飭遵辦由

教育部訓令　渝統字第02046號

中華民國35年1月　日

令江蘇省教育廳

查本部所屬各機關學校暨公私人員戰時財產損失單多數分類彙總數字不便統計編制，嗣後填寫是項財產損失報告單時應按房屋、器具、服著物、書籍、其他六類分別計其原將此六類小計合計為總數列於表之末端，所填價值係何時物價亦應註明，以便折算。茲附表例一張，合行令仰轉飭知照！此令。

附發教育人員財產損失報告單表例一張

部長　朱家驊

中華民國卅五年壹月拾貳日

江苏省教育厅致省立各学校各级教育机关及各县政府的训令（一九四六年二月一日）

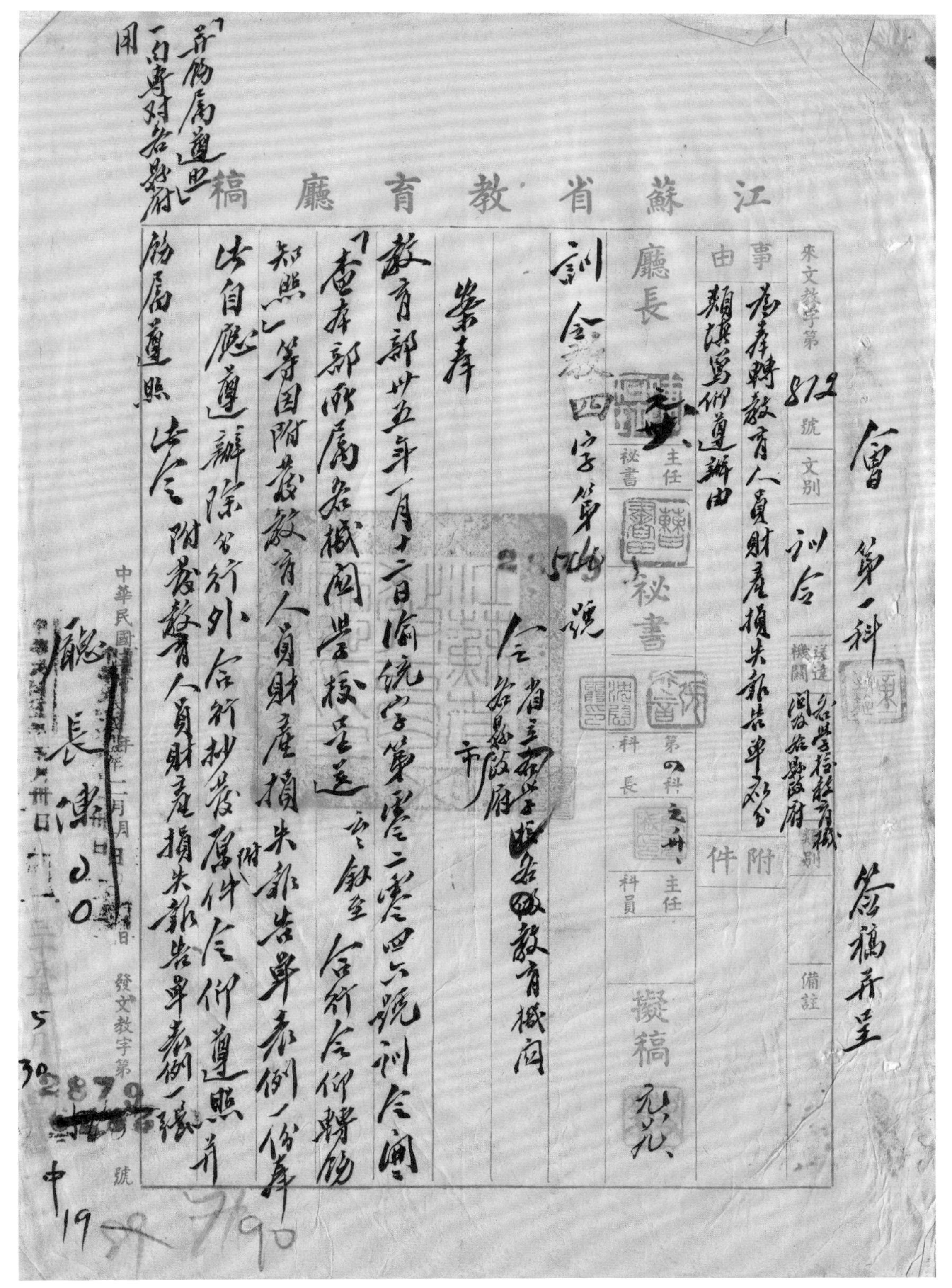

江苏省教育厅请补发教育人员财产损失报告单表例致教育部的代电（一九四六年四月十一日）

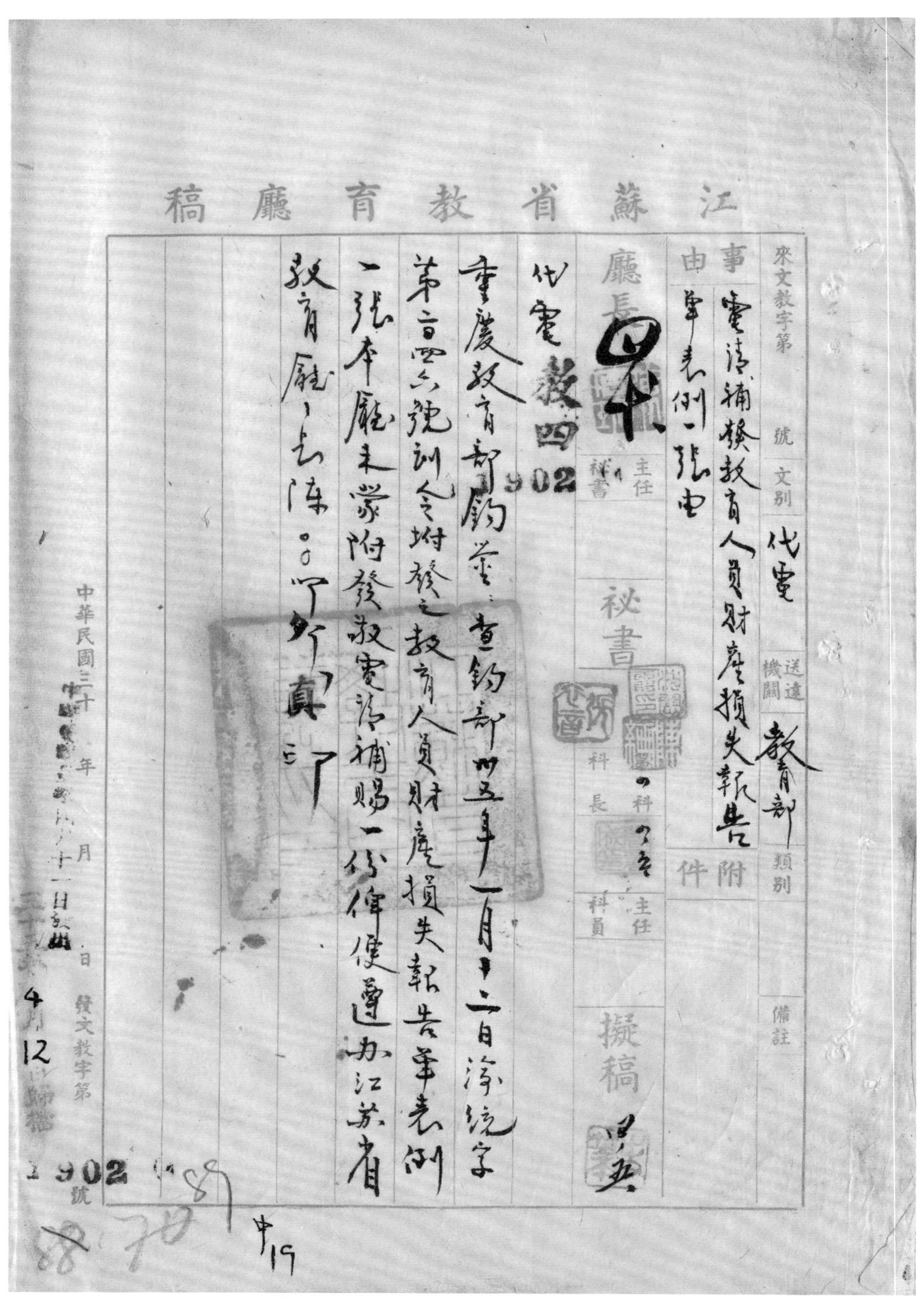

江蘇省教育廳稿

事由：電請補發教育人員財產損失報告單表例一張由

文別：代電

送達機關：教育部

廳長 代電 教四 902

重慶教育部鈞鑒：查鈞部卅五年一月十二日渝統字第1046號訓令附發之教育人員財產損失報告單表例一張，本廳未蒙附發，敬電請補賜一份，俾便遵辦。江蘇省教育廳。卯真。印

中華民國三十五年四月十一日

教育部致江苏省教育厅的指令（一九四六年五月十四日）

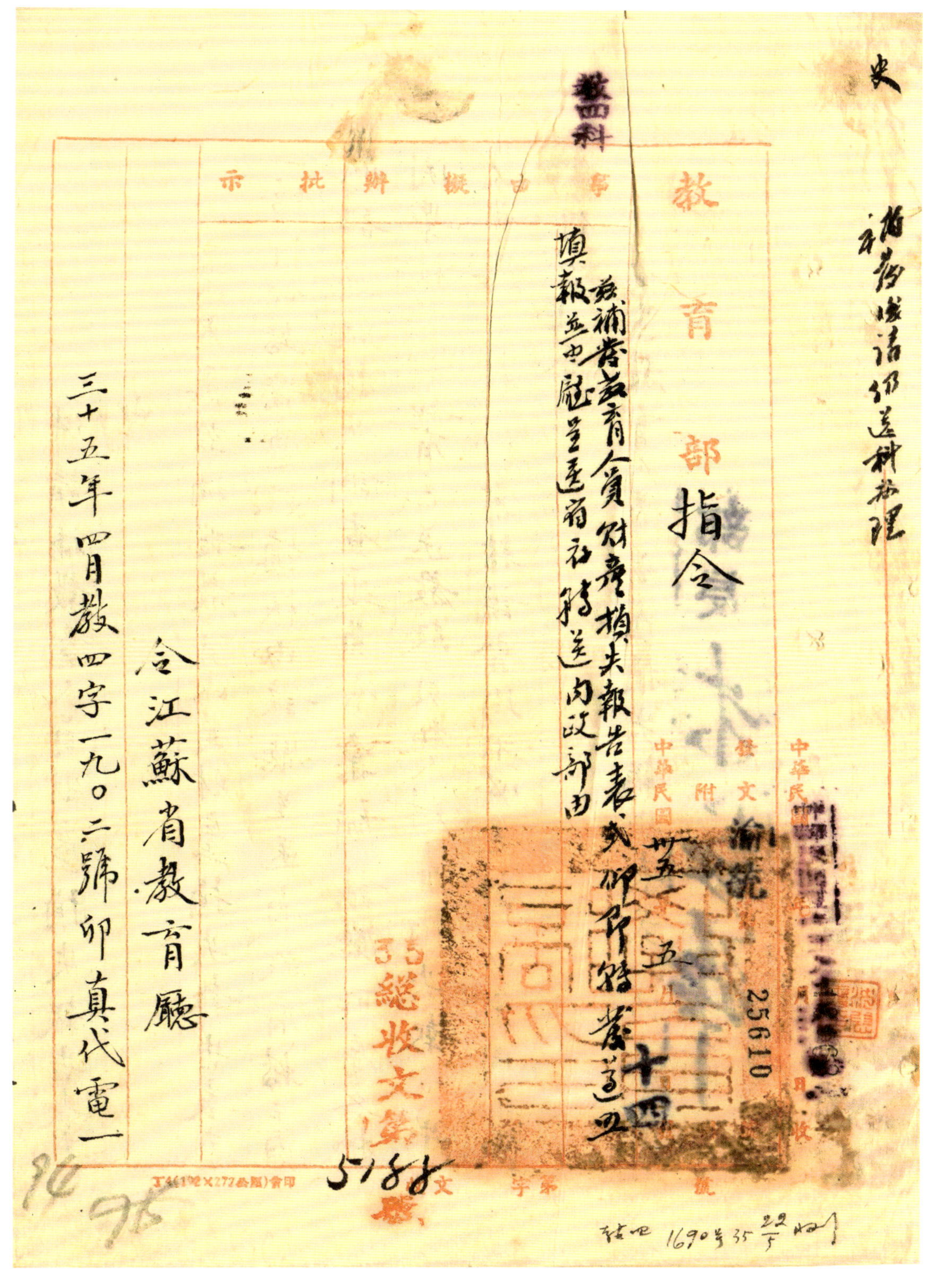

教育部指令

茲補發教育人員財產損失報告表式卅份仰即轉發查造並填報並由廳呈送前來轉送內政部由

令江蘇省教育廳

三十五年四月教四字一九〇二號卯真代電一

中華民國卅五年五月十四日

發文渝統字第25610號

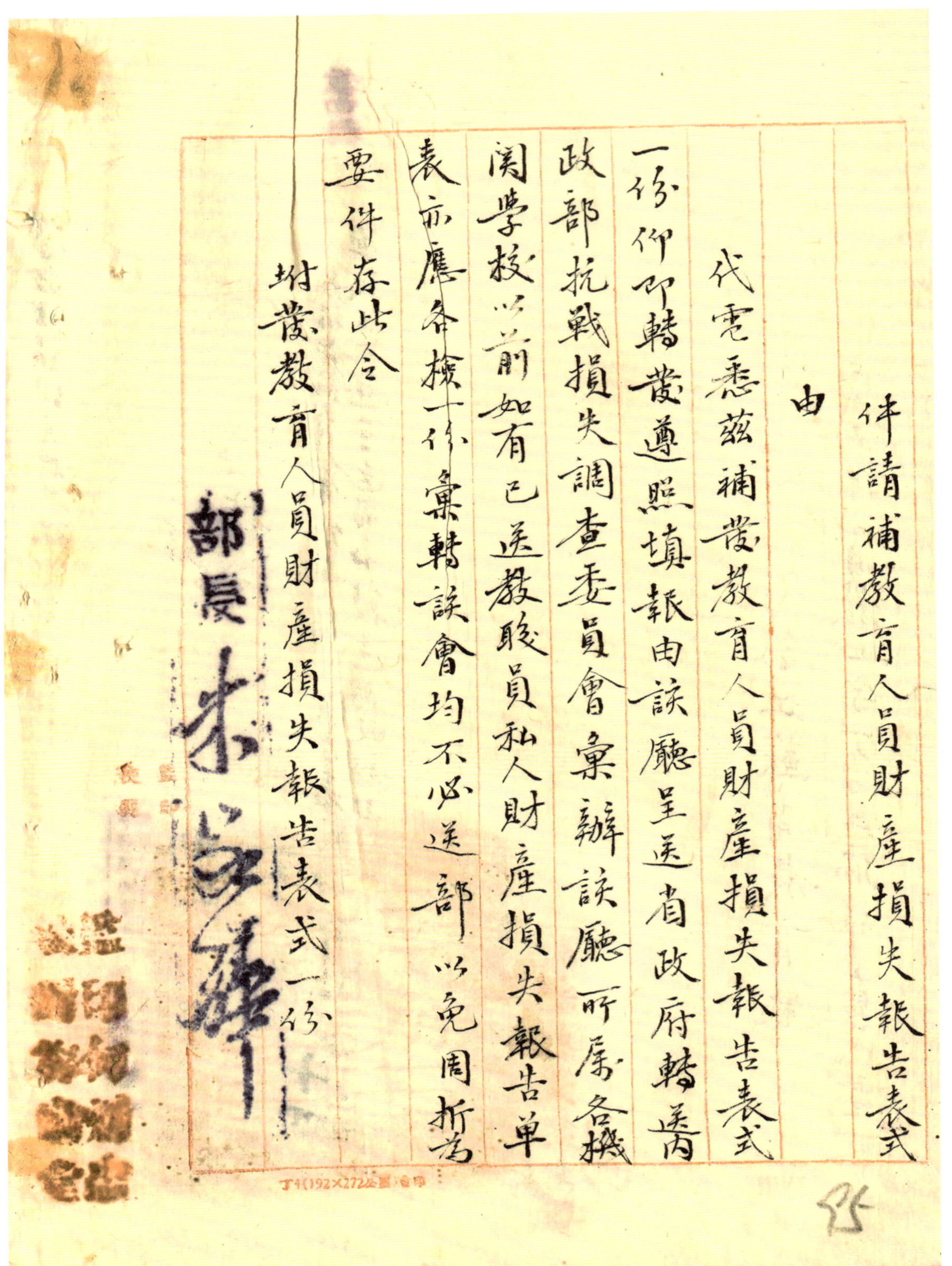

件 請補教育人員財產損失報告表式

由

代電悉，茲補發教育人員財產損失報告表式一份，仰即轉發遵照填報，由該廳呈送省政府轉送內政部抗戰損失調查委員會彙辦。該廳所屬各機關學校以前如有已送教職員私人財產損失報告單表，亦應各檢一份彙轉該會，均不必送部，以免周折，為要。件存此令。

附發教育人員財產損失報告表式一份

部長 朱家驊

丁4(192×272公厘)自印

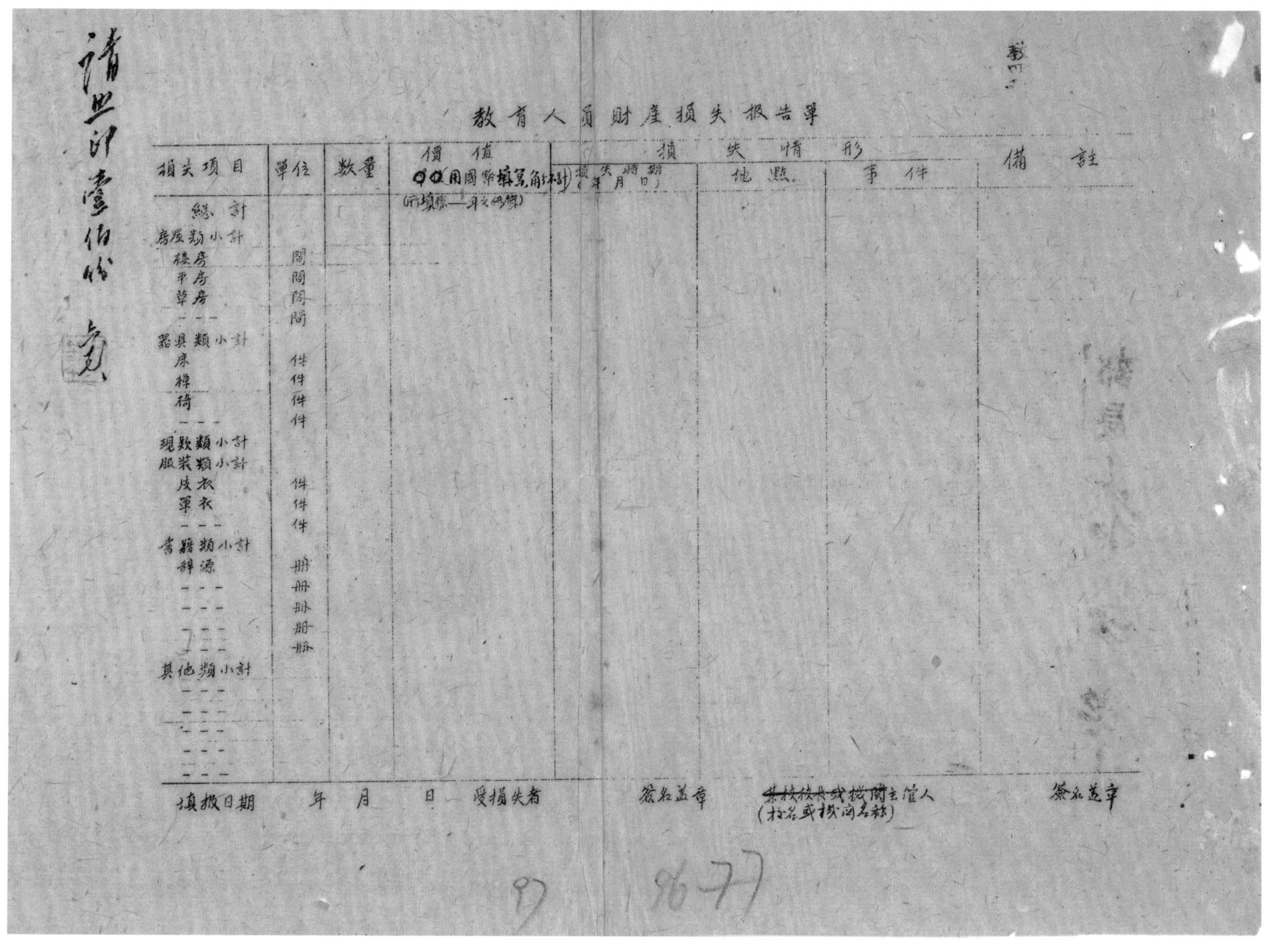

教育人員財產損失報告單

損失項目	單位	數量	價值（國幣元角分計）	損失情形 損失時期（年月日）	地點	事件	備註
總計							
房屋類小計							
樓房	間						
平房	間						
草房	間						
---	間						
器具類小計							
床	件						
桌	件						
椅	件						
---	件						
現款類小計							
服裝類小計							
皮衣	件						
單衣	件						
---	件						
書籍類小計							
碑帖	册						
---	册						
---	册						
---	册						
---	册						
其他類小計							

填報日期　　年　　月　　日　　受損失者　　　簽名蓋章　　　主管人（校名或機關名稱）　　　簽名蓋章

江苏省政府、江苏省教育厅等关于调查敌人罪行及战时公私财产损失的训令（一九四六年一月二十五日至二月九日）

江苏省政府致省教育厅的训令（一九四六年一月二十五日）

江蘇省政府訓令　（卅五）府財三字第一八〇號

中華民國三十五年一月　日

事由：為奉令調查敵人罪行及戰時公私財產損失令仰切實遵辦並轉飭所屬一體遵辦具報由

令教育廳

案奉

行政院平捌字第（17997）號訓令內開：

「前奉

委員長蔣本年巳屆侍秘字第二八〇三號代電調查敵軍罪行工作務於八月以前辦竣，又戰時公私財產損失調查各有關機關應儘量會同辦理等因。關於敵人罪行之調查經令司法行政及外交兩部負責辦理，關於戰時公私財產損失之調查經令內政軍政外交教育及司法行政等部會同辦理，並於本年六月二十一日以平捌字第13313號訓令飭由該省政府對於各項工作切實協助辦理在案。現敵人已正式無條件投降，前兩項工作亟待加緊進行，以赴事機。除分行外，合亟令仰轉飭所屬一體遵辦為要。」

等因。奉此，自應遵辦。除分行外，合亟令仰遵照，速切實遵辦並轉飭所屬一體遵照，速切實遵辦具報為要。

此令。

主席　王懋功

中華民國卅五年一月廿五日

江苏省教育厅致各县政府、中小学等的训令（一九四六年二月九日）

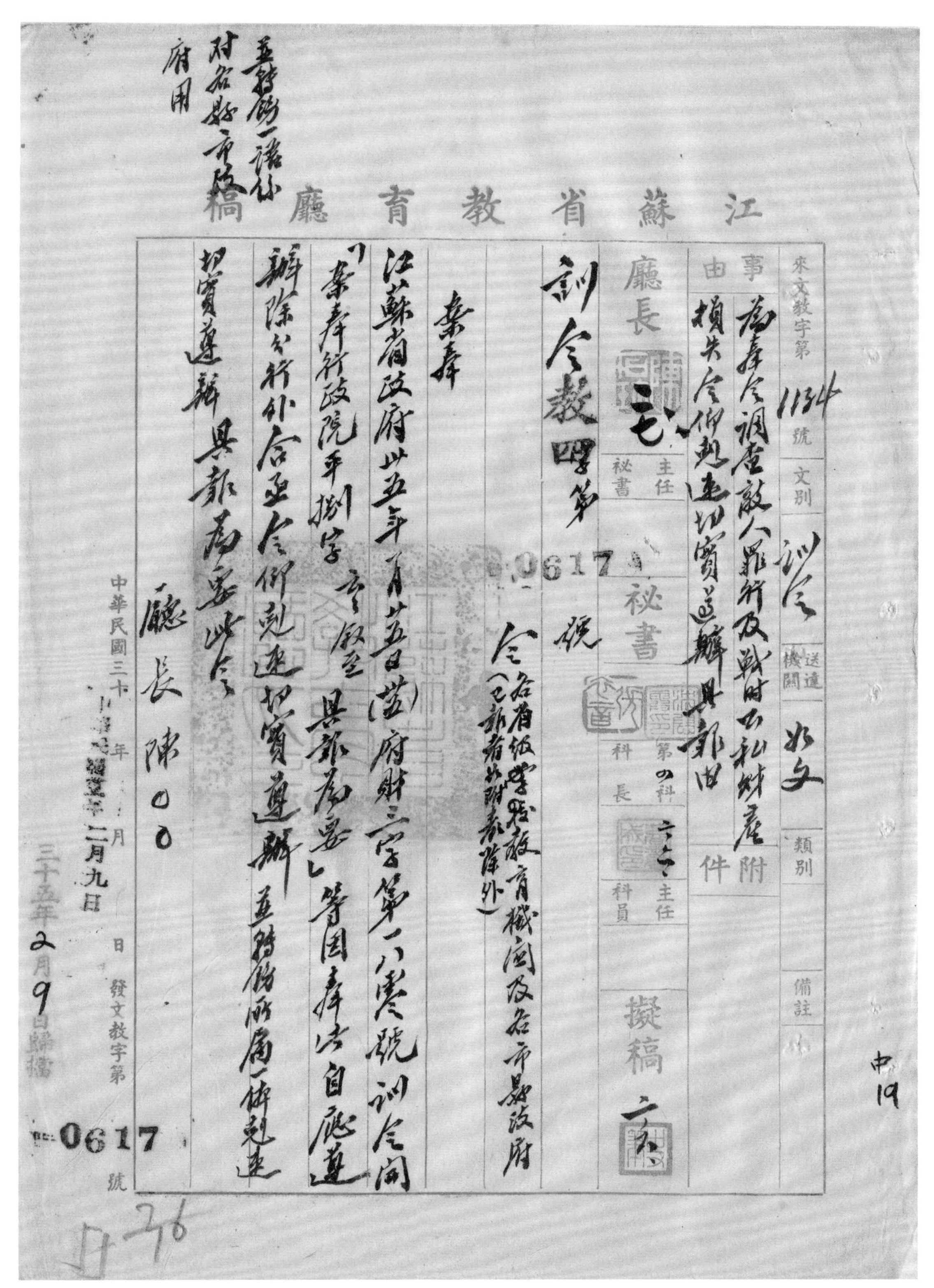

江蘇省教育廳稿

來文教字第1134號　文別：訓令　送達機關：水文　類別　備註

事由：為奉令調查敵人罪行及戰時公私財產損失令仰趕速切實遵辦具報由

廳長　主任秘書　秘書　第四科科長　主任科員　擬稿

訓令教四字第0617號

令各省級學校、教育機關及各市縣政府（已郵寄此附表除外）

案奉

江蘇省政府卅五年一月廿四日蘇府財二字第一八零號訓令開：「案奉行政院平捌字　令飭查　具報為要」等因。奉此，自應遵辦。除分行外，合亟令仰趕速切實遵辦，並轉飭所屬一體趕速切實遵辦具報為要。此令。

並轉飭一體遵辦　村名鄉市政府用

廳長　陳〇〇

中華民國三十五年二月九日　發文教字第0617號

三十五年2月9日歸檔

又郵各單位

江陰縣政府、上海中學、蠶絲專科、無錫師範、

鎮江縣政府、揚州中學、蘇州實小、淮安中學、

省蘇州圖書館、鎮江民教館、蘇州中學、鎮江實小、

太倉縣政府、太倉師範、上海實小、常州中學、

寶應縣政府、蕭縣縣政府、嘉定縣政府、睢寧縣政府

1637

江苏省政府关于抄发抗战损失调查实施要点及调查办法查报须知致教育厅的训令（一九四六年二月二十七日）

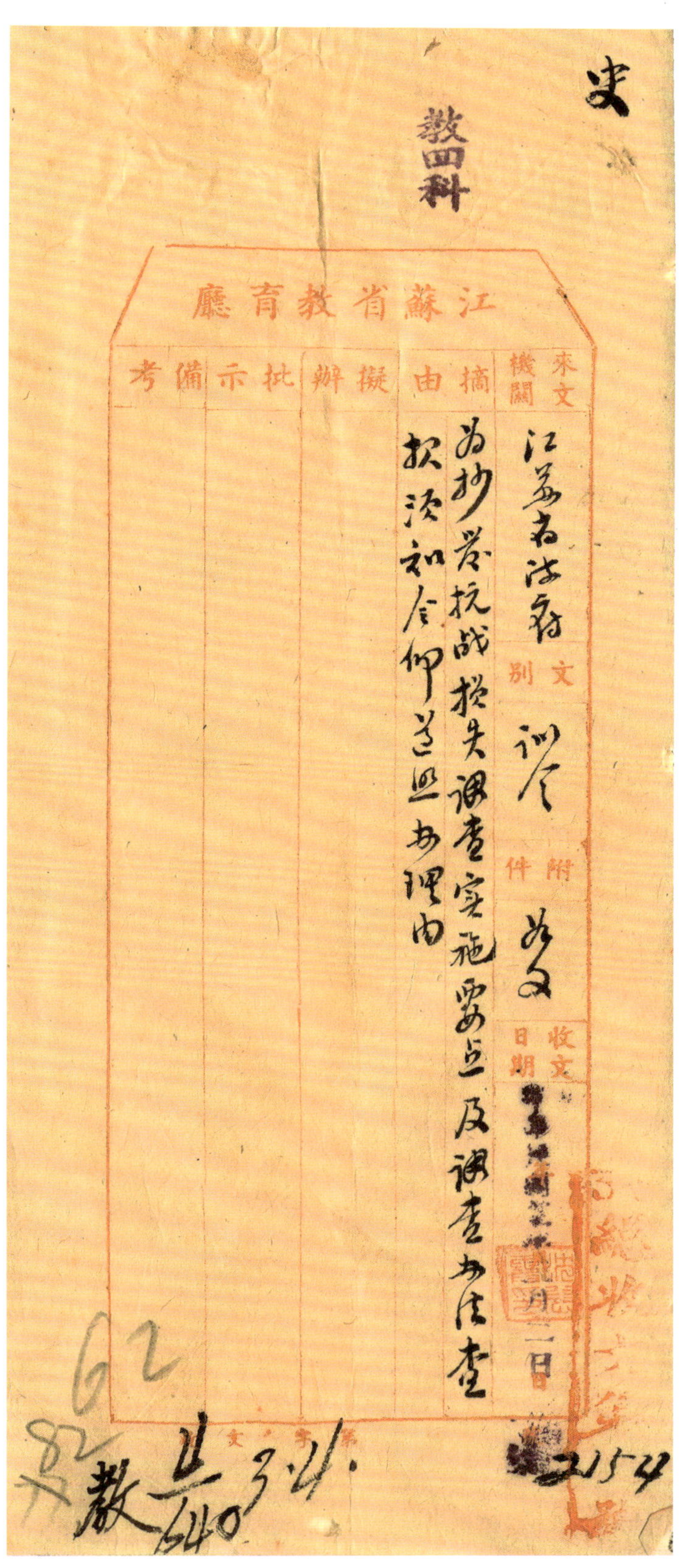

史

教四科

江蘇省教育廳

來文機關	文別	附件	收文日期
江苏省政府	训令	如文	[illegible]

摘由：为抄发抗战损失调查实施要点及调查办法查报须知令仰遵照办理由

擬辦

批示

備考

2154

教 640 3.21.

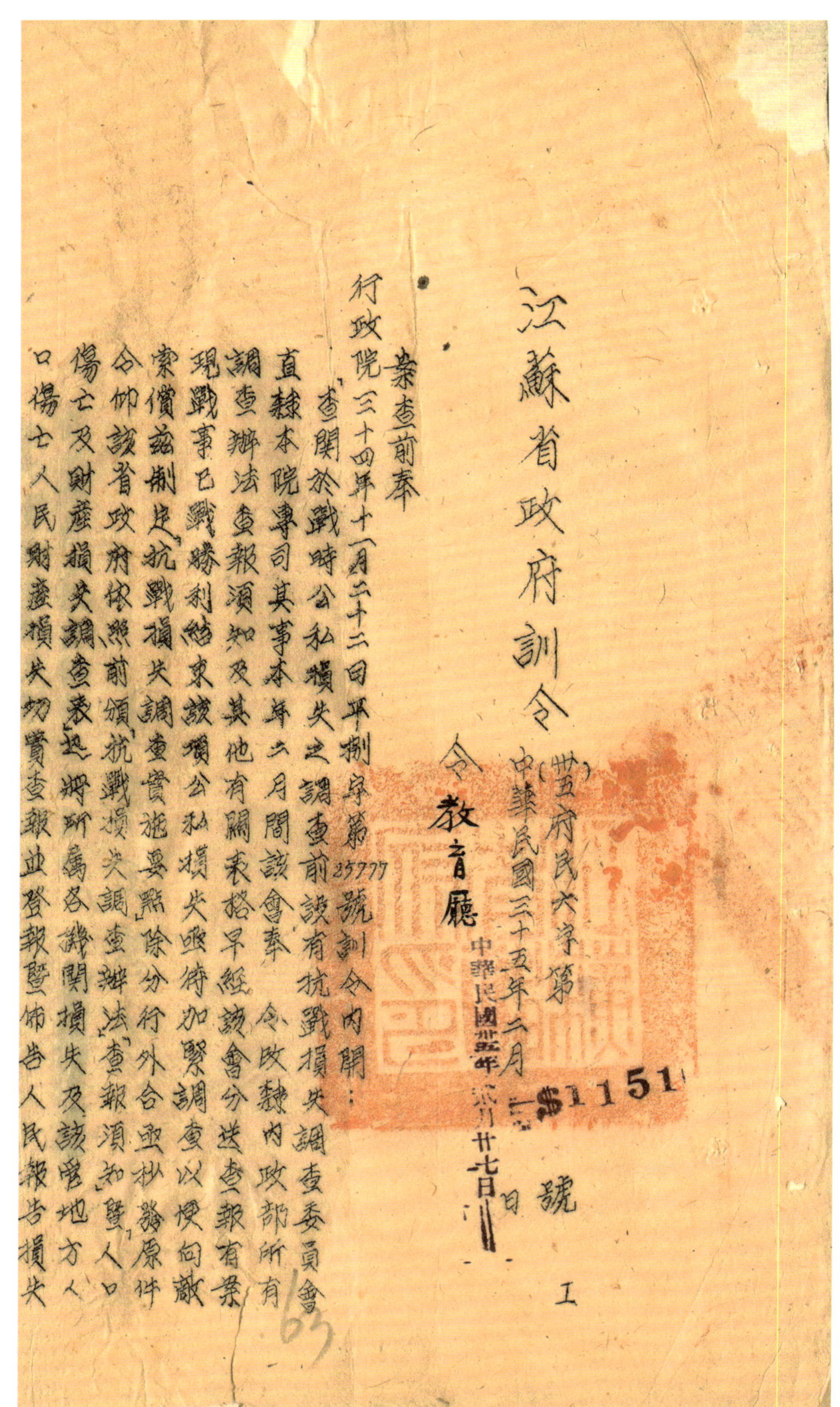

江蘇省政府訓令

（卅五）府民六字第 號

中華民國三十五年二月 日

令教育廳

案查前奉

行政院（三十四年十一月二十二日平捌字第25777號訓令內開：

"查關於戰時公私損失之調查前設有抗戰損失調查委員會直隸本院專司其事本年六月間該會奉令改隸內政部所有調查辦法查報須知及其他有關表格早經該會分送查報有案現戰事已戰勝利結束該項公私損失亟待加緊調查以便向敵索償茲制定「抗戰損失調查實施要點」除分行外合亟抄發原件令仰該省政府依照前頒「抗戰損失調查辦法」、「查報須知」暨「人口傷亡及財產損失調查表」式，將所屬各機關損失及該管地方人口傷亡人民財產損失切實查報並登報暨佈告人民報告損失

中華民國卅五年二月廿七日

$11151

63

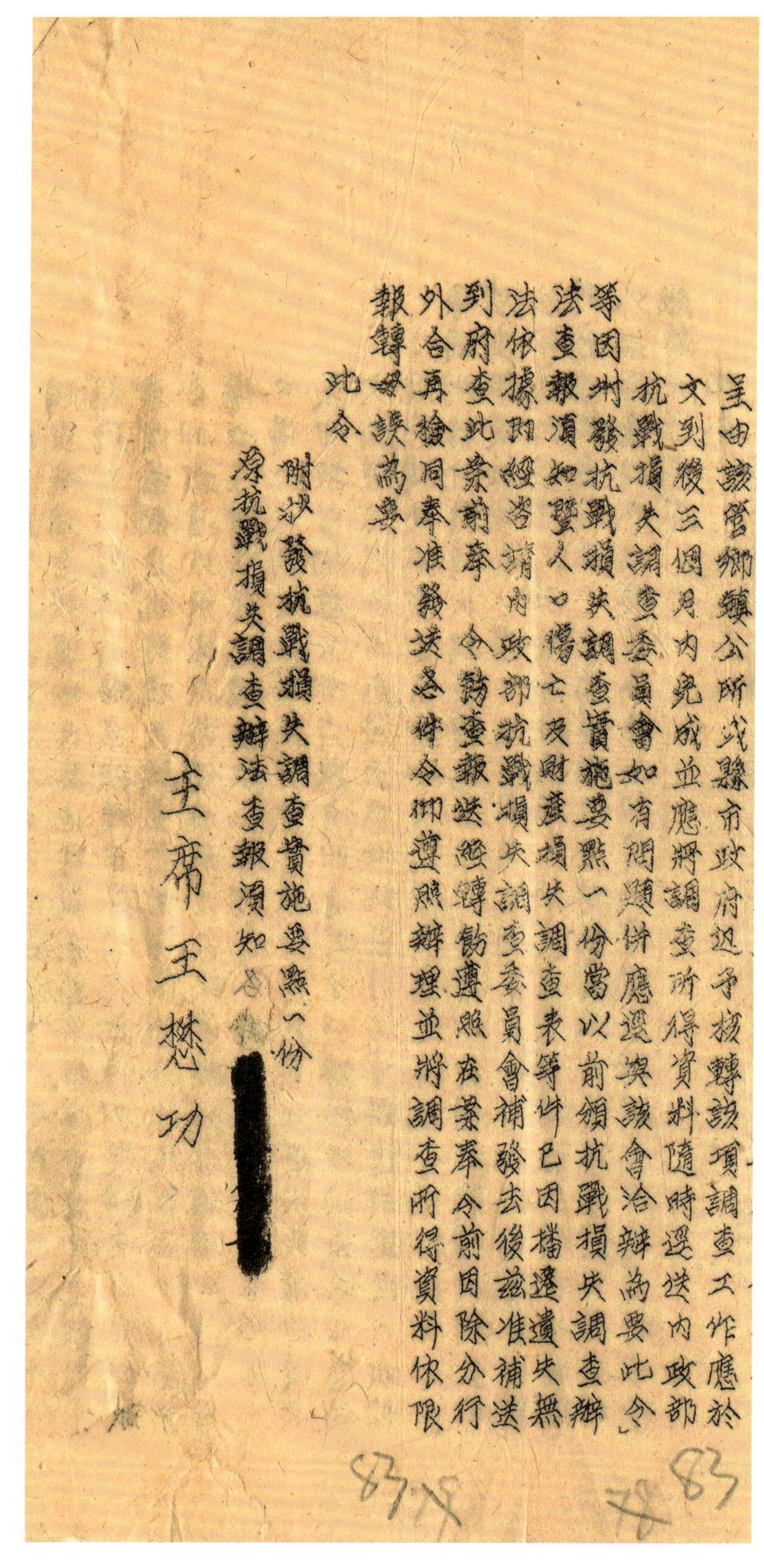

呈由該管鄉鎮公所或縣市政府迅予核轉該項調查工作應於
文到後三個月內完成並應將調查所得資料隨時逕送內政部
抗戰損失調查委員會如有問題併應逕與該會洽辦為要此令」
等因附發抗戰損失調查實施要點一份當以前頒抗戰損失調查辦
法查報須知暨人口傷亡及財產損失調查表等件已因播遷遺失無
法依據現經呈請內政部抗戰損失調查委員會補發去後茲准補送
到府查此案前奉 令飭查報送經轉飭遵照在案奉令前因除分行
外合再檢同奉准發送各件令仰遵照辦理並將調查所得資料依限
報轉毋誤為要
此令

附抄發抗戰損失調查實施要點一份
原抗戰損失調查辦法查報須知各件

主席王懋功

附：抗战损失调查实施要点

抗戰損失調查實施要點

I.

一、有關全國性事業上之損失應由中央有關機關分別調查彙送內政部抗戰損失調查委員會

甲、屬於經濟部調查之事項

（一）敵人毀壞及攫奪公營及民營工礦事業之損失

（二）敵人開採天然資源之損失

（三）因敵人經營工礦商業及其他生產事業所受之損失

（四）敵人徵發及套購物資之損失

乙、屬於交通部調查之事項

（一）鐵路公路航業航空郵電及其他交通工具之損失

（二）因敵人經營交通事業所受之損失

丙、屬於財政部調查之事項

（一）敵偽徵收稅捐之損失

（二）敵偽破壞金融之損失

（三）敵偽發行鈔票所受之損失

（四）敵國公私機關團體或人民所欠中國公私機關團體或人民債務之損失

丁、屬於教育部調查之事項

（一）公立或私立各級學校財產之損失

（二）公私教育機關之損失

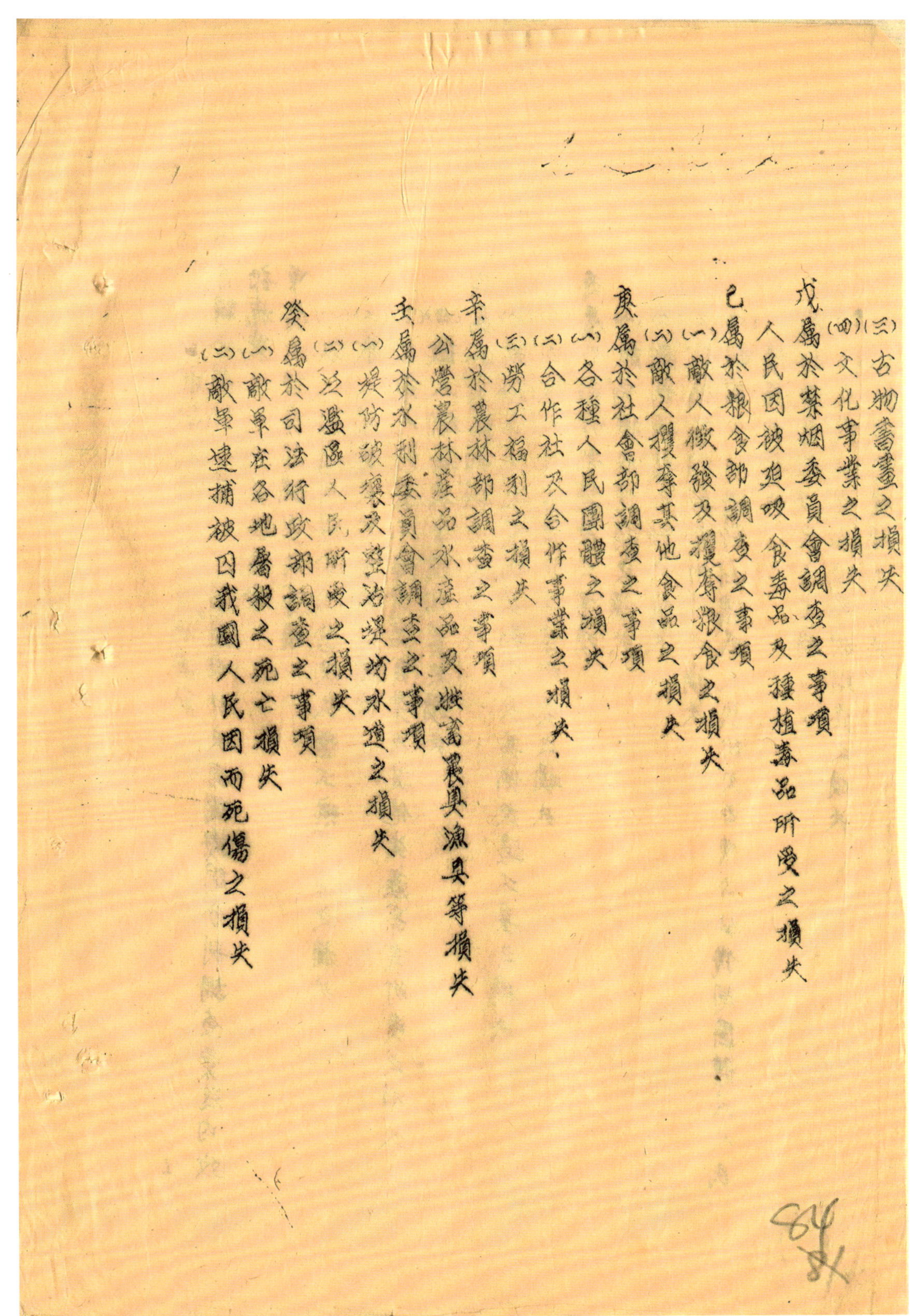
(三)古物書畫之損失
(四)文化事業之損失
戊屬於禁烟委員會調查之事項
人民因被迫吸食毒品及種植毒品所受之損失
己屬於糧食部調查之事項
(一)敵人徵發及擄奪糧食之損失
(二)敵人擄奪其他食品之損失
庚屬於社會部調查之事項
(一)各種人民團體之損失
(二)合作社及合作事業之損失、
(三)勞工福利之損失
辛屬於農林部調查之事項
公營農林産品水産品及耕畜農具漁具等損失
壬屬於水利委員會調查之事項
(一)堤防破壞及整治堤坊水道之損失
(二)泛濫區人民所受之損失
癸屬於司法行政部調查之事項
(一)敵軍在各地屠殺之死亡損失
(二)敵軍逮捕被囚我國人民因而死傷之損失

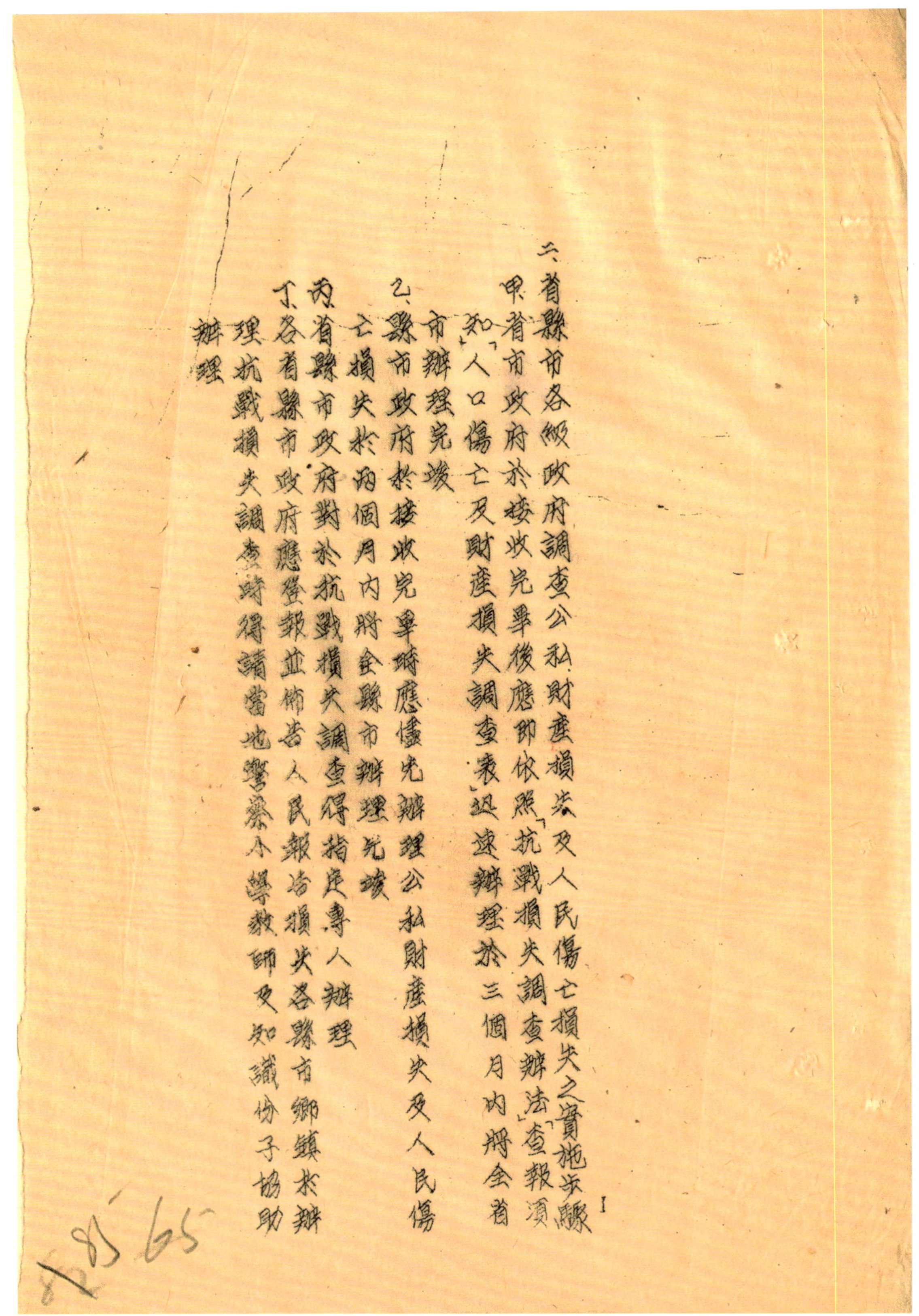

六、省縣市各級政府調查公私財產損失及人民傷亡損失之實施步驟

甲、省市政府於接收完畢後應即依照「抗戰損失調查辦法」「查報須知」「人口傷亡及財產損失調查表」迅速辦理於三個月內將全省市辦理完竣

乙、縣市政府於接收完畢時應儘先辦理公私財產損失及人民傷亡損失於兩個月內將全縣市辦理完竣

丙、省縣市政府對於抗戰損失調查得指定專人辦理

丁、各省縣市政府應登報並佈告人民報告損失各縣市鄉鎮於辦理抗戰損失調查時得請當地警察小學教師及知識份子協助辦理

8565

江苏省教育厅关于转令查报战时损失致公私立各级学校、省教育机关及各市县政府或教育局的训令（一九四六年三月十一日）

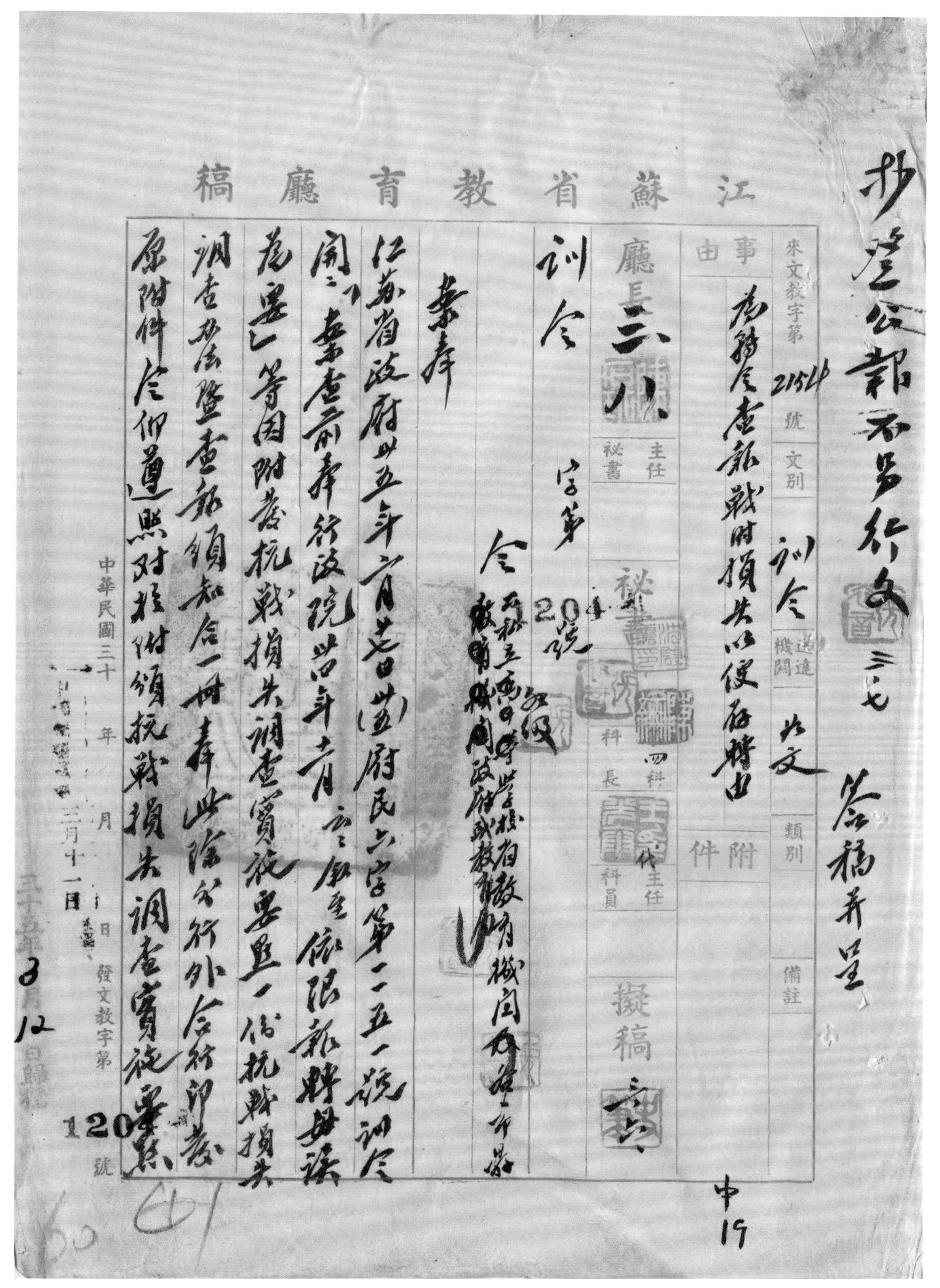

江蘇省教育廳稿

事由：為轉令查報戰時損失以便彙辦由

來文教字第 21514 號

文別：訓令

送達機關：如文

類別

備註

附件

廳長

主任秘書

科長

科員

擬稿

訓令 字第 號

令

案奉

江蘇省政府卅五年二月廿日(五)府民六字第一一五一號訓令

中華民國三十五年三月十一日

發文教字第 120 號

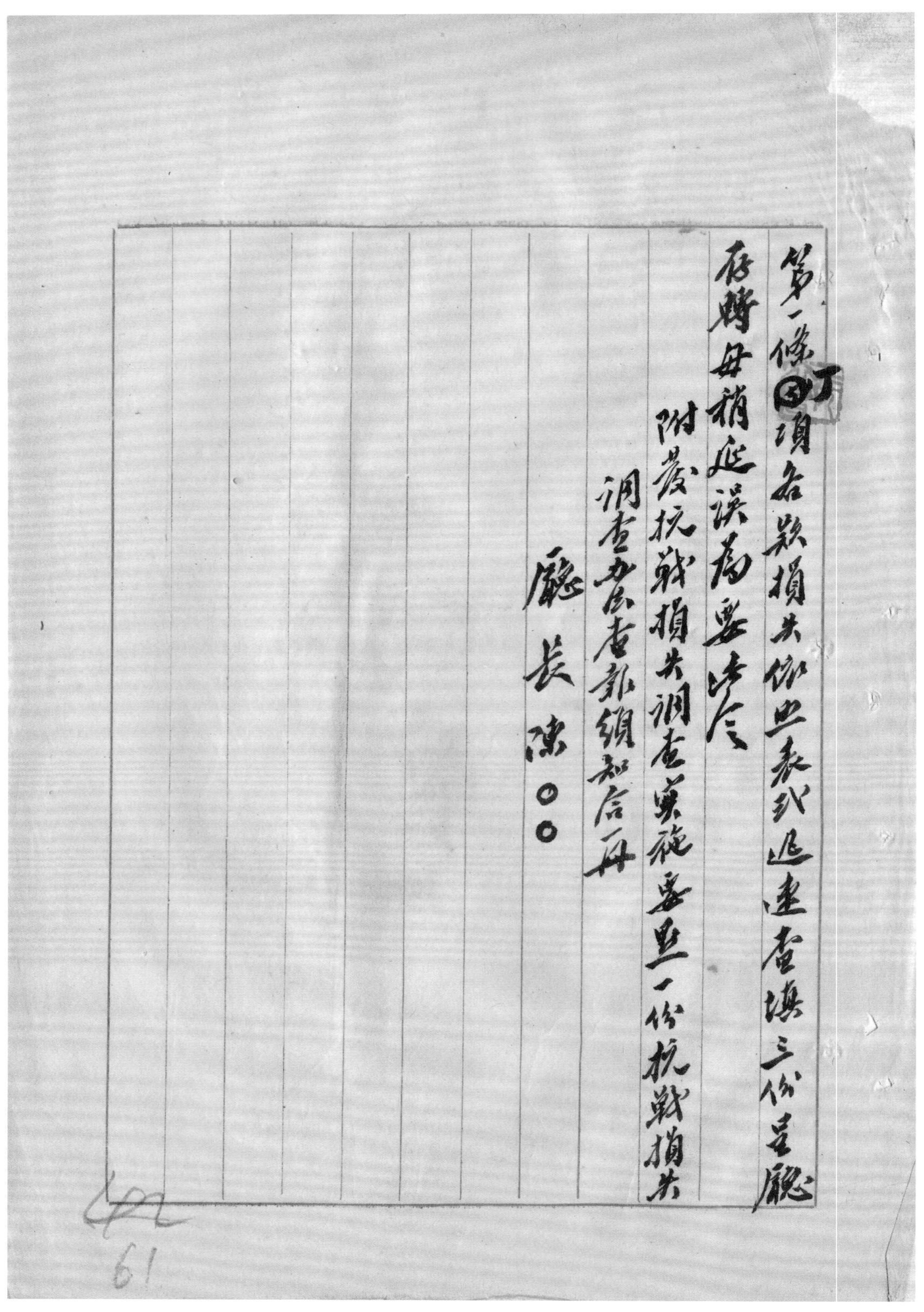

第一條(四)項各縣損失依照表式迅速查填三份呈廳
存轉毋稍延誤爲要此令
附發抗戰損失調查實施要點一份抗戰損失
調查办法查報須知各一册
廳長 陳○○

附：抗战损失调查办法、抗战损失查报须知（一九四五年九月）

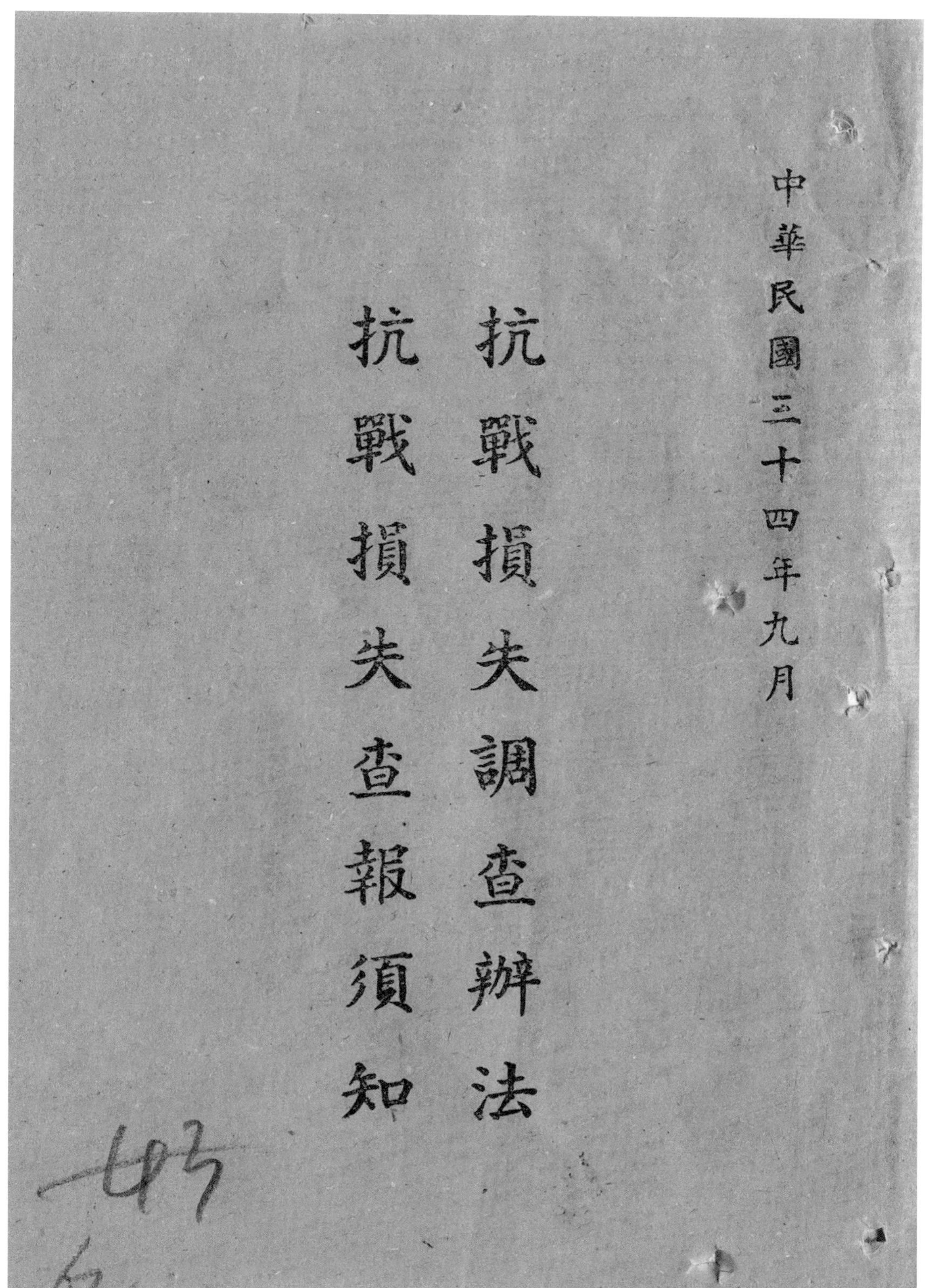

抗戰損失調查辦法

抗戰損失查報須知

中華民國三十四年九月

抗戰損失調查辦法

三十四年九月二十一內政部抗戰損失調查委員會第一次委員會會議修正

第一條 自九一八事變日起凡在中華民國領土內所有中國之公私機關團體或人民因抗戰被敵偽侵佔或徵發破壞轟炸搶劫姦擄等暴行遭受之損失或中國在敵國領土及其佔領區內遭受之損失應由中央及地方有關機關依左列各款調查函送內政部抗戰損失調查委員會（以下簡稱本會）並得委託其他機關或延聘中外人士担任查報與通訊

一、人民傷亡之損失

二、人民私有財產之損失

三、中央省縣各級政府及其所屬機關公有財產之損失

四、公立或私立各級學校財產之損失

五、公營或民營事業財產之損失

六、人民團體之損失

七、古物書畫之損失

一

八、關於國家經常歲入減少之損失

九、關於國家經常歲出或臨時支出增加之損失

十、關於淪陷區天然資源之損失

十一、關於淪陷區金融破壞之損失

十二、關於因敵人在淪陷區經營工礦交通及其他生產事業所受之損失

十三、關於中國之公私機關團體或人民在敵國領土及其佔領區內之損失

十四、關於敵國公私機關團體或人民所欠中國公私機關團體或人民債務之損失

十五、關於人民在淪陷區因被迫吸食毒品及種植毒品之損失

十六、其他損失

第二條　前條規定各款之損失應由各主管機關督飭所屬切實調查並依照其報告書（式）轉送本會審核

說明

前項所稱主管機關在中央為各部會署處在省（市）為省（市）政府

第三條　各機關損失之報告書（式）由主管機關依照表式將損失名稱數量等分類列報具有價值可計

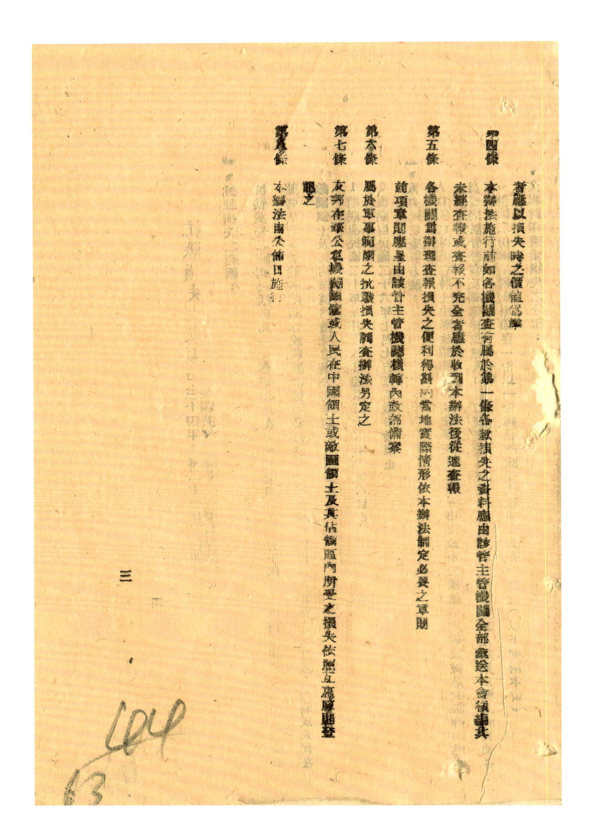

者應以損失時之價值爲準

第四條　本辦法施行前如各機關查有屬於第一條各款損失之資料應由該管主管機關全部彙送本會核辦其未經查報或查報不完全者應於收到本辦法後從速查報

第五條　各機關爲辦理查報損失之便利得斟酌當地實際情形依本辦法制定必要之章則

前項章則應呈由該管主管機關核轉內政部備案

第六條　屬於軍事範圍之抗戰損失調查辦法另定之

第七條　友邦在華公私機關團體或人民在中國領土或敵國領土及其佔領區內所受之損失依照互惠原則登記之

第八條　本辦法由公佈日施行

三

404

63

抗戰損失查報須知

三十四年九月二十一日內政部抗戰損失調查委員會第一次委員會議修正

一、抗戰損失之範圍：

抗戰損失之範圍包括自九一八事變起凡在中華民國領土內所有中國之公私機關團體或人民因抗戰被敵強佔奪取轟發破壞轟炸或殺戮姦擄等暴行遭受之損失或中國與友邦在華之公私團體機關或人民在敵國領土及其佔領區內遭受之損失其時期之分劃如左：

1前期自民國二十年九月十八日起至二十六年七月六日止

2後期自民國二十六年七月七日起至戰爭結束止

二、人口傷亡查報方法，

人口傷亡除傷亡將士由軍政部督飭各部隊調查外概由各市縣政府於被敵軍攻擊或被敵機轟炸地點派員督同該管警察及鄉鎮長依照人口傷亡調查表（表式一）逐戶調查據實填載三份報由縣市政府抽存一份以二份轉呈省政府抽存一份以一份轉送內政部抗戰損失調查委員會（以下簡稱本會）

、公私財產直接損失之分類：

64

公私財產直接損失除關於軍事方面者統由軍政部暨所屬機關部隊查報外約分左列各類

1 人民傷亡之損失

2 人民私有財產之損失

3 中央省縣各級政府及其所屬機關公有財產之損失

4 公立或私立各級學校財產之損失

5 公營或民營事業財產之損失

6 人民團體財產之損失

7 古物書籍之損失

8 關於國家經常歲入減少之損失

9 關於國家經常歲出或臨時支出增加之損失

10 關於收復區天然資源之損失

11 關於收復區金融破壞之損失

12 關於因敵人在淪陷區經營礦交通及其他生產事業所受之損失

13 關於中國之公私機關團體或人民在敵國領土及佔領區內之損失

14 關於敵國公私機關團體或個人所欠中國公私機關團體或人民債務之損失

15 關於人民在淪陷區內被迫吸食毒品及種植毒品所受之損失

16 其他損失

四、財產直接損失查報方法：

1 第三條各款之損失屬於中央各級機關者由中央機關學校或事業之主辦人員於被敵軍攻擊或敵機轟炸財產受有損失時填具財產損失報告單（表式（二））二份報告主管部會以一份抽存一份轉送本會如係公有財產損失并應根據上項報告單填列彙報表（表式3——17）（但如有官商合辦事業遭受損失其商股名下應將損失數目另填一表彙報私立專科以上學校損失亦應與國立學校損失分別彙報以免公私混淆）二份報告主管部會以一份抽存一份轉送本會如各該部會本身受有損失亦應填列單表逕送本會

2 第三條各款之損失屬於省市各機關學校或事業之主管人員於被敵軍攻擊或敵機轟炸財產受有損失時應填具財產損失報告單（表式（二））二份報告省市政府以一份抽存一份轉送本會若係

公有財產損失並應根據上項報告單填列彙報表（表式3——17）（但如有官商合辦事業遭受損失其商股名下應攤損失數目應另行列表彙報私立中等學校損失亦應與省市立學校損失分別彙報以免公私混淆）二份報告省市政府以一份抽存一份轉送本會如該省市政府本身受有損失亦應填具單表函送本會

3 第三條各款之損失屬於縣市機關者由各縣市機關學校或事業之主辦人員於被敵軍攻擊或敵機轟炸財產受有損失時填具財產損失報告單（表式2）三份報告縣市政府一份抽存二份轉呈省政府一份抽存一份轉送本會如係公有財產損失並應根據上項報告單填列彙報表（表式3——13）（但如有官商合辦事業遭受損失其商股名下應攤損失數目應另列一表彙報私立學校損失亦應與縣市立學校及鄉鎮保小學損失分別彙報以免公私混淆）三份報告縣市政府以一份抽存二份轉呈省政府以一份抽存一份轉送本會如該縣市政府本身受有損失亦應填具單表各二份呈送省政府以一份抽存一份轉送本會敵人攻擊轟炸以前關於公有建築物等自我破壞之損失應由主管機關及所在地縣市政府負責列報

4 第三條各款之損失屬於人民及團體者由各縣市政府於被敵軍攻擊或敵機轟炸地點派員前往督同該

七

管警察鄉鎮長及農工商會等團體令受損失之人民團體據實填具財產損失報告單（表式2）三份交
由該管鄉鎮長或所屬團體加章轉報縣市政府（如不能覓得物主時可由鄰居同業或保甲長代爲塡報
）以一份抽存二份轉呈省政府以一份抽存一份轉送本會但銀行業之損失得以三份報由銀行公會以
一份抽存二份轉呈財政部以一份抽存一份轉送本會

5 官商合辦之事業其官股如原由國庫支出者則視爲國營事業其損失逕報主管部會其官股如係省款或
市縣款則視爲省營或縣市營事業其損失報告省或市縣政府但各項附註官股或商股成分該部會或
省市縣政府於彙報損失時對於此種官商合辦事業應將其各項損失數目按照官商股成份攤算將官股

6 應攤損失分別塡列財產損失彙報表以示區別

五、凡在機關學校或公營事業內服務員工及經營農工商業加入職業團體者如家屬有傷亡私人財產有損失
均可塡具表單（表式1及2）由服務之機關學校或團體等轉報其餘人民仍應自行向縣市政府或鄉鎮
公所呈報原籍淪陷者可向寄籍地市縣政府或鄉鎮公所具報惟均須注意不得重報服務機關學校團體之
主管人及縣市政府鄉鎮公所等應負審查之責。
呈報人口傷亡及財產損失表件時應儘量附呈證件由縣市政府鄉鎮公所等查驗蓋章發還並在原表上簽

以註明重要證件便於附送者應送本會。

七、佈告人民報告損失：

各地方人口傷亡及私有財產損失除由縣市政府依照四，五兩條辦法調查外並應佈告人民有上項損失者可向該管鄉鎮或所屬農工商會等團體報告以期周至。

八、間接損失之分類：

公私財產間接損失只查報左列三類。

1各機關各學校費用之增加。

2各種營業可獲純利額之減少及其費用之增加。

3傷亡人員之醫藥埋葬等費。

九、間接損失查報方法：

1關於各機關各學校因戰抗增加之支出如遷移費防空設備費疏散費救濟費撫卹費等應由各該機關學校之主辦人員將實在支出數目列表（表式18）分別報告主管部會及各省市縣政府（各部會直屬機關國立學校及私立專科以上學校報告主管部會省屬機關省立學校及私立中等學校報告省政府市或縣

九

屬機關市或縣立學校鄉鎮保小學及私立小學報告市或縣政府）各該部會及各該省縣市政府於收到所屬機關學校表報後應加入本機關間接損失彙列總表（表式18）（但私立學校之損失應與國省市縣立學校之損失分別列表以別公私）函送本會

2 各種營業可獲純利額之減少國營者應由該事業之主辦人員依後列計算方法覈實估計並查明因抗戰增加之費用（限於遷移費防空費救濟費撫卹費四項）列表（表式19）報告主管部會彙列總表（表式19）函送本會縣市營者則報由縣市政府彙列總表（表式19）二份以一份呈送本會以一份呈送該管省政府各民營者則由農工商等團體調查估計列表（表式20）報由縣市政府彙列總表（表式19）二份以一份送本會以一份送該管省政府備查官商合辦事業間接損失仍照四條5款所定辦法查報據

純利減少之計算方法

營業在戰前獲利而本年獲利較少者

1.營業進款淨數或營業虧損淨數＝營業進款與營業用款之差

可獲純利減少＝戰前三年營業進款淨數平均數－本年實際營業進款淨數（如無三年數字一年亦可但進款淨數有異常增減之趨勢須依照趨勢推算本年營業進款可能淨數）

營業在戰前獲利而本年虧損者用下式

2. 可獲純利減少＝戰前三年營業進款淨數平均數＋本年營業虧損淨數（如無三年數字一年亦可如進款淨數有長期增減之趨勢必須依照趨勢推算本年營業進款可能淨數）

營業在戰前虧損而本年虧損更多者用下式

3. 可獲純利減少＝本年營業虧損淨數—戰前三年營業虧損淨數平均數（如無三年數字一年亦可如進款淨數有長期虧損之趨勢須依照趨勢推算本年營業虧損可能淨數）

十、盟旗地方之損失查報：

蒙古各盟旗地方人員傷亡及公私財產直接間接損失由蒙藏委員會倣照以上各條辦法制定表式令飭各盟旗長官查報

十一、華僑損失之查報：

旅外華僑因抗戰遭受之損失由僑務委員會會同外交部制定表式查報之

十二、收復區損失之查報：

1. 收復地區應由該管市縣政府即時清查區內損失實情填具「收復地區內損失實情清查報告表」（

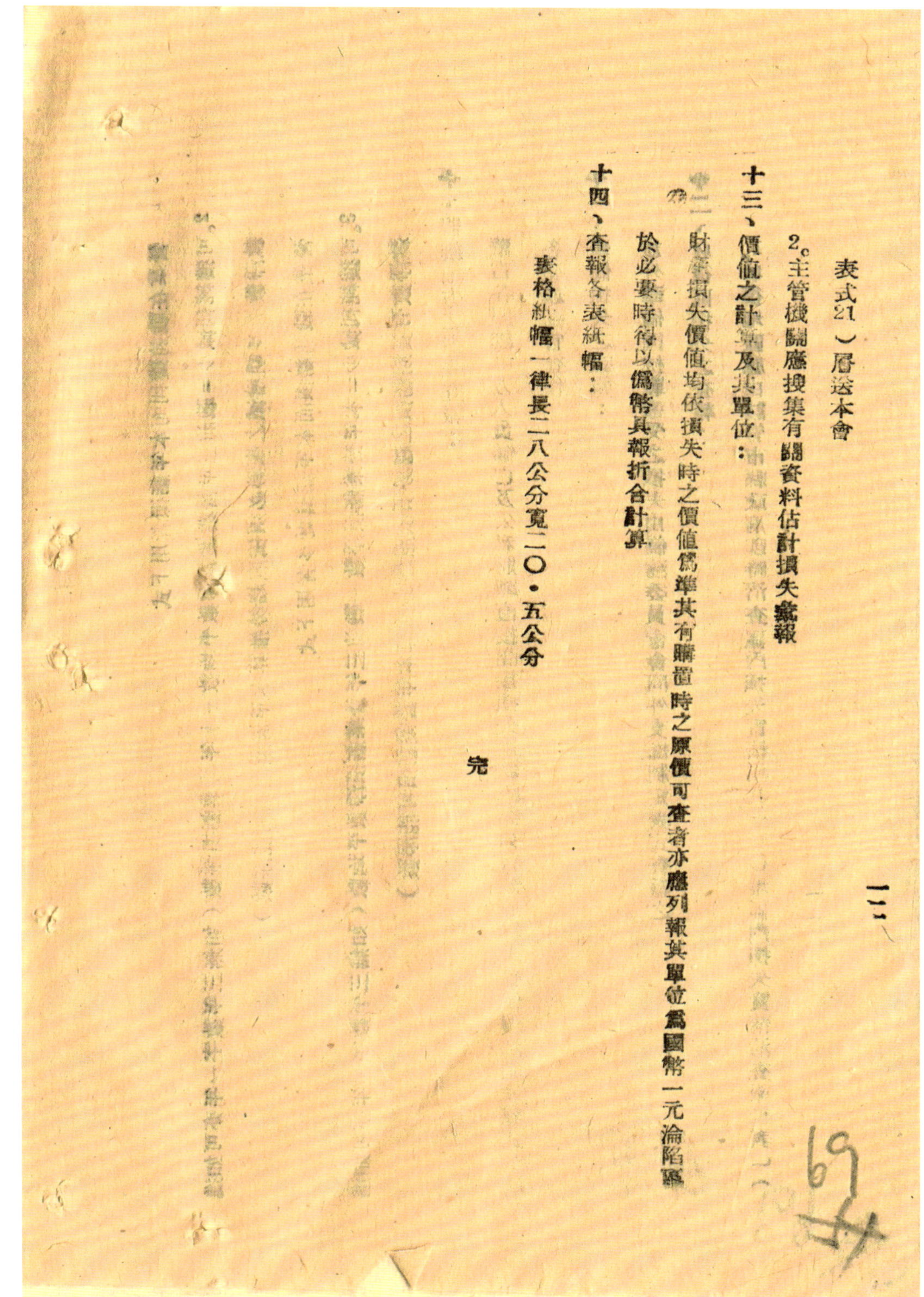

表式21）層送本會

2.主管機關應搜集有關資料估計損失彙報

十三、價值之計算及其單位：

財產損失價值均依損失時之價值爲準其有購置時之原價可查者亦應列報其單位爲國幣一元淪陷區於必要時得以僞幣具報折合計算

十四、查報各表紙幅：

表格紙幅一律長二八公分寬二〇・五公分

完

………………市人口傷亡調查表（表式1）

事件：
日期：
地點：

姓名	性別	職業	年齡	最高學歷	傷或亡	費用（國幣元）		證件
						醫藥	葬埋	

直轄機關學校團體或事業名稱　印信　填報者　姓名　服務處所與所任職務　通信地址　蓋章

說　　明

1.『事件』指發生損失之事件如日機轟炸日軍進攻等。
2.『日期』指事件發生之日期如某年某月某日或某年某月某日至某年某月某日。
3.『地點』指事件發生之地點如某市某縣某鄉某鎮某村等。
4.『職業』可分（1）農業（2）礦業（3）工業（4）商業（5）交通運輸業（6）公務（7）自由職業（8）人事服務（9）無業等類
5.『學歷』分為（1）大學（2）中學（3）小學及（4）其他視傷亡者最高之學歷屬於何種分別填列
6.『傷或亡』分為四種即（1）輕傷（2）重傷（3）死亡（4）失踪——包括被敵擄掠；所謂重傷即（子）毀敗一目或二目之視能（丑）毀敗一耳或二耳聽能（寅）毀敗語能味能或嗅能（卯）毀敗一肢以上機能（辰）毀敗生殖之機能（巳）其他與身體或健康有重大不治或難治之傷害輕傷則為不成為重傷輕微傷害視傷亡者死傷情形分別填列
7.『費用』如係當地幣制除折成國幣填列外並附填原幣名稱及數額
8.如有證件應將其名稱與件數填入『證件』欄內
9.如傷亡者姓名不知即書一『△』形符號代之其他各項有不明者做此。

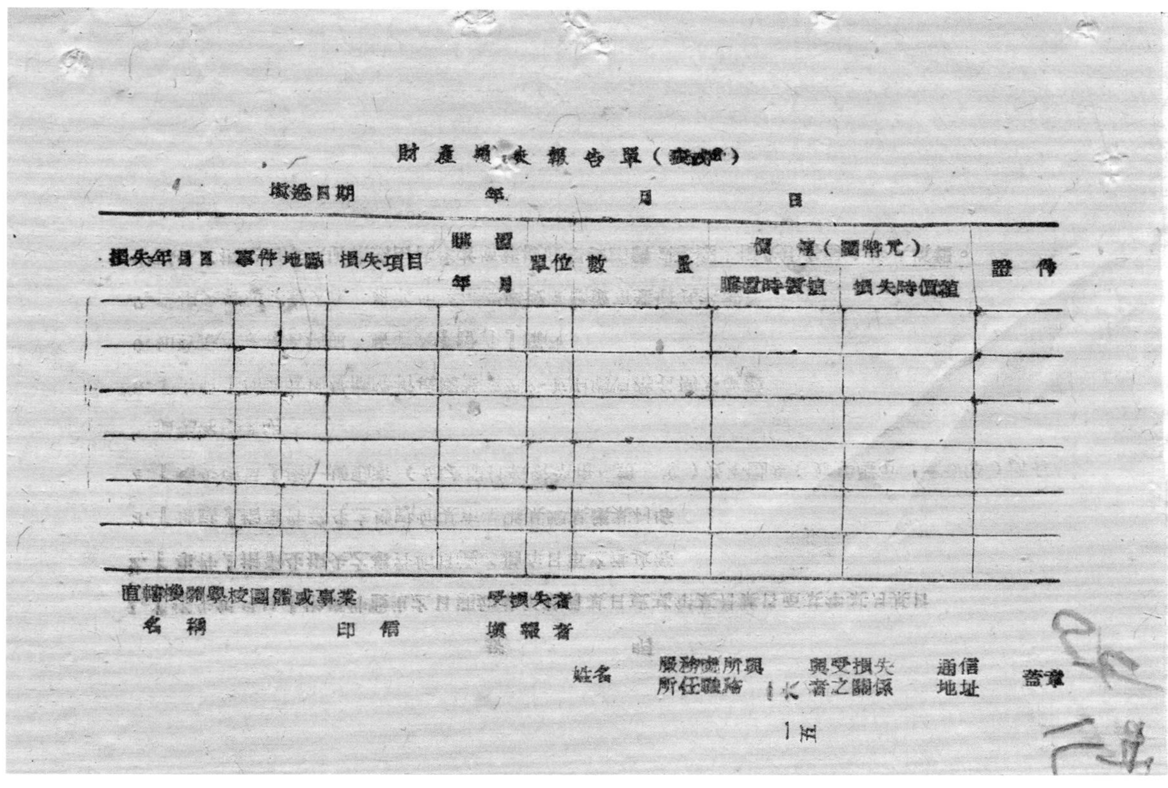

財產損失報告單（表式）

填送日期　　年　　月　　日

損失年月日	事件	地點	損失項目	購置年月	單位	數量	價值（國幣元）		證件
							購置時價值	損失時價值	

直轄機關學校團體或事業　受損失者

名稱　　印信　　填報者

姓名　服務處所與所任職務　與受損失者之關係　通信地址　蓋章

一五

一六

說明

1.『損失年月日』指事件發生之日期如某年某月某日或某年某月某日至某年某月某日

2.『事件』指發生損失之事件如日機之轟炸日軍之進攻等

3.『地點』指事件發生之地點如某市某縣某鄉某鎮某村等

4.『損失項目』指一切動產（如衣服什物財帛舟車證券等）及不動產（如房屋田園礦產等）所有損失逐項填明

5.『價值』如係當地幣制除折成國幣填列外並附填原幣名稱及數額

6.如有證件應將名稱與件數填入『證件』欄內

7.受損失者如係私人填其姓名如係機關學校團體或事業填其名稱

8.私人之損失由本人填報或由代報者填報機關學校團體或事業之損失由各該主管人填報。

……………財產直接損失彙報表（表式[illegible]）

機關名稱1

事件2：

日期3：

地點4：

塡送日期　　年　　月　　日

分類	價値
共計	
建築物	
器具	
現款	
圖書	
儀器	
文卷5	
醫藥用品	
其他	

附財產損失報告單　　張

報告者6

一七

說明：1.各部會彙報該部會及所屬機關損失時應於機關名稱處塡寫『某部或某會及所屬機關』等字各省市縣政府彙報該省市縣政府及所屬機關損失時則應塡寫『某省政府或某市縣政府及所屬機關』等字

試驗研究機關如農業試驗場工業試驗所等之類及公立醫院均包含在內其損失項目如有本表未列者概歸入『其他』一欄塡

2.卽發生損失之事件如日機轟炸日軍進攻等

3.卽事件發生之日期如某年月日或某年月日至某年月日

4.卽事件發生之地包括某市某縣某鄉某鎭某村

5.文卷損失之價値難以估計只須塡入毀損及遺失文卷宗數

6.應由彙報機關長官簽名並加蓋機關印信

……………財產直接損失彙報表（表式4）

學校名稱1

事件：

日期：

地點：

填送日期　　年　　月　　日

分類	價值
共計	
建築物	
器具	
現款	
圖書	
儀器	
醫藥用品	
其他	

附財產損失報告單　　　　張

報告者2

說明：1.教育部彙報國立學校損失時應於學校名稱處填寫『國立學校』等字彙報私立專科以上學校損失時則填『私立專科以上學校『等字某省政府彙報該省省立學校損失時則填『某省省立學校』等字餘倣此

2.應由彙報機關長官署名並加蓋機關印信

一八

……………1營事業財產直接損失彙[illegible]（表式5）

（農業部份2）

事件：
日期：
地點：

填送日期　　　年　　　月　　　日

分類		價值
共計		
房屋		
器具		
現款		
產品	農產品	
	林產品	
	水產品	
	畜產品	
工具	農具	
	漁具	
	其他	
牲畜		
運輸工具		
其他		

附財產損失報告單　　　號

報告者3

說明：1. 如爲國營應於營字前只填一『國』字省營則填『省』字市營填『市』字縣營填『縣』字民營填『民』字並於其前填明該省市縣名稱

2. 包含農林漁牧等等

3. 應由彙報機關長官署名並加蓋機關印信

、一一九

………1營事業財產直接損失彙報表（表式6）

（礦業部份）

事件：

日期：

地點：

塡送日期　　　年　　　月　　　日

分類	價值
共計	
房屋	
器具	
礦坑	
現款	
礦產品	
機械及工具	
運輸工具	
其他	

附財產損失報告單　　　　張

報告者2

說明：1.如爲國營應於營字前只塡一『國』字省營則塡『省』字市營塡『市』字縣營塡『縣』字民營塡『民』字並於其前註明該省市縣名稱

2.應由塡報機關長官署名並加蓋機關印信

……1营事業財產直接損失彙報表（表式7）

（工業部份）

事件：

日期：

地點：

填送日期　　年　　月　　日

分類	價值
共計	
廠房	
現款	
製成品	
原料	
機械及工具	
運輸工具	
其他	

二一

附財產損失報告單　　張

報告者2

說明：1.如係國營應於營字前只填一『國』字省營則填『省』字市營則填『市』字縣營填『縣』字民營填『民』字並於其前填明該省市縣名稱。

2.應由彙報機關長官署名並加蓋機關印信

7463

……營事業財產直接損失彙報表（表式8）

（公用事業部份）

事件：

日期：

地點：

填送日期　　年　　月　　日

分類	價值
共計	
房屋	
器具	
現款	
機械及工具	
運輸工具	
其他	

附財產損失報告單　　張

報告者2

說明：1.如為國營於營字前只填一『國』字省營則填『省』字市營則填『市』字縣營填『縣』字民營填『民』字並於其前填明該省市縣名稱

2.僅包含水電煤氣供給事業

3.應由查報機關長官簽名並加蓋機關印信

二三

74

……1營事業財產直接損失彙報表（表式3）

（商業部份）

事件：

日期：

地點：

塡送日期　　年　　月　　日

分類	價值
共計	
店房	
器具	
現款	
存貨	
運輸工具	
其他	

二三

附財產損失報告單　　張

報告者2　　（印）

說明：1.如爲國營應於營字前只塡一『國』字省營則塡『省』字市營則塡『市』字縣營則塡『縣』字民營則塡『民』字並於其前塡明該省市縣名稱

2.應由塡報機關長官署名並加蓋機關印信

……營事業財產直接損失彙報表（表式10）

（金融事業（不包含銀行業）部份1）

事件：

日期：

地點：

塡送日期　　年　　月　　日

分　類	價　值
共　計	
房　屋	
器　具	
現　款	
生金銀	
保管品	
抵押品	
有價證券	
運輸工具	
其　他	

附財產損失報告單　　張

報告者2

說明：1. 可以證明遺失補領者不能列作損失

2. 應由塡報機關長官署名並加蓋機關印信

………營事業財產直接損失彙報表（表式11）

（銀行部份2）

事件：

日期：

地點：

填送日期　　年　　月　　日

分類	價值
共計	
房屋	
器具	
現款	
生金銀	
保管品	
抵押品	
有價證券	
運輸工具	
其他	

二五

附財產損失報告單　　　　張

報告者2

說明：1.如為國營應於營字前只填一『國』字省營則填『省』字市營則填『市』字縣營填『縣』字民營填『民』字並於其前填明該省市縣名稱

2.可以聲明補領者不能列作損失

3.應由彙報機關長官署名並加蓋機關印信

……營事業財產直接損失彙報表[1]（表式12）

（鐵路部份）

事件：

日期：

地點：

填送日期　　年　　月　　日

分類	價值
共計	
房屋	
器具	
現款	
路線設備	
電訊設備	
車輛	
材料	
修理機械及工具	
貨物[2]	
其他	

附財產損失報告單　　張

報告者[3]

說明　1.如為國營於營字前只填『國』字省營則填『省』字市營填『市』字民營填『民』字並於其前填明該省市縣名稱

2.包含載運及棧存之貨物

3.應由填報機關長官署名並加蓋機關印信

一二六

………1營事業財產直接損失彙報表（表式13）

（公路部份）

事件：
日期：
地點：

填送日期　　年　　月　　日

分類	價值
共計	
房屋	
器具	
現款	
路線設備	
電訊設備	
車輛	
材料	
修理機械及工具	
貨物	
其他	

附財產損失報告單　　　　張

報告者3

說明：1.如爲國營應於營字前只填一『國』字省營則填『省』字市營填『市』字縣營填『縣』字民營填『民』字並於其前填明該省市縣名稱

2.包含載運及棧存之貨物

3.應由編報機關長官署名並加蓋機關印信

二七

……………1營事業財產直接損失彙報表（表式14）

（航業部份）

事件：

日期：

地點：

填送日期　　年　　月　　日

分　　類	價　　值
共　　計	
房　　屋	
器　　具	
現　　款	
碼頭及躉船設備	
船　　隻	
材　　料	
修理機械及工具	
貨　　物2	
其　　他	

附財產損失報告單　　張

報告者3

說明：1.如爲國營應於營字前只填一『國』字省營則填『省』字市營填『市』字縣營填『縣』字民營填『民』字並於其前填明該省市縣名稱

2.包含載運及棧存之貨物

3.應由彙報機關長官署名並加蓋機關印信

………營事業財產直接損失彙報表（表式15）

（民用航空部份）

事件：

日期：

地點：

塡送日期　　年　　月　　日

分類	價值
共計	
房屋	
器具	
現款	
機場設備	
油料	
其他材料	
機械及工具	
貨物	
飛機	

其他附財產損失報告單　　張

報告者3

說明：1.如爲國營應於營字前只塡一『國』字省營則塡『省』字民營塡『民』字並於其前塡明該地方名稱

2.包含載運及棧存之貨物

3.應由彙報機關長官署名並加蓋機關印信

2857

………1營事業財產直接損失彙報表（表式16）

（電訊部份）

事件：

日期：

地點：

填送日期　　年　　月　　日

分　　類	價　　值
共　　計	
房　　屋	
器　　具	
現　　款	
路線設備	
材　　料	
其　　他	

附財產損失報告單　　張

報告者2

說明：1.如爲國營應於營字前只填一『國』字省營則填『省』字市營則填『市』字縣營則填『縣』字民營填『民』字並於其前塡明該省市縣名稱

2.應由彙報機關長官署名並加蓋機關印信

三〇

營事業財產直接損失彙報表（表式17）

（郵務部份）

事件：

日期：

地點：

填送日期　　年　　月　　日

分類	價值
共計	
房屋	
器具	
現款	
郵票	
郵件	
運輸工具	
其他	

附財產損失報告單　　張

報告者1

說明：1. 本表由填報機關長官署名並加蓋機關印信

……………財產間接損失報告表（表式18）

（機關學校名稱）1

填送日期　8　年　月　日

分類	數（單位：國幣元）額
共計	
遷移費	
防空設備費	
疏散費	
救濟費2	
撫䘏費	

附表　張

報告者3

說明：1.各機關學校對上級機關報告該機關學校財產間接損失及上級機關彙報所屬機關學校財產間接損失均用此表某機關或學校報告該機關或學校財產間接損失時應於機關學校名稱處填寫該機關學校名稱如『四川稅務局』『湖北省立武昌中學』之類

如各部會彙報該部會所屬機關財產間接損失時應於機關學校名稱處填寫『某部會及所屬機關』等字又如省或直轄市政府彙報私立中等學校財產間接損失時應填寫『某省或某市私立中學』等字餘倣此

2.爲本機關支出者

3.應由報告機關長官署名並加蓋機關印信

三二

29

…………1營事業財產間接損失報告表（表式19）

部份2

填送日期　　年　　月　　日

分類		數額（單位：國幣元）
可能生產額減少3		
可獲純利額減少3		
費用之增加	拆遷費	
	防空費	
	救濟費4	
	撫卹費4	

附　報　表　　　　張

報告者5

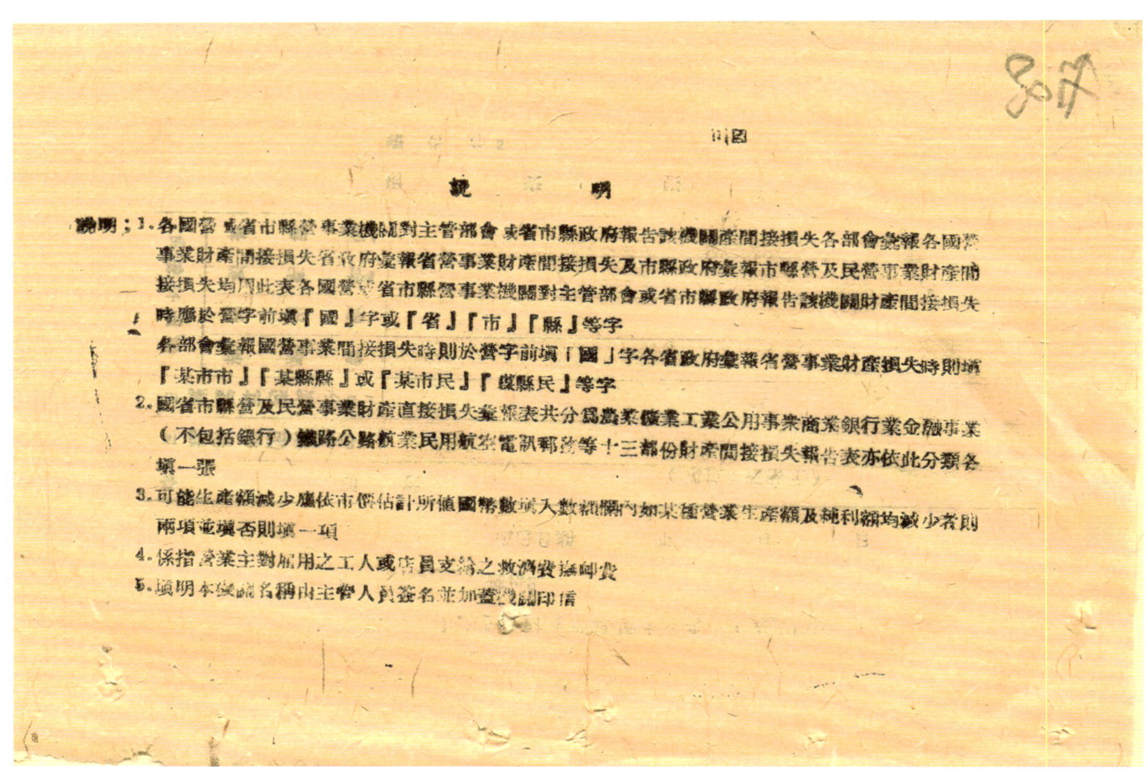

說　明

說明：1.各國營或省市縣營事業機關對主管部會或省市縣政府報告該機關產間接損失各部會彙報各國營事業財產間接損失省政府彙報省營事業財產間接損失及市縣政府彙報市縣營及民營事業財產間接損失均用此表各國營或省市縣營事業機關對主管部會或省市縣政府報告該機關財產間接損失時應於營字前塡『國』字或『省』『市』『縣』等字

各部會彙報國營事業間接損失時則於營字前塡「國」字各省政府彙報省營事業財產損失時則塡『某市市』『某縣縣』或『某市民』『某縣民』等字

2.國省市縣營及民營事業財產直接損失彙報表共分爲農業礦業工業公用事業商業銀行業金融事業（不包括銀行）鐵路公路航業民用航空電訊郵務等十三部份財產間接損失報告表亦依此分類各塡一張

3.可能生產額減少應依市價估計所値國幣數塡入數額欄內如某種營業生產額及純利額均減少者則兩項並塡否則塡一項

4.係指營業主對雇用之工人或店員支給之救濟費撫卹費

5.塡明本機關名稱由主管人員簽名並加蓋機關印信

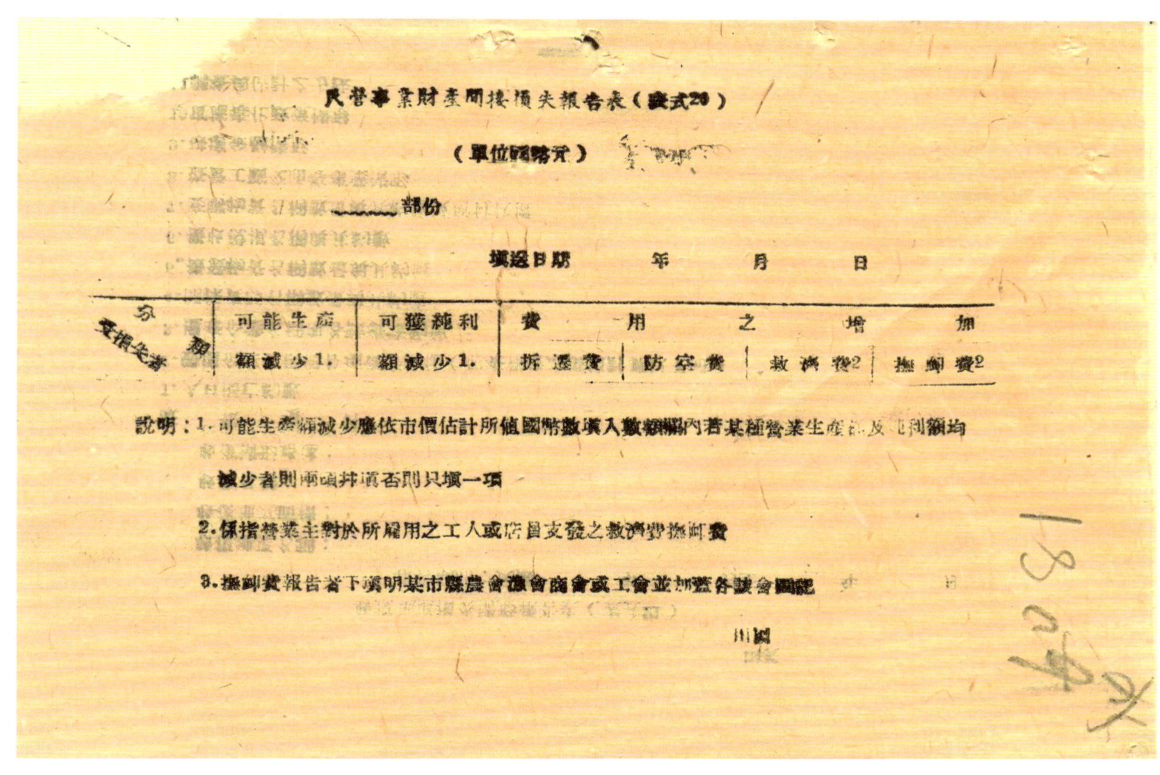

民營事業財產間接損失報告表（表式20）

（單位國幣元）

______部份

填送日期　　　年　　　月　　　日

分類 / 受損失者	可能生產額減少1.	可獲純利額減少1.	費用之增加			
			拆遷費	防空費	救濟費2	撫卹費2

說明：1. 可能生產額減少應依市價估計所值國幣數填入數額欄內若某種營業生產額及純利額均減少者則兩項并填否則只填一項

2. 係指營業主對於所雇用之工人或店員支發之救濟費撫卹費

3. 撫卹費報告者下須明某市縣農會漁會商會或工會並加蓋各該會圖記

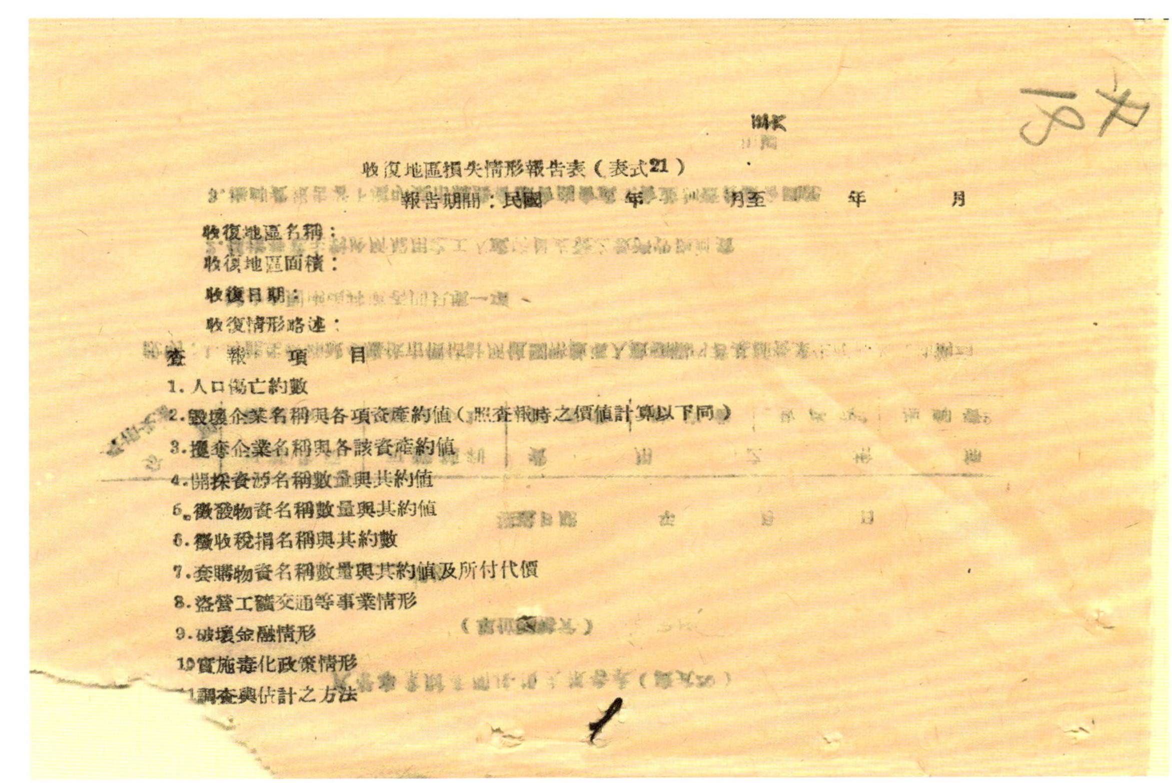

收復地區損失情形報告表（表式21）

報告期間：民國　　　年　　　月至　　　年　　　月

收復地區名稱：

收復地區面積：

收復日期：

收復情形略述：

查報項目

1. 人口傷亡約數
2. 毀壞企業名稱與各項資產約值（照查報時之價值計算以下同）
3. 攫奪企業名稱與各該資產約值
4. 開採資源名稱數量與其約值
5. 徵發物資名稱數量與其約值
6. 徵收稅捐名稱與其約數
7. 套購物資名稱數量與其約值及所付代價
8. 盜營工礦交通等事業情形
9. 破壞金融情形
10. 實施毒化政策情形
11. 調查與估計之方法

教育部、江苏省教育厅等关于编制抗战损失表注意事的训令（一九四六年三月二十三日至四月十九日）

教育部致江苏省教育厅的训令（一九四六年三月二十三日）

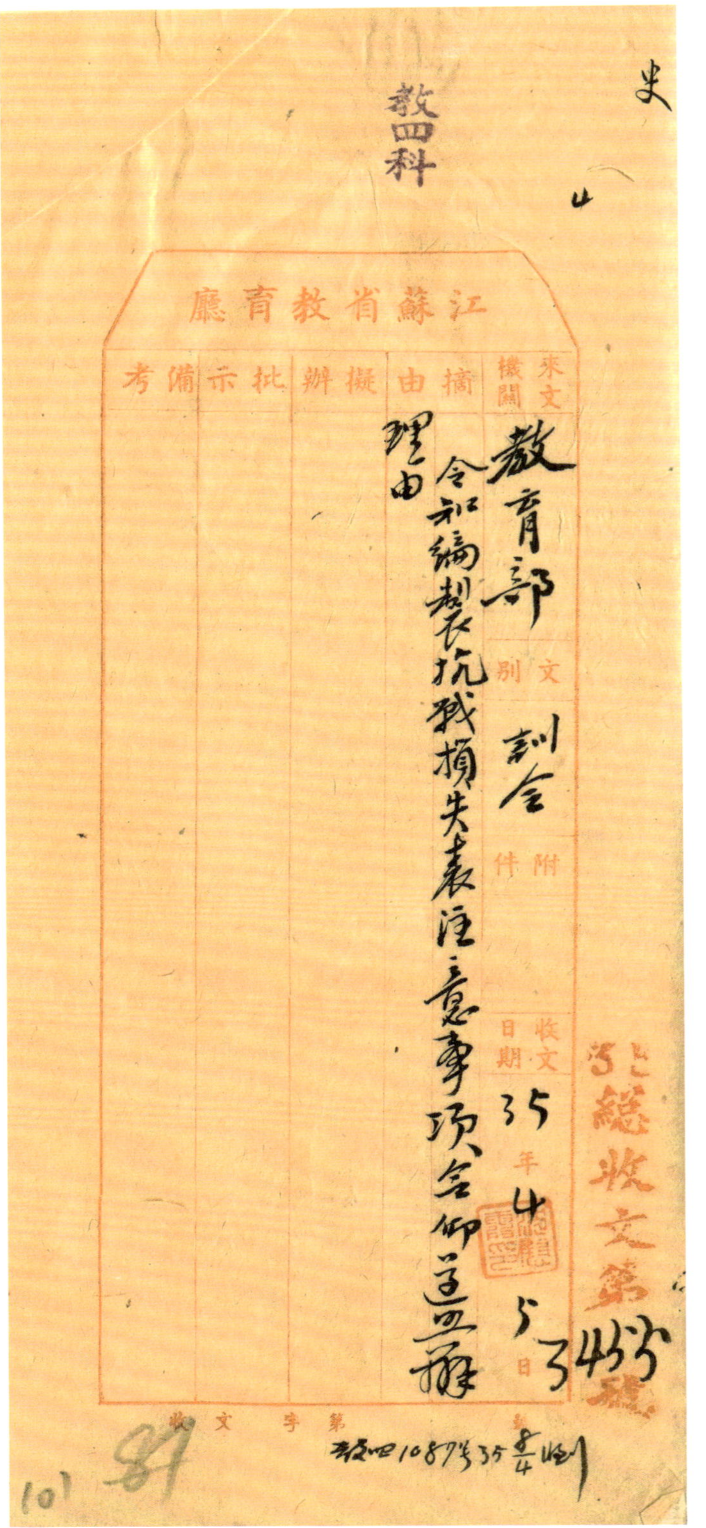
江蘇省教育廳
來文機關：教育部
文別：訓令
摘由：令知編制表抗戰損失表注意事項，令仰遵照辦理由
收文日期：35年4月5日
總收文第4435號

事由：令知編製抗戰損失表注意事項

教育部訓令

渝高字第16693號

中華民國三十五年叁月廿四日發

令江蘇省教育廳

查報抗戰損失一案迭經本部令飭遵辦關於查報辦法及表式遇有修正補充之處並經隨時飭遵在案惟各省市所報表式仍多參差不齊致本部整理彙編殊為困難為免除今後造報舛錯起見特再指示如下：

一、抗戰損失查報須知及表式係奉行政院令頒嗣經行政院抗戰損失調查委員會修正卅四年十一月復奉行政院令頒抗戰損失調查實施要點經於廿八年八月及卅三年十一月二十八日卅四年十二月七日先後以第二〇六二三號及五八〇八號六一九六四號訓令轉發在案嗣後造報此項損失表件應即遵照上項各號訓令辦理其餘歷次訓令有關解釋填報辦法亦應一併參照辦理

二、各機關學校填報損失表件無論直接或間接損失必須分年編造不得將歷年損失籠統合併編製其直接損失應有財產損失報告單（查報須知附表式二）及分年彙編之彙報表（表式3或廿）各廳局應再根據所屬呈報彙報

表按機關學校類別分年彙編呈部並將各處原呈表件各以一份隨同附呈（廳局彙編表式見本部三十二年十月二日第43109號訓令附發表式第三頁各級學校及教育機關被敵沒收佔用彙報表間接損失亦照此式分年彙編）

三、損失時之價值一欄應按損失時期之物價填報不必將歷年損失價值均折合戰爭結束時或現在之物價

四、各省市教育廳局曾將全省市是項損失彙編報部者即不必再報如須補報或另行編報時從前已報數字是否包括在內務須註明以免重複

五、各省市彙報表應按年彙編不必半年彙編一次

六、損失範圍以確因戰爭而損失者為限如戰時為敵人佔用現已退還並未損壞者即不必查報

七、教育人員私人損失表件由省市政府轉送內政部抗戰損失調查委員會彙編不必報部

爲因此項報告亟待應用令省市尚未查報者務即從速辦理各種表式如有不全併應從速呈請補發除分行外合行令仰遵照辦理此令

部長 朱家驊

103

江苏省教育厅致各县政府及省级教育机关学校的训令（一九四六年四月十九日）

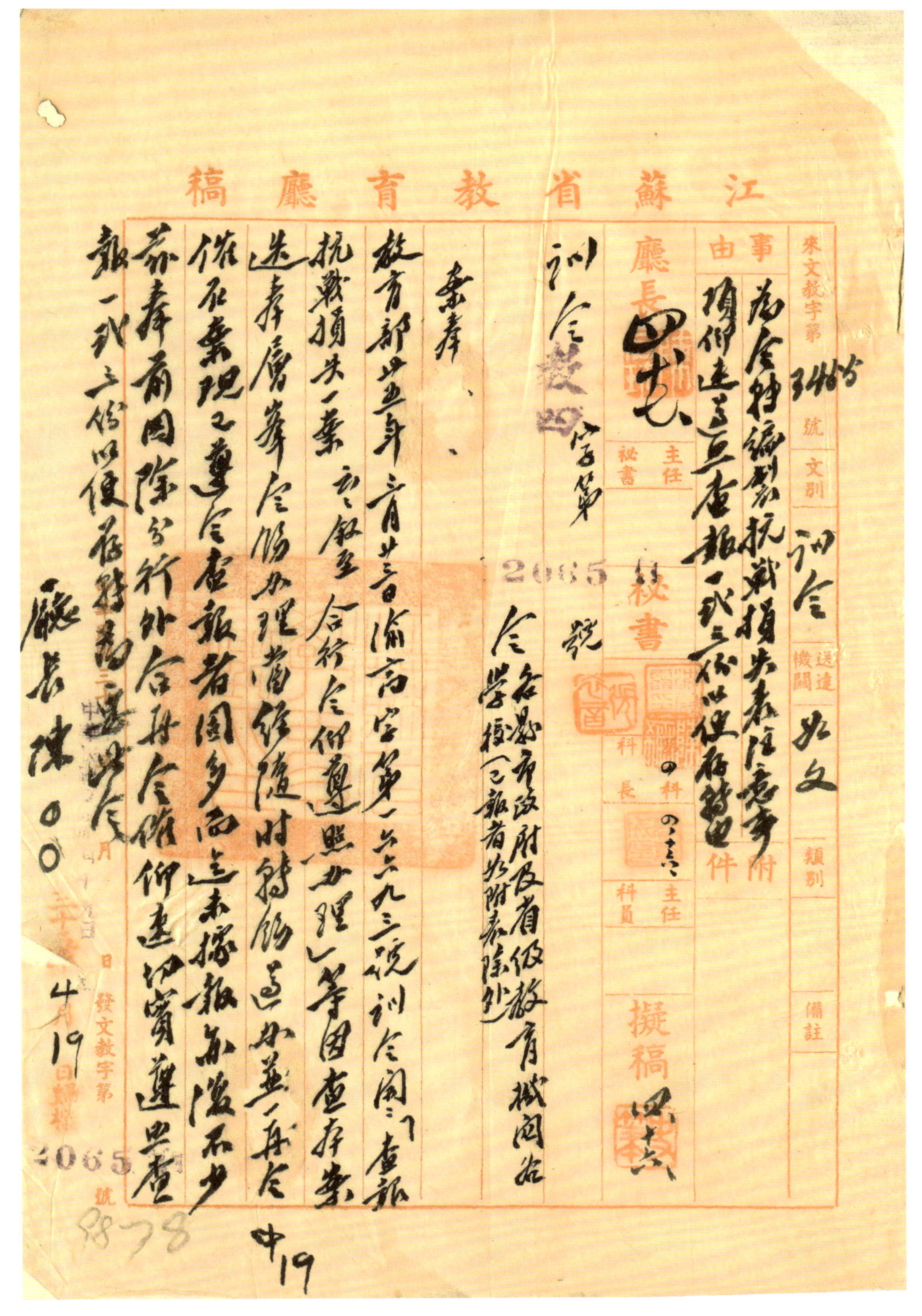

江蘇省教育廳稿

來文教字第 2465 號　文別：訓令　送達機關：發文

事由：為令轉飭對於抗戰損失未注意事項仰速查具報一式三份以便存轉由　附件

廳長　四廿七

秘書

科長

擬稿　四十六

訓令　教四字第　號

令各縣市政府及省級教育機關各學校（已報者不附表除外）

案奉

教育部卅五年三月廿三日渝京字第一六六九三號訓令開：「查報抗戰損失一案，[illegible]合行令仰遵照辦理」等因。查本案迭奉層峯令飭辦理，當經隨時轉飭遵辦並[illegible]在案。現又奉令查報，前因多未遵辦，[illegible]。奉令前因，除分行外，合行令仰遵照，仰速切實遵照查報一式三份，以便存轉為要。此令。

廳長　陳〇〇

三十五年四月十九日

發文教字第 2065 號

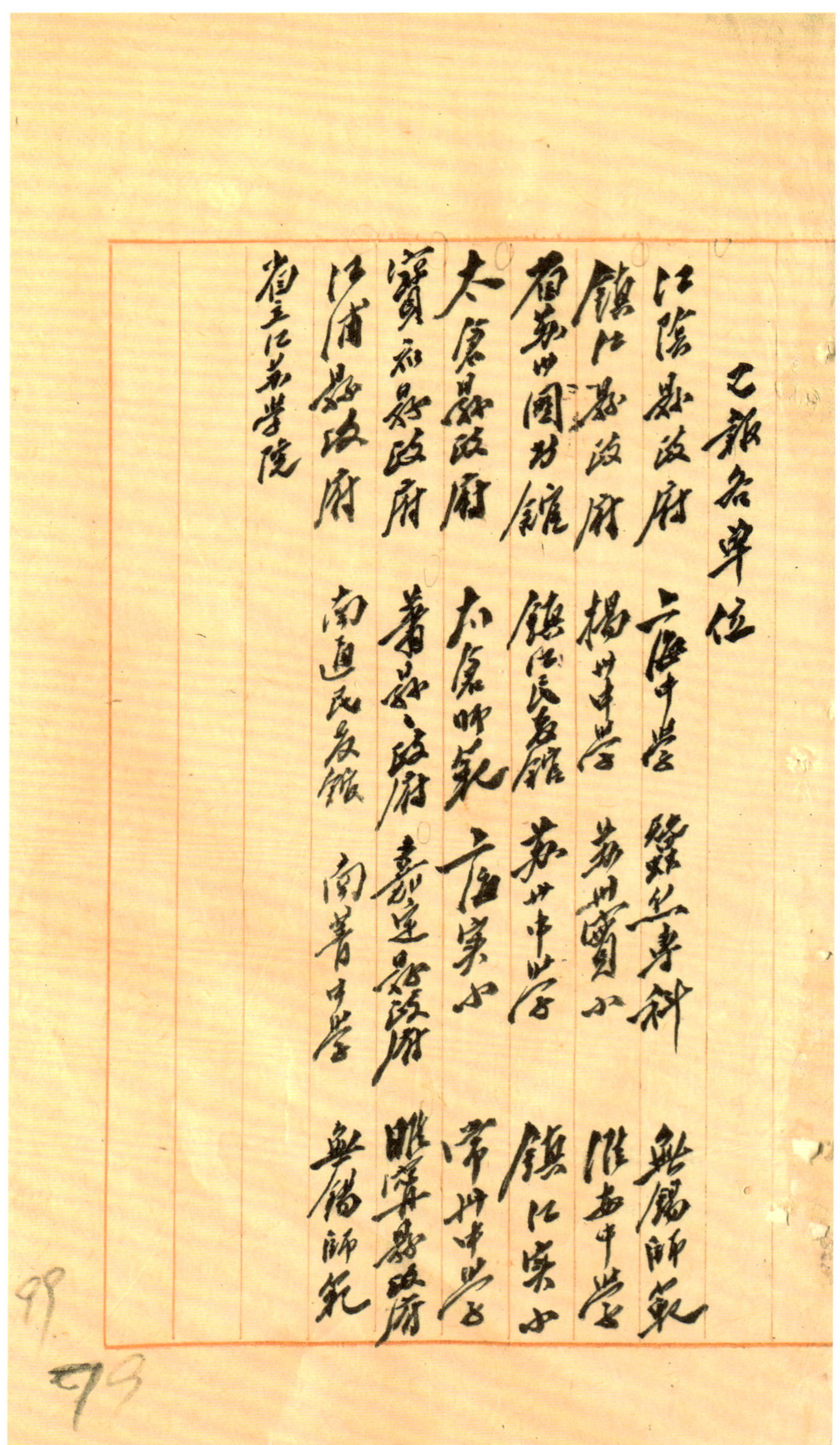

已報名單位

江陰縣政府　廣陵中學　蠶絲專科　無錫師範

鎮江縣政府　揚州中學　蘇州實小　淮安中學

省蘇州圖書館　鎮江民教館　蘇州中學　鎮江實小

太倉縣政府　太倉師範　廣益實小　常州中學

寶應縣政府　蕭縣政府　嘉定縣政府　睢寧縣政府

江浦縣政府　南通民教館　南菁中學　無錫師範

省立江蘇學院

江苏省民政厅关于陈报敌人罪行及本省工役部分损害情形致行政院赔偿委员会的电（一九四六年八月二十九日）

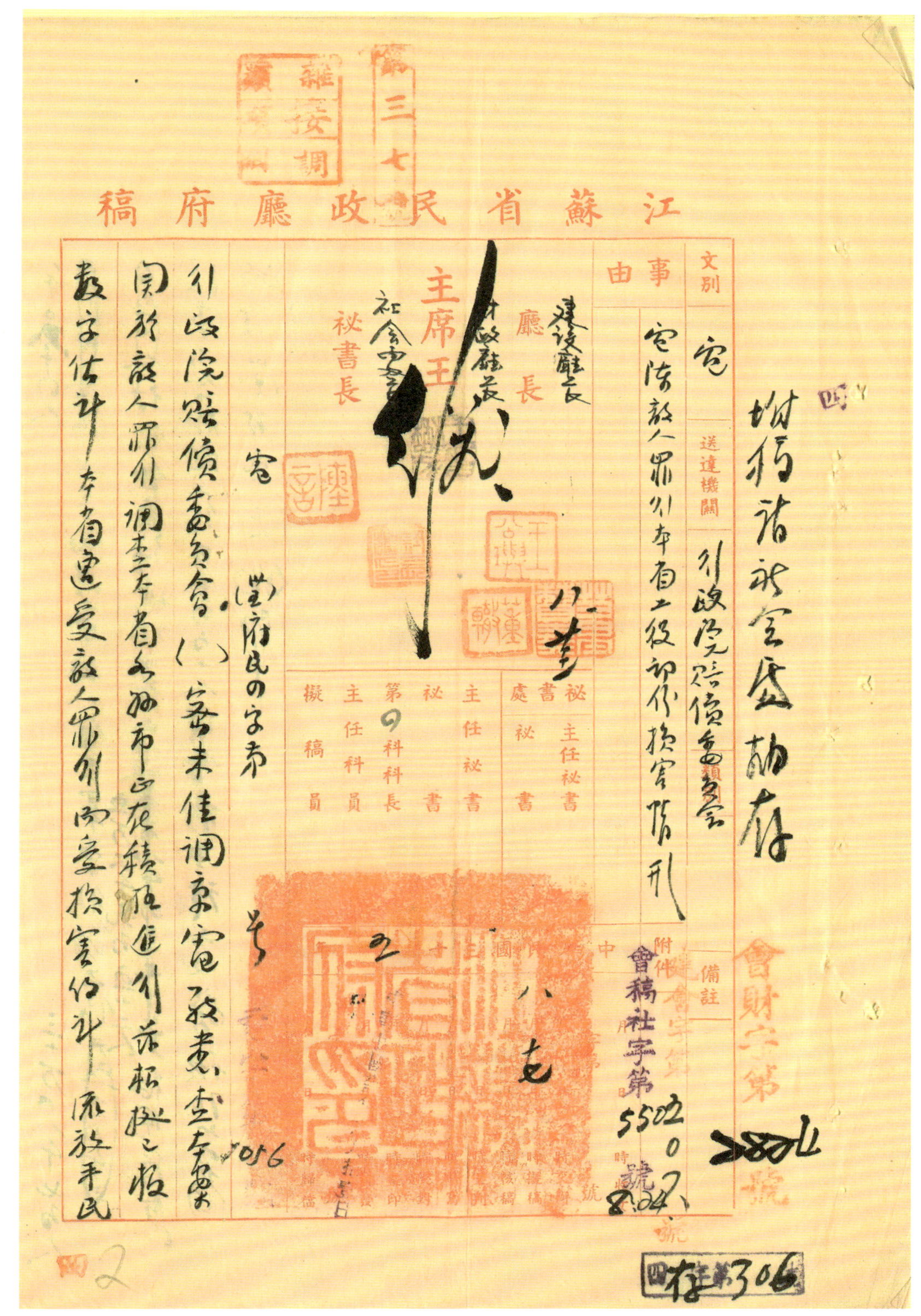

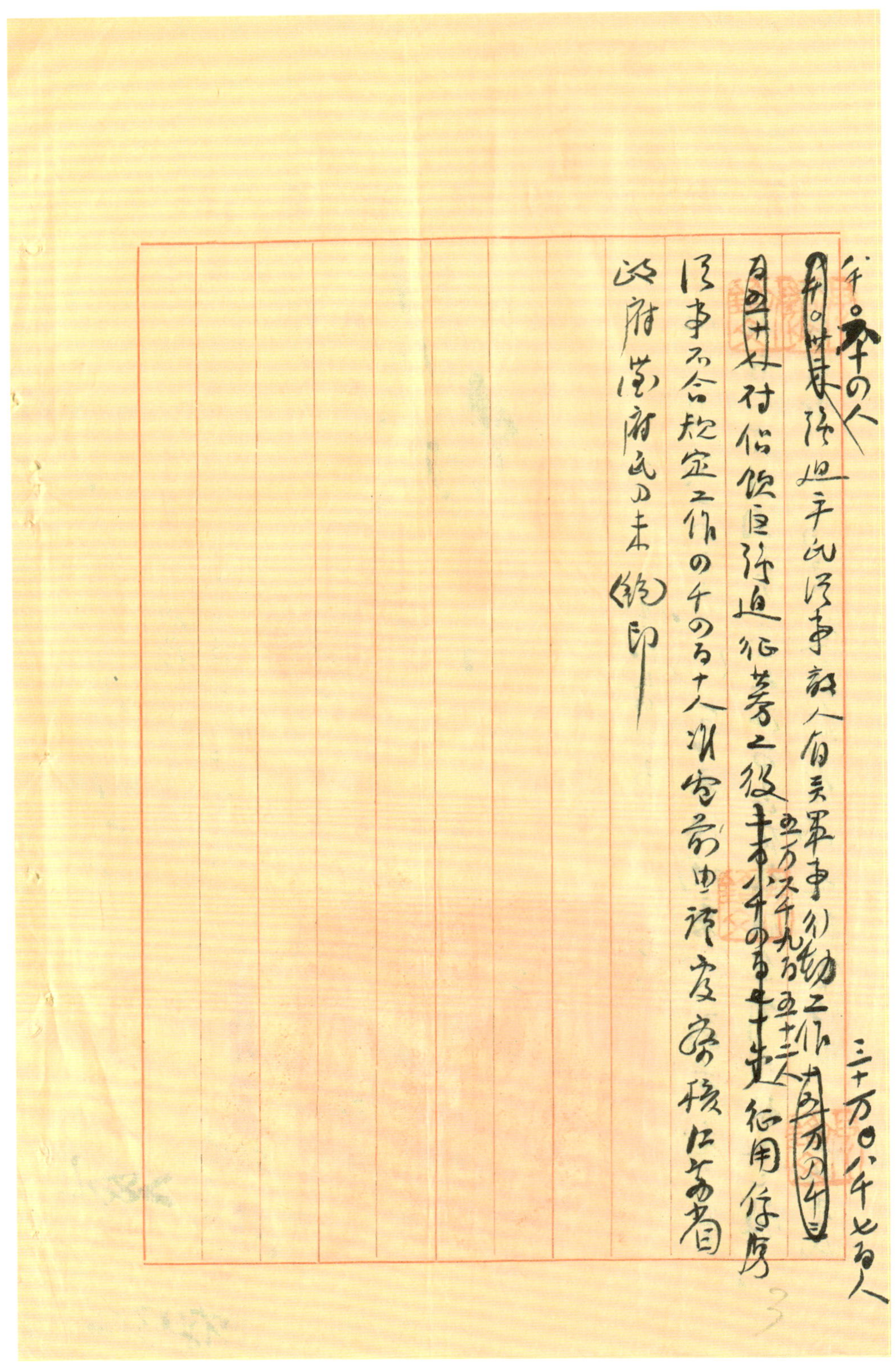

三十万〇八千七百人
八千〇六千〇人
（月〇廿五）被迫平民从事敌人有关军事行动工作廿五万〇千三
五万六千九百五十三人
（月〇廿五）村落被敌强迫征募之役十七万八千〇百四十七人征用伕役
从事不合规定工作〇千〇百十人 以上各项由该县核汇备查
政府当局氏〇未（签）印

教育部、江苏省教育厅等关于催报战时损失照片及教育人员伤亡表的训令（一九四六年十二月十三日至一九四七年一月十七日）

教育部致江苏省教育厅的训令（一九四六年十二月十三日）

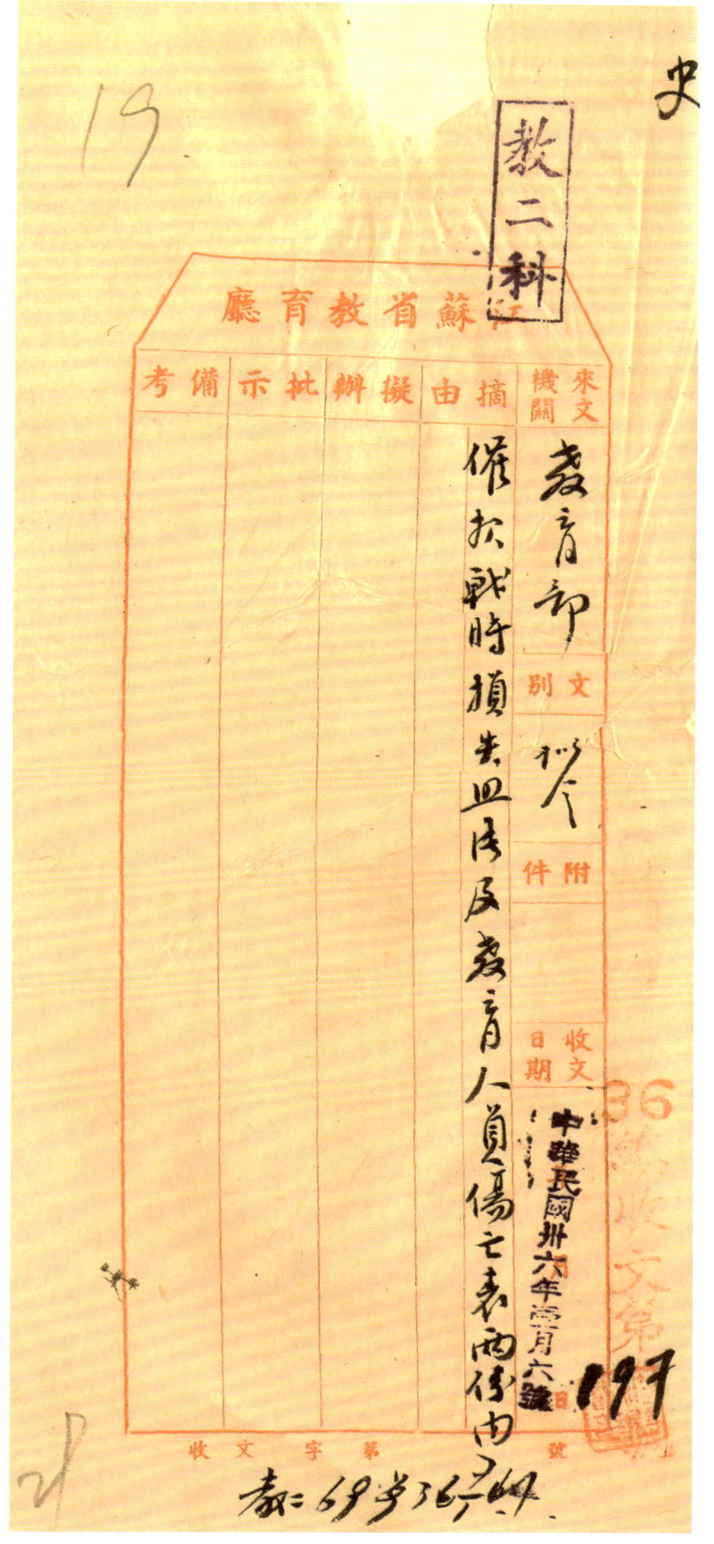
史

教二科

江蘇省教育廳

來文機關	教育部
文別	訓令
附件	
收文日期	中華民國卅六年一月六日
摘由	催報戰時損失照片及教育人員傷亡表兩件由
擬辦	
批示	
備考	

收文　字第　號

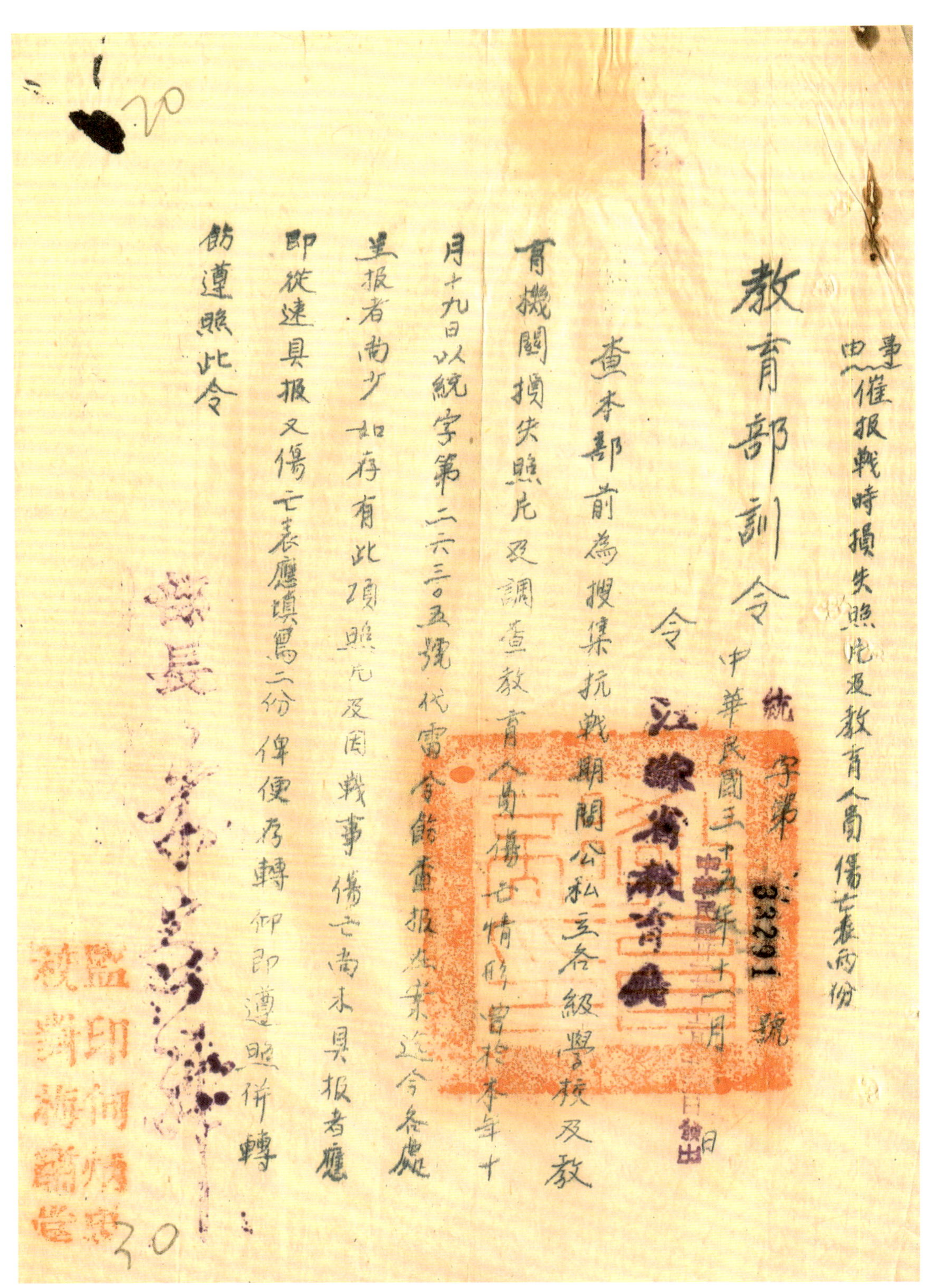

事由：催报战时损失照片及教育人员伤亡表两份

教育部训令

统字第33291号

中华民国三十五年十一月 日

令江苏省教育厅

查本部前为搜集抗战期间公私立各级学校及教育机关损失照片及调查教育人员伤亡情形，曾于本年十月十九日以统字第二六三〇五号代电令饬查报在案。迄今各处呈报者尚少，如存有此项照片及因战事伤亡尚未具报者，应即从速具报。又伤亡表应填写二份，俾便存转。仰即遵照并转饬遵照。此令

部长 朱家骅

江苏省教育厅致省公立各级学校暨各教育机关、各县市政府的训令（一九四七年一月十七日）

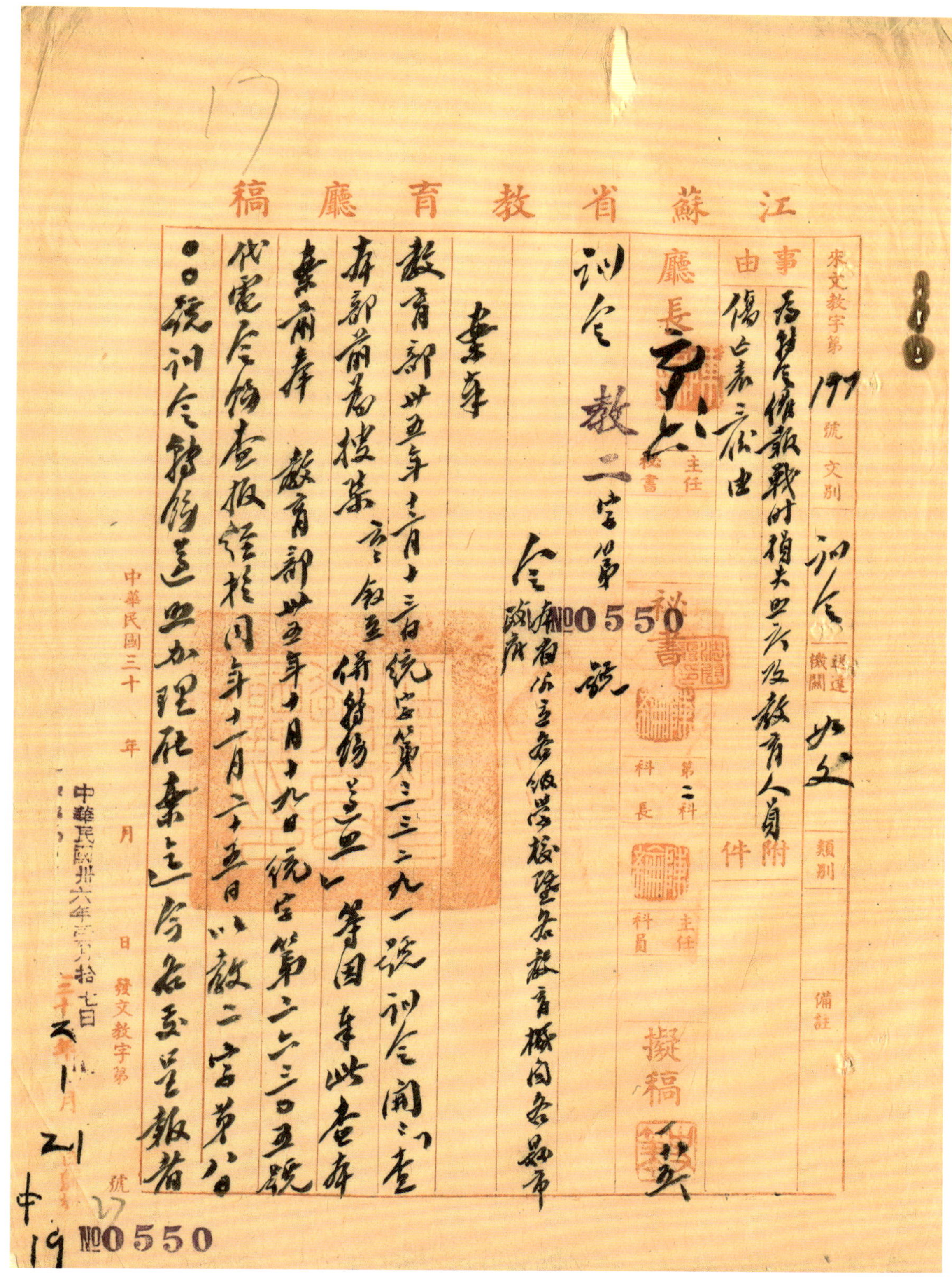

江蘇省教育廳稿

來文教字第 197 號

文別：訓令

總送機關：如文

事由：為轉令催報戰時損失照片及教育人員傷亡表二份由

附件

類別

備註

廳長

主任秘書

秘書

第二科科長

主任科員

擬稿

訓令 教二字第 號

令省公立各級學校暨各教育機關、各縣市政府

案奉

教育部卅五年十二月十三日統字第三三二九一號訓令開：「查本部前為搜集……」等因。奉此，查本案前奉

教育部卅五年十月十九日統字第二六三〇五號代電令飭查報，經於同年十一月二十五日以教二字第……號訓令轉飭遵照並加理在案。茲奉令，各該呈報者……

中華民國卅六年壹月拾七日 發文教字第 號

№0550

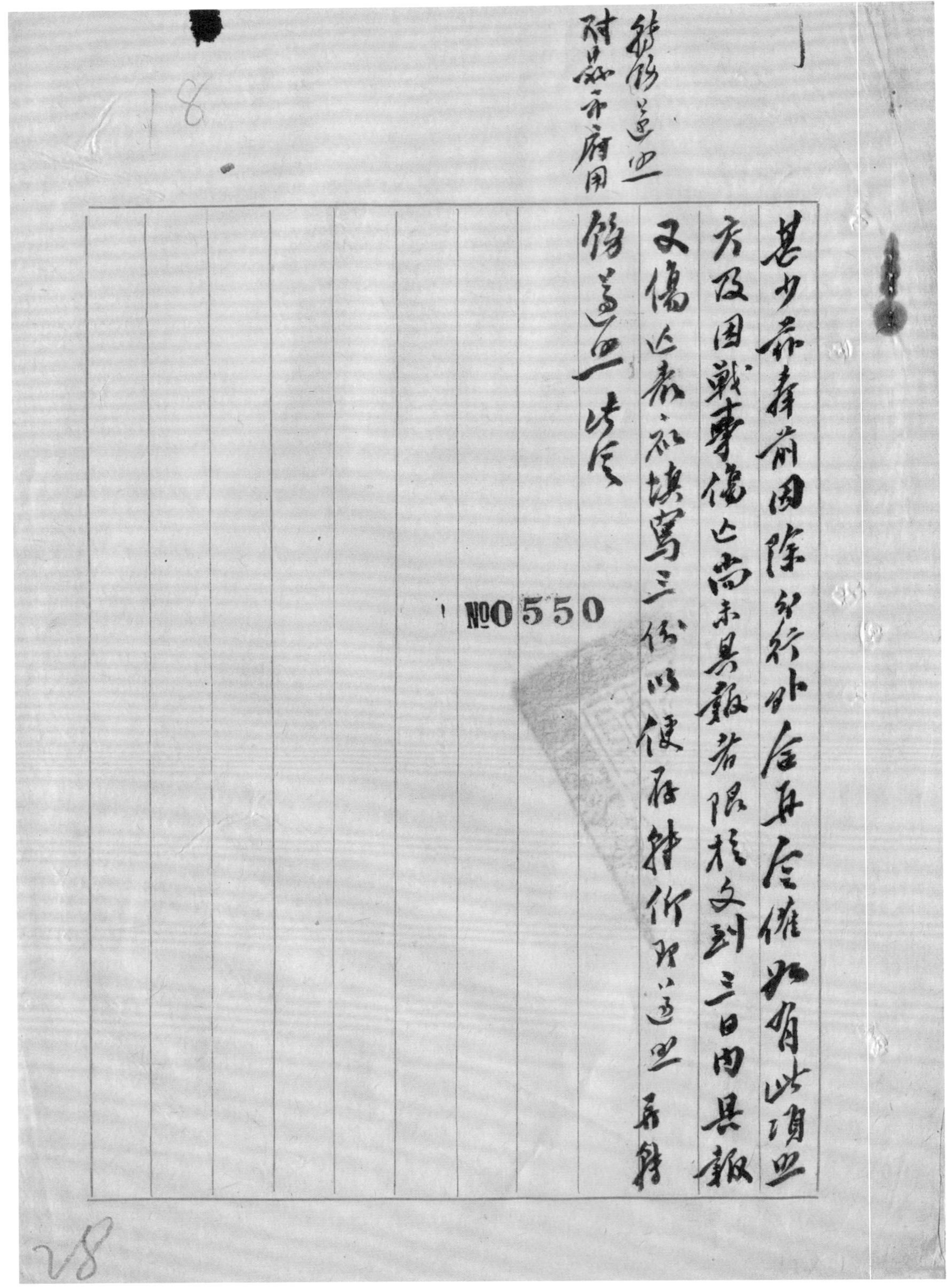

甚少亦難前因除分行外合再令催如有此項亡
户及因戰事傷亡尚未具報者限於文到三日內具報
又傷亡表式填寫三份以便存轉仰即遵照 為要
飭遵照 此令

令仰遵照
附表一式府用

№0550

江苏省民政厅关于请派员出席本省抗战损失调查座谈会致教育厅的公函（一九四七年一月十三日）

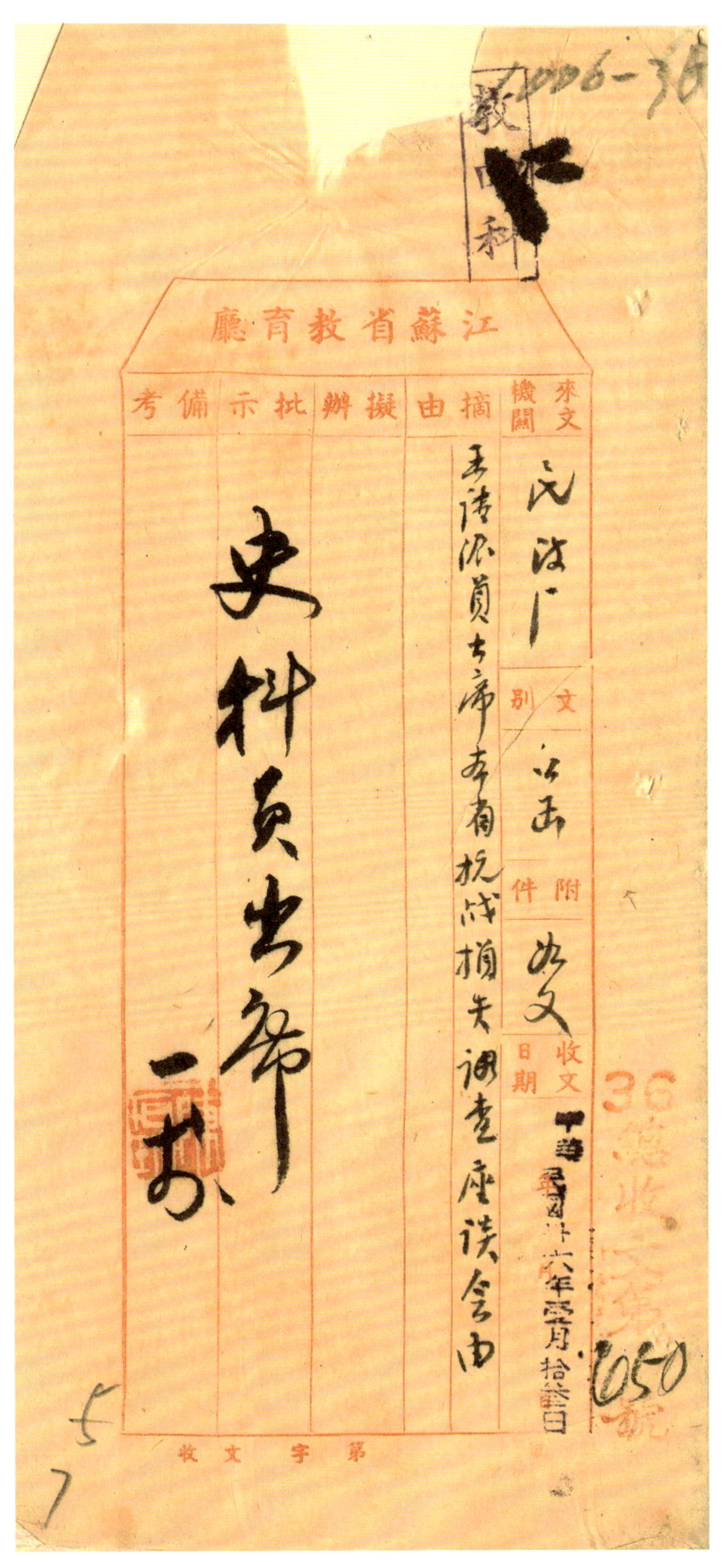

江蘇省教育廳

來文機關	民政廳
文別	公函
附件	收文
收文日期	民國卅六年壹月拾叁日
摘由	為請派員出席本省抗戰損失調查座談會由
擬辦	
批示	史料員出席
備考	

第　字　收文　號

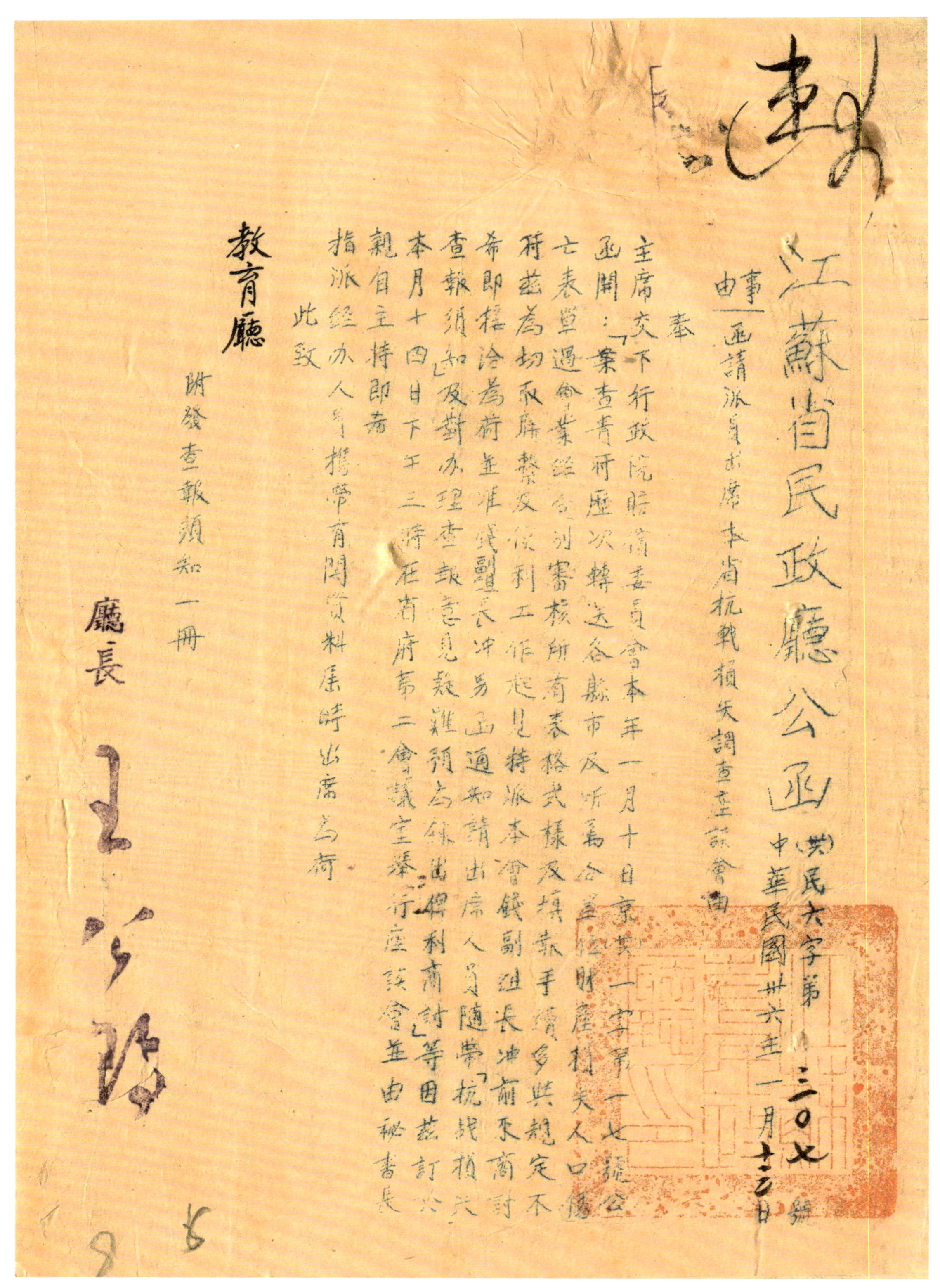

江蘇省民政廳公函　(卅六)民六字第三〇七號

中華民國卅六年一月十二日

事由：函請派員出席本省抗戰損失調查座談會由

奉

主席交下行政院賠償委員會本年一月十日京(卅六)一字第一七號公函開：「案查貴府歷次轉送各縣市及所屬公營財產損失人口傷亡表單過會，業經分別審核，所有表格式樣及填款手續多與規定不符，茲為切取聯繫及便利工作起見，特派本會錢副組長沖前來商討，希即接洽為荷」，並准錢副組長沖另函通知，請出席人員隨帶「抗戰損失查報須知」及對辦理查報意見疑難預為條擬，俾利商討」等因。茲訂於本月十四日下午三時在省府第二會議室舉行座談會，並由秘書長親自主持，即希指派經辦人員攜帶有關資料屆時出席為荷。

此致

教育廳

附發查報須知一冊

廳長　王公璵

江苏省教育厅关于转饬搜编各级教育机关损失及艰苦奋斗照片致省立各级学校、各市县政府等的代电（一九四七年一月十五日）

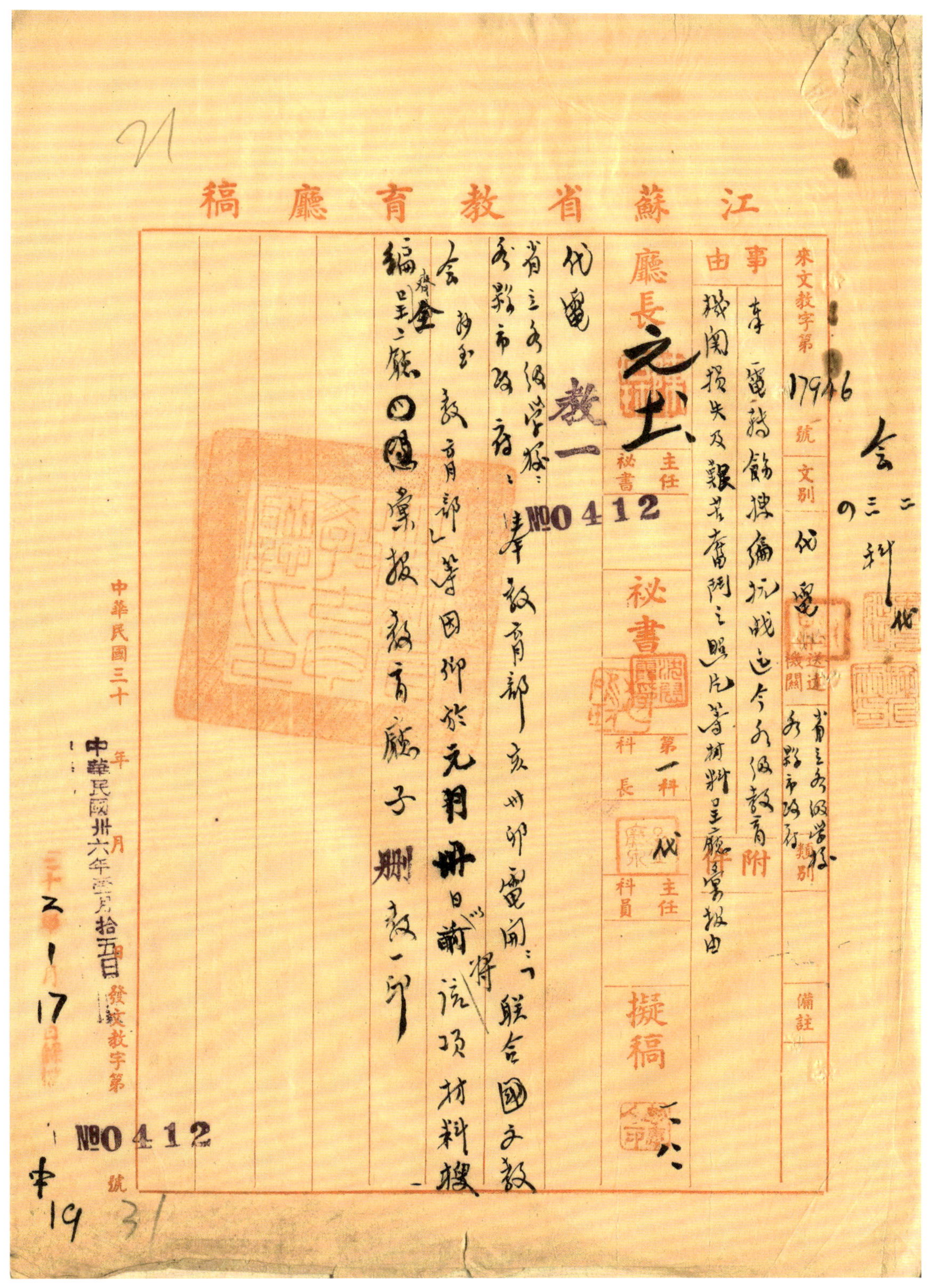

江蘇省教育廳稿

來文教字第 17946 號

文別：代電

送達機關：省立各級學校、各縣市政府

事由：奉電轉飭搜編抗戰迄今各級教育機關損失及艱苦奮鬥照片等材料呈廳彙報由

廳長
秘書
第一科科長
擬稿

代電 教一

省立各級學校、各縣市政府：奉教育部亥卅卯電開：「聯合國多數會員國……教育部等因。仰於元月卅日前將該項材料搜編呈廳，以憑彙報。教育廳子刪教一印。」

中華民國三十六年元月拾五日 發文教字第 №0412 號

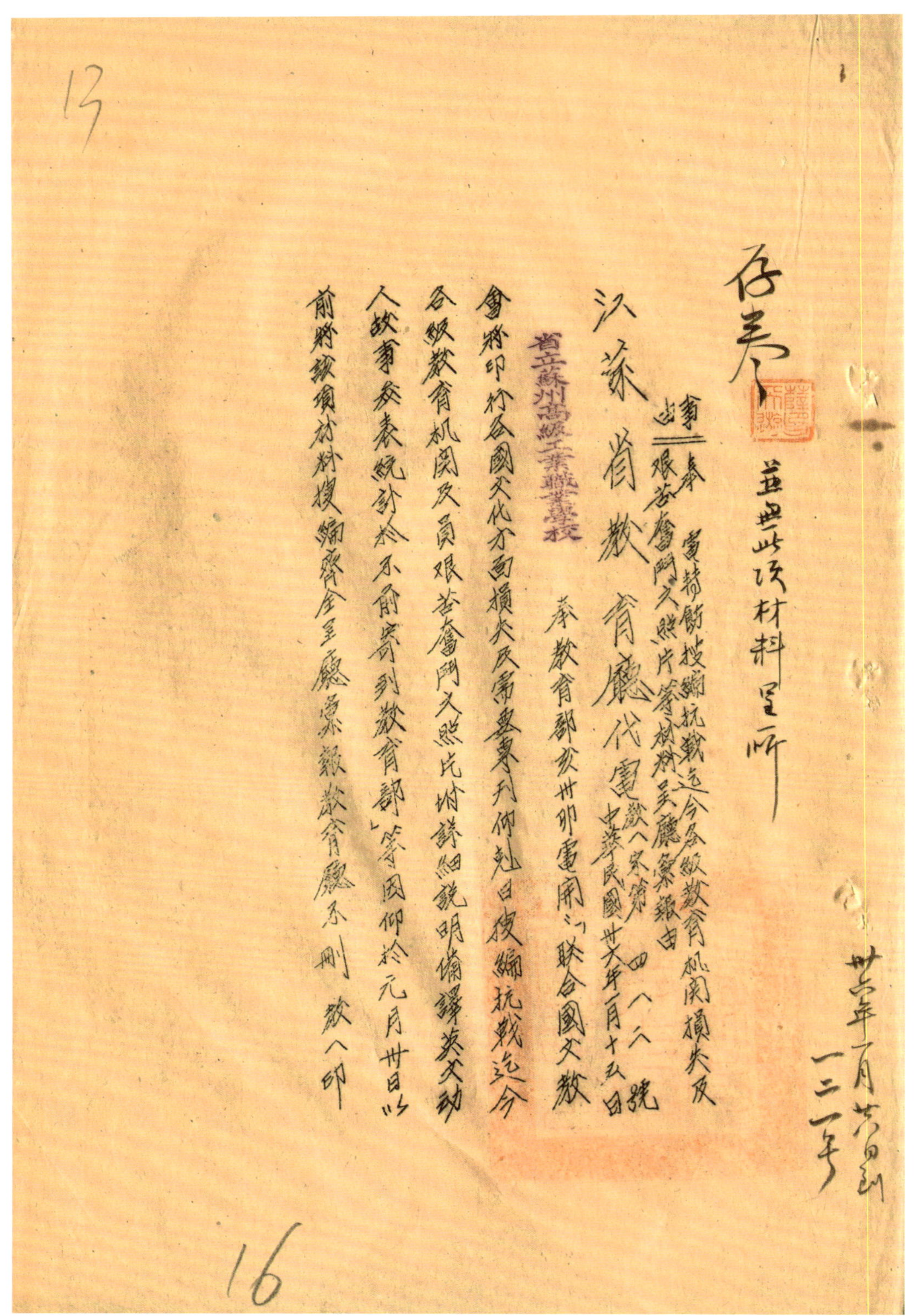

17

存卷

並無此項材料呈所

卅六年一月廿六日到
一二一号

江蘇省教育廳代電 教八字第四八八二號
中華民國卅六年一月十五日

事由：奉令飭搜編抗戰迄今各級教育機關損失及艱苦奮鬥之照片等材料呈廳彙報由

奉教育部教卅卯電開：「聯合國文教會將印行各國文化方面損失及需要專刊，仰剋日搜編抗戰迄今各級教育機關及員艱苦奮鬥之照片，附詳細說明，備譯英文，動人故事並表統計，於不前寄到教育部」等因，仰於元月廿日以前將該項材料搜編齊全呈廳彙報。教育廳丑刪。教八印

16

江苏省教育厅关于转饬重行填报抗战损失调查表致省立各级学校、教育机关及各县市政府的训令（一九四七年三月八日）

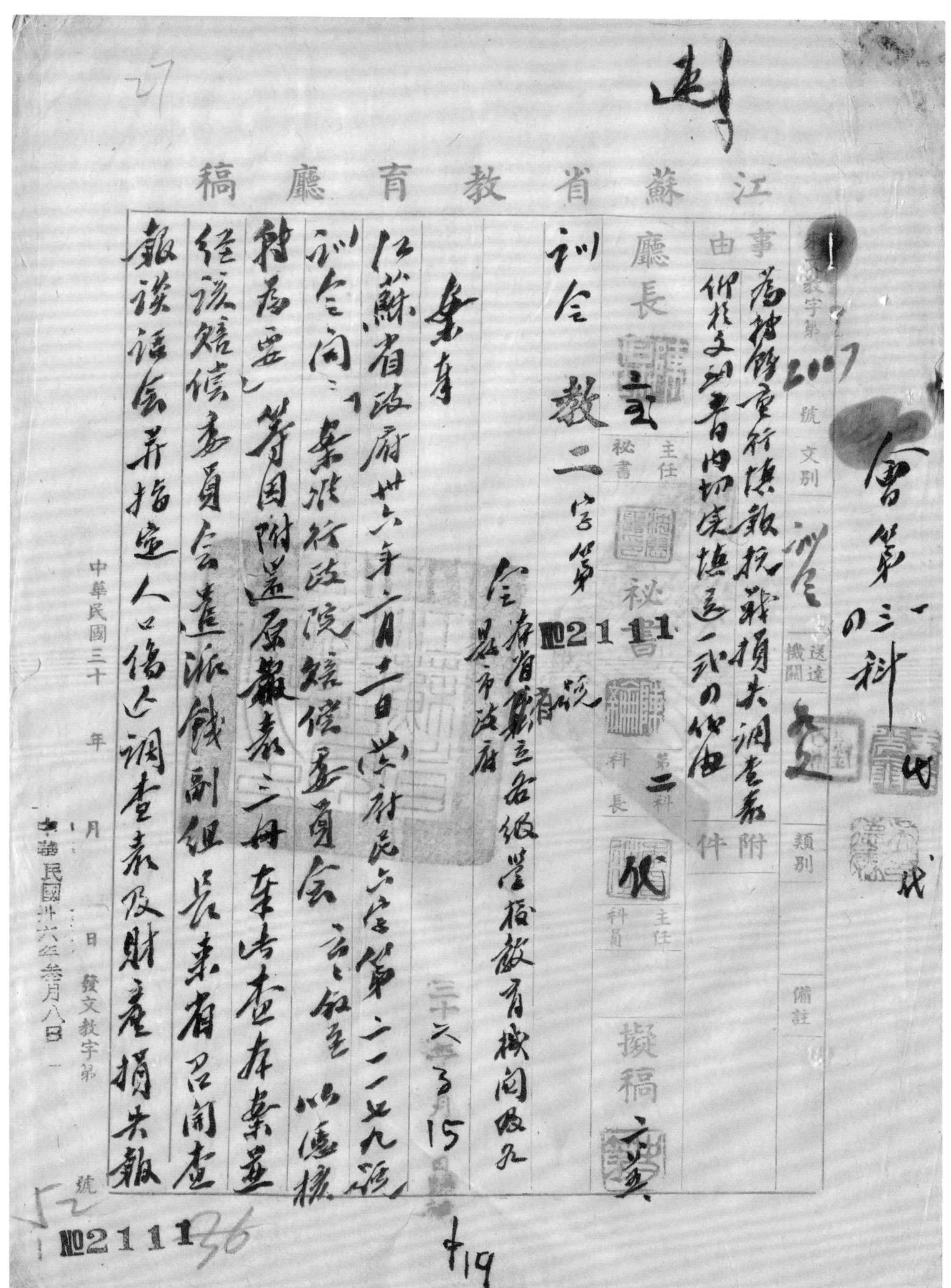

江蘇省教育廳稿

事由：為轉飭重行填報抗戰損失調查表仰於文到三日內切實填送二份由

附件

廳長

訓令 教二字第 №2111 號

令各省立各級學校教育機關及各縣市政府

案奉

江蘇省政府卅六年二月十二日府財民六字第二一一五九號訓令開：「案准行政院賠償委員會……云云，飭查以憑核辦為要」等因，附送原報表三冊。奉此，查本案並經該賠償委員會遴派錢副組長來省召開查報談話會，並指定人口傷亡調查表及財產損失報

中華民國三十六年三月八日 發文教字第 №2111 號

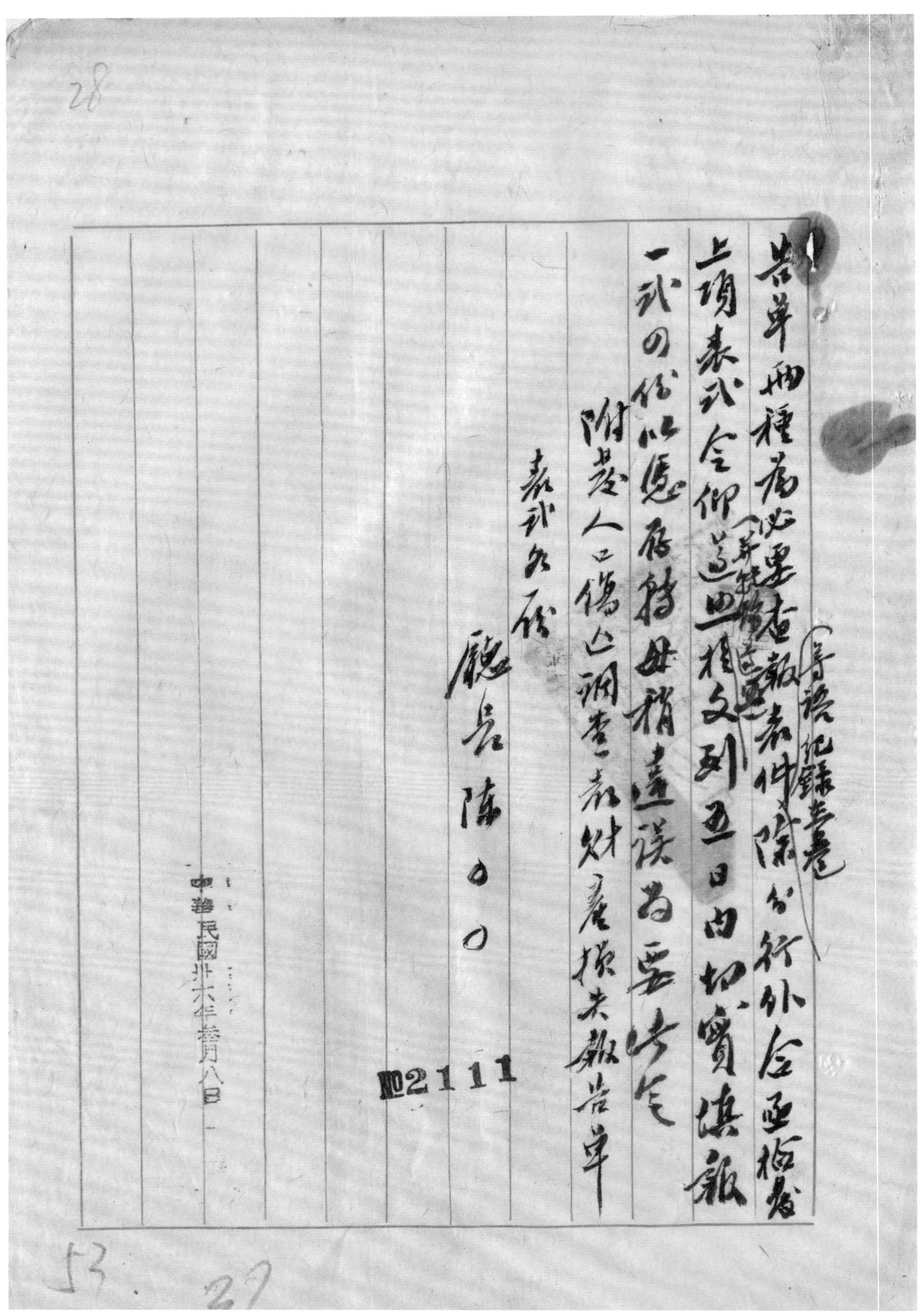
告單兩種爲必要查報者件除分行外合亟檢發（另請記錄在卷）
上項表式令仰遵照（并轉飭遵照）按文到五日內切實填報
一式四份以憑存轉毋稍遲誤爲要此令
附發人口傷亡調查表、財產損失報告單
表式各份
廳長 陳〇〇
中華民國卅六年叁月八日
№2111

江苏省政府、江苏省教育厅关于继续查报抗战损失的一组公文（一九四七年三月八至二十二日）

江苏省政府致教育厅的代电（一九四七年三月八日）

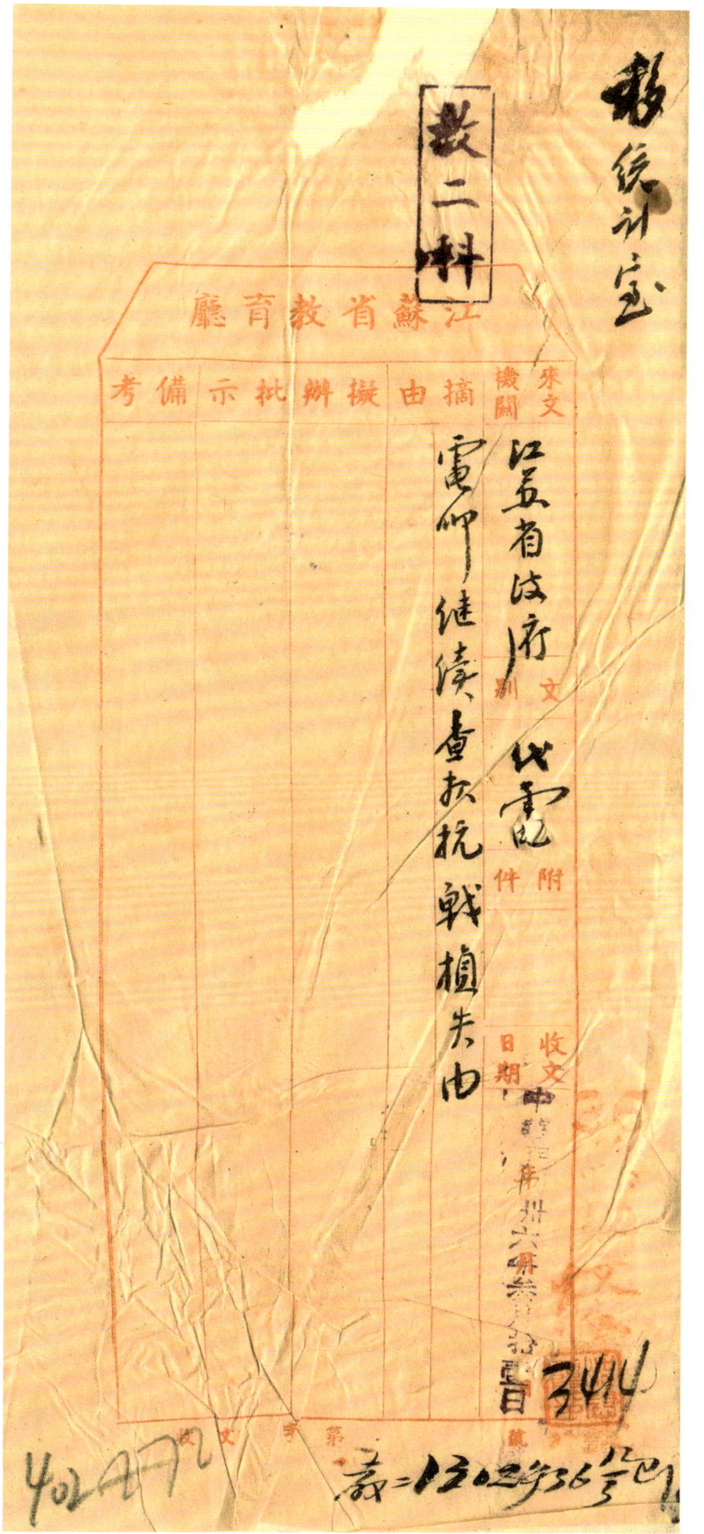
統計室

教二科

江蘇省教育廳

來文機關	江蘇省政府
文別	代電
附件	
收文日期	
摘由	電仰繼續查報抗戰損失由
擬辦	
批示	
備考	

收文字第　號

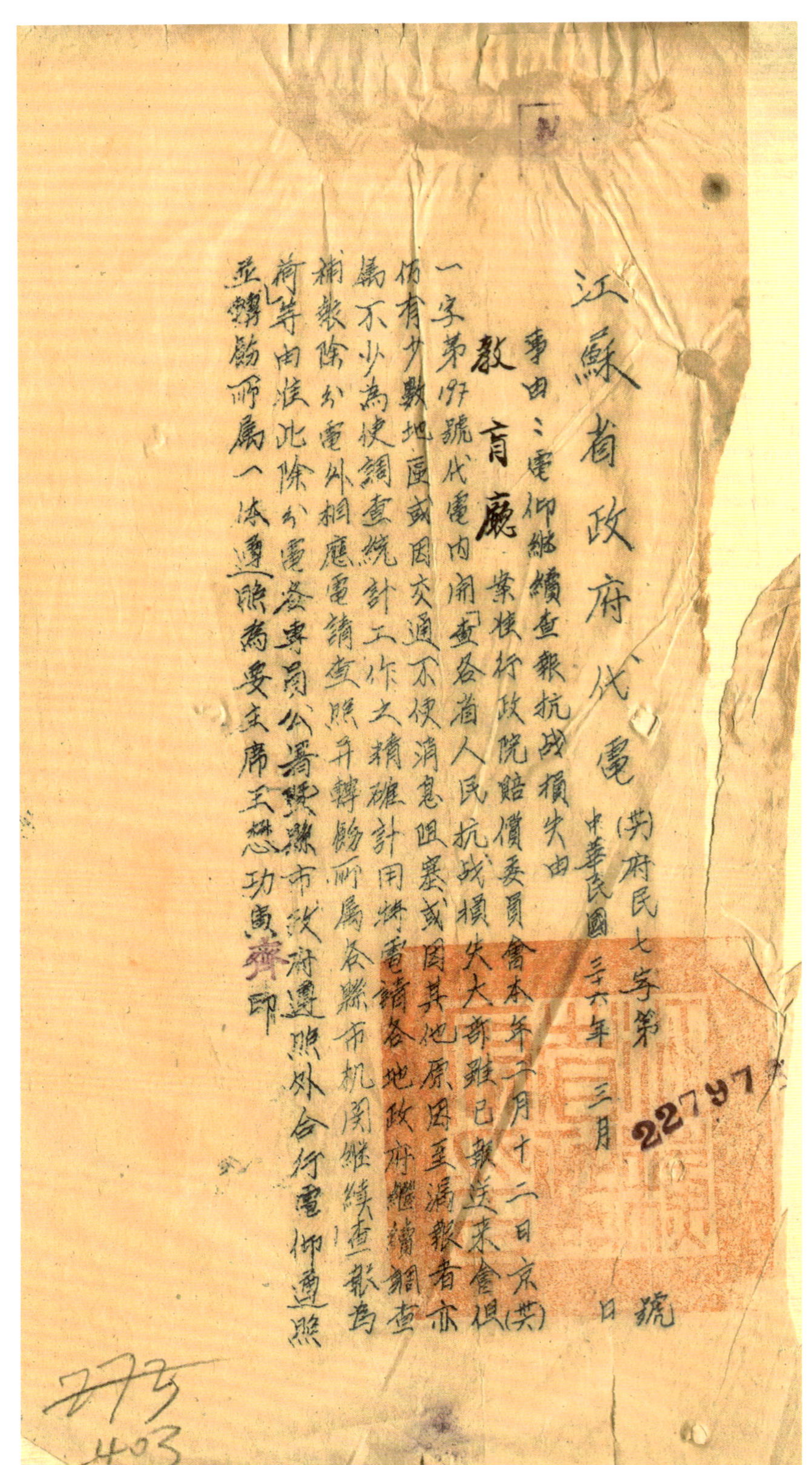

江蘇省政府代電　(卅)府民七字第　　號

中華民國三十六年三月　　日

事由：電仰繼續查報抗戰損失由

教育廳：案據行政院賠償委員會本年二月十二日京(卅)一字第197號代電内開「查各省人民抗戰損失大部雖已報送來會，但仍有少數地區或因交通不便消息阻塞，或因其他原因至漏報者亦屬不少，為使調查統計工作之精確計，用特電請各地政府繼續調查補報，除分電外相應電請查照并轉飭所屬各縣市机関繼續查報為荷」等由。准此，除分電各專員公署暨縣市政府遵照外，合行電仰遵照並轉飭所屬一体遵照為要。主席王懋功寅齊印

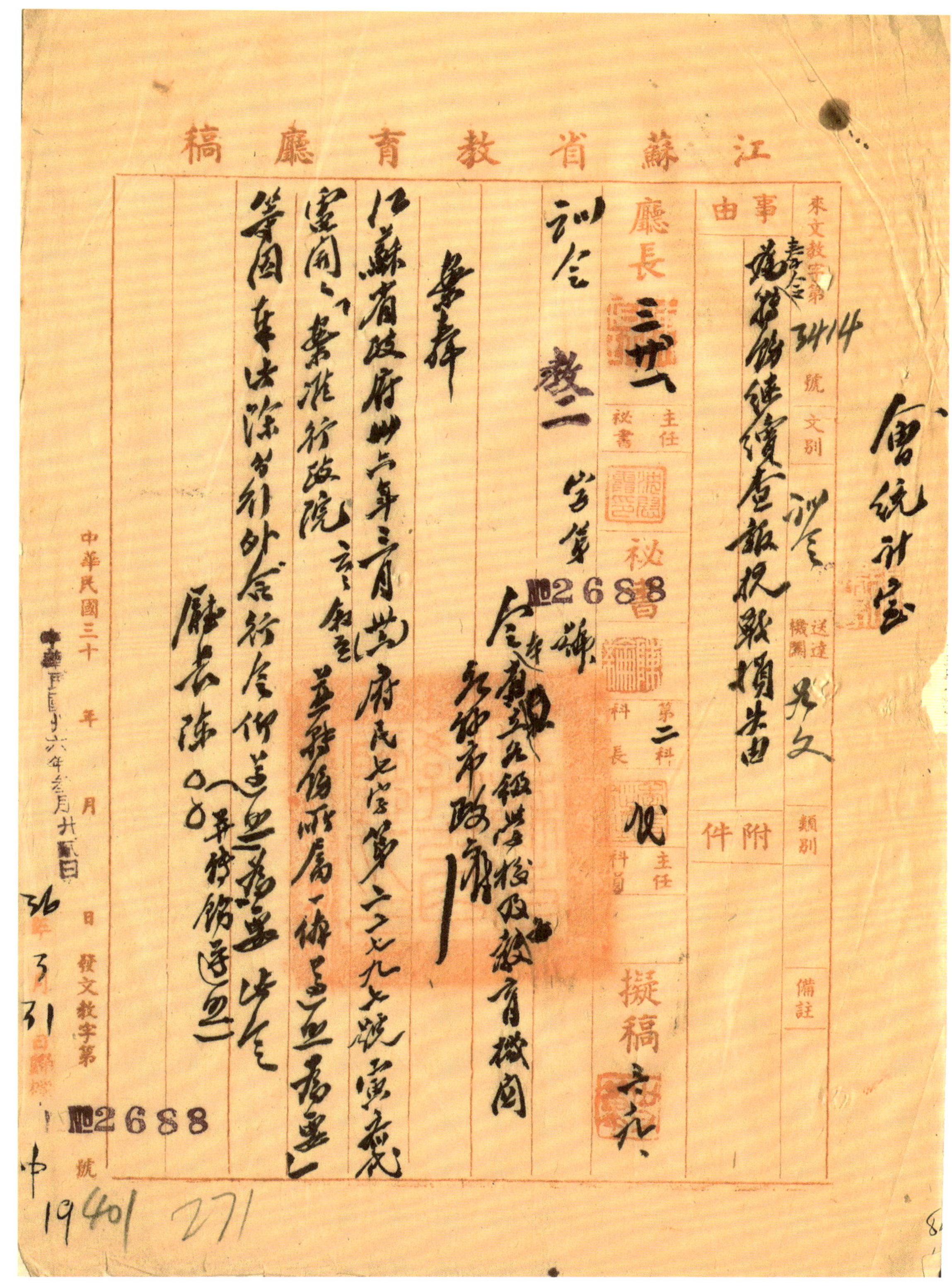

江蘇省教育廳稿

事由	為轉飭繼續查報抗戰損失由
來文數字第	2414 號
文別	訓令
送達機關	另文
類別	
附件	
備註	

廳長 三廿八

主任秘書

秘書

第二科科長

主任科員

擬稿 三廿六

訓令 教一 字第 2688 號

令省立各級學校及教育機關、各縣市政府

案奉

江蘇省政府卅六年三月[illegible]日府民七字第六二七九七號寅[illegible]代電開：

「案准行政院[illegible]代電[illegible]並轉飭所屬一律遵照為要」

等因；奉此，除分行外，合行令仰遵照為要。此令。

廳長 陳○○

中華民國三十 年 月 日 發文數字第 2688 號

中華民國卅六年叁月廿貳日

江苏省教育厅致省立各级学校、教育机关及各市县政府的训令（一九四七年三月二十二日）

江苏省教育厅致省立苏州高级工业职业学校的训令（一九四七年三月二十二日）

卅六年三月二十四日到 一六四号

阅

江蘇省教育廳訓令 教二字第二六八八號

中華民國三十六年三月二十二日

事由 奉令轉飭繼續查報抗戰損失由

令 省立蘇州高級工業職業學校

案奉

江蘇省政府三十六年三月（卅六）府民七字第二六七九七號寅齊代電開："案准行政院賠償委員會本年二月十二日京（卅六）一字第一九七號代電內開：查各省人民抗戰損失大部雖已報送來會，但仍有少數地區或因交通不便消息阻塞或因其他原因致漏報者亦屬不少，為使調查統計益作之精確計，用特電請各地政府繼續調查補報，除分電外，相應電請查照，並轉飭所屬各縣市機關繼續查報為荷等由，准此，除分電各專員公署暨縣市政府遵照外，合行電仰遵照，並轉飭所屬一體遵照為要。"等因，奉此，除分行外，合行令仰遵照。

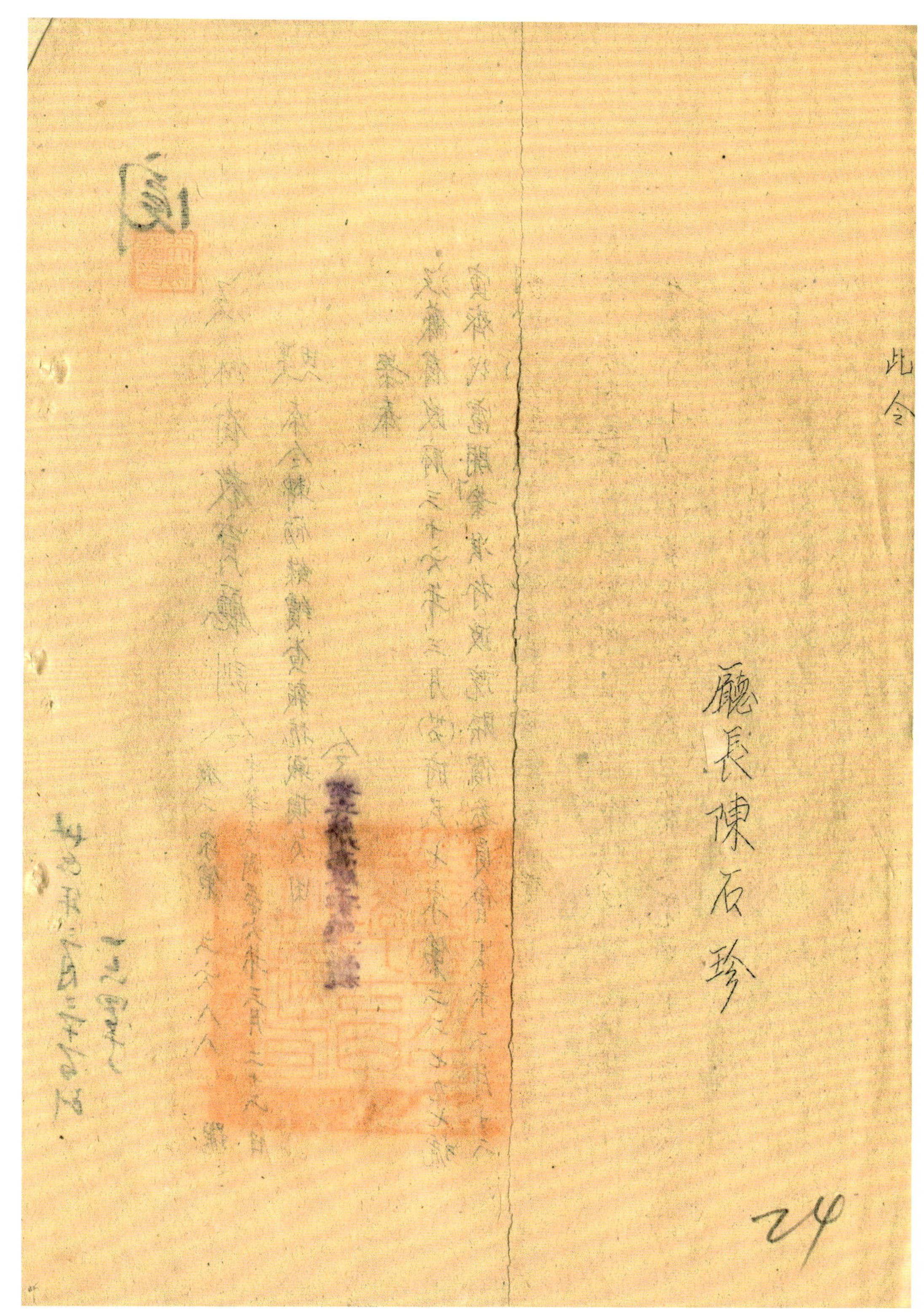

此令

廳長陳石珍

24

江苏省政府、江苏省教育厅关于查报抗战损失限至七月十五日截止的一组公文（一九四七年四月二十八日至五月十四日）

江苏省政府致省教育厅的代电（一九四七年四月二十八日）

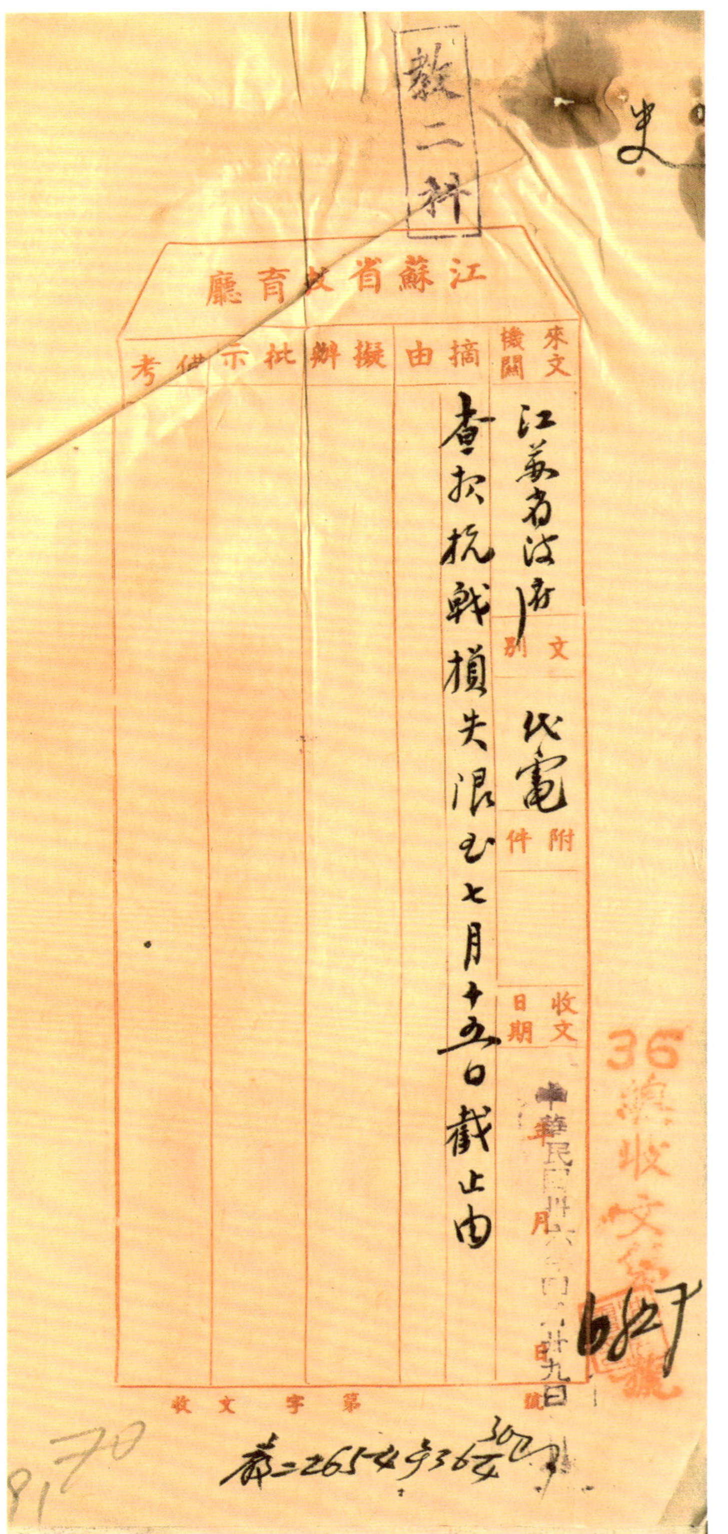

教二科

江蘇省教育廳

來文機關	江蘇省政府
文別	代電
附件	
收文日期	中華民國卅六年四月廿九日
摘由	查報抗戰損失限至七月十五日截止由
擬辦	
批示	
備考	

收文　字第　號

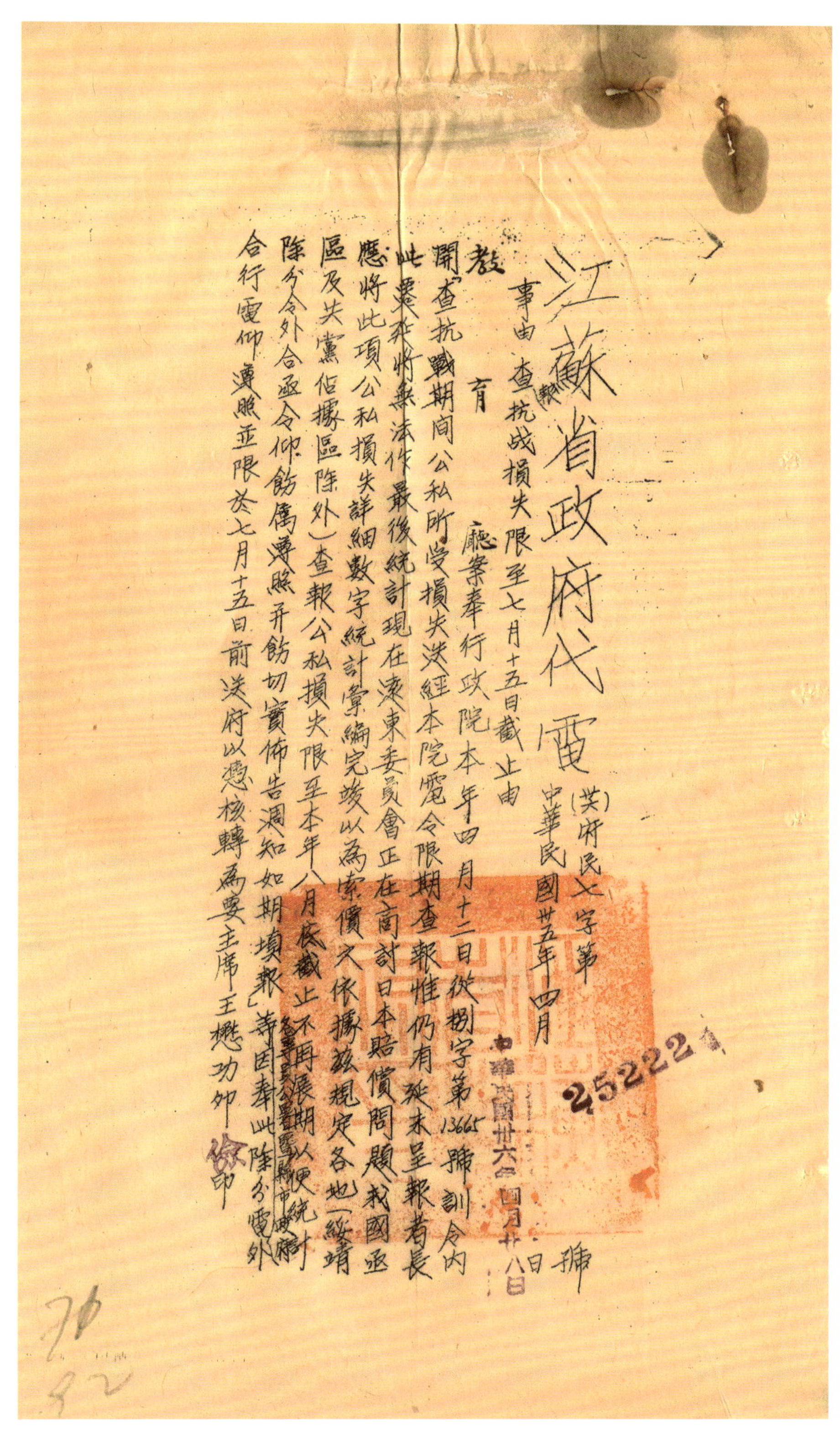

江蘇省政府代電　（芸）府民七字第　號　中華民國卅五年四月　日

事由：查報抗战損失限至七月十五日截止由

教育廳：案奉行政院本年四月十二日從捌字第13665號訓令內開：「查抗戰期間公私所受損失，迭經本院電令限期查報，惟仍有延未呈報者，長此遷延，將無法作最後統計。現在遠東委員會正在商討日本賠償問題，我國亟應將此項公私損失詳細數字統計彙編完竣，以為索償之依據。茲規定各地（綏靖區及共黨佔據區除外）查報公私損失限至本年八月底截止，不再展期，以便統計。除分令外，合亟令仰飭屬遵照，并飭切實佈告週知，如期填報」等因。奉此，除分電外，合行電仰遵照，並限於七月十五日前送府，以憑核轉為要。主席王懋功卯（徐印）

25222

中華民國卅六年四月廿八日

江苏省教育厅致省立各文化机关及各级学校的训令（一九四七年五月十四日）

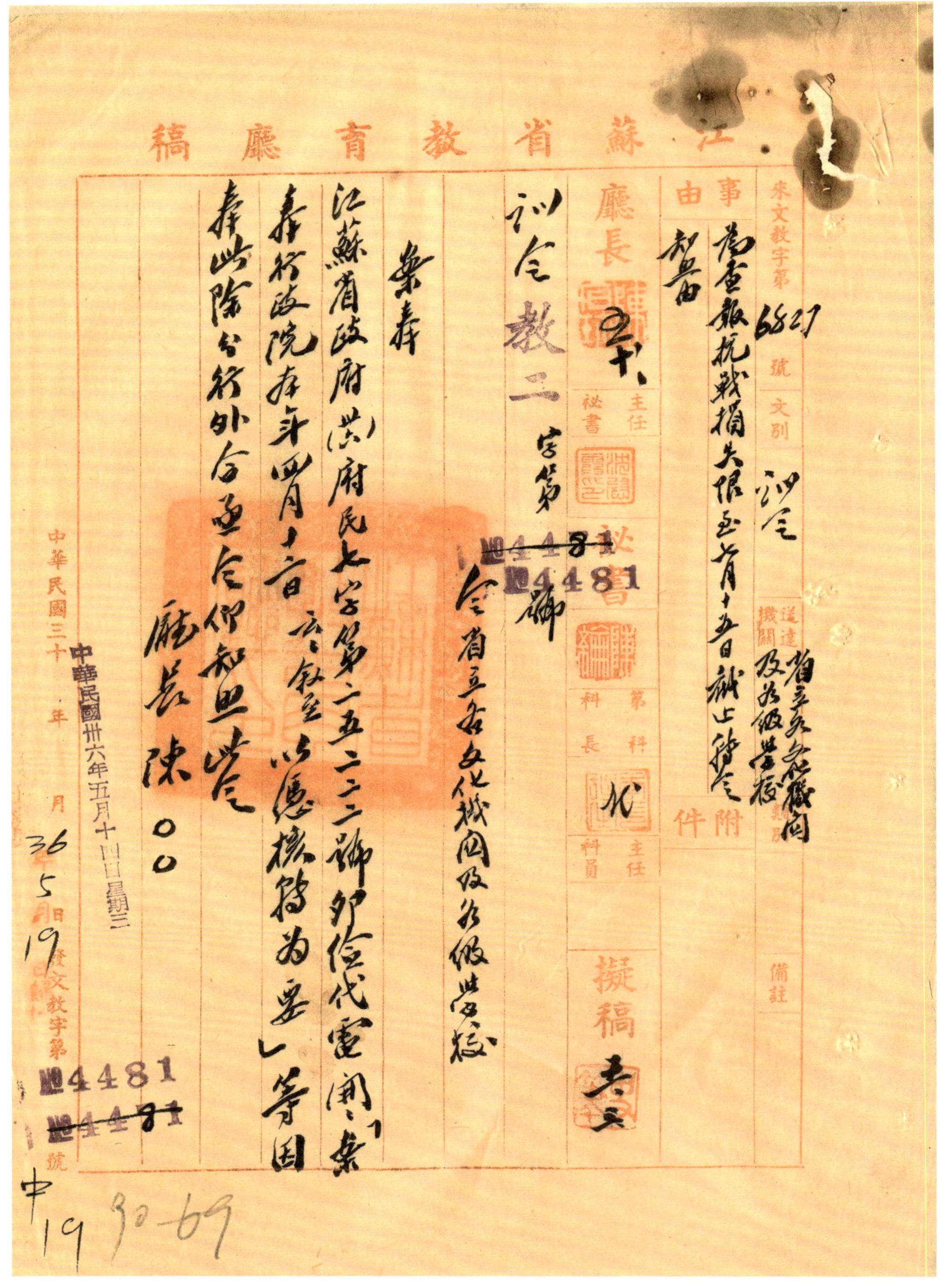

江蘇省教育廳稿

來文教字第6827號

事由：為查報抗戰損失限五月十五日截止飭知照由

文別：訓令

送達機關：省立各文化機關及各級學校

廳長

訓令 教二 字第4481號

令省立各文化機關及各級學校

案奉

江蘇省政府（卅六）府民七字第二五二二號卯儉代電開：「案奉行政院本年四月十日云云，叙至以憑核轉為要」等因。奉此，除分行外，合亟令仰知照。

廳長 陳〇〇

中華民國卅六年五月十四日

發文教字第4481號

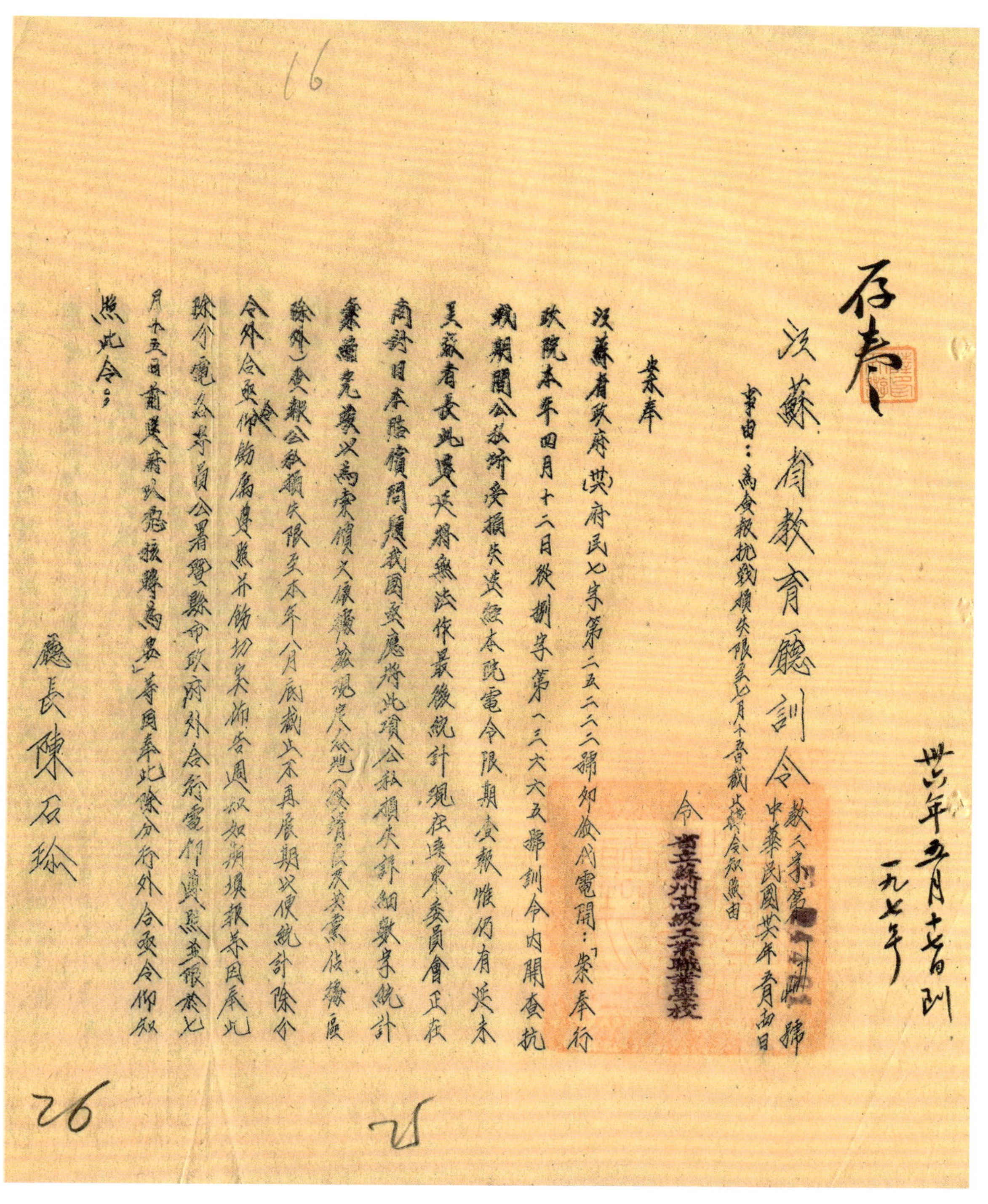

江蘇省教育廳訓令　教人字第[illegible]號

中華民國卅六年五月十四日

事由：為查報抗戰損失限至七月十五日截止轉令知照由

令　省立蘇州高級工業職業學校

案奉

江蘇省政府（卅六）府民七字第二五二二二號卯儉代電開：「案奉行政院本年四月十二日從捌字第一三六六五號訓令內開：『查抗戰期間公私所受損失，迭經本院電令限期查報，惟仍有延未具報者，長此遷延，將無法作最後統計。現在遠東委員會正在商討日本賠償問題，我國亟應將此項公私損失詳細數字統計彙齊，充實要以為索償之依據。茲規定人民（公地）（機關學校及黨團依據區除外）查報公私損失，限至本年八月底截止，不再展期，以便統計。除令令外，合亟令仰飭屬遵照，并飭切實施行，各週知如期填報。』等因。奉此，除令電各專員公署暨縣市政府外，合行電仰遵照，並限於七月十五日前遵照辦理報府，以憑核轉為要。」等因。奉此，除分行外，合亟令仰知照。此令。

廳長　陳石珍

教育部关于查报抗战损失限至一九四七年八月底截止致江苏省教育厅的训令（一九四七年五月十二日）

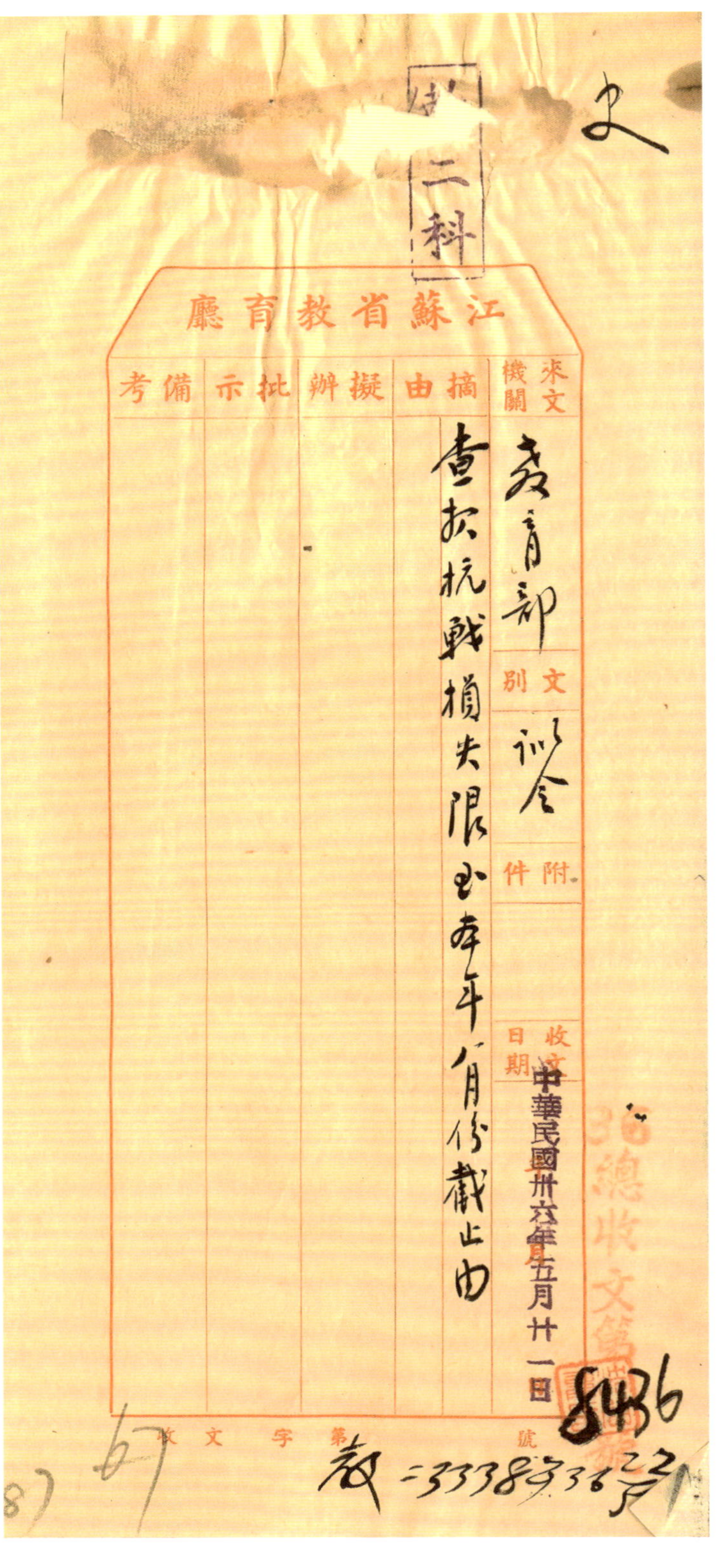
江苏省教育厅
来文机关：教育部
文别：训令
附件：
收文日期：中华民国卅六年五月廿一日
摘由：查报抗战损失限至本年八月底截止由
拟办：
批示：
备考：
收文　字第　号

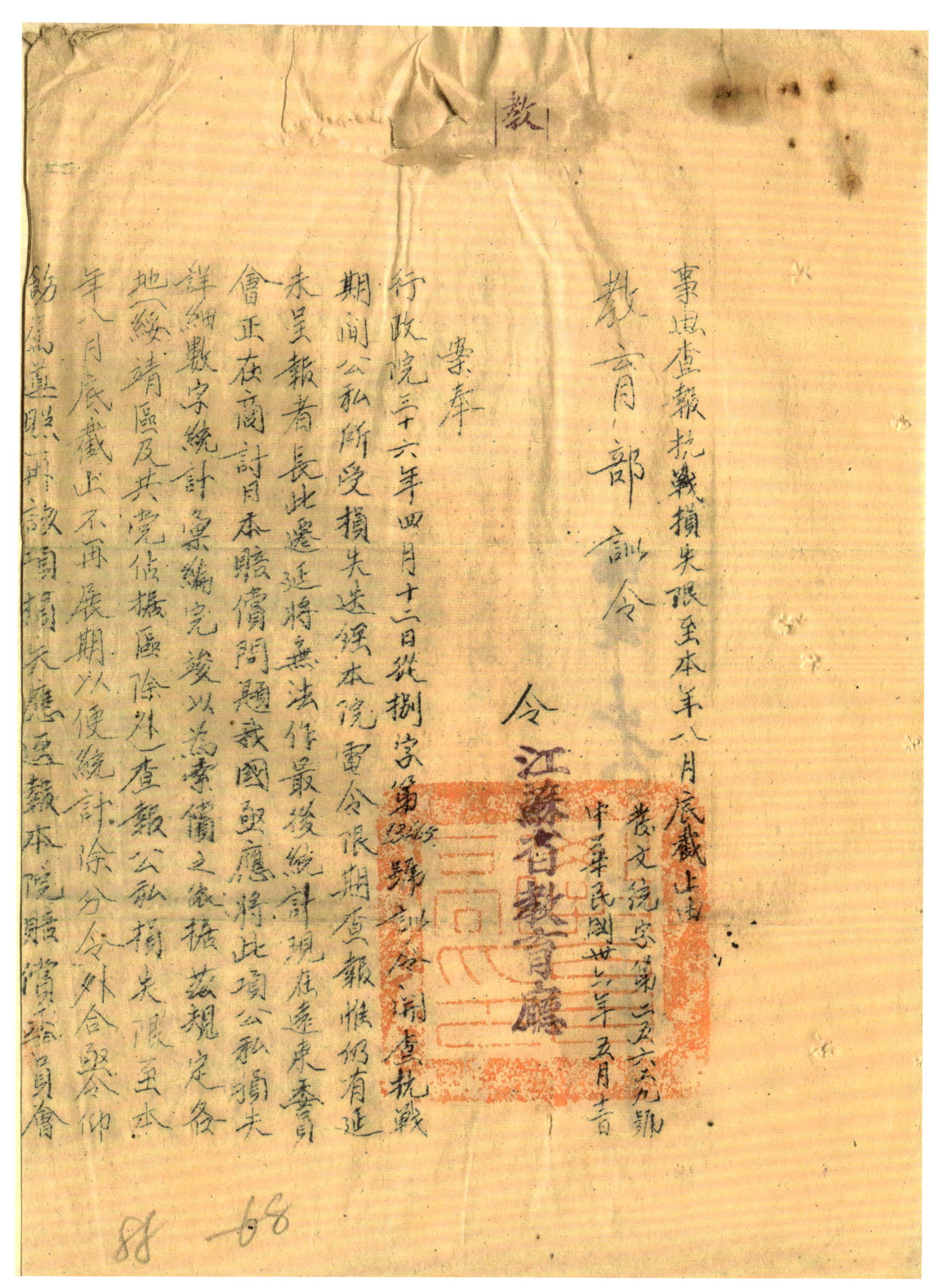

教

事由：查報抗戰損失限至本年八月底截止由

教育部訓令　　發文統字第二五六六九號
中華民國卅六年五月十三日

令江蘇省教育廳

案奉

行政院三十六年四月十二日從捌字第12265號訓令，關查抗戰期間公私所受損失，迭經本院電令限期查報，惟仍有延未呈報者，長此遷延，將無法作最後統計，現在遠東委員會正在商討日本賠償問題，我國亟應將此項公私損失詳細數字統計彙編完竣，以為索償之依據，茲規定各地（綏靖區及共黨佔據區除外）查報公私損失，限至本年八月底截止，不再展期，以便統計，除分令外，合亟令仰飭屬遵照，並將該項損失應遵報本院賠償委員會

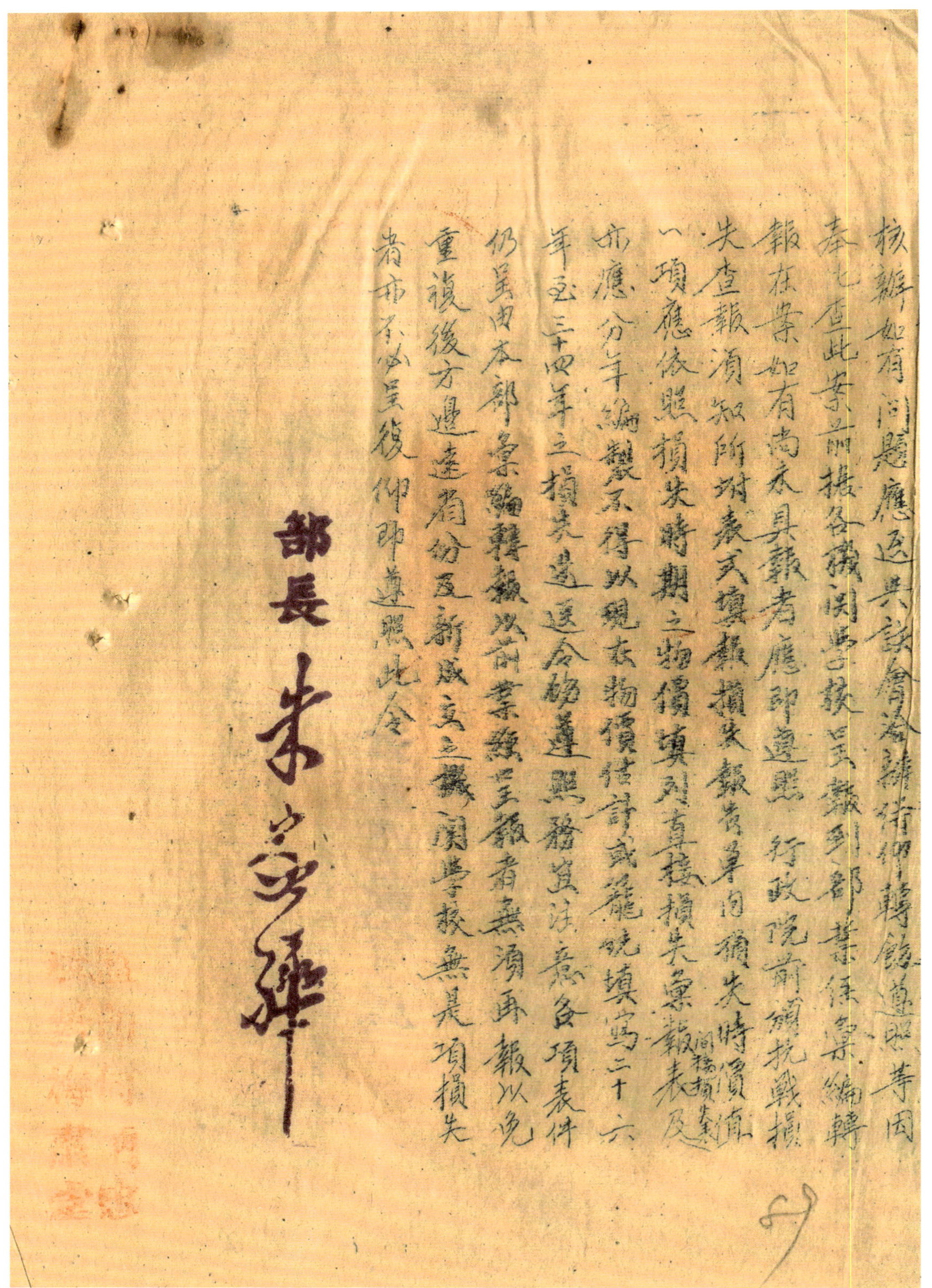

核辦如有問題應逕與該會洽辦等因仰轉飭遵照等因奉此查此案前據各機關學校呈報到部業經彙編轉報在案如有尚未具報者應即遵照行政院前頒抗戰損失查報須知所附表式填報損失報告單內損失時價值一項應依照損失時期之物價填列其直接損失彙報表及間接損失表亦應分年編製不得以現在物價估計或籠統填寫二十六年至三十四年之損失彙送令飭遵照務宜注意各項表件仍呈由本部彙編轉報以前業經呈報者無須再報以免重複後方邊遠省份及新成立之機關學校無是項損失者亦不必呈復仰即遵照此令

部長 朱家驊

江苏省政府关于补报抗战损失致教育厅的指令（一九四七年七月四日）

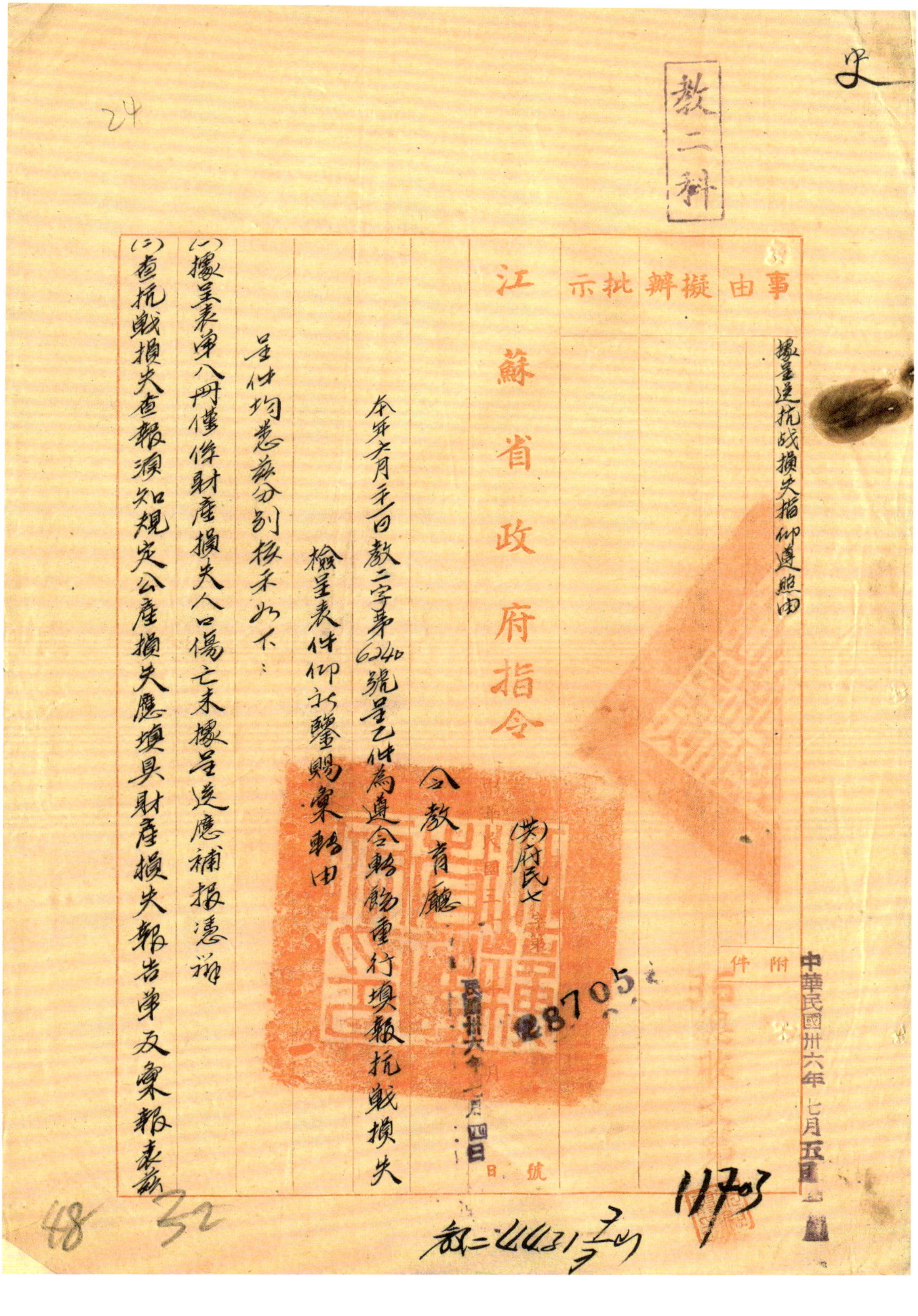

教二科

事由：據呈送抗戰損失指仰遵照由

擬辦

批示

附件

江蘇省政府指令

（卅六）府民七字第　號

中華民國卅六年七月四日

令教育廳

本年六月廿日教二字第6240號呈乙件爲遵令轉飭重行填報抗戰損失檢呈表件仰祈鑒賜彙轉由

呈件均悉，茲分别核示如下：

（一）據呈表第八册僅係財產損失，人口傷亡未據呈送，應補報憑辦。

（二）查抗戰損失查報須知規定，公產損失應填具財產損失報告單及彙報表，茲

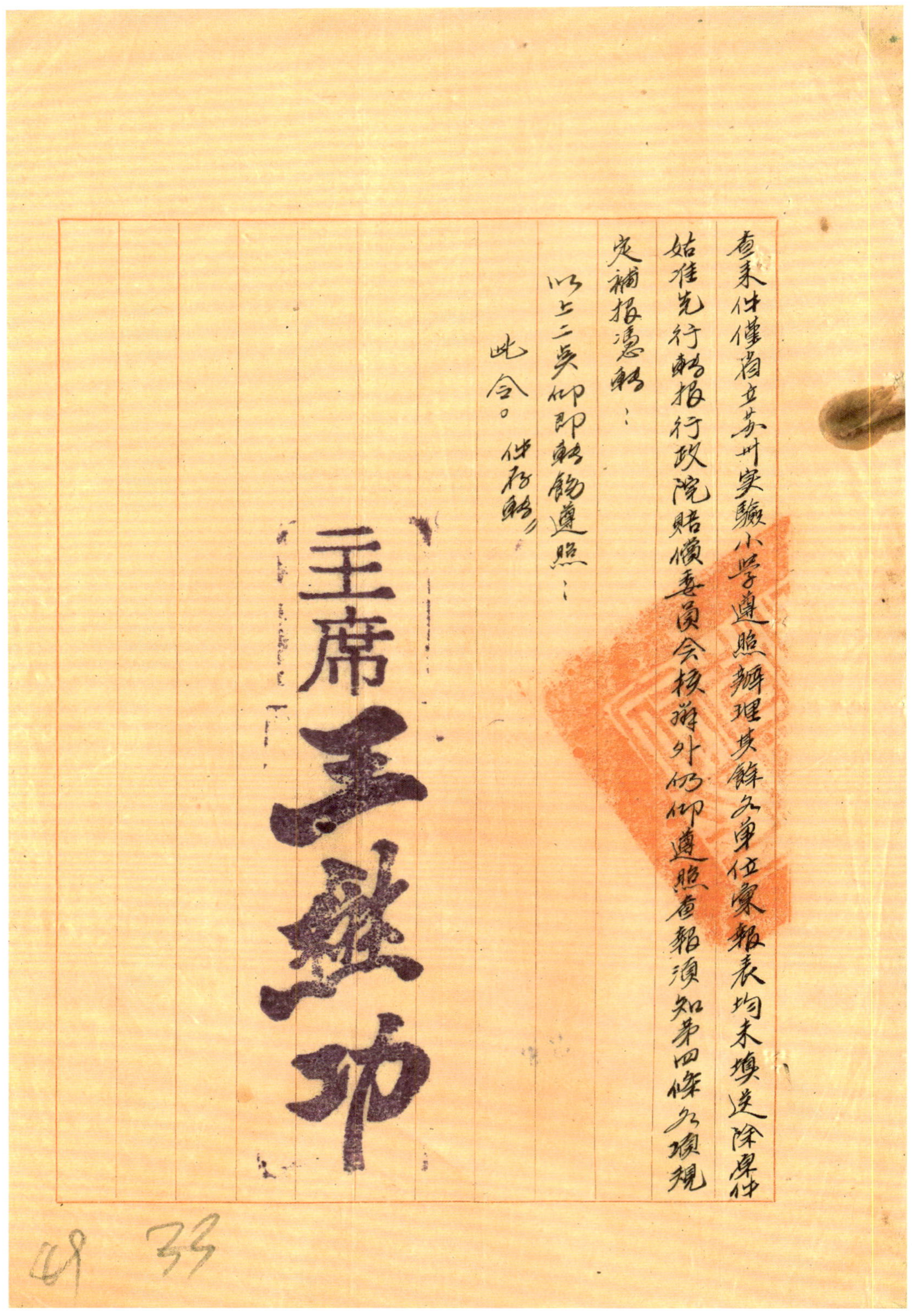

查来件仅省立苏州实验小学遵照办理其余各单位汇报表均未填送除原件姑准先行转报行政院赔偿委员会核办外仍仰遵照查报须知第四条各项规定补报凭转；

以上二点仰即转饬遵照；

此令。 件存转

主席 王懋功

49 33

江苏省教育厅关于续报教育厅暨所属单位及员工损失价值统计表致省政府的呈（一九四七年八月三十日）

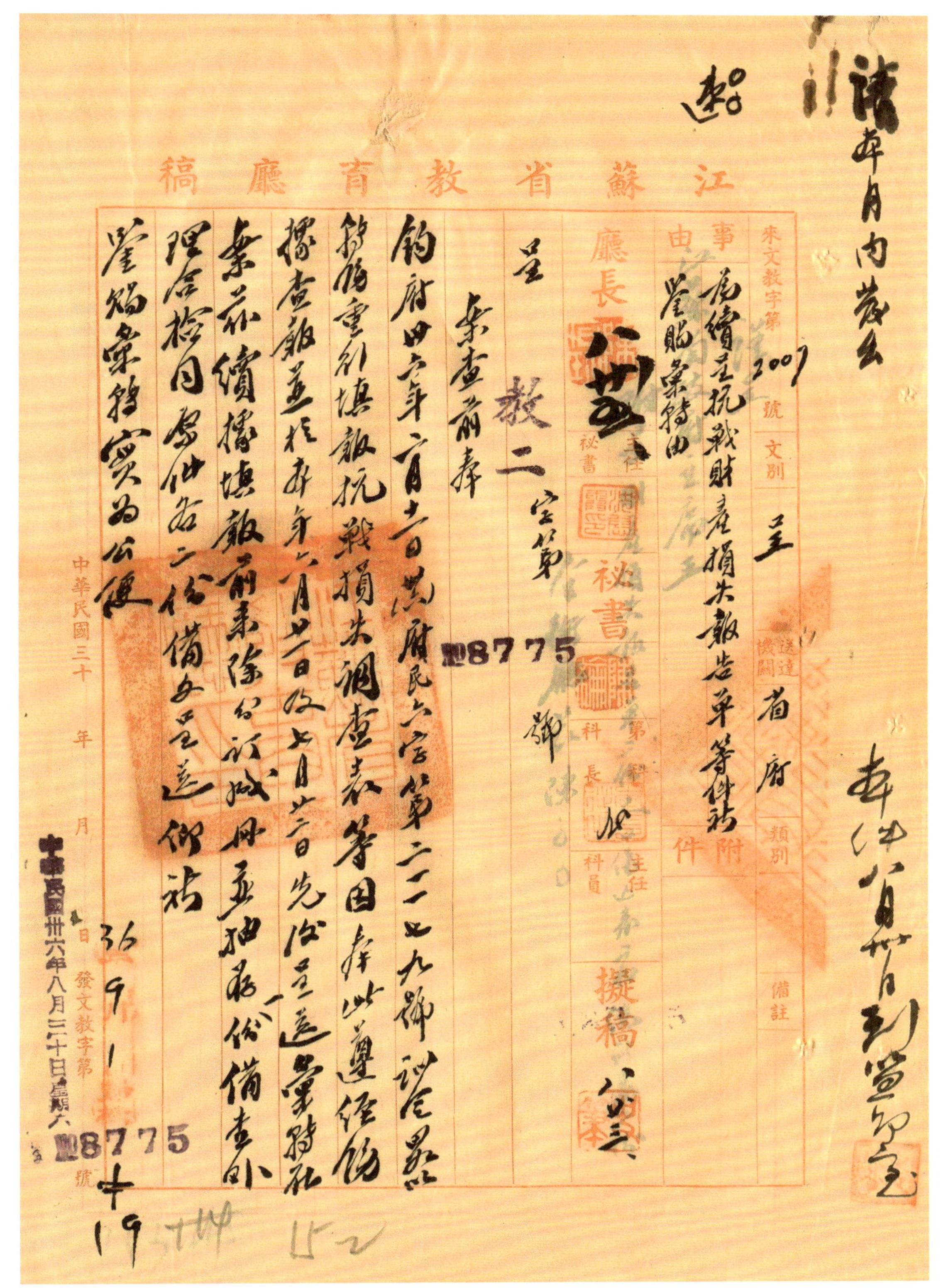

江蘇省教育廳稿

來文教字第2007號　文別：呈　送達機關：省府

事由：為續呈抗戰財產損失報告單等件祈鑒賜彙轉由

廳長　主任秘書　秘書　科長　主任科員　擬稿

教二字第　號

呈

案查前奉

鈞府卅六年六月十二日府民六字第二一一九號訓令飭為重行填報抗戰損失調查表等因奉此遵經飭據查報並於本年六月廿日及七月廿六日先後呈送彙轉在案茲續據填報前來除分別核明並抽存一份備查外理合檢同原件各二份備文呈送仰祈

鑒賜彙轉實為公便

中華民國卅六年八月三十日星期六　發文教字第8775號

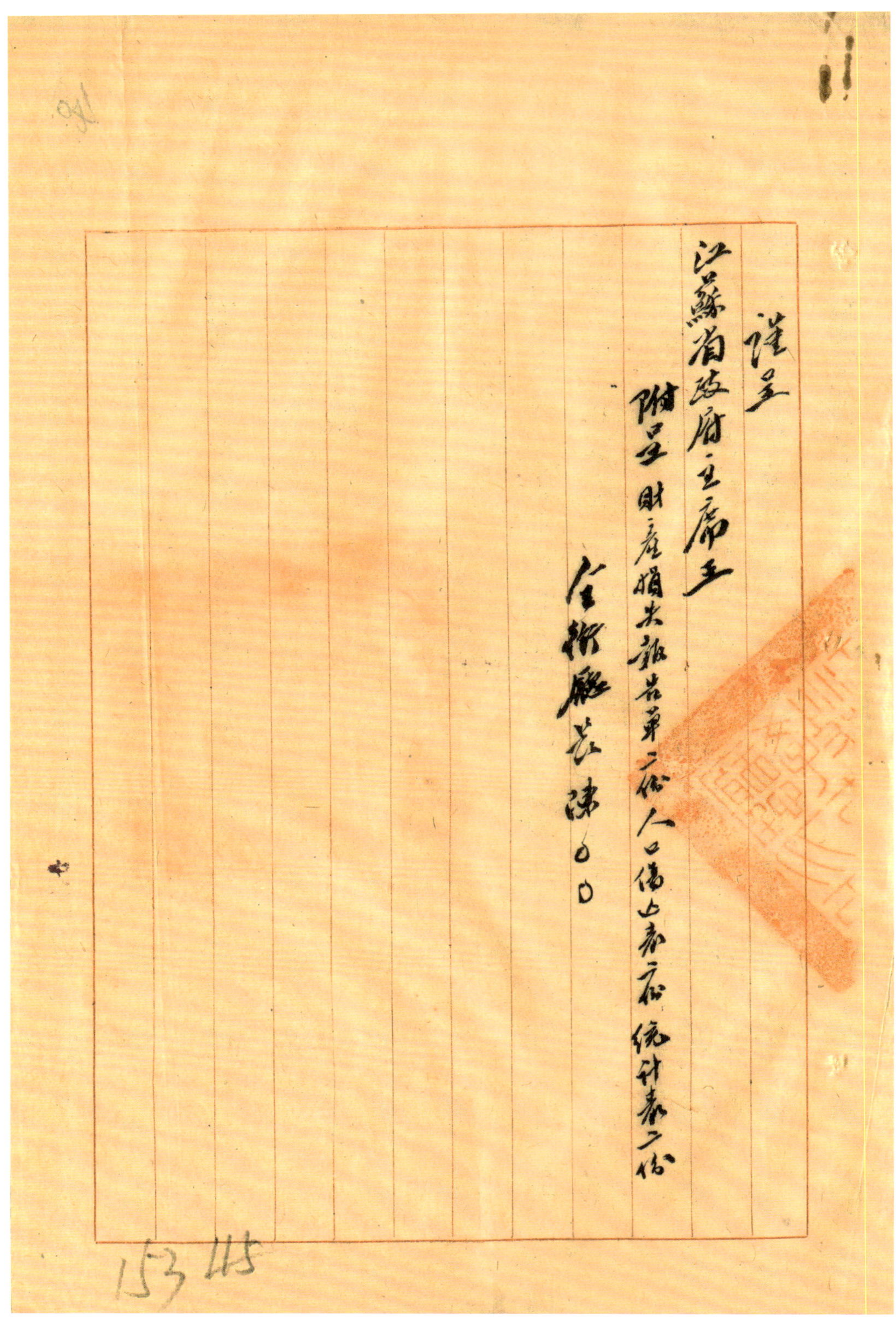
谨呈
江苏省政府主席王
附呈财产损失报告单二份人口伤亡表二份统计表二份
全衔厅长陈○○

附：江苏省教育厅暨所属单位及员工损失价值统计表

（一）

一式二份 另缮正

江蘇省教育廳暨所屬單位及員工損失價值統計表　第　頁

損失機關名稱或損失人姓名	損失時價值合計	備考
江君石	550,495元	
秦坤誠	4,750元	
李從之	8,197,000元	
連雲市立中心國民學校	48,634	
連雲市政府	2,460	
連雲市立金唐國民學校	1,846	
孫世樸	4,600	
劉有旭	1,489	
劉禧堂	2,540	

560

（二）

江蘇省教育廳暨所屬單位及員工損失價值統計表　第　頁

損失機關名稱或損失人姓名	損失時價值合計	備考
江鈞	~~267~~ 10,642元	
江石卿	6,210	
顧琴西	4,225.7	
唐敦榮	896.2	
張義思	6,502	
唐興之	76,369	
曹□思	946	
李樹東	12,540	
顧卓寰	614	

145

二

江苏省教育厅暨所属单位及员工损失价值统计表　　第　页

损失机关名称或损失人姓名	损失时价值合计	备考
张如石	1590	
宋恩康	1.145	
王宝珣	266	
胡志杰	50.517	
张树菁	2.556	
俞毅森	3826.5	
刘■■祯峰	873	
张小四	351	
张修其	3.506	

156

118

江苏省教育厅暨所属单位及员工损失价值统计表　　第　页

损失机关名称或损失人姓名	损失时价值合计	备考
刘景观	8793	
连云市三区五保国民小学	1664	
唐少徽	911.5	
秦学金	7.3.93.5	
张斌恒	6.350	
孙占鳌	419	
徐社民	1680	
孙耀华	340.8	
赵润宇	182	

157

119

(5)

江蘇省教育廳暨所屬單位及員工損失價值統計表　　第　頁

損失機關名稱或損失人姓名	損失時價值合計	備考
王樹人	2781	
連雲市東華國民學校	770	
劉肯富	1360	
嚴公畏	322393	
章晉心平	12486	
袁安箴	1989	
張蔚之	205000	
邵瀚周	3145	
王譽蒼	10000	

158

(6)

江蘇省教育廳暨所屬單位及員工損失價值統計表　　第　頁

損失機關名稱或損失人姓名	損失時價值合計	備考
王人傑	278380	
張仲華	587	
吳馭龍	394.5	
匡寅夫	515	
張崇一	118000	
蔡劍人	15000	
劉培坤	1568600	
劉哲庵	1663	
劉法吾	22230000	

159

江蘇省教育廳暨所屬單位及員工損失價值統計表　第　頁

損失機關名稱或損失人姓名	損失時價值合計	備考
王仁芳	50,000	
南通私立鍾秀完全國民校	4,150	
南通縣教育會	25,300	
南通縣井窑好小學	4,800	
南通縣六合鄉二保國小	492	
南通私立崇英小學	13,527	
南通私立南菁中學	27,000	
陳廣之	14,010	
靖江縣第一區靖城鎮中心小學	6,123	

江蘇省教育廳暨所屬單位及員工損失價值統計表　第　頁

損失機關名稱或損失人姓名	損失時價值合計	備考
靖江下六圩小學	4,820	
劉翠成	2,040	
靖江靖西小學	3,590	
〃〃斜橋中心小學	288,300,000	
盛壽臣	41,820	
薛雲亭	17,490	
高冠財	827	
瞿壽庭	1,468	
鄭崇康	9,660	

九

江蘇省教育廳暨所屬單位及員工損失價值統計表　第　頁

損失機關名稱或損失人姓名	損失時價值合計	備考
郭劍秋	5,180	
陳建城	699	
吳宇璞	1,982	
秦從龍	20,480	
豐慶東	45,600	
鄭玲如	1,730	
靖江私立嘉北中学	1,344,345	
袁佐之	14,900	
靖江野橋小学	2,896	

（十）

江蘇省教育廳暨所屬單位及員工損失價值統計表　第　頁

損失機關名稱或損失人姓名	損失時價值合計	備考
靖江中橋小学	1,396	
靖江縣斜橋鄉第五保联立國民学校	2,896	
鄭映渠	13,710	
靖江縣立鄉村師範	49,120	
靖江縣立初中	39,420	
張靜秋	5,400	
陸繼鈞	10,767	
俞昌晉	4,940	
葉西田	2,140	

（十二）

江苏省教育厅暨所属单位及员工损失价值统计表　第　页

损失机关及机构或损失人姓名	损失时价值合计	备考
江阴县立顾山小学	57,450	
江阴县北涸镇中心小学校	6,750	
江阴私立长泾初中	11,585	
江阴南闸乡中心小学	500	
江阴县立中学	90,521	
江阴县立华墅小学	13,070	
任碧明?	5,825	
张粹民?	5,500	
邹中行	4,200	

164

926

（十三）

江苏省教育厅暨所属单位及员工损失价值统计表　第　页

损失机关及机构或损失人姓名	损失时价值合计	备考
蒋宪治	3,574	
过云生	3,580	
张建勋	6,421	
陈浩	11,905	
金善禧?	6,423	
沈逸贞	1,247	
朱展辰	270	
姚祖涵	10,660	
陆肇镗?	10,313	

165

927

（三）

江蘇省教育廳暨所屬單位及員工損失價值統計表　第　頁

損失機關名稱或損失人姓名	損失時價值合計	備考
夏彥超	9,789	
戴秉萃	6,682	
黃根華	1,950元	
沈良璧	862	
顧煥麟	2,596	
東台縣各級教育機關	6,2576,15,0000	
泗陽縣各級文化機關	217,502,200	
泗陽縣各級教育機關	2,036,867,100	
江陰私立礎成初中	276,913,000	

166

128

四

江蘇省教育廳暨所屬單位及員工損失價值統計表　第　頁

損失機關名稱或損失人姓名	損失時價值合計	備考
江蘇省立江蘇學院	31,450,000	
馮君來	7,446	
戴克光	20,056	

167

129

江苏省政府关于查报抗战损失限至本年十二月三十一日截止致省教育厅的代电（一九四七年十月八日）

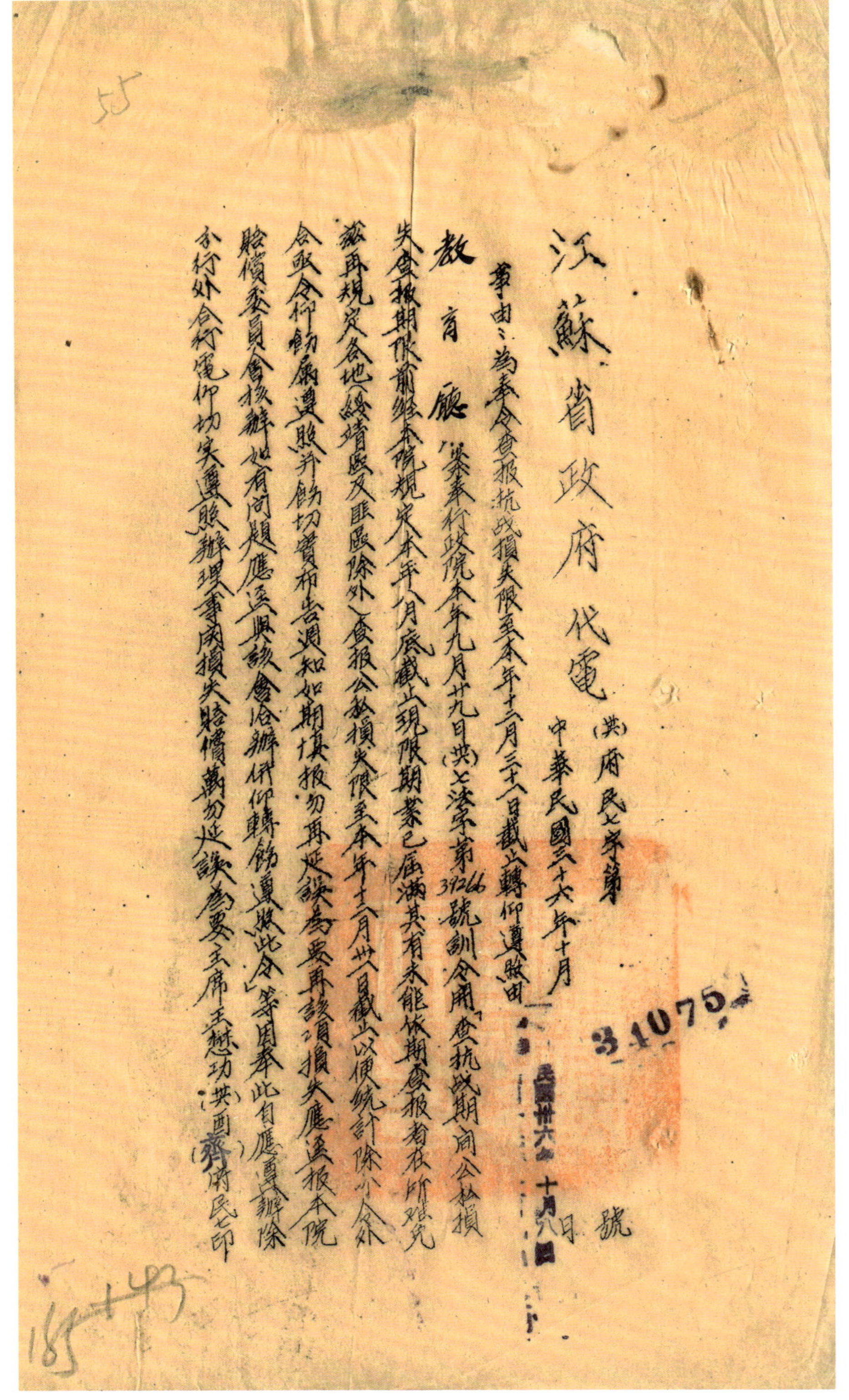

江蘇省政府代電 （卅六）府民七字第 號

中華民國三十六年十月 日

事由：為奉令查報抗戰損失限至本年十二月三十一日截止轉仰遵照由

教育廳：案奉行政院本年九月廿九日（卅六）七諮字第39266號訓令開：「查抗戰期間公私損失查報期限前經本院規定本年八月底截止，現限期業已屆滿，其尚有未能依期查報者在所難免，茲再規定各地（綏靖區及匪區除外）查報公私損失限至本年十二月卅一日截止，以便統計，除分令外，合亟令仰飭屬遵照，并飭切實布告周知，如期填報，勿再延誤為要。再該項損失應逕報本院賠償委員會核辦，如有問題，應逕與該會洽辦。」等因，奉此，自應遵辦，除分行外，合行電仰切實遵照辦理，事關損失賠償，幸勿延誤為要。主席王懋功。（卅六）酉（齊）府民七印

34075

民國卅六年十月八日

江苏省政府致各区专署、各县市政府的训令（一九四八年三月三十一日）

副稿

江蘇省政府訓令

卅府建自四字第1421號

事由：為令仰飭屬填報戰時文物損失由。

令各區專署、各縣（市）政府

案准賠償委員會京卅二字第四九八九號代電開：「准外交部代電開：『據駐日代表團電稱：關於遠東委員會文物補償案討論情形，我方所提重要修正皆異常切實，亟盼其早日實現，則我方流落在日之國寶及珍貴材料，如滿鐵東亞經濟調查所資料、靜嘉堂文庫（即皕宋樓藏書）、東洋文庫（即莫禮遜藏書）、泉屋清賞（住友所藏我國古代銅器）等，當可網羅，庶能補償我國抗戰時所受文化上之損失。再文物補償案通過之期，諒不在遠，亟應早日統籌，以便交涉。懇即轉咨有關各機關並通告全國人民，從速依照盟總規定提出申請，以便整理研究，一俟新案通過，即可彙案交涉。請其歸還等情，相應電請查照，通告人民提出申請，以憑彙案辦理』等由到會。查文物補償案係為歸還劫物案之補充，關於被劫物資之申請歸還，迭經電請轉飭查報有案。至戰時損失文物（包括藝術、歷史、宗教、教育性質之動產及不能以普通生產交易方法補償之文庫）亦係被劫物資之一，自

311

211

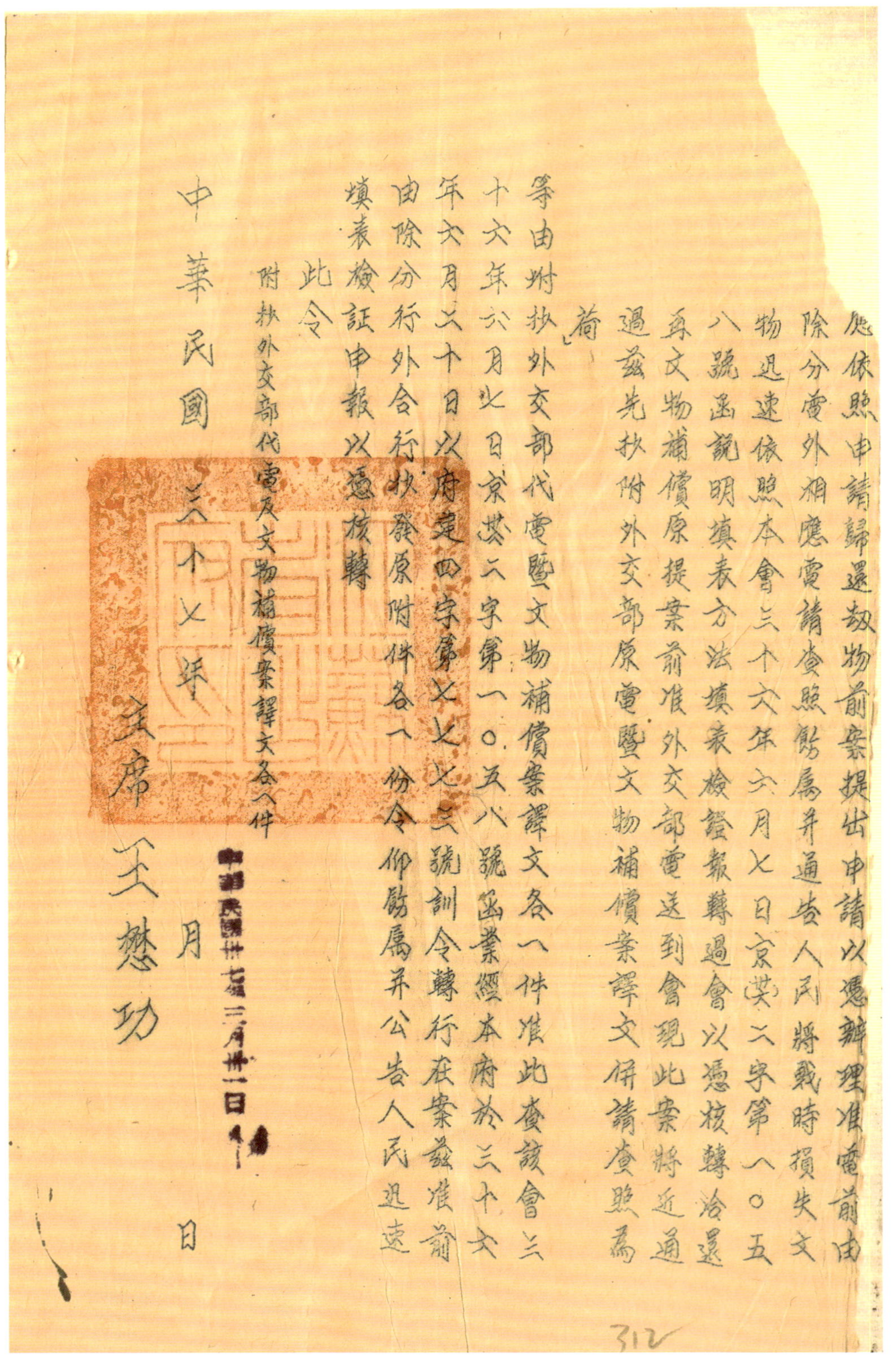

應依照申請歸還劫物前案提出申請以憑辦理准電前由
除分電外相應電請查照飭屬并通告人民將戰時損失文
物迅速依照本會三十六年六月七日京柒二字第一〇五
八號函說明填表方法填表檢證報轉過會以憑核轉洽還
再文物補償原提案前准外交部電送到會現此案將近通
過茲先抄附外交部原電暨文物補償案譯文併請查照為
荷」
等由附抄外交部代電暨文物補償案譯文各一件准此查該會三
十六年六月七日京柒二字第一〇五八號函業經本府於三十六
年六月二十日以府建四字第七七七三號訓令轉行在案茲准前
由除分行外合行抄發原附件各一份令仰飭屬并公告人民迅速
填表檢証申報以憑核轉
此令
附抄外交部代電及文物補償案譯文各一件

中華民國卅七年三月卅一日 發

中華民國三十七年 月 日

主席 王懋功

312

抄外交部東36字第二〇五六二九號代電原文

(銜略)查盟國珍貴文物被日破壞或劫掠查無下落者應由日本以相似文物作賠一案刻正在遠東委員會討論中茲據該會我方代表寄呈美方代表所提原案及呈報我方所提重要修正如下一取消肆意破壞 Wantonly destroyed 之肆意 Wantonly 一字使戰時所毀壞之文物不論由於故意或無意毀壞者均責令日本償還二如要求國所舉證據有疑問時應作有利於要求國之者應使提証件放寬三充償文物應不僅限於日本公家及戰犯所收存者凡屬日本境內可取得之文物均可移供償還四日本國寶 National treasures 應附以日本原名(Kokuho)以資確切除核示第二點應加證據缺乏時應根據常識公議或記載判斷第三點凡屬日本境內可取得之文物均可供償還應改為凡屬日本公私自有文物 public or private cultural objects of clearly established Japanese ownership 均可移供賠償又第四點豁免提供賠償之國寶只限於一八九四年以前所指定者外相應抄同美方原提案轉請查照核復為荷外交部附件

抄美方提案譯文

損失文物之補償

一、本案係補充業經施行之歸還劫物議決案故與之並行不悖

二、日本政府應按照後開規定補償其軍事侵略期間肆意破壞或移走之盟國文物

三、文物指稱藝術歷史宗教教育性質之動產包括不能以普通生產交易方法補替之文庫在內

四、被日本攻毀或佔據之盟國申請補償文物者應提出合理證件證明其文物直接或間接原因於日軍作戰或佔據被移走或肆意破壞並查無下落此項證件應詳細敘述損失文物之數量種類及品質關於證件之適當與否有疑問時應求其有利於申請國而推定之

五、補償文物申請書獲批准後應由日本政府供給屬於日本公共機關所有或日本戰犯所有大体上同種類同價值之文物但日本公共機關所有之文物不得用以補償盟國人民私有被損失文物

六、前項補償不涉及左列兩種日本文物

四、日政府在一九三一年以前指定為國寶之文物不問其為何
地所產何人所有日政府在一九三一年以後所指定為國寶
並係日本所產且在一八九四年以前已為日公共機關或私
人所有者

六、盟國佔領軍為達成其目的所需用之日本文物尤其是日本
人民民主化及再教育計劃上所需用者

七、盟總得酌量咨詢申請國代表並求其協助參照一定慣例公平
執行本議決案尤其是關於第五項所規定申請書之批准及同
值文物標準之決定

（二）江苏省教育林场财产损失调查

江苏省政府、教育厅、教育林场关于抗战财产损失的一组公文

（一九四五年十一月二十八日至一九四八年四月二十四日）

江苏省教育林场关于呈报调查江苏省教育林第一林场森林损失经过情形致省政务厅的呈

（一九四五年十一月二十八日）

105

事由	擬辦	批示	備考
為呈報調查江蘇省教育林第一林場森林損失經過情形仰祈鑒核由			
附件			

收文　字第　號

212

查本林場設立於江浦縣境劃分四區第一林區設於浦鎮戈家堰抗戰軍興鄉村房屋均遭焚毀人民無屋居住遂將本場之森林斫伐蓋屋此第一林區森林損失經過之情形也第三林區設於星甸鎮獨峯寺江浦淪陷全縣人民整個逃避星甸之一隅此外尚有南京無錫等處客籍之難民地方人口陡增數倍一時燃料缺乏難民斫樹藉資生活此第三林區森林損失經過之情形也第四林區設獅子林山麓地方主任邵振青僱用林警張永康就地看管藉保護之名暗行盜伐之實地方民衆相率效尤以致大好山林變為童突此第四林區森林損失經過之情形也第二林區設於湯泉鎮敵偽侵犯時

人民逃亡此後忠義救國軍竭力保護因此未遭損失自該區主
任邵振青接受偽方委任倚仗偽江蘇省教育公產公款管理
處主任陶真如勢力勾結地痞串通湯泉鎮之宵小盜賣樹木
斫樹燒炭設置炭窰六七座以飽私囊直至民國三十三年春
已將樹木盜賣罄盡此第二林區森林損失經過之情形也又
各林區辦公室及工人宿舍廚房等因為忠義救國軍及各部
游擊隊深入山林活動日軍先後入山掃蕩均遭焚燒林具
傢具散失民間維時已久無從搜查尚有少數用具暨文件等
邵振青扣留不交視為己物理合遵將調查教育第一林場整
個損失經過情形具文呈報仰祈

鑒核寔為公便

謹呈

江蘇省政務廳廳長王

江蘇省教育林技士張蔚丹

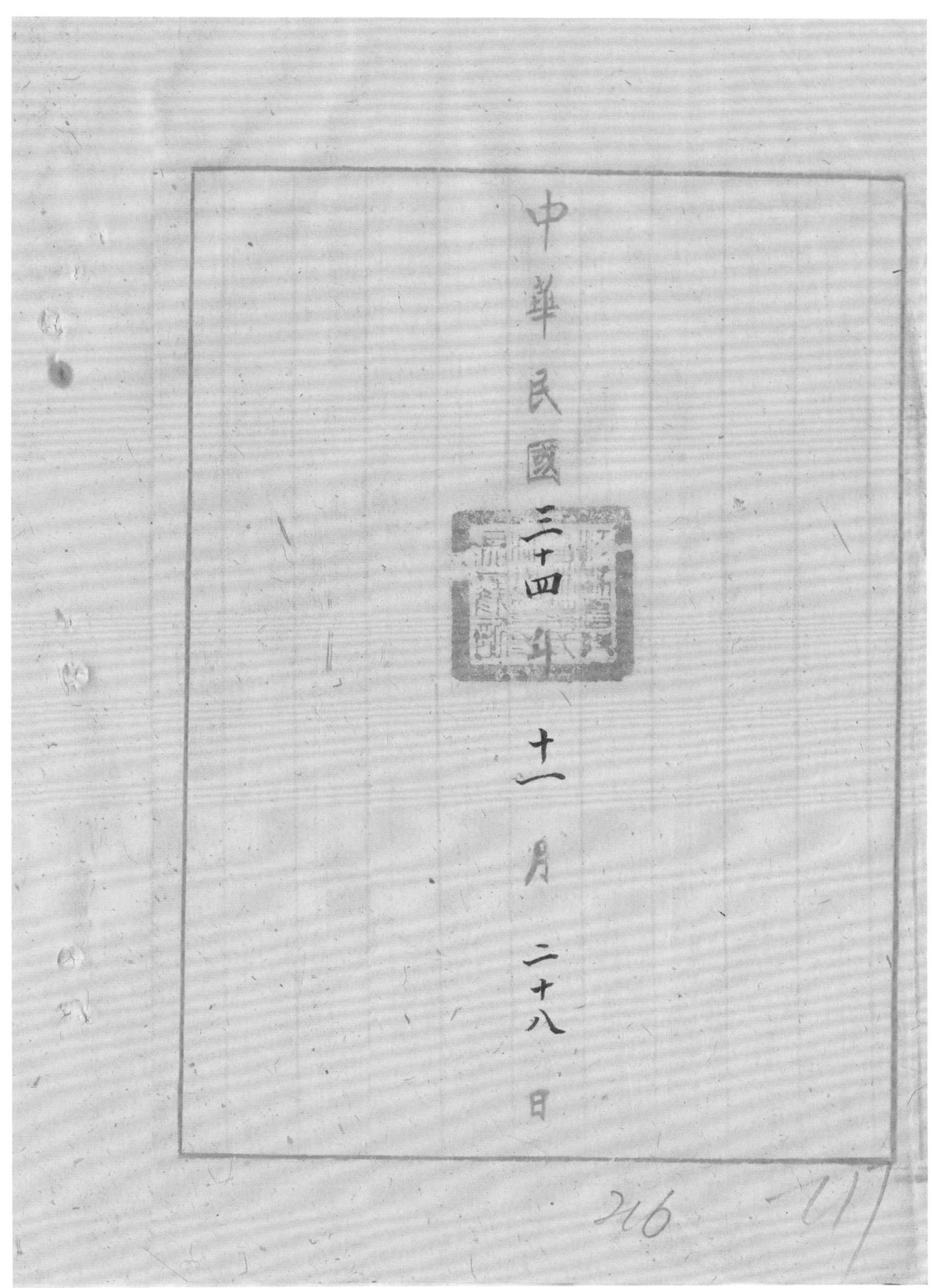
中華民國三十四年十一月二十八日

江苏省教育林第一林场损失经过略述及今日之恢复意见（一九四五年十一月二十九日）

江苏省教育林第一林场损失经过略述及今日之恢复意见

查本林计两场七区，江北第一林场计四区，江南第二林场计三区。场长蒋惠荪于廿六年十一月六日离场，江南林场首先放弃，除员工解散一部之外，集众江北，分配各区负责，却雇群代理场长吴君驻一区，振清驻二区，董四区，陈君驻三区，有助理四人。至本年十二月南京沦陷，浦境政局紊乱，一区吴君藏而逃，振清率众集三区，受难者细工房焚烧，林木全部被难民砍伐，更有地方领导唆使砍伐，详呈徐陈二君叙报苏场长转呈省厅在案。三区办公室借县府办公，以为日军焚烧，有白铁房分区两处，一为地方民众拆毁，一为政府折改碉堡。一区地近敌境，林木于廿七年春摧毁房屋

於廿六年冬被日軍焚燒一區之分區黃悦嶺因此二區毗連由振
青派警保護至廿七年冬日軍駐湯泉二十餘日均砍伐殆盡！
振青於廿七年四月偕鄉代表等回二區當時二區之損失屋內
物資穀棉八十餘担芝(六石)甘蔗(八石)柴木炭(壹百餘担)盡為地方擅用山林樑
保槐竹子盡毀松樹尚完遂振青集聚原有工警但護林派
以振青私有之籽棉一百卅餘担出售作經費至八月間既接場
發滙到經費接濟之廿八年三月護林派撩傷砍樹抵江總意
適縣府搖動民衆壹樵戰聲大禍陈偉身死以六百元之極
惜乃思獨木無材改主護林委員會以各區之正直仕紳由縣
府聘請協力保護迨至二十八年九月日偽圍攻縣府軍隊二區一區

全部被焚毁。林警王永年一名，先年日伪烧毁家庙，县府查派距系两先生来林场洽商，拟砍伐二四区松木，敝居被宾民振青要求以半价鼎有光掛撥省厅作林场之收入，敝本场认为不合理，牽通过即行砍伐，详情呈厅核示。讵此种环境日见恶劣，乃于本年一月起吴化文辞而吴化失守，同年五月日伪占驻汤泉林警毛可慈来殿亦罹兑辞，亦被杀，县府偏居西区二区，林木日夜砍伐，六月间省厅杨君莹澜奉金厅长谕视察林场，因汤泉有敌据，将四区之现有林木及目前之摧残情形导勘一遍，另备文呈报日伪掳杀林警驻守县境外，强迫收究如何应付「奉令妥为应付」八月江浦全县沦陷，振青因保护林木遭砍伐者之嫉妬，至日偽派人捉我，乃脫離林場，潛至南京。二、巨林木大部在此時間損失。三十一年春由金大陳嶸先生之介紹，托偽中央模範林區管理局局長知照江浦縣，振青於四月復回場。未一月，地方之盜伐者見林木摧殘未盡，心又不甘，自接偽區長蒙朦掌理，向偽縣廳控告，密令江浦縣拘捕振青，聞風又離林場。越三月，真相已明，林木亦將了矣，偽縣廳知為人愚弄，乃派秘書龔湘龍拘拿盜伐森林之犯汪為和、周雨文、吳鷹禧、路世榮、張鷹康之子等，嚴拿並將林場卷宗押運南京。振青返顧環境，祇將田契、山圖等重要物件留下。三、巨房屋燒而復建者再！四、巨林木房屋於三十年冬摧毀之巨

（三）

林木至三十三年春新四军进攻星甸时始破伐完结，森林之损
失非特江浦数年环境受害，而江浦县临县之建筑木材亦无不
是本林之林木，今不论政府究如何处理，林有职责难辞，惟有听命而已。
本林数年来全赖林佃田租维持一切生活，乃于三十一年秋第一
林场林佃全部整理，酌量各林佃之收获，限定适当纳缴
租额，使各林佃兴情耕种，增加产量，全林佃每季可收之
十余石，工警每月薪粮八斗，过去因不稳，损耗亦不敷。
本林之恢复，首先本林之组织，组织林场，成代禁止挖根
烧萌芽，可以发生，冬防烧山，留养野生树柴，林依量
播种育苗，随造乡保壮丁造林，插条竹子，三年可采

材建築等各工室之聲有歸宿之所工作是當按時
修建磚瓦窰備建居民住宅整理茶地培植果苗
備香林副產以節省經費十年內許可恢復矣
草此略陳謹呈
吳視察

邵振青 青 廿九日

223

江苏省教育林场关于更正抗战财产损失报告单致教育厅的呈（一九四八年三月二十四日）

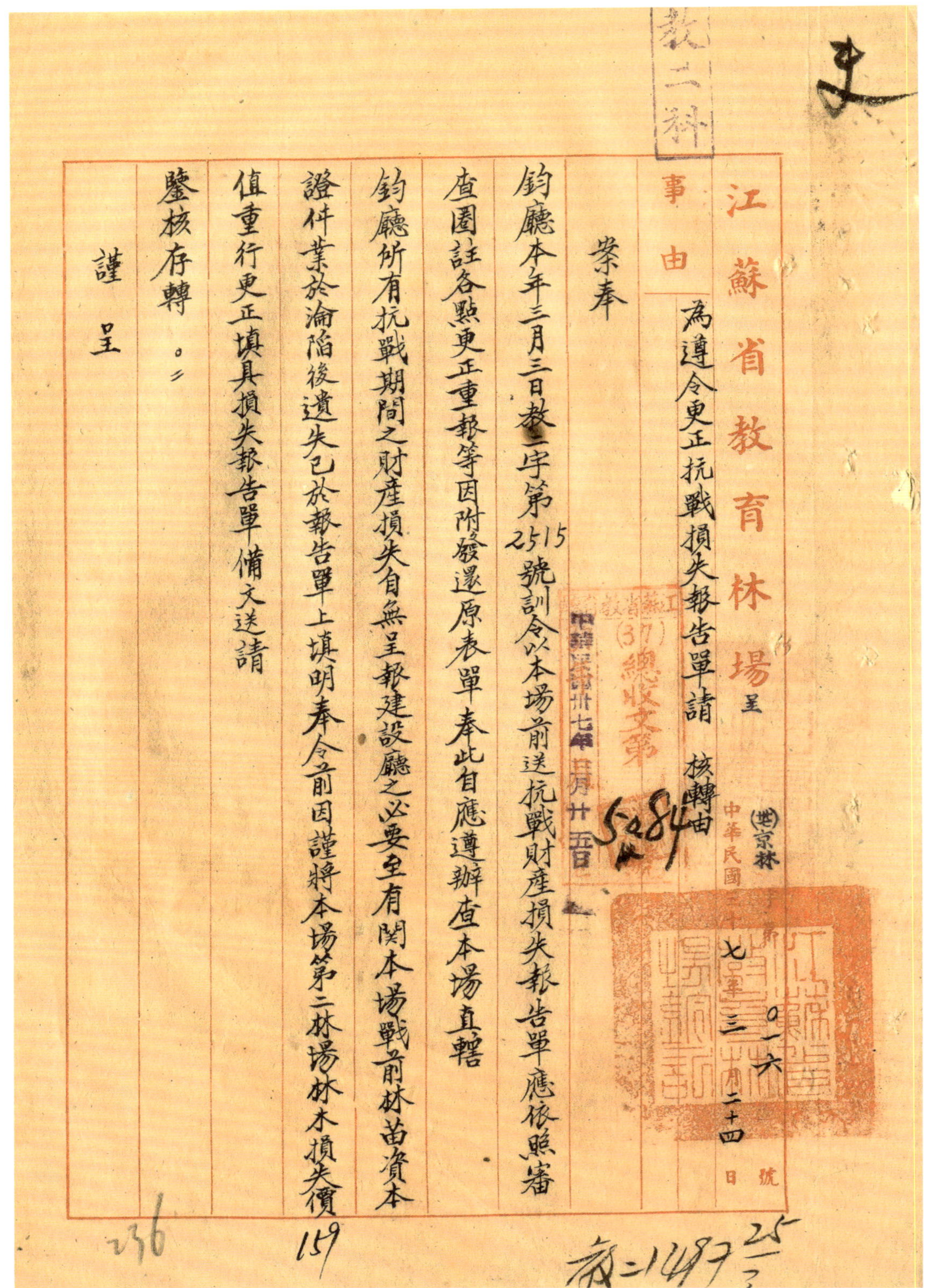

教二科

江蘇省教育林場 呈 京林（卅）字第〇一六號 中華民國三十七年三月二十四日

事由：為遵令更正抗戰損失報告單請 核轉由

案奉

鈞廳本年三月三日教二字第2515號訓令以本場前送抗戰財產損失報告單應依照審查圈註各點更正重報等因附發還原表單奉此自應遵辦查本場直轄

鈞廳所有抗戰期間之財產損失自無呈報建設廳之必要至有關本場戰前林苗資本證件業於淪陷後遺失已於報告單上填明奉令前因謹將本場第二林場林木損失價值重行更正填具損失報告單備文送請

鑒核存轉。

謹 呈

總收文第5084號 中華民國卅七年三月廿五日

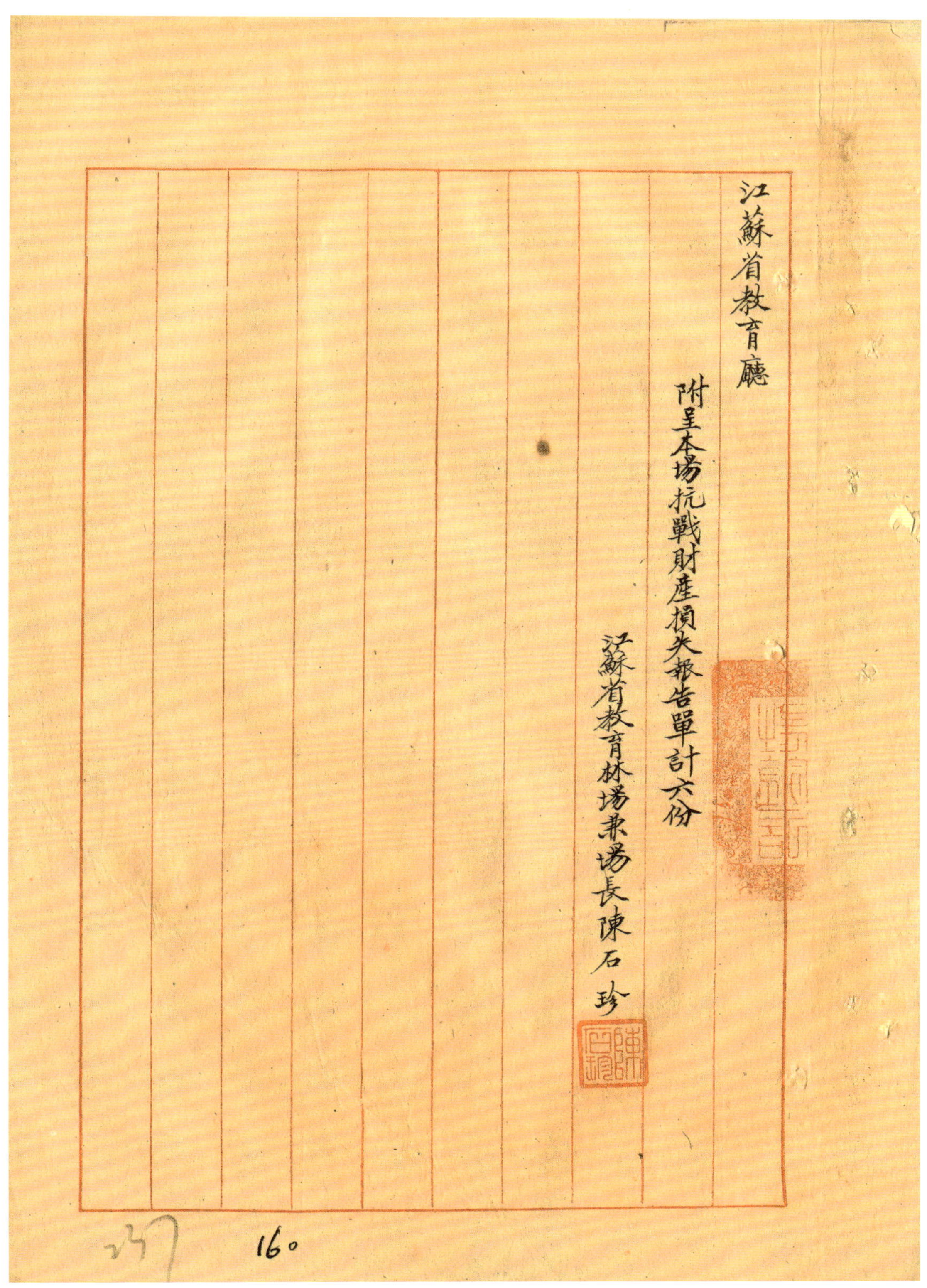
江蘇省教育廳

附呈本場抗戰財產損失報告單計六份

江蘇省教育林場兼場長陳石珍

160

附：财产损失报告单（一九四七年六月十二日）

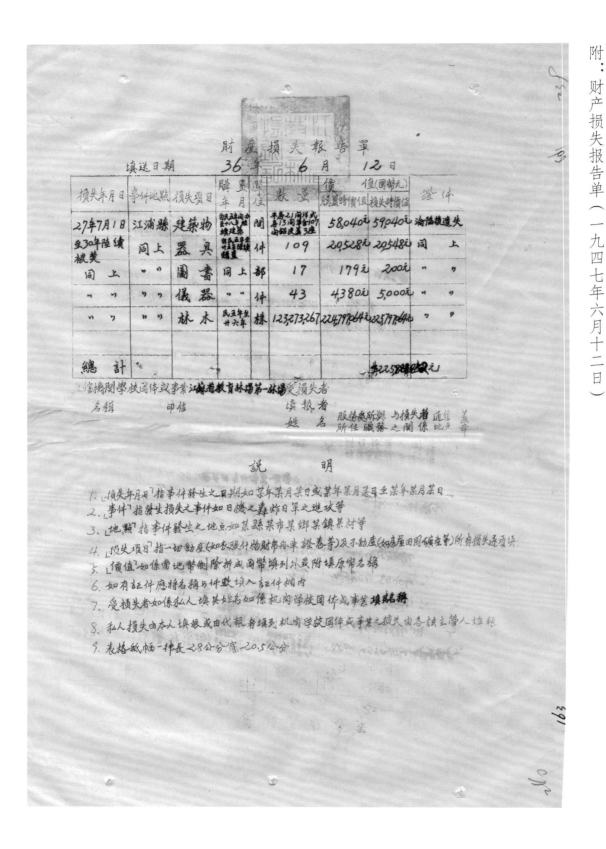

財產損失報告單

填送日期　36年　6月　12日

損失年月日	事件地點	損失項目	購置年月	單位	數量	價值（國幣元）購置時價值	損失時價值	證件
27年7月1日至30年陸續被焚	江浦縣	建築物	自民五年间分至十八年陸續建築	間	平房21间洋式房15间草舍107间鉛皮盖3座	58,040元	59,040元	淪陷後遺失
	同上	器具	自民五年至廿五年陸續購置	件	109	20,528元	20,548元	同上
同上	〃〃	圖書	同上	部	17	179元	200元	〃〃
〃〃	〃〃	儀器	〃〃	件	43	4,380元	5,000元	〃〃
〃〃	〃〃	林木	民五年至廿六年	株	123,273,267	224,797,064元	225,797,064元	〃〃
總計							共225,88[illegible]元	

直轄機關學校團体或事業　江蘇省教育林場第一林場　受損失者

名稱　　印信　　填報者

姓名　服務處所與所任職務　与損失者之關係　通信地點　蓋章

說明

1、「損失年月日」指事件發生之日期如某年某月某日或某年某月某日至某年某月某日
2、「事件」指發生損失之事件如日機之轟炸日軍之進攻等
3、「地點」指事件發生之地点如某縣某市某鄉某鎮某村等
4、「損失項目」指一切動產（如衣服什物財帛舟車證卷等）及不動產（如房屋田園礦產等）所有損失逐項填
5、「價值」如係當地幣制除折成國幣填列外並附填原幣名稱
6、如有証件應將名稱与件數填入証件欄内
7、受損失者如係私人填其姓名如係机関学校団体或事業填其名稱
8、私人損失由本人填報或由代報者填列机関学校団体或事業之損失由各該主管人填報
9、表格紙幅一律長28公分寬20.5公分

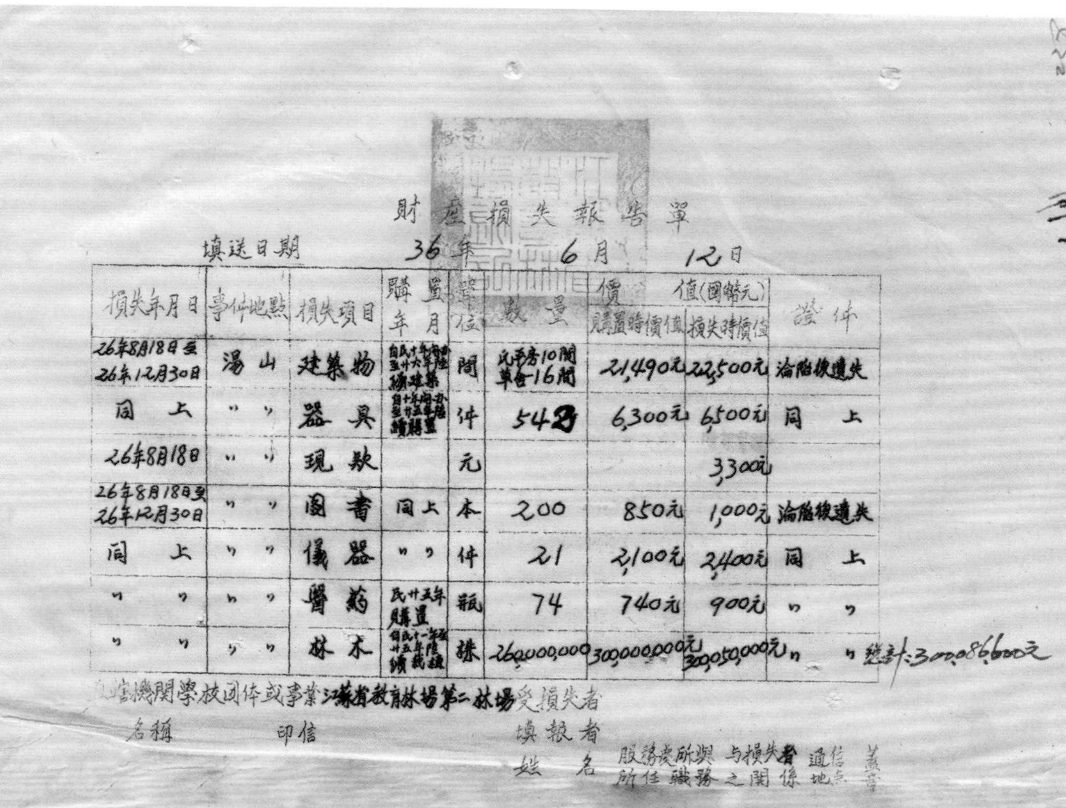

財產損失報告單

填送日期 36年 6月 12日

損失年月日	事件地點	損失項目	購置年月	單位	數量	價值(國幣元) 購置時價值	損失時價值	證件
26年8月18日至26年12月30日	湯山	建築物	自民十年起至廿六年陸續建築	間	瓦平房10間 草舍16間	21,490元	22,500元	淪陷後遺失
同上	〃〃	器具	自十年起至廿五年陸續購置	件	54[illegible]	6,300元	6,500元	同上
26年8月18日	〃〃	現款		元			3,300元	
26年8月18日至26年12月30日	〃〃	圖書	同上	本	200	850元	1,000元	淪陷後遺失
同上	〃〃	儀器	〃〃	件	21	2,100元	2,400元	同上
〃〃	〃〃	醫藥	民廿五年購置	瓶	74	740元	900元	〃〃
〃〃	〃〃	林木	自民十一年起至廿五年陸續栽植	株	260,000,000	300,000,000元	300,050,000元	〃〃

總計：300,086,600元

直屬機關學校團体或事業名稱 江蘇省教育林場第二林場 受損失者印信

填報者姓名 服務處所與所任職務 與損失者之關係 通信地點 蓋章

說明

1、「損失年月日」指事件發生之日期如某年某月某日或某年某月某日至某年某月某日
2、「事件」指發生損失之事件如日機之轟炸日軍之進攻等
3、「地點」指事件發生之地点如某縣某市某鄉某鎮某村等
4、「損失項目」指一切動產(如衣服什物財帛舟車證卷等)及不動產(如房屋田園礦產等)所有損失逐項填明
5、「價值」如係當地幣制除折成國幣填列外並附填原幣名稱
6、如有証件應將名稱与件數填入証件欄内
7、受損失者如係私人填其姓名如係机関学校團体或事業填其名稱
8、私人損失由本人填報或由代報者填列机関学校團体或事業之損失由各該主管人填報
9、表格紙幅一律長28公分寬20.5公分

江苏省教育厅关于重报江苏省教育林场等四单位财产损失报告单致省政府的呈（一九四八年四月十日）

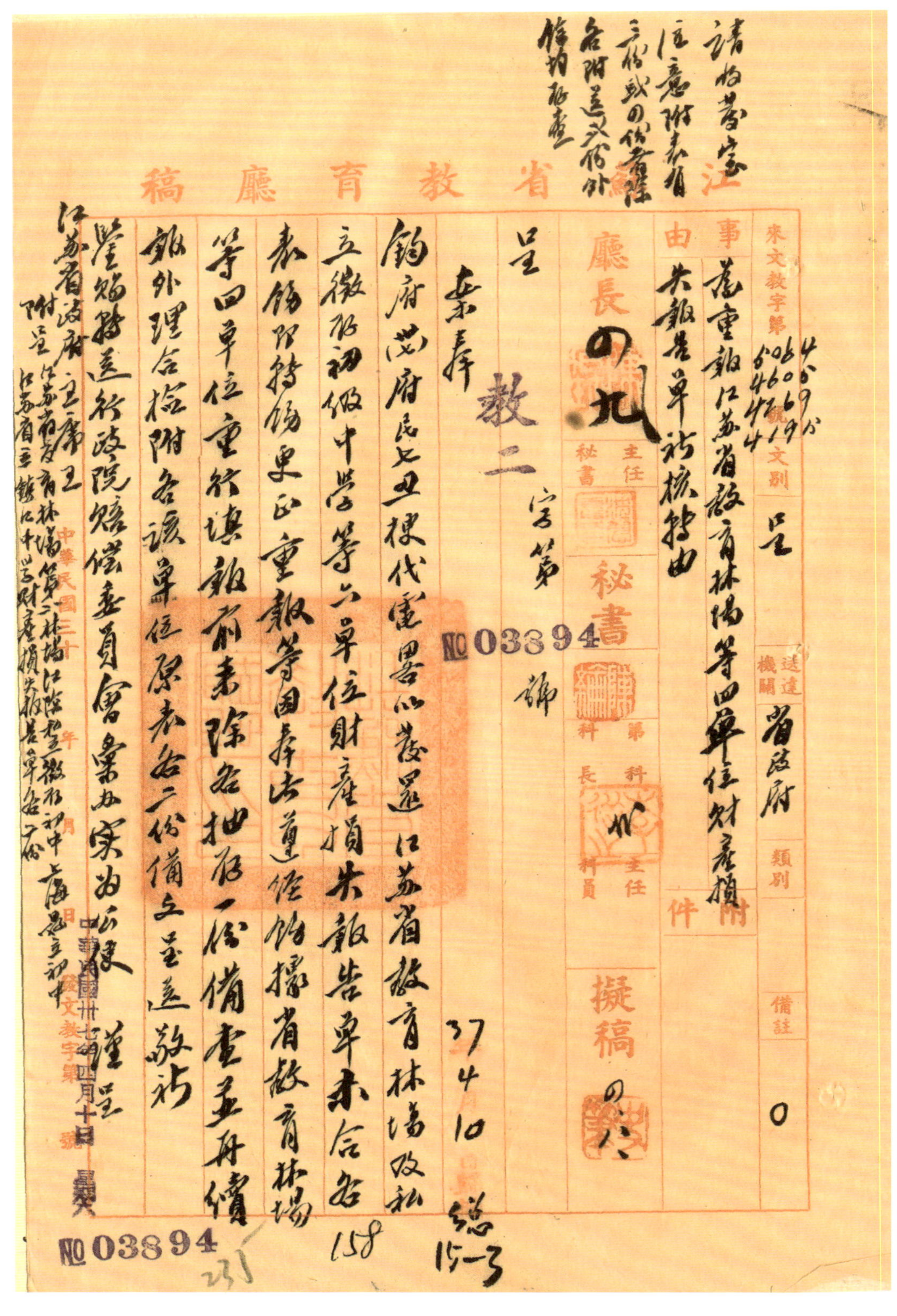

請將前發還原件注意附表有二份或四份者各附送二份外餘均存查

江蘇省教育廳稿

來文教字第	40969 / 40606 / 40464 / 40464
文別	呈
送達機關	省政府
類別	
備註	0
事由	爲重報江蘇省教育林場等四單位財產損失報告單祈核轉由
附件	

廳長 〇九　主任秘書　秘書　第科科長　科主任科員　擬稿 〇八

呈　教二字第　　號

№03894

案奉

鈞府（卅七）民乙丑楔代電略以發還江蘇省教育林場及私立徽州初級中學等六單位財產損失報告單未合，飭即轉飭更正重報等因；奉此，遵經飭據省教育林場等四單位重行填報前來，除各抽存一份備查並再續報外，理合檢附各該單位原表各二份備文呈送，敬祈

鑒賜轉送行政院賠償委員會彙案爲禱。謹呈

江蘇省政府主席王

附呈：江蘇省立教育林場第二林場、江陰私立徽州初中、上海……初中、江蘇省立鎮江中學財產損失報告單各二份

中華民國三十　年　月　日

中華民國卅七年四月十日　發文教字第　號

37 4 10

158

總 15-3

№03894

235

江苏省政府致教育厅的代电（一九四八年四月二十四日）

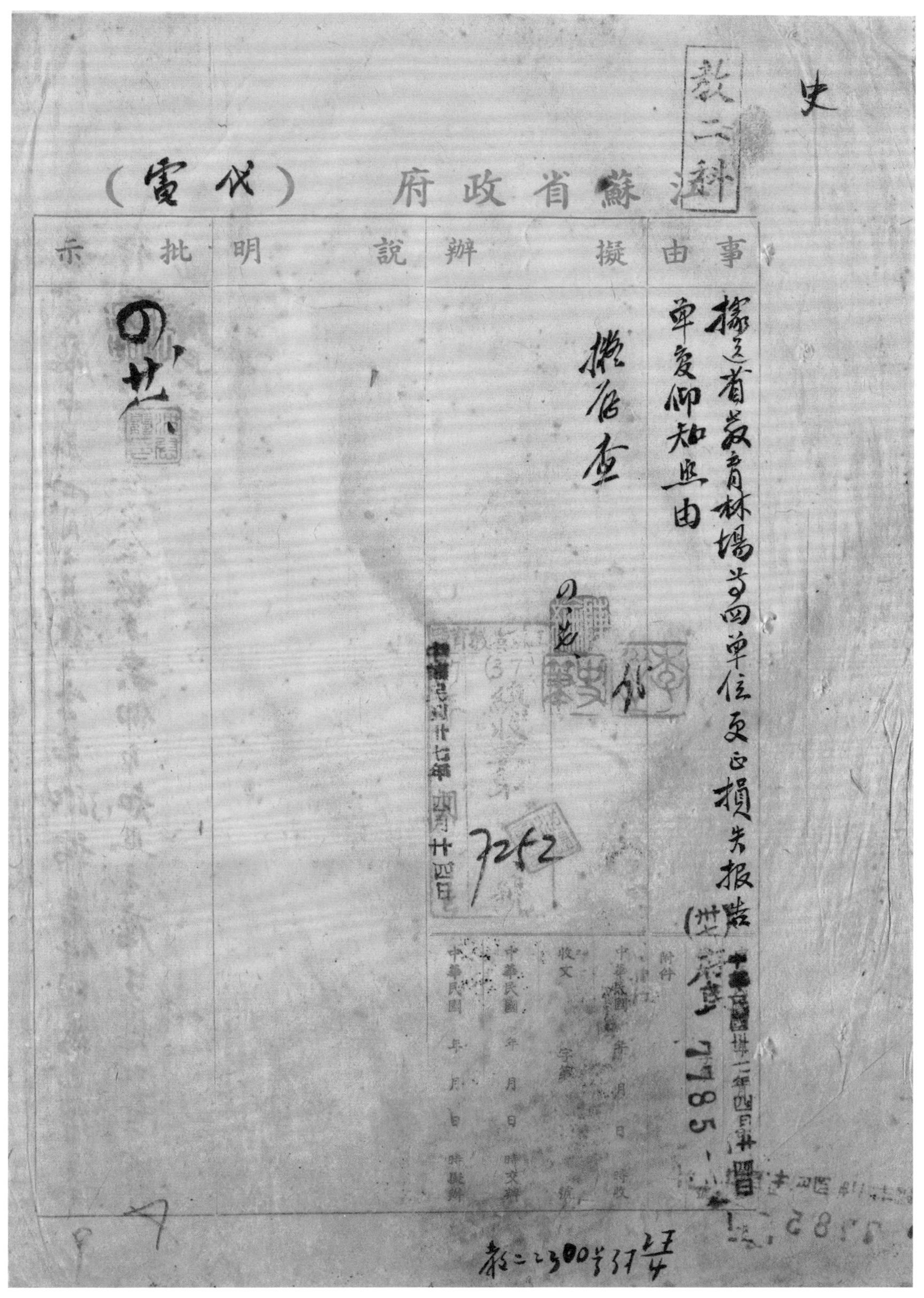
史

教二科

江蘇省政府（代電）

事由	擬辦	說明	批示
據送省教育林場等四單位更正損失報告單復仰知照由	擬存查		

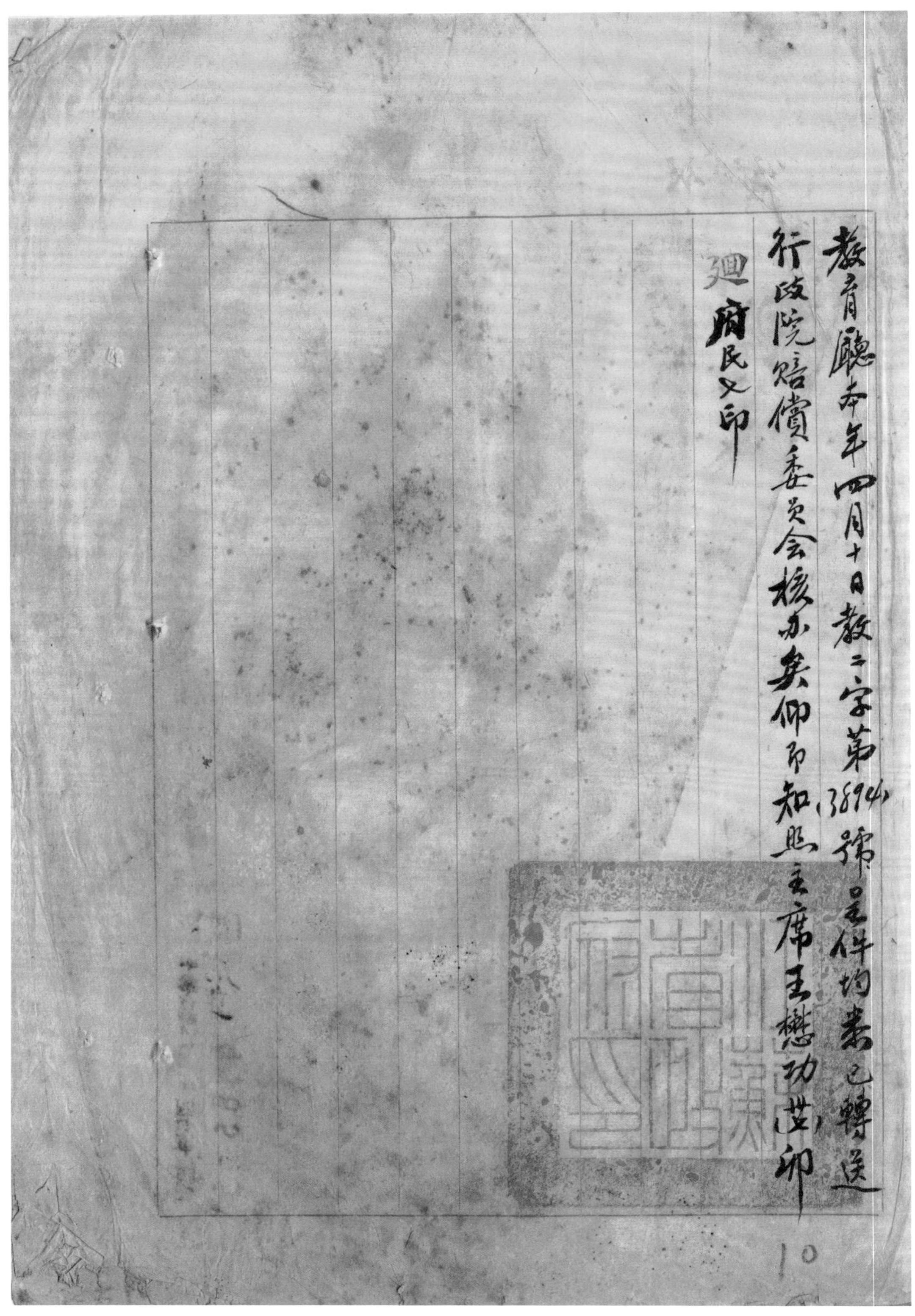

教育廳本年四月十日教二字第3894號呈件均業已轉送

行政院賠償委員会核办矣仰即知照主席王懋功茂印

廻

府民又印

10

（三）江苏省教育厅及所属各单位人口伤亡及私人战时财产损失调查

江苏省教育厅及所属各文化机关学校公务员役私人战时财产损失清册（一九四六年四月）

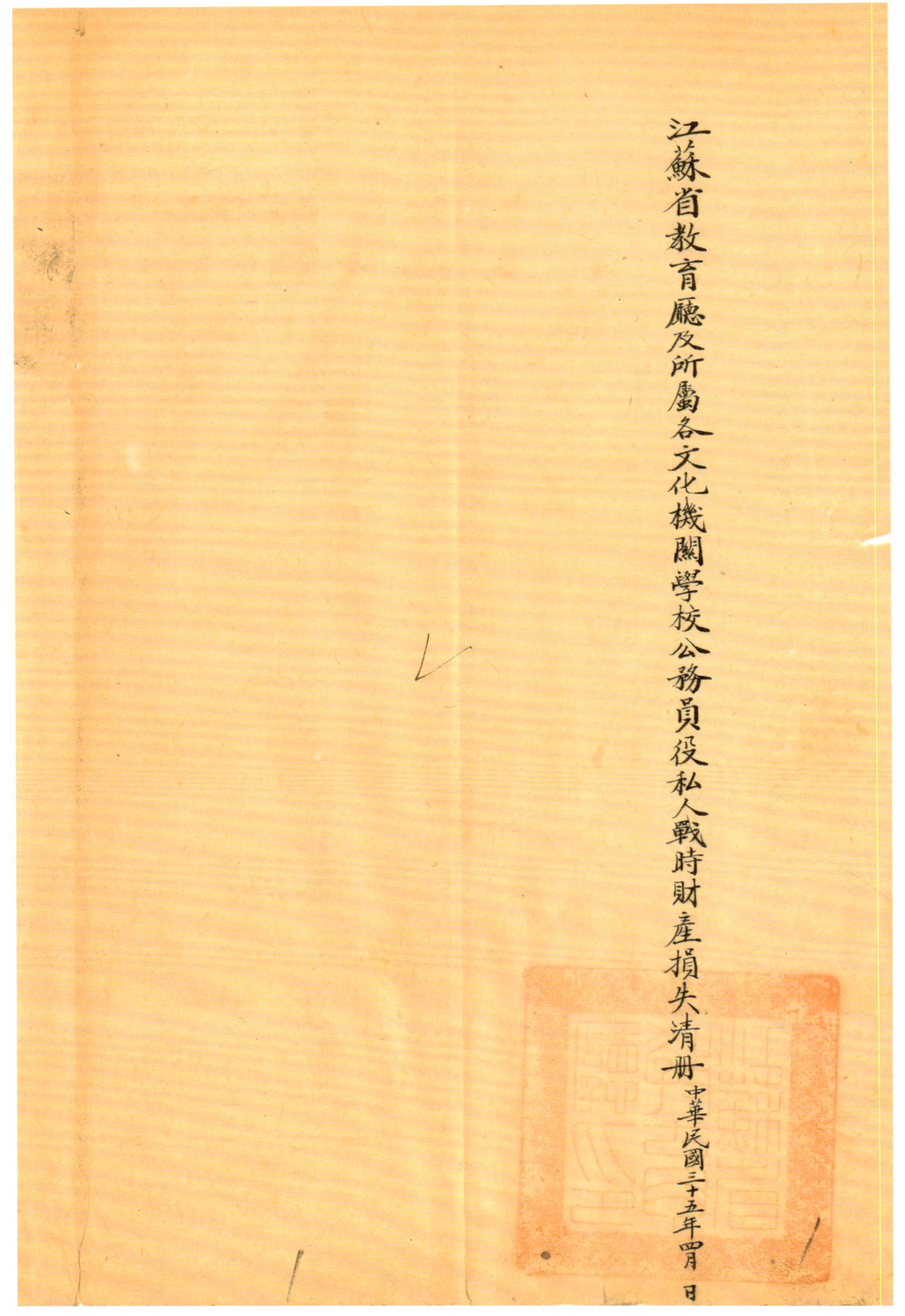

江蘇省教育廳及所屬各文化機關學校公務員役私人戰時財產損失清册

中華民國三十五年四月　日

江蘇省教育廳及所屬各文化機關學校公務員役私人戰時財產損失清冊　　第　頁

機關名稱	項目／類別	房屋	器具	現款	服着物	古物書籍	其他	共計
教育廳	金額	214,236.50元	125,755.80元	860元	153,303.90元	371,356.30元	110,870.00元	976,382.50元
	備註							
省立教育學院	金額	30,000	200,000	400	100,000	300,000	100,000	730,400元
	備註							
省立淮安中學	金額	4,000,000	5,000,000	4,000	6,000,000	3,000,000	2,000,000	20,004,000元
	備註							
省立常州中學	金額	243,414	167,378	1,150	296,533	654,378	357,126	1,719,979元
	備註							
省立太倉師範	金額	—	50,000	—	40,000	14,000	—	104,000元
	備註							
省立無錫師範	金額	30,000	50,000	300	100,000	100,000	50,000	330,300元
	備註							
省立蠶絲專科女子蠶業學校	金額	75,000	45,000	225	30,000	15,000	30,000	2,152,725元
	備註							
省立鎮江實小	金額	—	10,000	—	20,000	—	—	30,000元
	備註							
省立無錫師範附小	金額	30,000	50,000	300	100,000	100,000	50,000	330,300元
	備註							
	金額							
	備註							
	金額							
	備註							
	金額							
	備註							

26378,086.50元

江蘇省教育廳及所屬各文化機關學校公務員役私人戰時財產損失清冊　　第　頁

機關名稱	類別＼項目	房屋	器具	現款	服着物	古物書籍	其他	共計
寶應縣教育局長	金額		160元		454元	690元	600元	1904元
華其芹	備考							
寶應縣教育局督學	金額		283元	2元	214元	300元		799元
周士秀	備考							
寶應縣教育局聯絡員	金額		162元		360元	1060元		1582元
茆和堃	備考							
寶應縣教育局書記	金額		360元		3520元	280元		4160元
黄晋侯	備考							
私立畫川中學教員	金額		180元				580元	760元
錢士俊	備考							
縣立林溪小學校長	金額		260元	500元	1710元	120元		2590元
李金懷	備考							
蘆村實驗區總幹事	金額		148元		432元	719元	80元	1379元
劉瑞昌	備考							
氾水小學教員	金額		29元	17元	281元	6元	55元	388元
華繼成	備考							
氾水小學教員	金額	3000元	117元				280元	3397元
朱景文	備考							
氾水小學校長	金額		12元	50元	15元	6元		83元
刁鍾慶	備考							
	金額							
	備考							
	金額							
	備考							

17,062元

3

江蘇省教育廳及所屬各文化機關學校公務員役私人戰時財產損失清冊　　第　頁

機關名稱	類別＼項目	房屋	器具	現款	服着物	古物書籍	其他	共計
句容縣各級學校及教育機關	金額	30000元	16000元	15000元	10000元	8500元		79500元
	備註							
	金額							
	備註							
	金額							
	備註							
	金額							
	備註							
	金額							
	備註							
	金額							
	備註							
	金額							
	備註							
	金額							
	備註							
	金額							
	備註							
	金額							
	備註							
	金額							
	備註							
	金額							
	備註							

79,500元

江苏省教育厅及所属各文化机关学校公务员役私人战时财产损失清册　　第　页

机关名称	项目／类别	房屋	器具	现款	服着物	古物书籍	其他	共计
萧县各级教育及社教机关	金额	120,000元	135,000元	58,600元	175,000元	367,800元	230,000元	1,086,400元
	备注							
教育工作人员	金额	90,000元	145,000元	9,665元	138,800元	576,900元	56,700元	1,017,065元
	备注							
	金额							
	备注							
	金额							
	备注							
	金额							
	备注							
	金额							
	备注							
	金额							
	备注							
	金额							
	备注							
	金额							
	备注							
	金额							
	备注							
	金额							
	备注							
	金额							
	备注							

2,103,465元

5

江蘇省教育廳及所屬各文化機關學校公務員役私人戰時財產損失清冊　　第　頁

機關名稱	項目 類別	房屋	器具	現款	服着物	古物書籍	其他	共計
睢寧縣各級學校及教育機關	金額	115,000元	300,000元	2,200,000元	400,000元	750,000元	1,500,000元	5,265,000元
	備註							
	金額							
	備註							
	金額							
	備註							
	金額							
	備註							
	金額							
	備註							
	金額							
	備註							
	金額							
	備註							
	金額							
	備註							
	金額							
	備註							
	金額							
	備註							
	金額							
	備註							
	金額							
	備註							

5,265,000元

6

江蘇省教育廳及所屬各文化機關學校公務員役私人戰時財產損失清册　　第　頁

機關名稱	項目 / 類别	房屋	器具	現款	服着物	古物書籍	其他	共計
川沙縣各社教機關教職員役	金額	150,000元	6,000元	20,000元	25,000元	30,000元	15,000元	246,000元
	備註							
	金額							
	備註							
	金額							
	備註							
	金額							
	備註							
	金額							
	備註							
	金額							
	備註							
	金額							
	備註							
	金額							
	備註							
	金額							
	備註							
	金額							
	備註							
	金額							
	備註							
	金額							
	備註							

246,000元

13　12　7

江蘇省教育廳及所屬各文化機關學校公務員役私人戰時財產損失清册　　第　頁

機關名稱	項目／類別	房屋	器具	現款	服着物	古物書籍	其他	共計
江蘇省立蘇州工業學校	金額		1,000元		3,000元	10,000元	1,000元	15,000元
	備註							
	金額							
	備註							
	金額							
	備註							
	金額							
	備註							
	金額							
	備註							
	金額							
	備註							
	金額							
	備註							
	金額							
	備註							
	金額							
	備註							
	金額							
	備註							
	金額							
	備註							
	金額							
	備註							

15,000元

總共：24104.093.50元

14

8

江苏省教育厅及所属各文化机关学校战时财产间接损失清册（一九四六年四月）

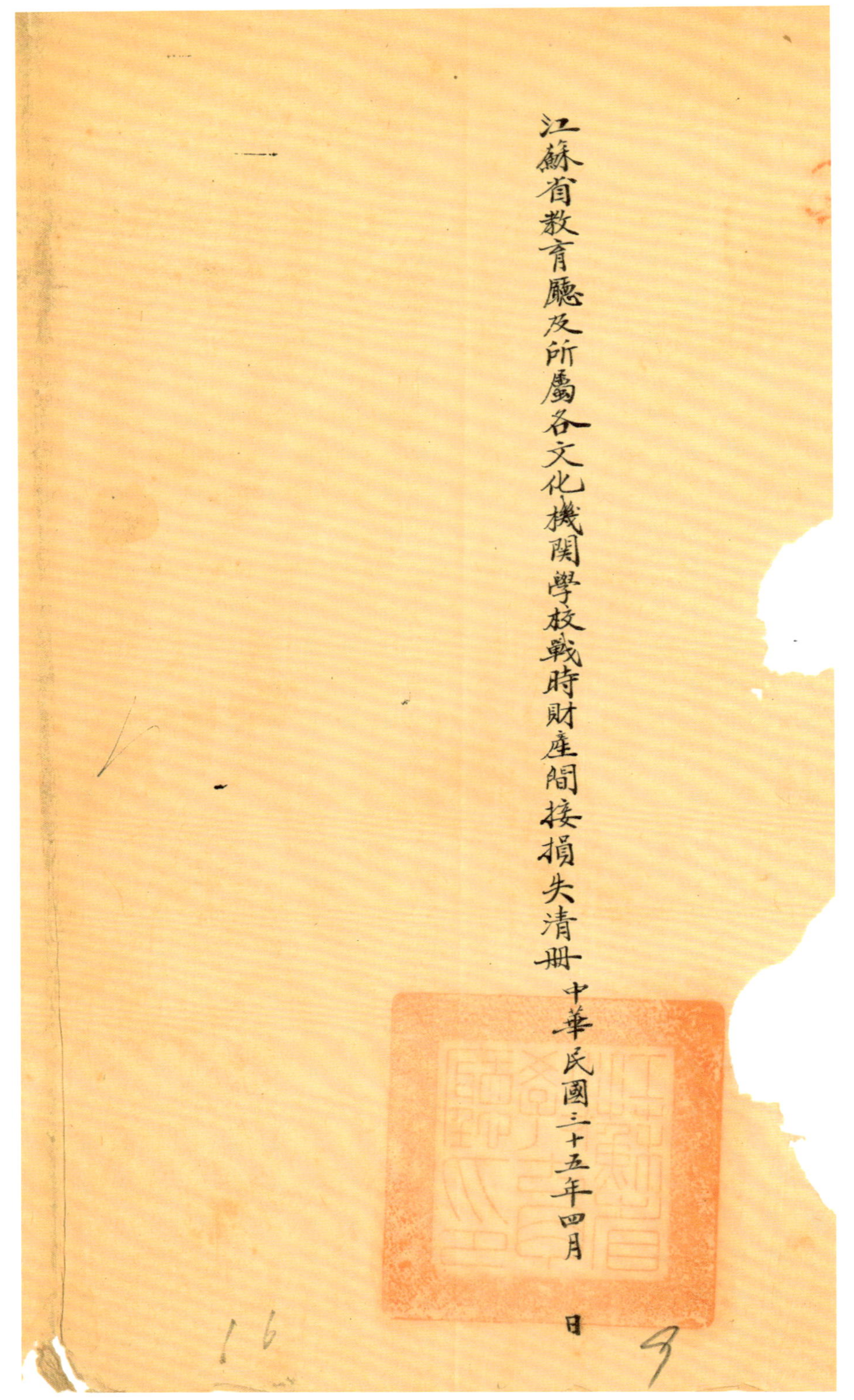

江蘇省教育廳及所屬各文化機關學校戰時財產間接損失清冊

中華民國三十五年四月　日

江蘇省教育廳及所屬各文化機關學校戰時財產間接損失清冊　　第一頁

機關名稱	項目／類別	遷移費	防空設備費	疏散費	救濟費	撫卹費	共計
教育廳	金額	13.000.000元	2.000.000元	1.500.000元	1.500.000元	—	18.000.000元
	備註						
省立蘇州教育學院	金額	100.000	50.000	30.000	70.000	100.000	350.000
	備註						
省立揚州中學	金額	1.800	800	5.000	4.000	—	11.600
	備註						
省立淮安中學	金額	400.000	100.000	1.300.000	200.000	500.000	2.500.000
	備註						
省立常州中學	金額	8.000	—	2.500	—	—	10.500
	備註						
省立太倉師範	金額	10.000	3.000	5.000	10.000	20.000	48.000
	備註						
省立無錫師範	金額	15.000	80.000	50.000	10.000	10.000	165.000
	備註						
省立蠶絲專科學校女子蠶業	金額	800.000	50.000	—	—	10.000	860.000
	備註						
省立蘇州實小	金額	—	1.200	1.000	—	—	2.200
	備註						
省立鎮江實小	金額	—	2.000	5.000	1.000	500	8.500
	備註					教員1人	
省立無錫師範附小	金額	15.000	80.000	50.000	10.000	10.000	165.000
	備註						
	金額						
	備註						

22120800２

18　17　19

江蘇省教育廳及所屬各文化機關學校戰時財產間接損失清冊　　第二頁

機關名稱	項目／類別	遷移費	防空設備費	疏散費	救濟費	撫卹費	共計
寶應縣教育局	金額	2500元	1100元	29000元			32600元
	備註						
寶應初級中學	金額	3200元	1160元				4360元
	備註						
私立晝川初中	金額	1800元	600元	1200元			3600元
	備註						
私立新聲中學	金額		800元	1400元			2200元
	備註						
南京鍾南中學分校	金額	1800元	900元	2000元			4700元
	備註						
第一學區孔廟小學	金額	800元	240元				1040元
	備註						
第一學區城中小學	金額	880元	320元				1200元
	備註						
第一學區氾水小學	金額	1600元	1200元	3000元			5800元
	備註						
第一學區城北小學	金額	560元	400元				960元
	備註						
私立敦睦小學校	金額		560元	1200元			1760元
	備註						
第一學區城東初小	金額	140元	160元				300元
	備註						
第一學區城南初小	金額	120元	170元				290元
	備註						

58,810元

江蘇省教育廳及所屬各文化機關學校戰時財產間接損失清冊　　第三頁

機關名稱	項目／類別	遷移費	防空設備費	疏散費	救濟費	撫卹費	共計
寶應縣利湯鎮初小	金額		56元				56元
	備註						
寶應縣苦兒院小學	金額		50元				50元
	備註						
寶應縣東門外初小	金額		80元				80元
	備註						
私立增設初小學校	金額		190元	800元			990元
	備註						
仁和小學	金額		240元				240元
	備註						
射陽小學	金額		600元				600元
	備註						
哈拖濟小學	金額	360元	120元				480元
	備註						
林溪小學	金額		240元				240元
	備註						
民衆圖書館	金額	800元	600元	320元			1720元
	備註						
蘆村簡易民衆圖書館	金額		120元				120元
	備註						
	金額						
	備註						
	金額						
	備註						

4576元

江蘇省教育廳及所屬各文化機關學校戰時財產間接損失清冊　　第四頁

機關名稱	項目／類別	遷移費	防空設備費	疏散費	救濟費	撫卹費	共計
睢寧縣各級學校教育機關	金額	90,000元	25,000元	20,000元	17,000元	10,000元	162,000元
	備註						
	金額						
	備註						
	金額						
	備註						
	金額						
	備註						
	金額						
	備註						
	金額						
	備註						
	金額						
	備註						
	金額						
	備註						
	金額						
	備註						
	金額						
	備註						
	金額						
	備註						
	金額						
	備註						

江蘇省教育廳及所屬各文化機關學校戰時財產間接損失清冊　　第五頁

機關名稱	項目／類別	遷移費	防空設備費	疏散費	救濟費	撫卹費	共計
川沙縣各教育機關	金額	30000元	10000元	10000元	30000元	20000元	100.000元
	備註						
	金額						
	備註						
	金額						
	備註						
	金額						
	備註						
	金額						
	備註						
	金額						
	備註						
	金額						
	備註						
	金額						
	備註						
	金額						
	備註						
	金額						
	備註						
	金額						
	備註						
	金額						
	備註						

江蘇省教育廳及所屬各文化機關學校戰時財產間接損失清冊　　第六頁

機關名稱	項目／類別	遷移費	防空設備費	疏散費	救濟費	撫卹費	共計
蕭縣各級學校及社教機關	金額	137.500元	236.500元	144.320元	235.670元		753.990元
	備註						
	金額						
	備註						
	金額						
	備註						
	金額						
	備註						
	金額						
	備註						
	金額						
	備註						
	金額						
	備註						
	金額						
	備註						
	金額						
	備註						
	金額						
	備註						
	金額						
	備註						
	金額						
	備註						

江蘇省教育廳及所屬各文化機關學校戰時財產間接損失清冊　第×頁

機關名稱	類別＼項目	遷移費	防空設備費	疏散費	救濟費	撫卹費	共計
句容縣各級學校教育機關	金額	5000元	3400元	4600元	3000元	1500元	17500元
	備註						
	金額						
	備註						
	金額						
	備註						
	金額						
	備註						
	金額						
	備註						
	金額						
	備註						
	金額						
	備註						
	金額						
	備註						
	金額						
	備註						
	金額						
	備註						

江蘇省教育廳及所屬各文化機關學校戰時財產間接損失清冊　　第八頁

機關名稱	項目 / 類別	遷移費	防空設備費	疏散費	救濟費	撫卹費	共計
武進縣立戚墅堰初級小學校	金額	1500元	1500元	3400元	1500元		7900元
	備註						
縣立鳴凰小學	金額	600元	100元				700元
	備註						
私立慎遠小學校	金額		300元				300元
	備註						
私立憧樂初級中學	金額	5000元	30000元	8000元	5000元		48000元
	備註						
縣立新坊橋小學	金額		18000元	4500元			22500元
	備註						
武進私立芳暉女中	金額		5200元				5200元
	備註						
縣立民衆教育館	金額		150元	420元	150元		720元
	備註						
縣立圖書館	金額	200元	200元	500元			900元
	備註						
私立常州中學	金額		1600元	5000元	2000元	6000元	14600元
	備註						
私立輔華中學	金額	6000元	1000元				7000元
	備註						
私立武進中學	金額	5000元	3000元	3000元		5000元	16000元
	備註						
	金額						
	備註						

123,720元

江蘇省教育廳及所屬各文化機關學校戰時財產間接損失清冊　第九頁

機關名稱	類別＼項目	遷移費	防空設備費	疏散費	救濟費	撫卹費	共計
省立江蘇學院	金額	310,000元	30,000元	10000元	5000元		355,000元
	備註						
	金額						
	備註						
	金額						
	備註						
	金額						
	備註						
	金額						
	備註						
	金額						
	備註						
	金額						
	備註						
	金額						
	備註						
	金額						
	備註						
	金額						
	備註						
	金額						
	備註						
	金額						
	備註						

總計：23,696,496元

30　33　18

江苏省教育厅及所属各文化机关学校战时财产直接损失清册（一九四六年四月）

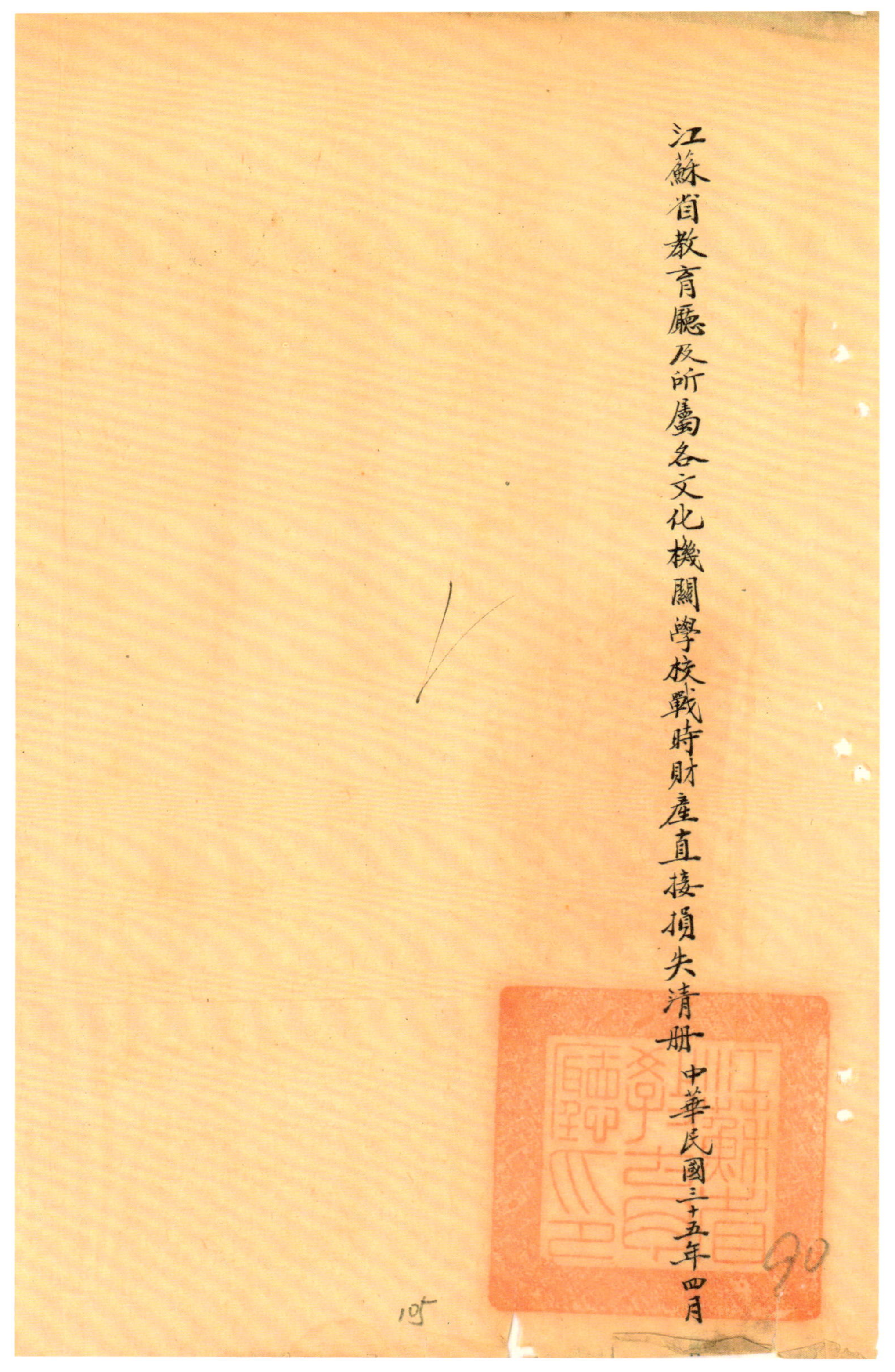
江蘇省教育廳及所屬各文化機關學校戰時財產直接損失清冊
中華民國三十五年四月

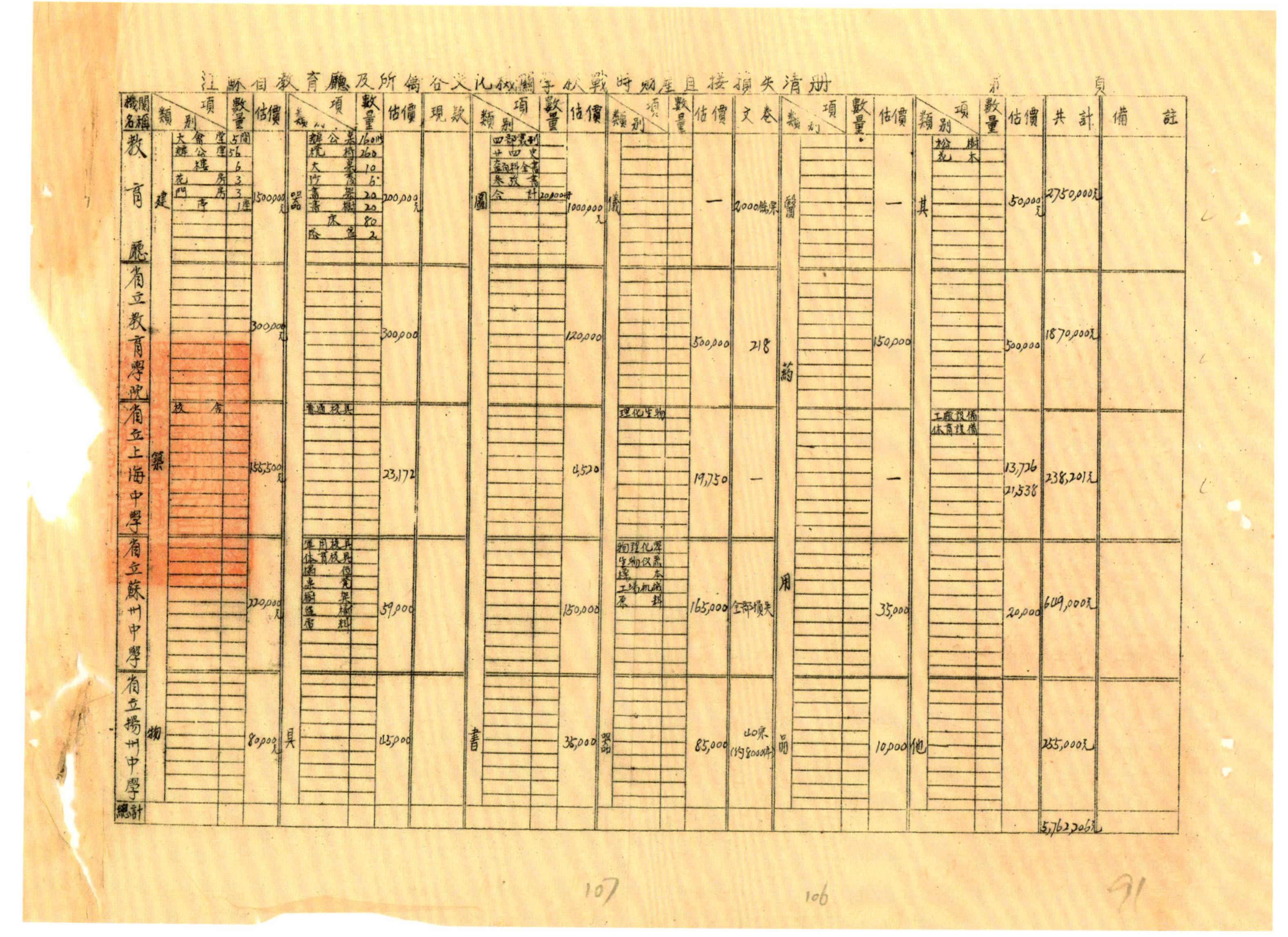

江蘇省教育廳及所屬各文化機關學校戰時財產直接損失清册　　　　第　頁

機關名稱	建築物 項	數量	估價	器具 項	數量	估價	現款	圖書 項	數量	估價	儀器 項	數量	估價	文卷	醫藥用品 項	數量	估價	其他 項	數量	估價	共計	備註
教育廳	大會堂 辦公室 樓 花房 門房 亭	5間 56 6 3 3 1座	1500000元	辦公桌 [illegible]椅 大桌 沙發 書架 書櫥 床 浴盆	160張 260 10 6 20 20 80 2	200,000元		四部叢刊 廿四史 大百科全書 參考書 合計	 20,000冊	1000,000元			—	2000餘宗			—	松樹 花木		50,000元	2750,000元	
省立教育學院			300,000元			300,000				120,000			500,000	218			150,000			500,000	1870,000元	
省立上海中學	校舍		155,500元	普通校具		23,172				4,520	理化生物		19,750	—			—	工廠設備 体育設備		13,726 21,538	238,201元	
省立蘇州中學			220,000元	軍用校具 体育校具 [illegible]位 桌凳 櫥架 [illegible]櫥 電料		59,000				150,000	物理化學 生物儀器 標本 工場機械 原料		165,000	全部損失			35,000			20,000	609,000元	
省立揚州中學			80,000元			45,000				35,000			85,000	山宗（約8000件）			10,000				255,000元	
總計																					5,762,206元	

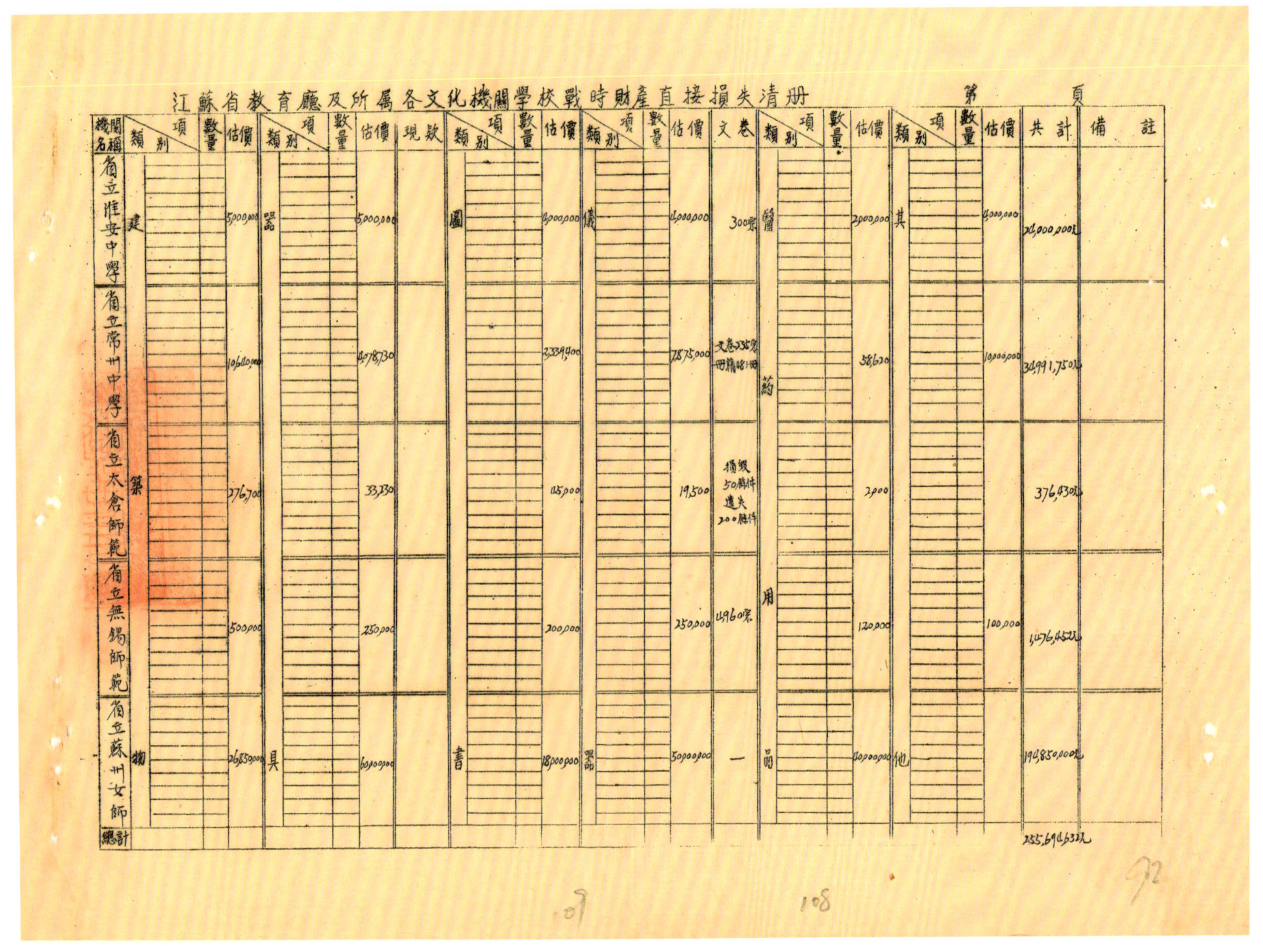

江蘇省教育廳及所屬各文化機關學校戰時財產直接損失清冊

第　　頁

機關名稱	類別 項	數量	估價	類別 項	數量	估價	現款	類別 項	數量	估價	類別 項	數量	估價	文卷	類別 項	數量	估價	類別 項	數量	估價	共計	備註
省立淮安中學	建		5,000,000	器		5,000,000		圖		4,000,000	儀		4,000,000	300宗	醫		2,000,000	其		4,000,000	24,000,000元	
省立常州中學			10,640,000			4,078,730				2,339,400			7,875,000	文卷235宗 冊籍481冊	藥		58,620			10,000,000	34,991,750元	
省立太倉師範	築		276,700			33,330				115,000			19,500	損毀50餘件 遺失200餘件			2,000				376,430元	
省立無錫師範			500,000			250,000				200,000			250,000	4,960宗	用		120,000			100,000	1,476,452元	
省立蘇州女師	物		26,850,000	具		60,000,000		書		18,000,000	器		50,000,000	一	品		40,000,000	他			194,850,000元	
總計																					255,694,632元	

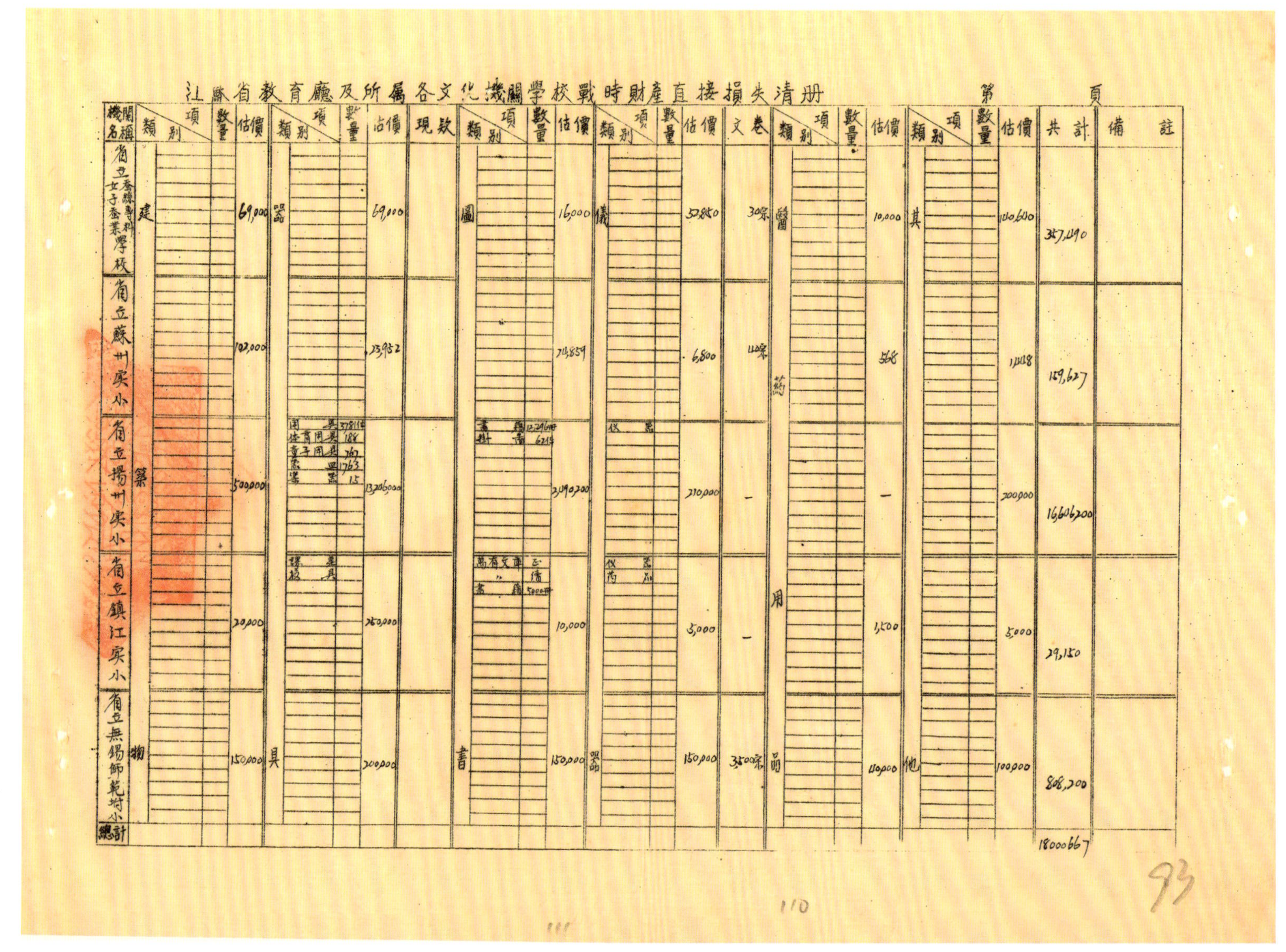

江蘇省教育廳及所屬各文化機關學校戰時財產直接損失清册　　第　　頁

機關名稱	項 類別	數量	估價	項 類別	數量	估價	現款	項 類別	數量	估價	項 類別	數量	估價	文卷	項 類別	數量	估價	項 類別	數量	估價	共計	備註
省立蠶絲專科女子蠶業學校	建		69,000	器		69,000		圖		16,000	儀		50,850	30宗	醫		10,000	其		110,600	357,490	
省立蘇州實小			102,000			23,952				74,859			6,800	40宗	藥		568			1448	159,627	
省立揚州實小	築		500,000	用具 體育用具 童子用具 器皿 樂器	3781件 188 707 1763 15	13,206,000		書籍 掛圖	12,246冊 621件	2,490,200	儀器		210,000	—			—			200,000	16,606,200	
省立鎮江實小			20,000	課桌 校具		260,000		萬有文庫 正 〃 續 書籍	 5000冊	10,000	儀器 藥品		5,000	—	用		1,500			5,000	29,150	
省立無錫師範附小	物		150,000	具		200,000		書		150,000	器		150,000	3500宗	品		40,000	他		100,000	808,200	
總計																					18000667	

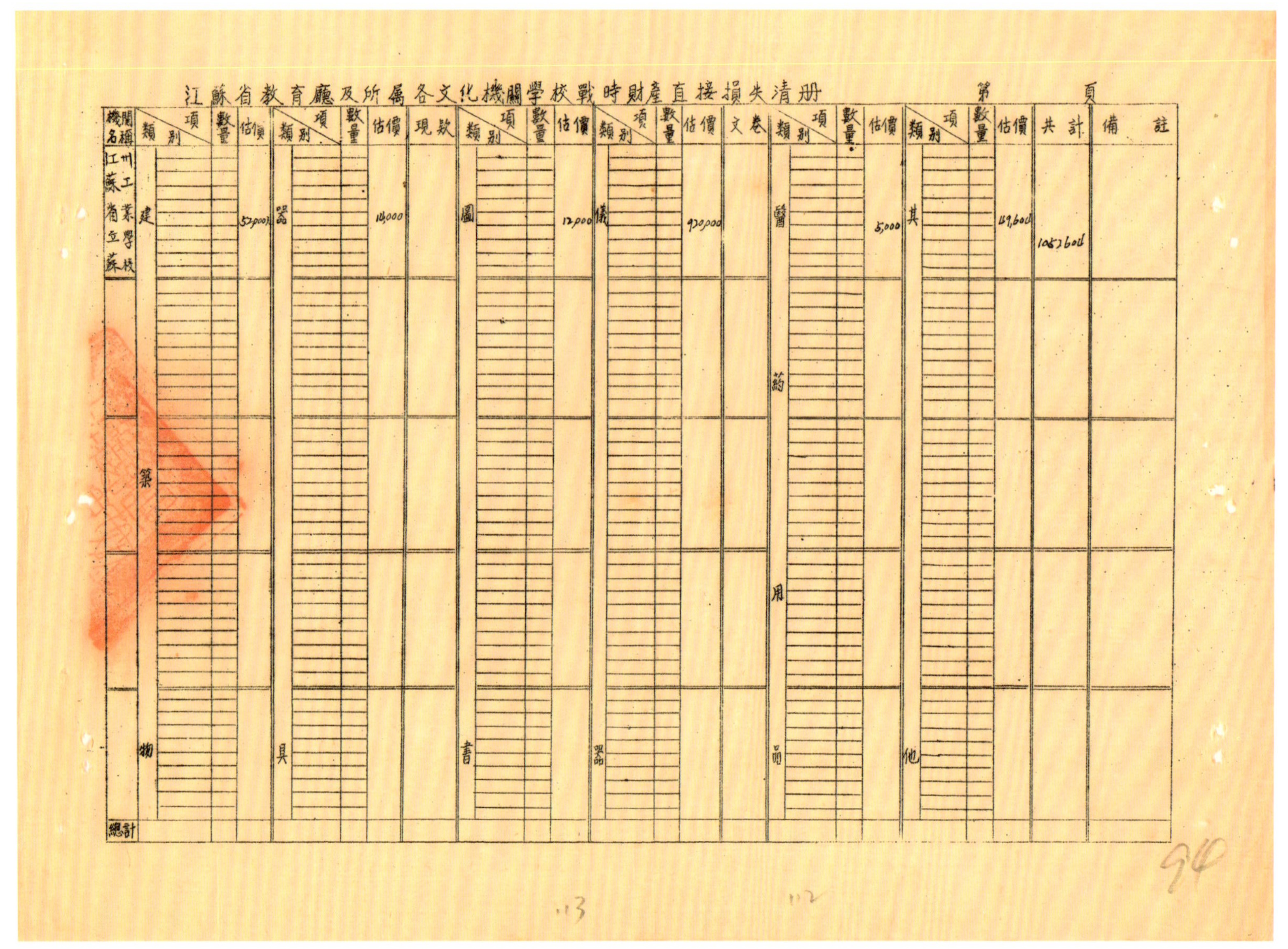

江蘇省教育廳及所屬各文化機關學校戰時財產直接損失清册　　第　　頁

機關名稱	項別類	數量	估價	項別類	數量	估價	現款	項別類	數量	估價	項別類	數量	估價	文卷	項別類	數量	估價	項別類	數量	估價	共計	備註
江蘇省立蘇州工業學校	建築物		52,000	器具		14,000		圖書		12,000	儀器		920,000		醫藥用品		5,000	其他		49,600	1052,600	
總計																						

113

112

94

江蘇省教育廳及所屬各文化機關學校戰時財產直接損失清冊　第　頁

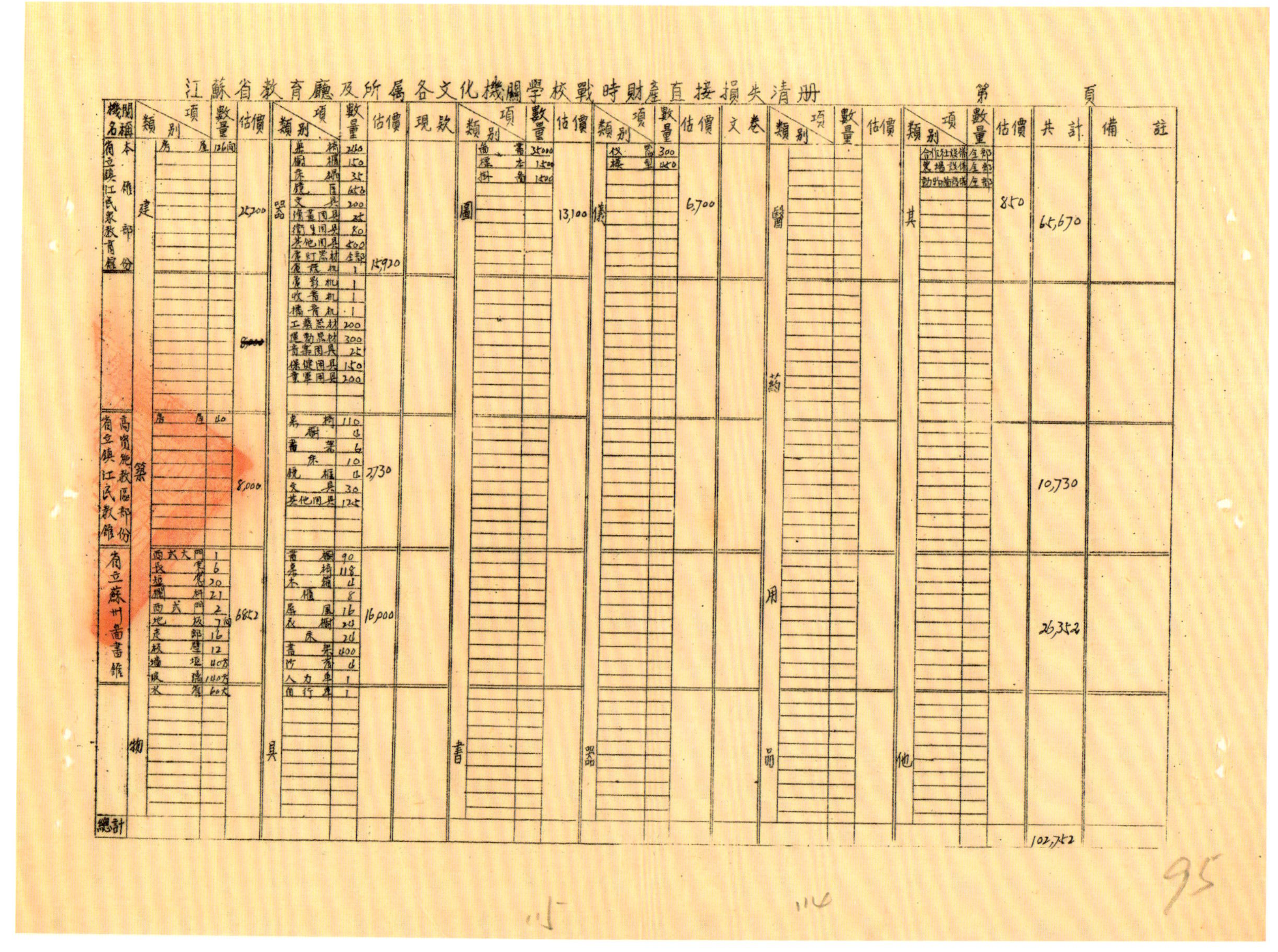

機關名稱	建築物 類別	數量	估價	器具 類別	數量	估價	現款	圖書 類別	數量	估價	儀器 類別	數量	估價	文卷	醫藥用品 類別	數量	估價	其他 類別	數量	估價	共計	備註
省立鎮江民衆教育館本館部份	房屋	126間	25,200	桌椅	240	15,920		圖書	35000	13,100	儀器	300	6,700					合作社設備	全部	850	65,670	
				廚櫃	150			標本	1500		模型	450						農場設備	全部			
				床舖	35			掛圖	1500									動物園設備	全部			
				鏡匾	650																	
				文具	200																	
				像畫用具	25																	
				衛生用具	80																	
				其他用具	500																	
				電灯器材	全部																	
				電話机	1																	
			~~8,000~~	電影机	1																	
				收音机	1																	
				播音机	1																	
				工藝器材	200																	
				運動器材	300																	
				音樂用具	25																	
				保健用具	150																	
				童軍用具	200																	
省立鎮江民教館高資施教區部份	房屋	40	8,000	桌椅	110	2,730															10,730	
				廚	4																	
				書架	6																	
				床	10																	
				鏡框	4																	
				文具	30																	
				其他用具	125																	
省立蘇州圖書館	西式大門	1	6852	書櫥	90	16,000															26,352	
	長窗	6		桌椅	118																	
	短窗	20		木箱	4																	
	欄杆	21		櫃	8																	
	西式門	2		屏風	16																	
	地板	7間		衣櫥	24																	
	走廊	16		床	24																	
	板壁	12		書架	400																	
	墻垣	40方		沙發	4																	
	玻璃	140方		人力車	1																	
	水管	60丈		自行車	1																	
總計																					102,752	

小　114　95

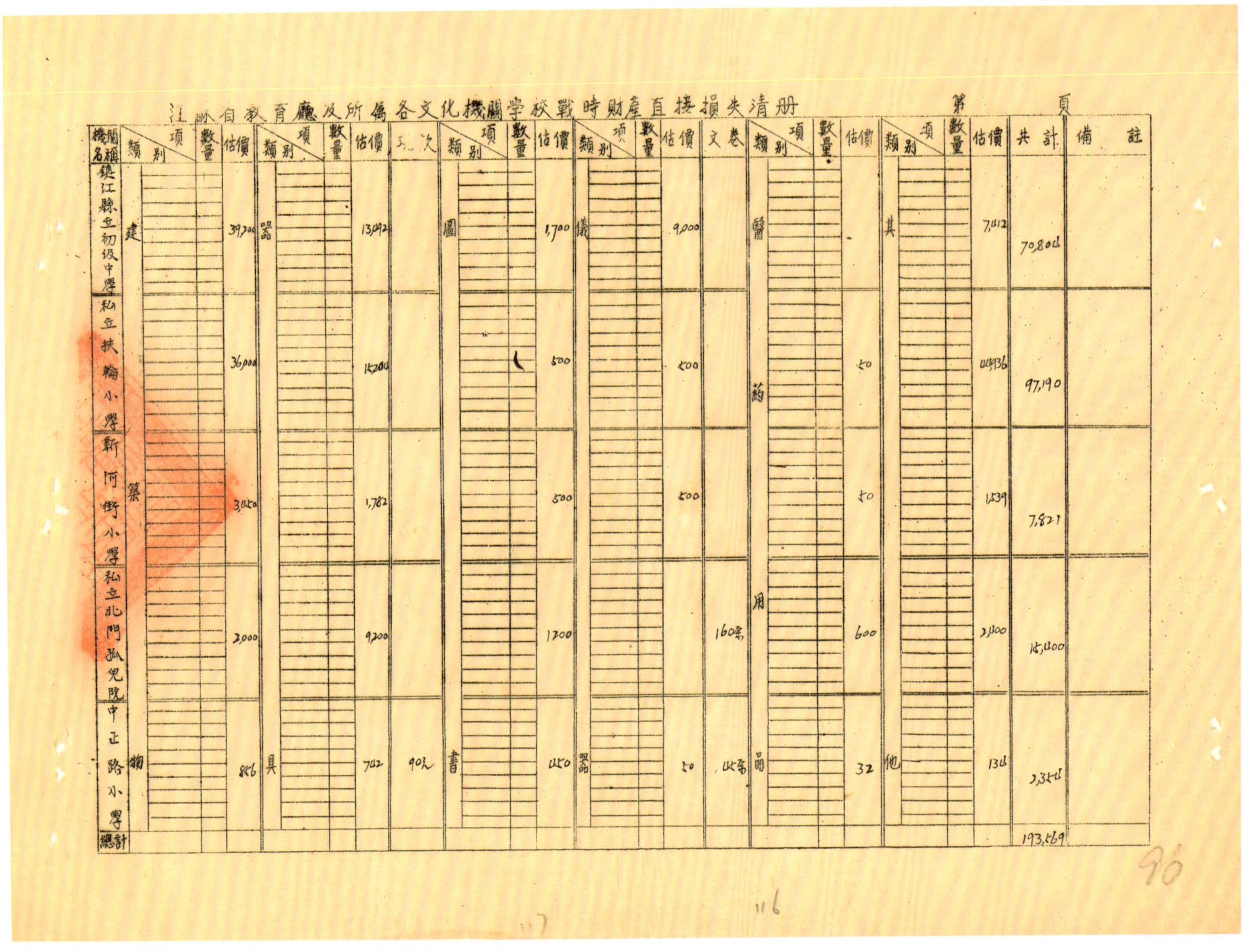

江蘇省教育廳及所屬各文化機關學校戰時財產直接損失清冊　第　頁

機關名稱	建築物 數量	建築物 估價	器具 數量	器具 估價	冊次	圖書 數量	圖書 估價	儀器 數量	儀器 估價	文卷	醫藥用品 數量	醫藥用品 估價	其他 數量	其他 估價	共計	備註
鎮江縣立初級中學		39,700		13,092			1,700		9,000			-		7,412	70,904	
私立扶輪小學		36,000		15,204			500		500			50		44,936	97,190	
新河街小學		3,450		1,782			500		500			50		1,539	7,821	
私立北門孤兒院		2,000		9,200			1200			160宗		600		2,400	15,400	
中正路小學		886		702	90冊		450		50	45宗		32		134	2,354	
總計															193,569	

96

116

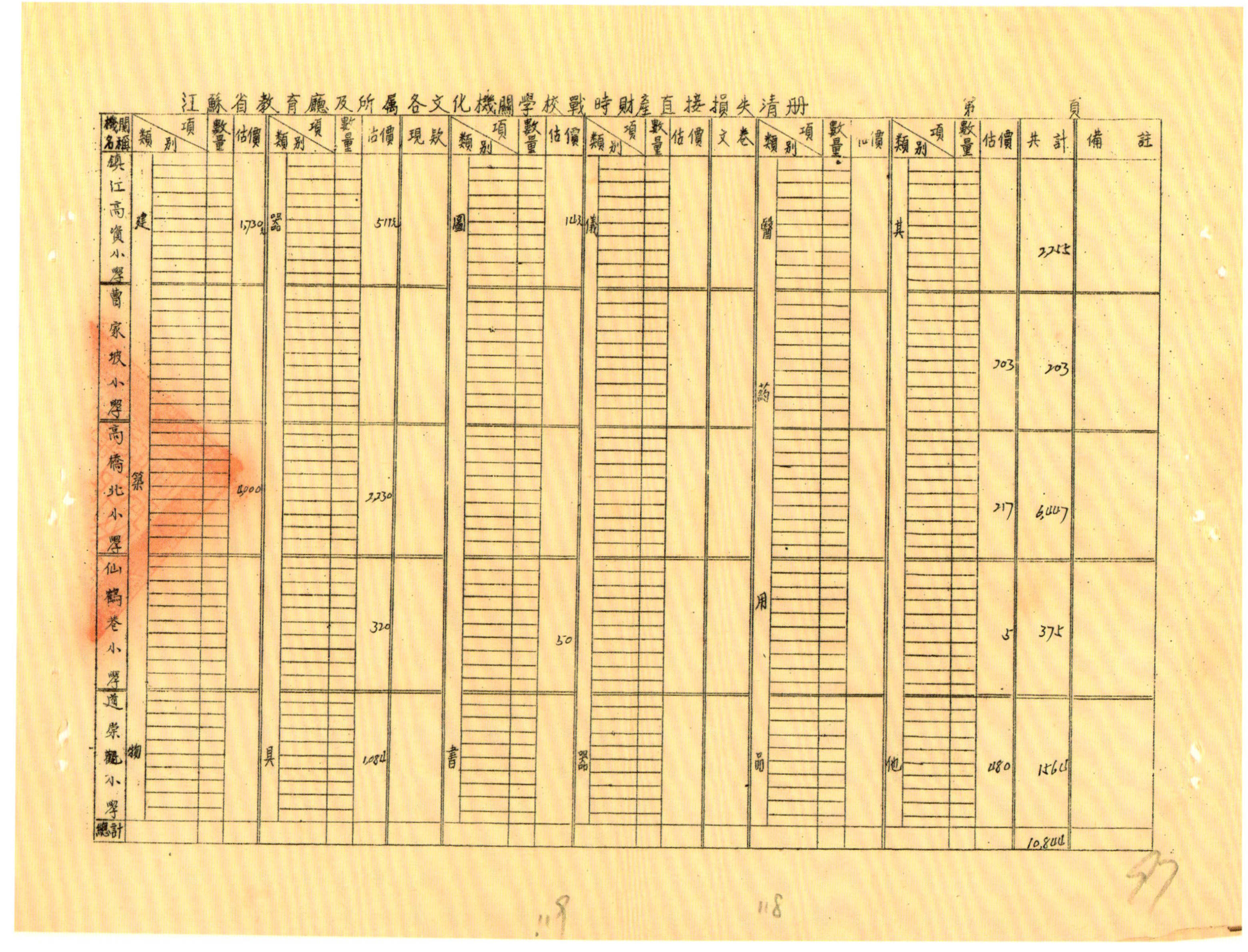

江蘇省教育廳及所屬各文化機關學校戰時財產直接損失清册

第　　頁

機關名稱	建築物 數量	建築物 估價	器具 數量	器具 估價	現款	圖書 數量	圖書 估價	儀器 數量	儀器 估價	文卷	醫藥用品 數量	醫藥用品 估價	其他 數量	其他 估價	共計	備註
鎮江高資小學		1,730元		511元					14元						2,255	
曹家坡小學														203	203	
高橋北小學		4,000		2,230										217	6,447	
仙鶴巷小學				320			50							5	375	
道榮觀小學				1,084										480	1,564	
總計															10,844	

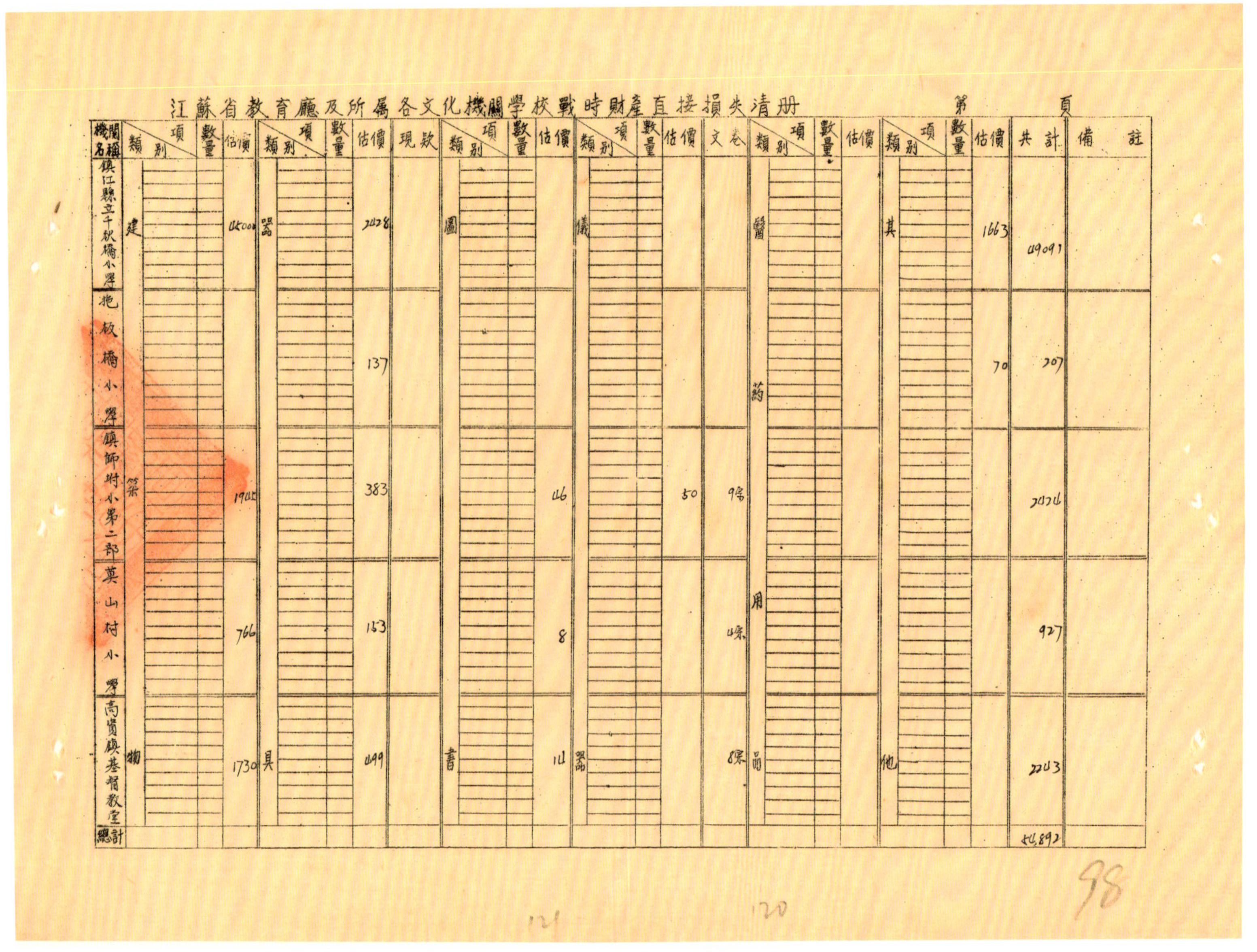

江蘇省教育廳及所屬各文化機關學校戰時財產直接損失清册　　第　　頁

機關名稱	類別（項）	數量	估價	類別（項）	數量	估價	現款	類別（項）	數量	估價	類別（項）	數量	估價	文卷	類別（項）	數量	估價	類別（項）	數量	估價	共計	備註
鎮江縣立千秋橋小學	建		45000	器		2428		圖			儀				醫			其		1663	49091	
拖板橋小學						137									藥					70	207	
鎮師附小第二部	築		1945			383				46			50	9宗							2424	
莫山村小學			766			153				8				4宗	用						927	
高資鎮基督教堂	物		1730	具		499		書		11	器			8宗	品			他			2243	
總計																					54,892	

98

121　120

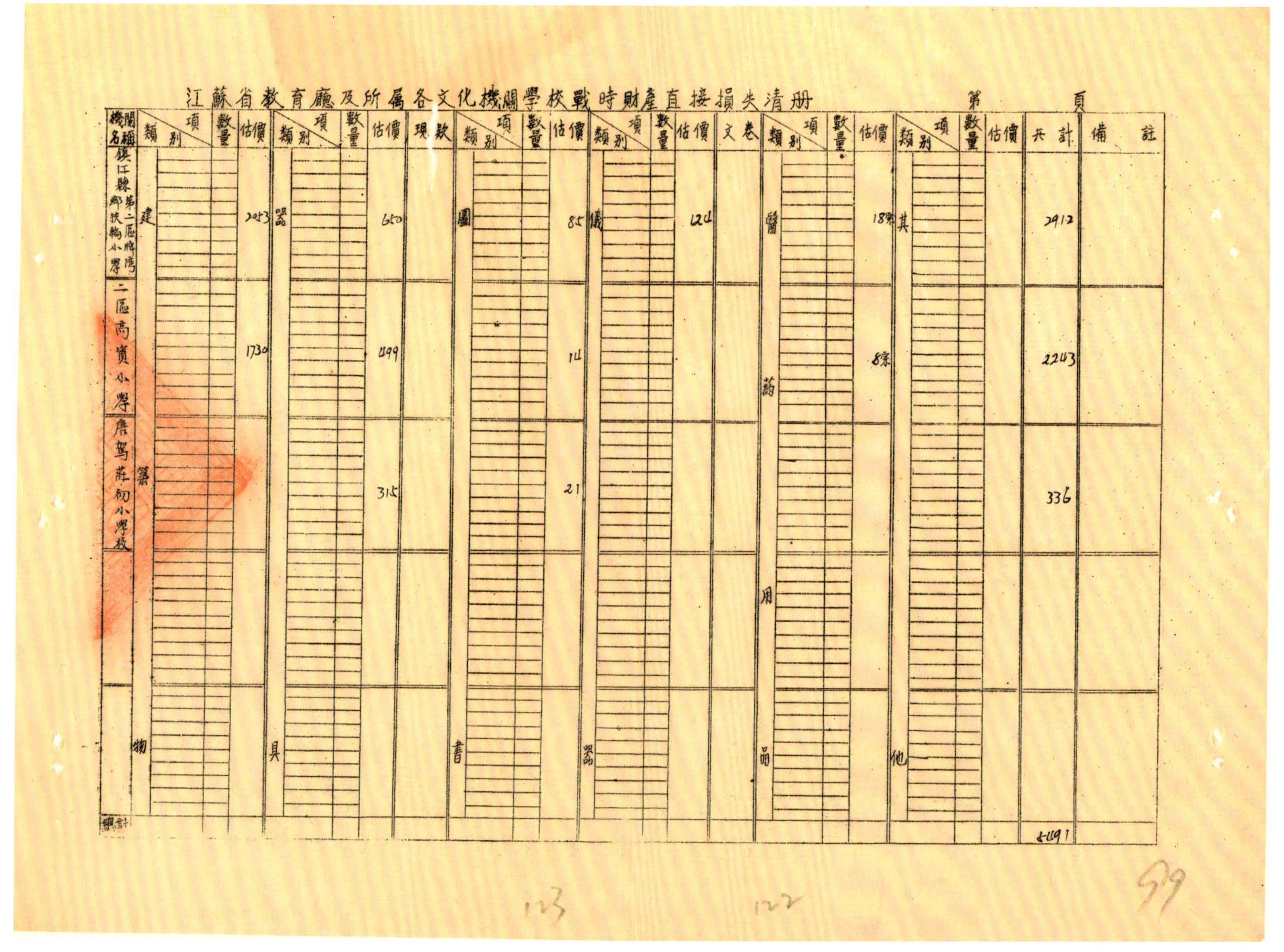

江蘇省教育廳及所屬各文化機關學校戰時財產直接損失清冊　　第　　頁

機關名稱	建築物 項別	數量	估價	器具 項別	數量	估價	現款	圖書 項別	數量	估價	儀器 項別	數量	估價	文卷	醫藥用品 項別	數量	估價	其他 項別	數量	估價	共計	備註
鎮江縣第二區[illegible]灣鄉扶輪小學			2053			650				85			124				18宗				2912	
二區高資小學			1730			499				14							8宗				2243	
唐駕莊初小學校						315				21											336	
總計																					5491	

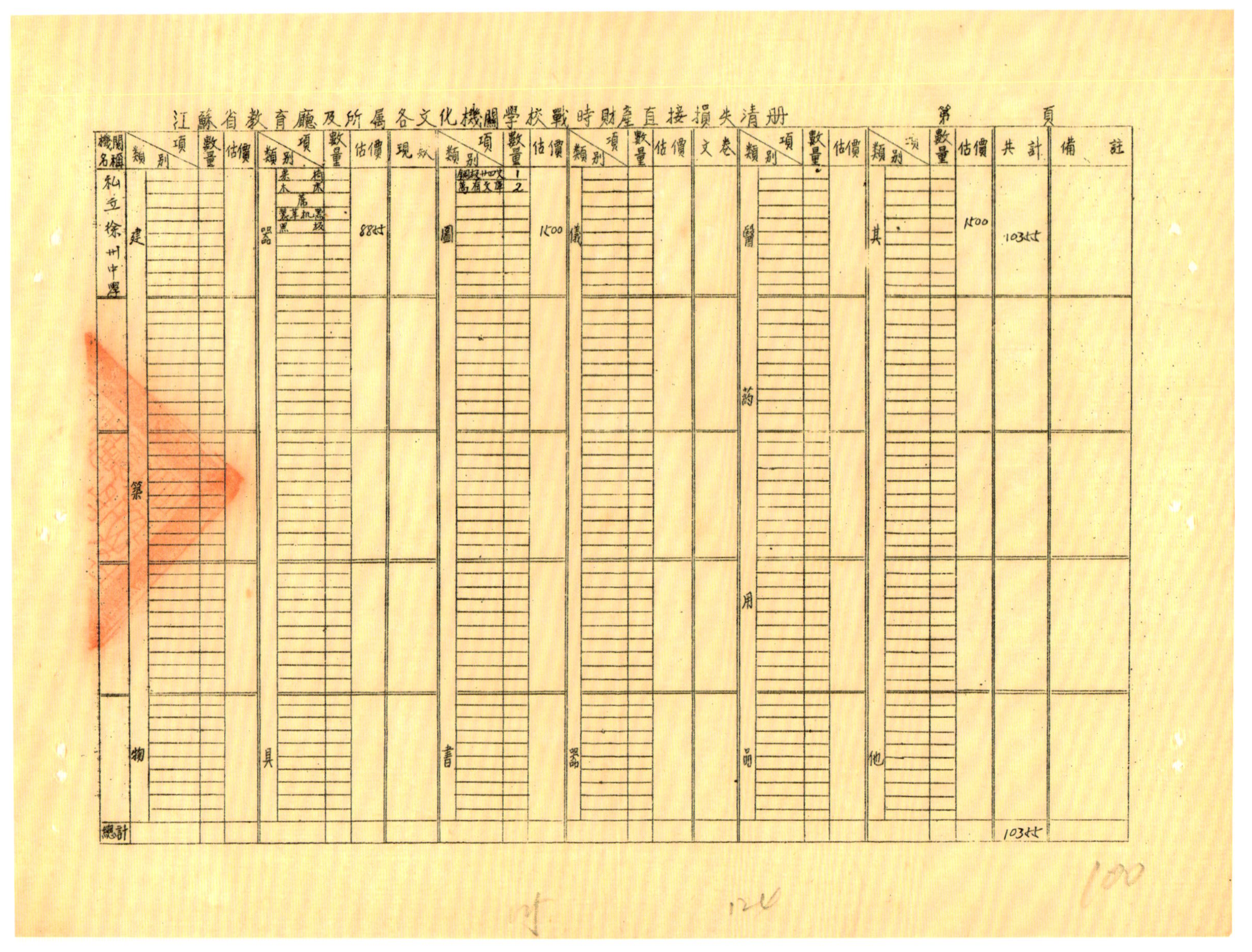

江蘇省教育廳及所屬各文化機關學校戰時財產直接損失清册　　第　　頁

機關名稱	建築物 類別/項	數量	估價	器具 類別/項	數量	估價	現款	圖書 類別/項	數量	估價	儀器 類別/項	數量	估價	文卷	醫藥用品 類別/項	數量	估價	其他 類別/項	數量	估價	共計	備註
私立徐州中學				桌椅 木床 蓆 墨革机器 黑板		8855		鋼板廿四丈 萬有文庫	1 2	1500										1500	10355	
總計																					10355	

江蘇省教育廳及所屬各文化機關學校戰時財產直接損失清冊

第　　頁

機關名稱	項別類別	數量	估價	項別類別	數量	估價	現款	項別類別	數量	估價	項別類別	數量	估價	文卷	項別類別	數量	估價	項別類別	數量	估價	共計	備註
嘉定縣教育局	建		1500	器		34500		圖		10400	儀		8700		醫			其		6800	61900	
職業中學			96000			38500				8000			46400		藥					12000	200900	
教育會	築		800			20000				1000										2000	23800	
圖書館			700			15000				100000			5000		用					1000	121700	
縣立初中	物		21000	具		6500		書		1500	器		3500		品			他		3000	35500	
總計																					443800	

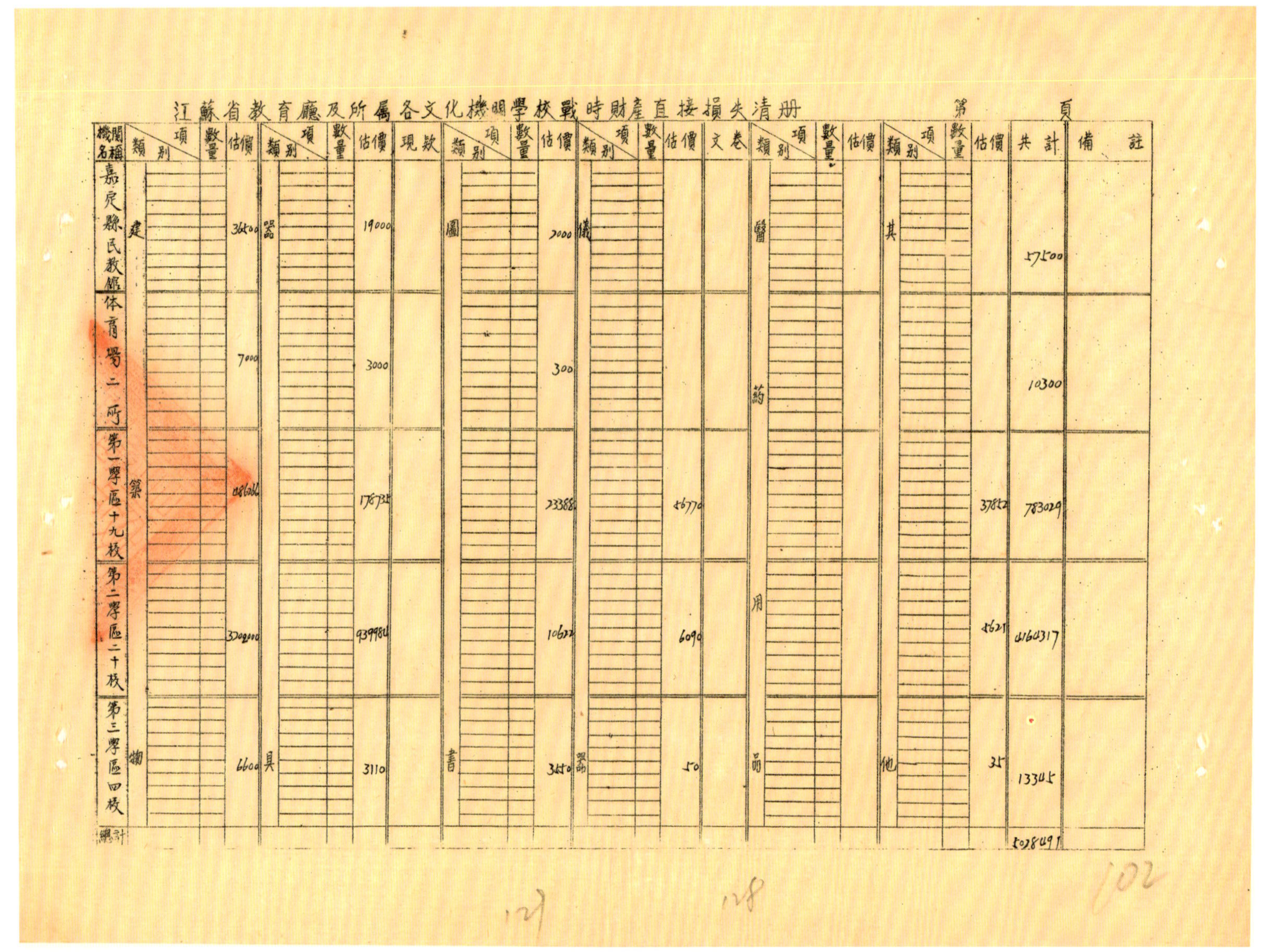

江蘇省教育廳及所屬各文化機關學校戰時財產直接損失清冊　第　頁

機關名稱	類別	數量	估價	類別	數量	估價	現款	類別	數量	估價	類別	數量	估價	文卷	類別	數量	估價	類別	數量	估價	共計	備註
嘉定縣民教館	建		36500	器		19000		圖		2000	儀				醫			其			57500	
体育場二所			7000			3000				300					藥						10300	
第一學區十九校	築		486266			178735				23388			56770							37852	783029	
第二學區二十校			3202000			939984				10622			6090		用					5621	4164317	
第三學區四校	物		6600	具		3110		書		3550	器		50		品			他		35	13345	
總計																					5028491	

江蘇省教育廳及所屬各文化機關學校戰時財產直接損失清冊　第　頁

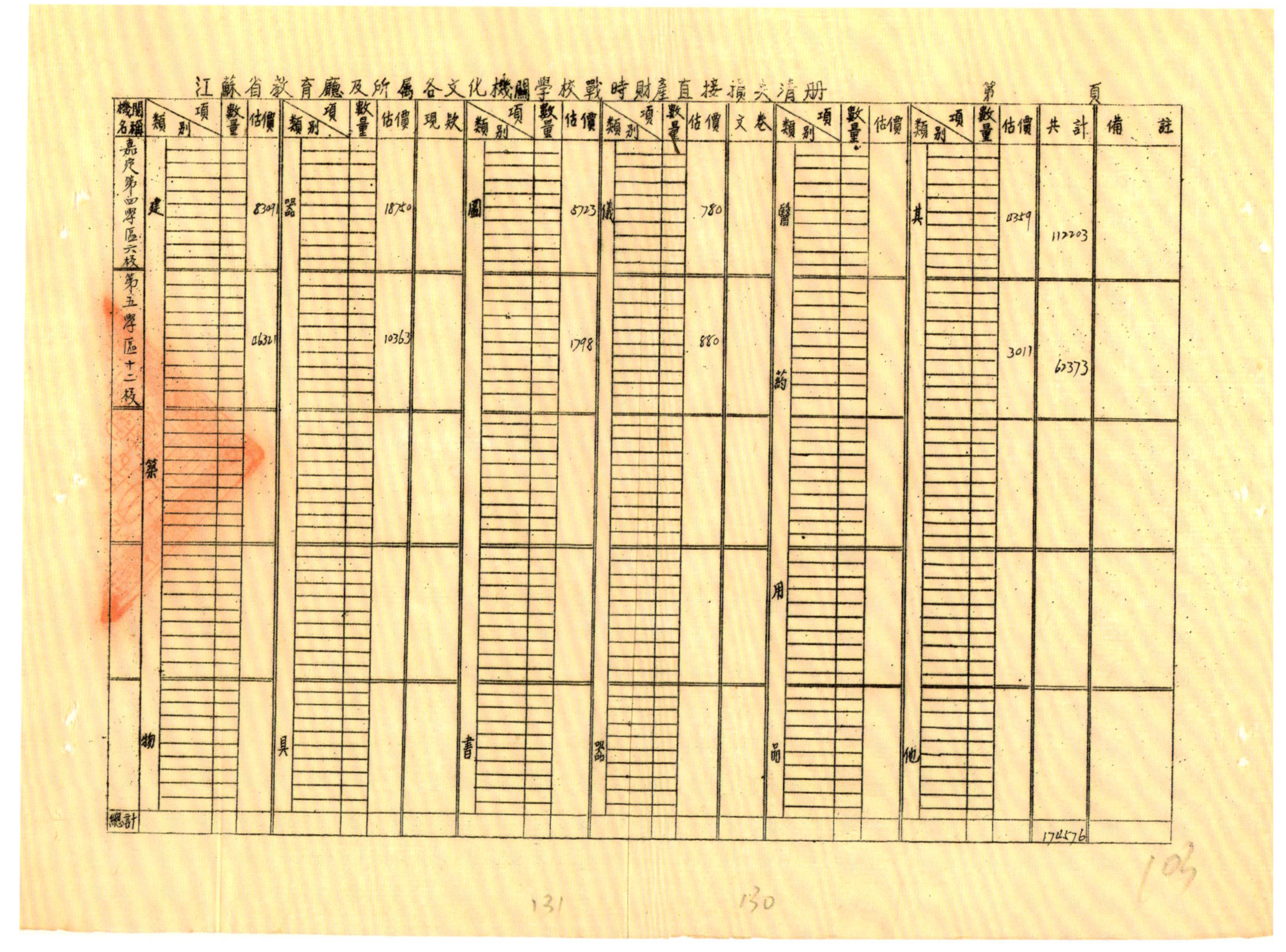

機關名稱	建築物：類別項	數量	估價	器具：類別項	數量	估價	現款	圖書：類別項	數量	估價	儀器：類別項	數量	估價	文卷	醫藥用品：類別項	數量	估價	其他：類別項	數量	估價	共計	備註
嘉定第四學區六校			83091			18750				5723			780							10359	112203	
第五學區十二校			46321			10363				1798			880							3011	62373	
總計																					174576	

131　130　103

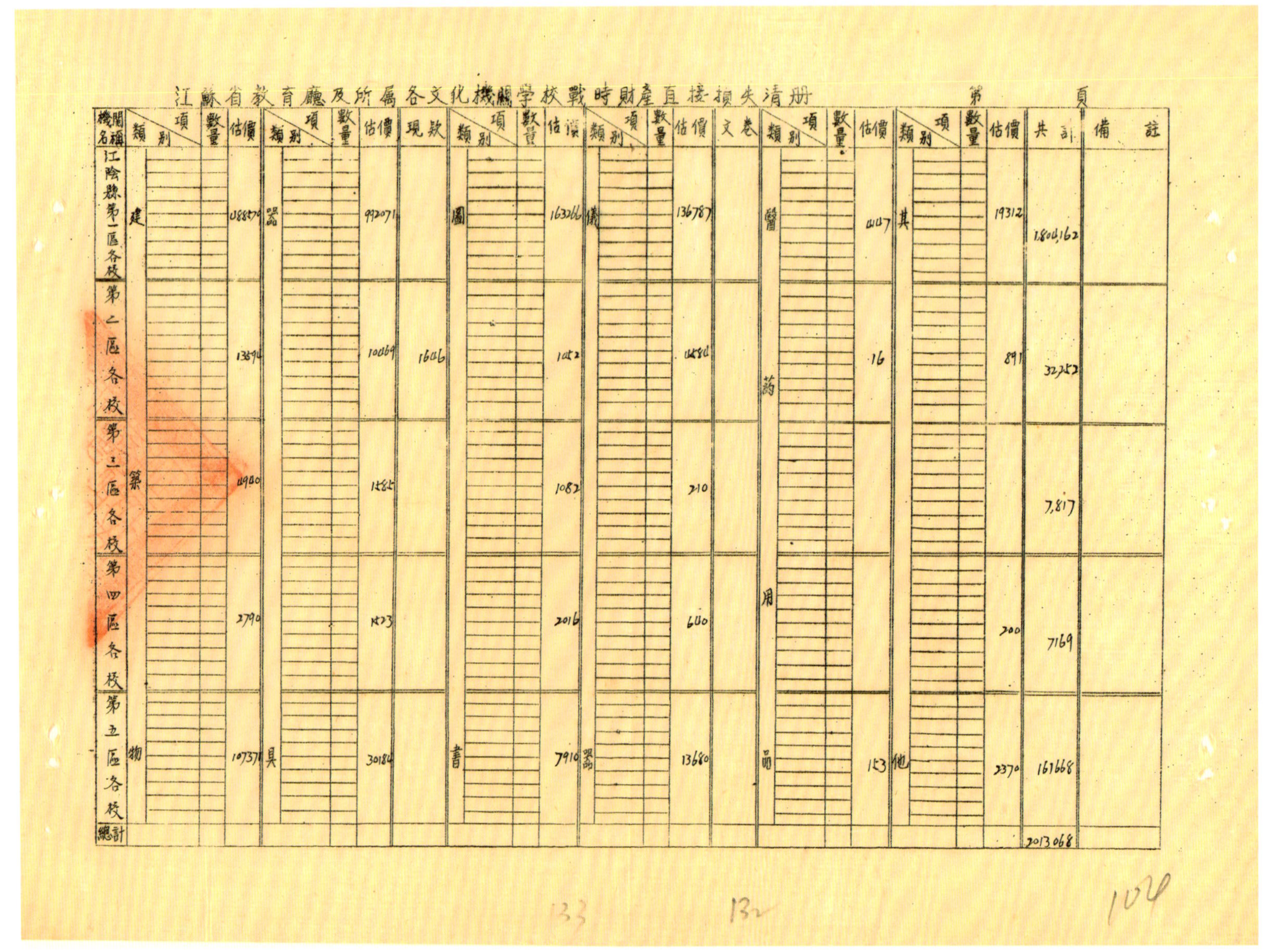

江蘇省教育廳及所屬各文化機關學校戰時財產直接損失清册　　第　　頁

機關名稱	類別＼項	數量	估價	類別＼項	數量	估價	現款	類別＼項	數量	估價	類別＼項	數量	估價	文卷	類別＼項	數量	估價	類別＼項	數量	估價	共計	備註
江陰縣第一區各校	建		488879	器		992071		圖		163266	儀		136787		醫		447	其		19312	1,804,162	
第二區各校			13894			10069	1606			1052			4580		藥		16			891	32,252	
第三區各校	築		4980			1585				1082			210								7,817	
第四區各校			2790			1423				2016			600		用					200	7169	
第五區各校	物		107371	具		30184		書		7910	器		13680		品		153	他		2370	161668	
總計																					2013068	

133　132　104

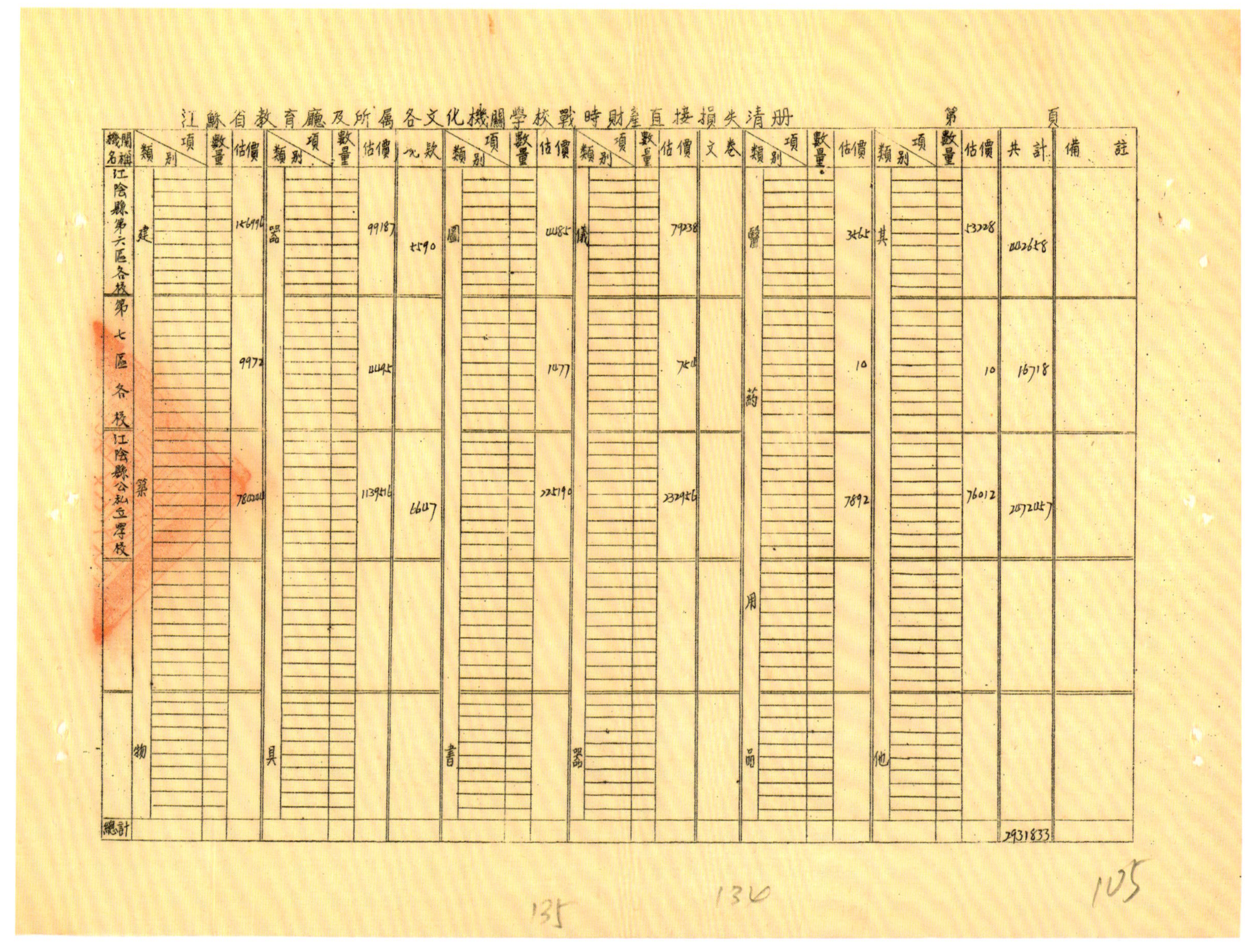

江蘇省教育廳及所屬各文化機關學校戰時財產直接損失清冊　　第　　頁

機關名稱	類別項（建築物）	數量	估價	類別項（器具）	數量	估價	現款	類別項（圖書）	數量	估價	類別項（儀器）	數量	估價	文卷	類別項（醫藥用品）	數量	估價	類別項（其他）	數量	估價	共計	備註
江陰縣第六區各校			156996			99187	5590			11185			79238				3465			53228	202658	
第七區各校			9972			11495				1077			7511				10			10	16718	
江陰縣公私立學校			780211			113956	6617			225190			232956				7892			76012	2072057	
總計																					2931833	

135　136　105

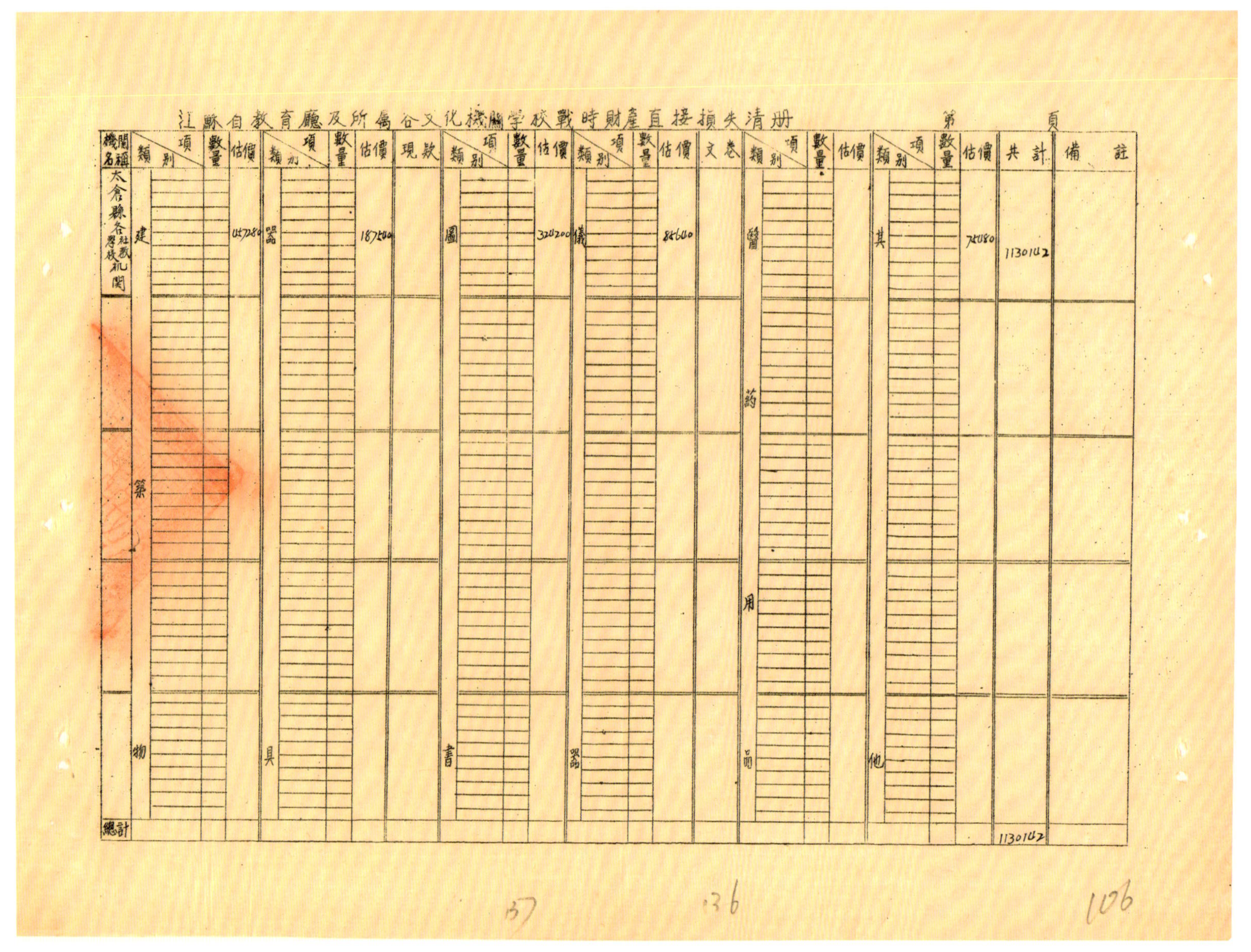

江蘇省教育廳及所屬各文化機關學校戰時財產直接損失清冊　　第　　頁

機關名稱	類別／項	數量	估價	類別／項	數量	估價	現款	類別／項	數量	估價	類別／項	數量	估價	文卷	類別／項	數量	估價	類別／項	數量	估價	共計	備註
太倉縣各社教學校機關	建築物		457280	器具		187540		圖書		324200	儀器		85640		醫藥用品			其他		75480	1130142	
總計																					1130142	

137　136　106

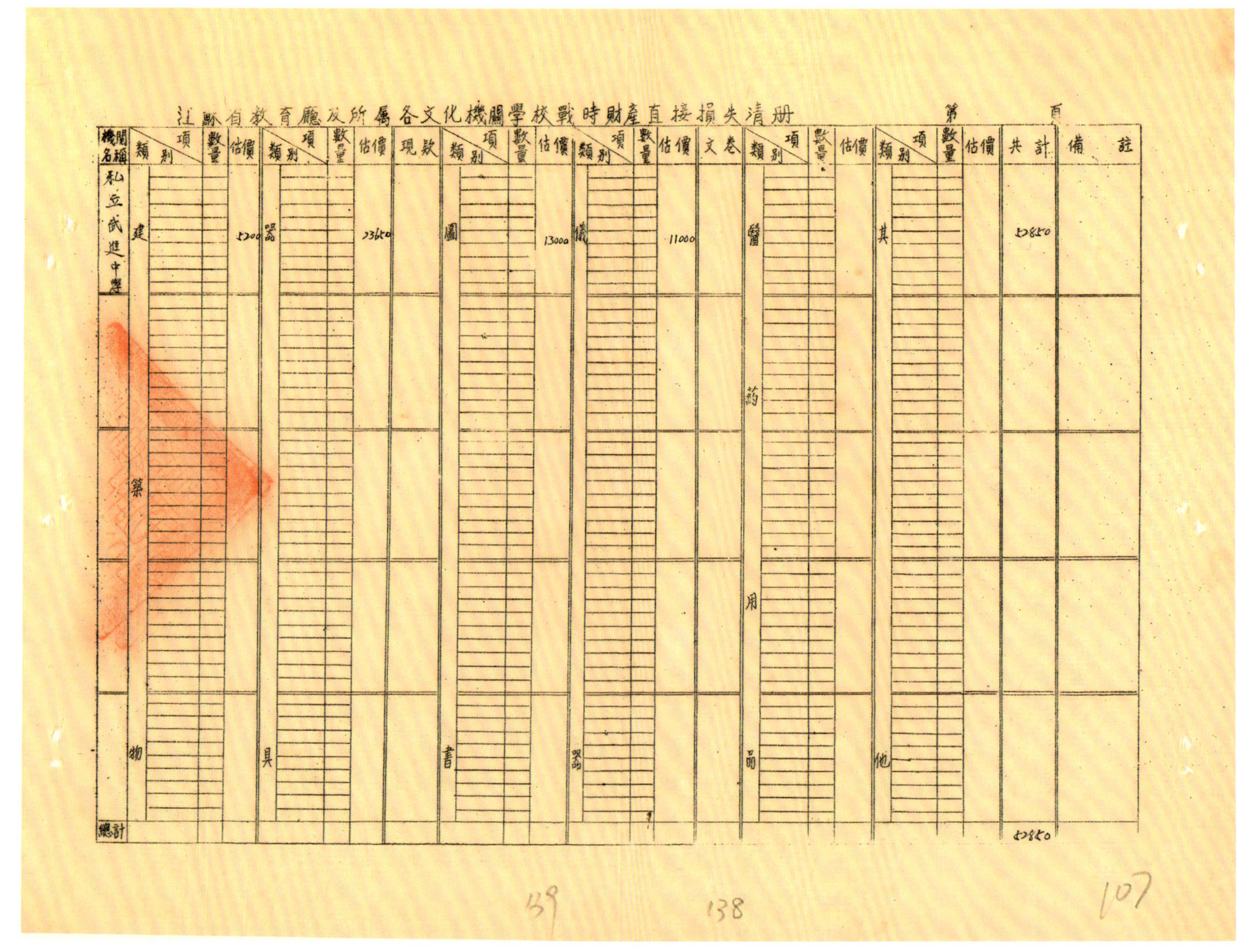

江蘇省教育廳及所屬各文化機關學校戰時財產直接損失清冊　第　頁

機關名稱	項 類別	數量	估價	項 類別	數量	估價	現款	項 類別	數量	估價	項 類別	數量	估價	文卷	項 類別	數量	估價	項 類別	數量	估價	共計	備註
私立武進中學	建築物		5200	器具		23650		圖書		13000	儀器		11000		醫藥用品			其他			52850	
總計																					52850	

59　138　107

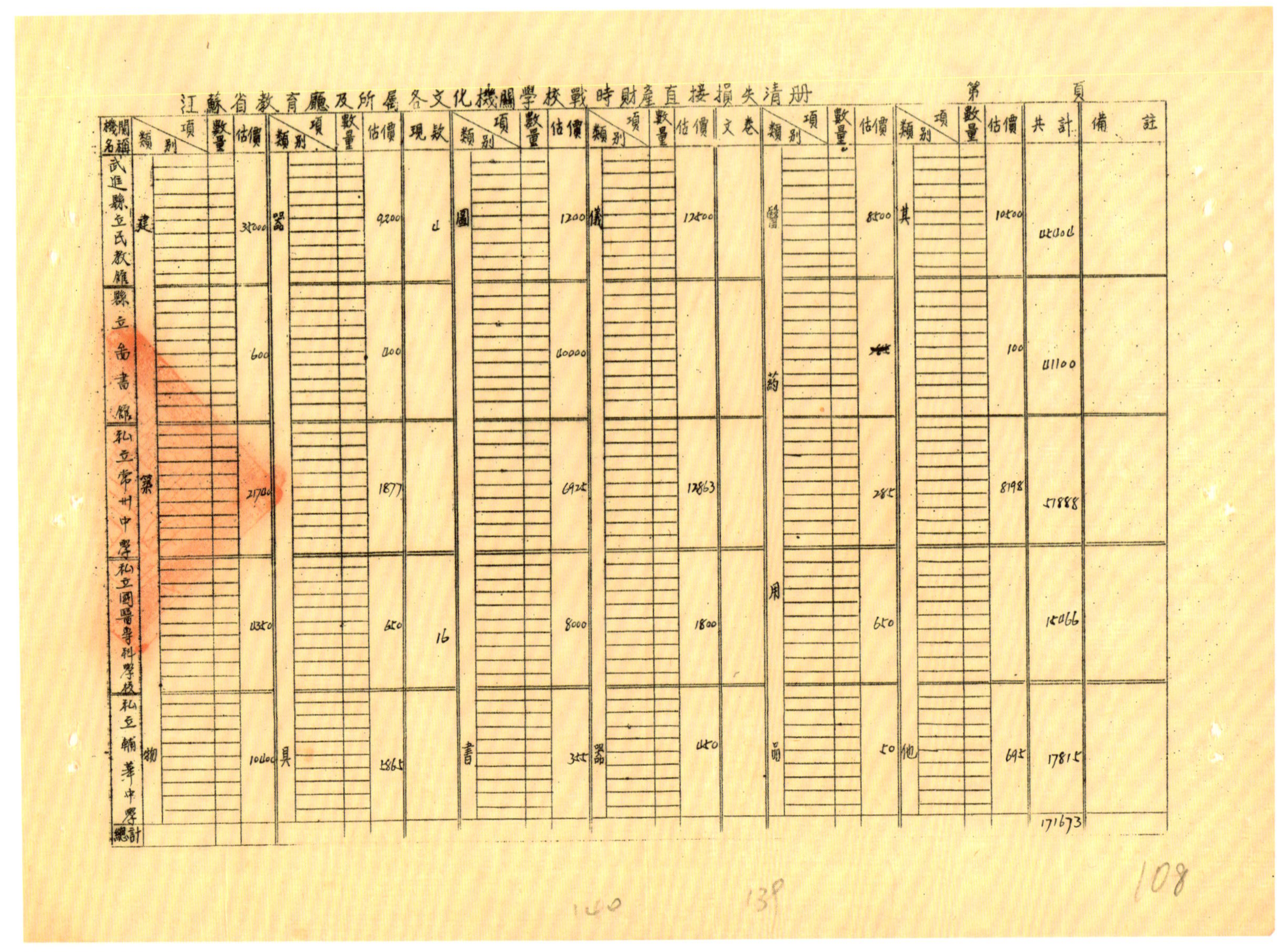

江蘇省教育廳及所屬各文化機關學校戰時財產直接損失清册　　第　頁

機關名稱	項別 類別	數量	估價	項別 類別	數量	估價	現款	項別 類別	數量	估價	項別 類別	數量	估價	文卷	項別 類別	數量	估價	項別 類別	數量	估價	共計	備註
武進縣立民教館	建築物		35000	器具		9200	4	圖書		1200	儀器		12500		醫藥用品		8500	其他		10500	45404	
縣立圖書館			600			400				40000							[illegible]			100	41100	
私立常州中學			21700			1877				6925			12863				285			8198	57888	
私立國醫專科學校			4350			650	16			8000			1800				650				15066	
私立輔華中學			10400			4865				355			1450				50			695	17815	
總計																					171673	

140

138

108

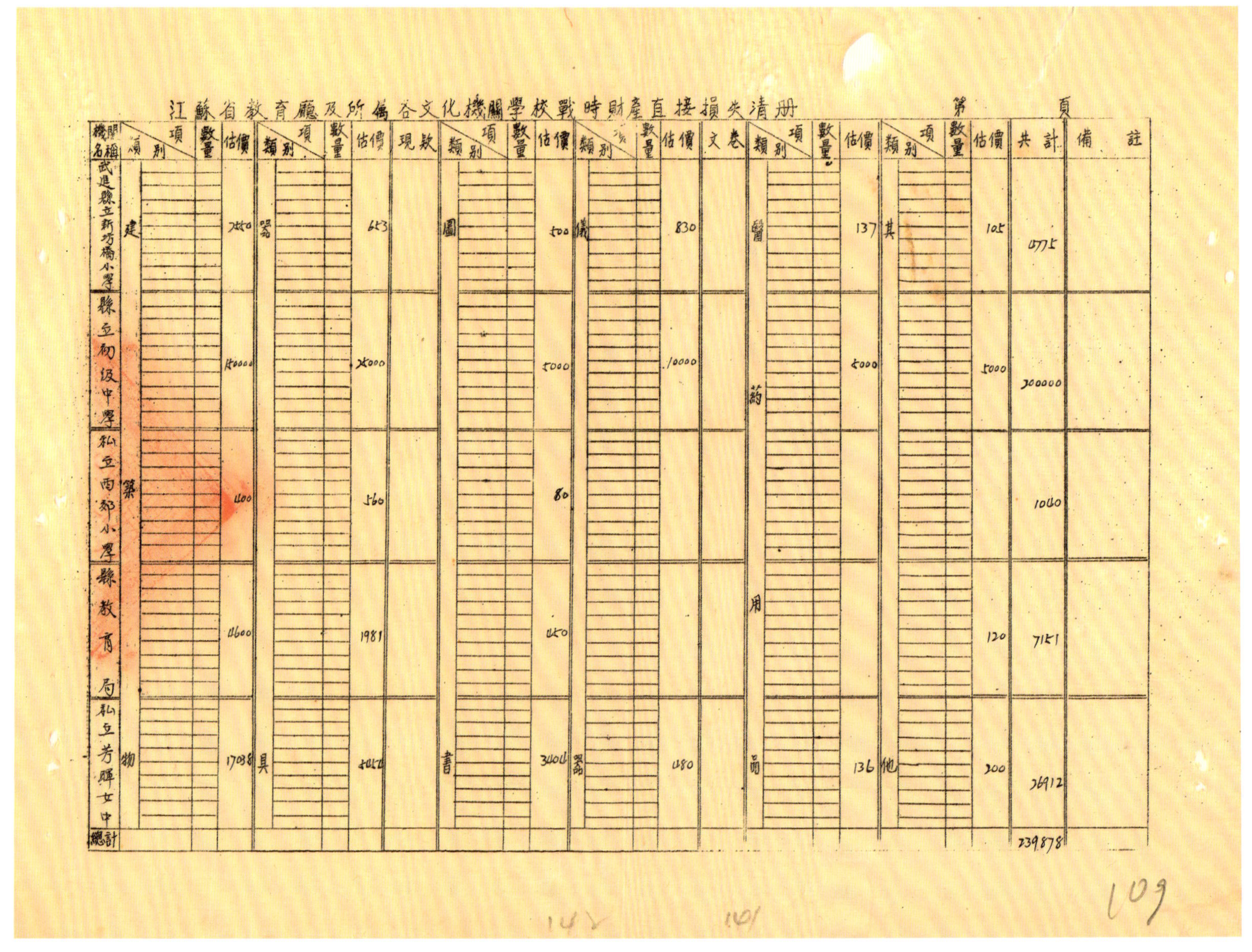

江蘇省教育廳及所屬各文化機關學校戰時財產直接損失清冊　　第　　頁

機關名稱	項別	數量	估價	類別	數量	估價	現款	類別	數量	估價	類別	數量	估價	文卷	類別	數量	估價	類別	數量	估價	共計	備註
	建築物			器具				圖書			儀器				醫藥用品			其他				
武進縣立新坊橋小學			2550			653				500			830				137			105	4775	
縣立初級中學			150000			25000				5000			10000				5000			5000	200000	
私立西郊小學			400			560				80											1040	
縣教育局			4600			1981				450										120	7151	
私立芳暉女中			17038			5654				3404			480				136			200	26912	
總計																					239878	

109

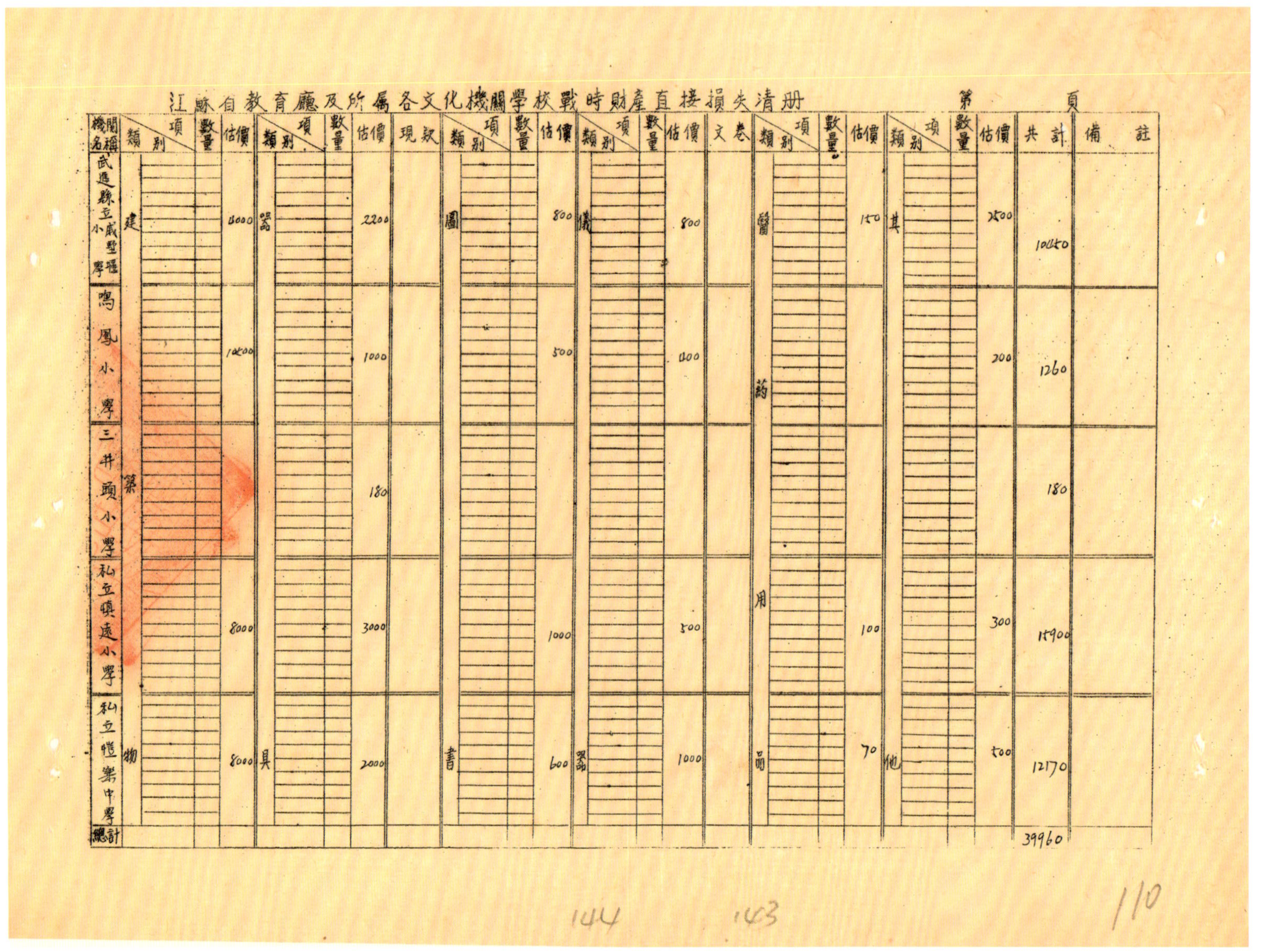

江縣自教育廳及所屬各文化機關學校戰時財產直接損失清冊　　第　　頁

機關名稱	項 類別（建築物）	數量	估價	項 類別（器具）	數量	估價	現款	項 類別（圖書）	數量	估價	項 類別（儀器）	數量	估價	文卷	項 類別（醫藥用品）	數量	估價	項 類別（其他）	數量	估價	共計	備註
武進縣立咸墅堰小學	建		4000 [?]	器		2200		圖		800	儀		800		醫		150	其		2500	10450	
鳴鳳小學			10400 [?]			1000				500			400 [?]		藥					200	1260	
三井頭小學	築					180															180	
私立鎮 [?] 遠小學			8000			3000				1000			500		用		100			300	15900	
私立愷樂中學	物		8000	具		2000		書		600	器		1000		品		70	他		500	12170	
總計																					39960	

144　143　110

江蘇省教育廳及所屬各文化機關學校戰時財產直接損失清册　第　頁

機關名稱	建築物 類別項	數量	估價	器具 類別項	數量	估價	現款	圖書 類別項	數量	估價	儀器 類別項	數量	估價	文卷	醫藥用品 類別項	數量	估價	其他 類別項	數量	估價	共計	備註
武進縣立芙蒲巷小學			36000元			1124元				2620元			400元								40144元	
局前街小學			12450元			9740元				3630元			1800元				500元			300元	28420元	
龍虎塘小學			1080元			1405元				265元										848元	3598元	
小塘小學			440元			238元				129元			16元								823元	
焦溪小學			1444元			209元				21元			29元				4元			11元	1716元	
總計																					74701元	

21

146　145　111

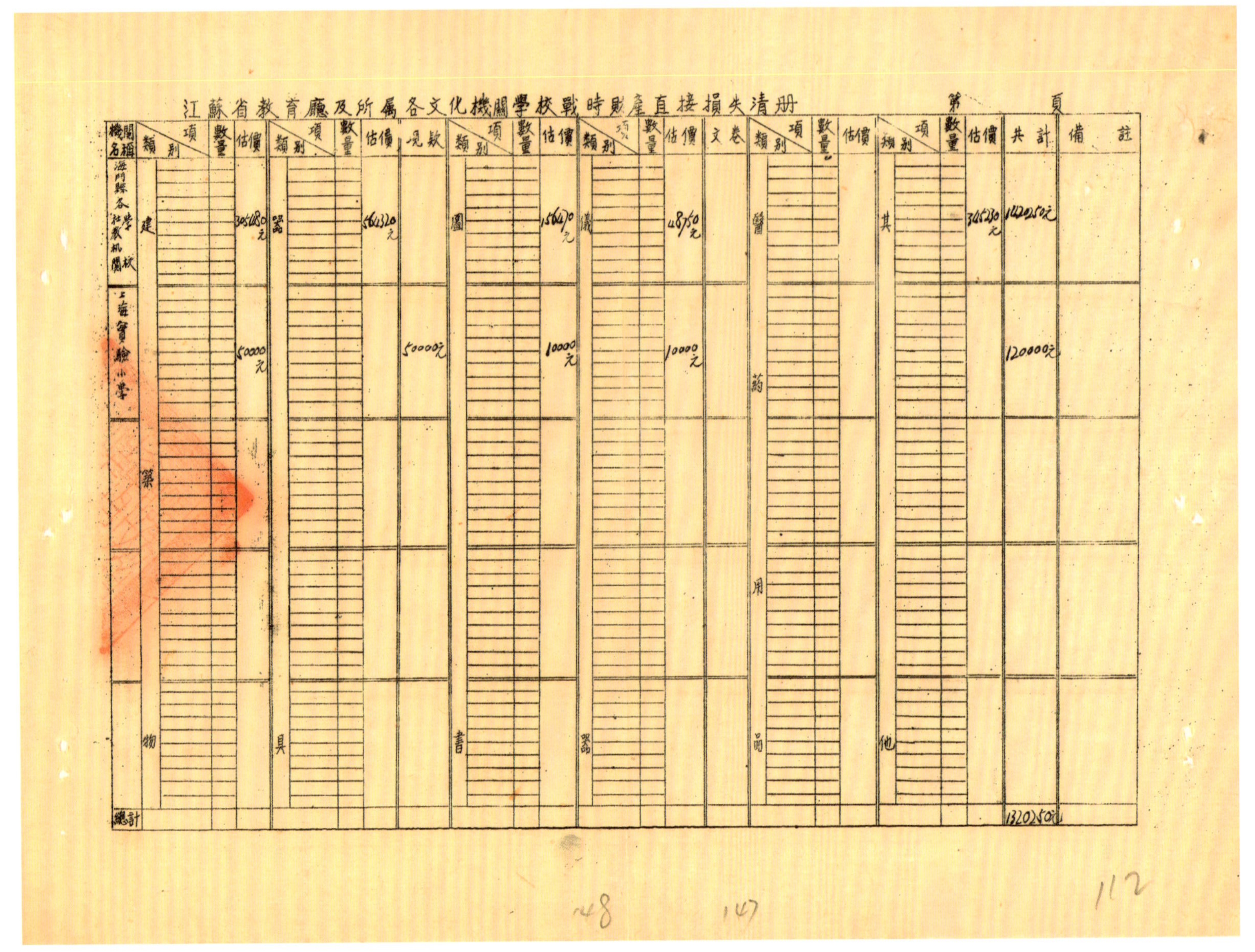

江蘇省教育廳及所屬各文化機關學校戰時財產直接損失清册　第　頁

機關名稱	建築物 類別	數量	估價	器具 類別	數量	估價	現款	圖書 類別	數量	估價	儀器 類別	數量	估價	文卷	醫藥用品 類別	數量	估價	其他 類別	數量	估價	共計	備註
海門縣各學校社教機關			305080元			564320元				156470元			48750元							305230元	1200250元	
上海實驗小學			50000元				50000元			10000元			10000元								120000元	
總計																					1320250元	

江蘇省教育廳及所屬各文化機關學校戰時財產直接損失清冊　　　　第　　頁

機關名稱	建築物（類別/項）	數量	估價	器具（類別/項）	數量	估價	現款	圖書（類別/項）	數量	估價	儀器（類別/項）	數量	估價	文卷	醫藥用品（類別/項）	數量	估價	其他（類別/項）	數量	估價	共計	備註
蕭縣社教機關各級學校及			56000元			32000元	4550元			328000元			76500元	1975宗			157700元			136650元	791600元	
總計																					791600元	

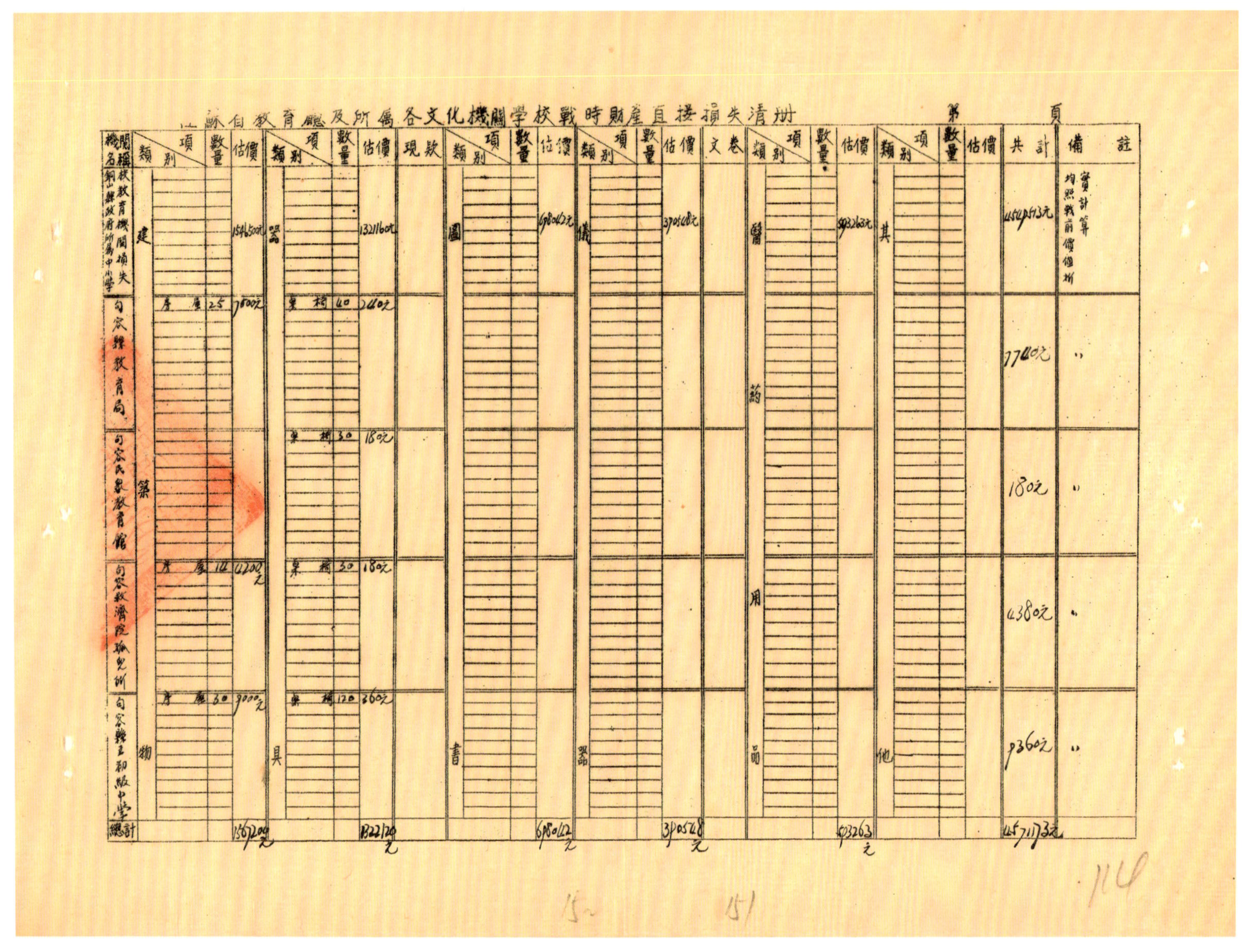

江蘇省教育廳及所屬各文化機關學校戰時財產直接損失清冊　　第　　頁

機關名稱	建築物 類別	數量	估價	器具 類別	數量	估價	現款	圖書 類別	數量	估價	儀器 類別	數量	估價	文卷	醫藥用品 類別	數量	估價	其他 類別	數量	估價	共計	備註
銅山縣政府所屬中小學校教育機關損失			1546500元			1321160元				6p80412元			3705428元				8p3263元				1454p513元	均照戰前價值估實計算
句容縣教育局	房屋	25	7500元	桌椅	40	240元															7740元	〃
句容民衆教育館				桌椅	30	180元															180元	〃
句容救濟院孤兒所	房屋	14	4200元	桌椅	30	180元															4380元	〃
句容縣立初級中學	房屋	30	9000元	桌椅	120	360元															p360元	〃
總計			1567200元			1322120元				6p80412元			3p05428元				8p3263元				14571173元	

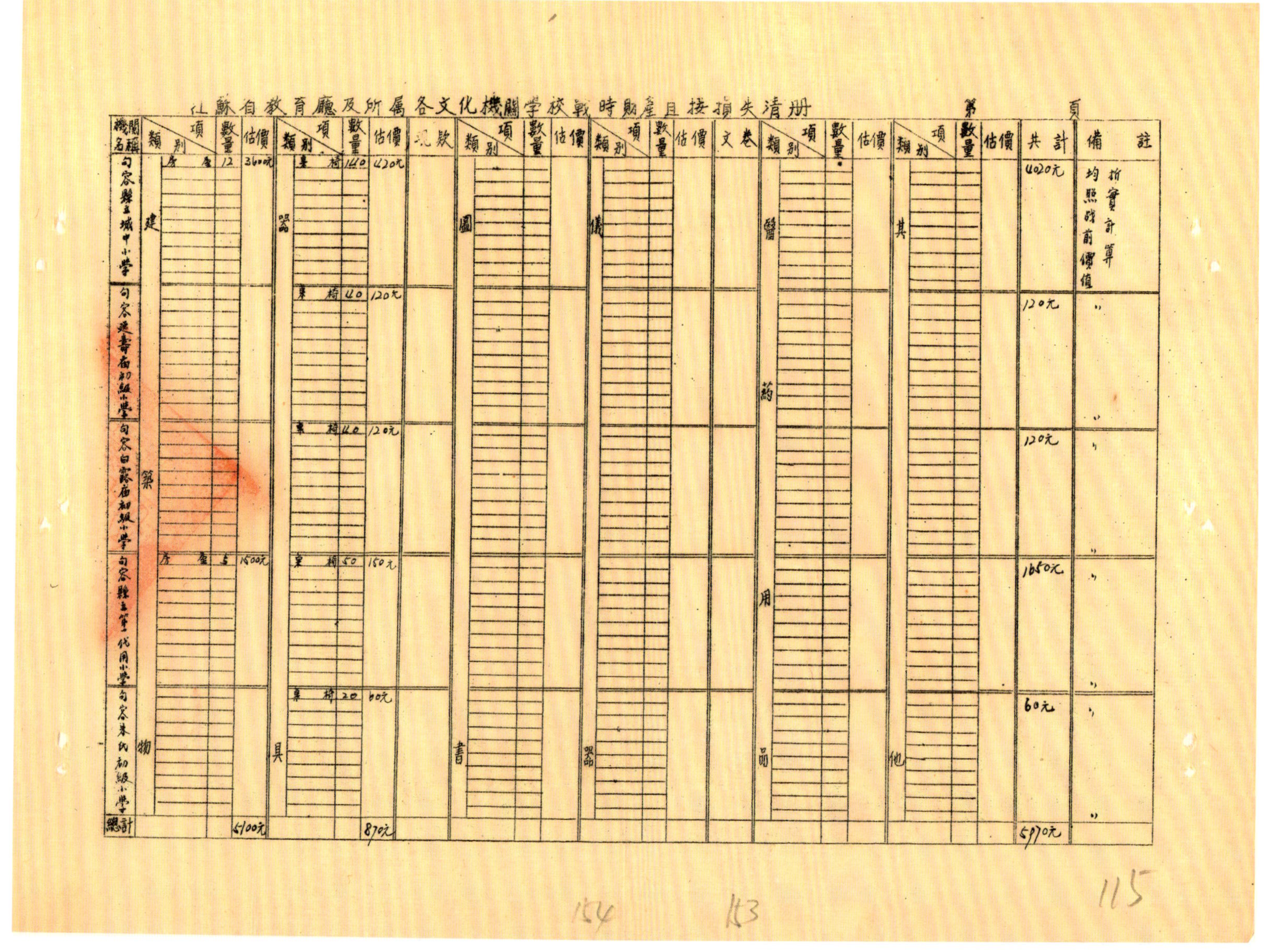

江蘇省教育廳及所屬各文化機關學校戰時財產直接損失清冊　　第　　頁

機關名稱	建築物（類別項）	數量	估價	器具（類別項）	數量	估價	現款	圖書（類別項）	數量	估價	儀器（類別項）	數量	估價	文卷	醫藥用品（類別項）	數量	估價	其他（類別項）	數量	估價	共計	備註
句容縣立城中小學	房屋	12	3600元	桌椅	140	420元															4020元	均照戰前價值折實計算
句容延壽庙初級小學				桌椅	40	120元															120元	〃
句容白露庙初級小學				桌椅	40	120元															120元	〃
句容縣立第一代用小學	房屋	5	1500元	桌椅	50	150元															1650元	〃
句容朱氏初級小學				桌椅	20	60元															60元	〃
總計			5100元			870元															5970元	〃

154　153　115

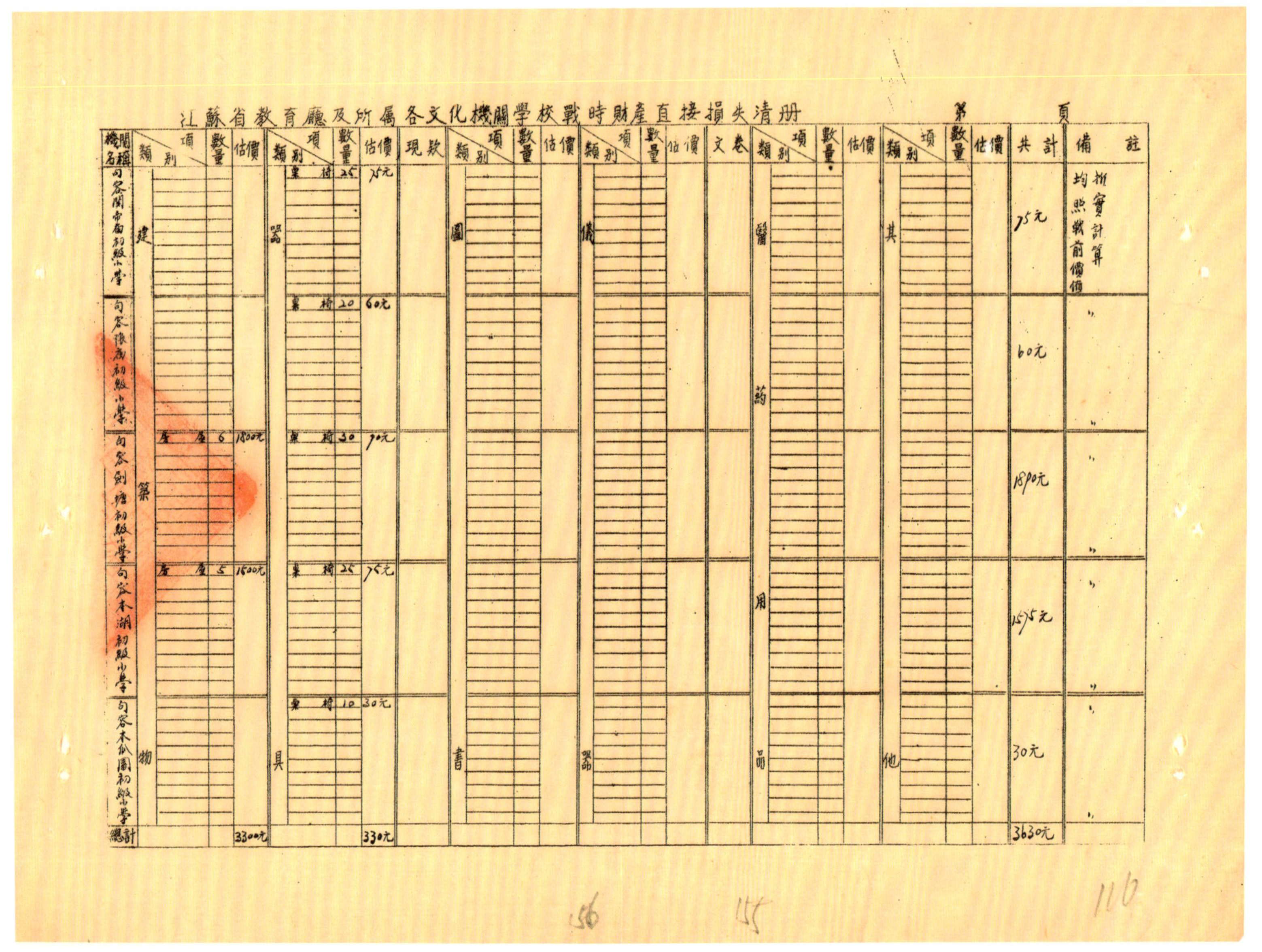

江蘇省教育廳及所屬各文化機關學校戰時財產直接損失清冊　　第　　頁

機關名稱	建築物 類別	建築物 數量	建築物 估價	器具 類別	器具 數量	器具 估價	現款	圖書 類別	圖書 數量	圖書 估價	儀器 類別	儀器 數量	儀器 估價	文卷	醫藥用品 類別	醫藥用品 數量	醫藥用品 估價	其他 類別	其他 數量	其他 估價	共計	備註
句容関帝廟初級小學				桌椅	25	75元															75元	均照戰前價值折實計算
句容張巷初級小學				桌椅	20	60元															60元	〃
句容劍塘初級小學	房屋	6	1800元	桌椅	30	90元															1890元	〃
句容本湖初級小學	房屋	5	1500元	桌椅	25	75元															1575元	〃
句容木瓜園初級小學				桌椅	10	30元															30元	〃
總計			3300元			330元															3630元	

56　155　110

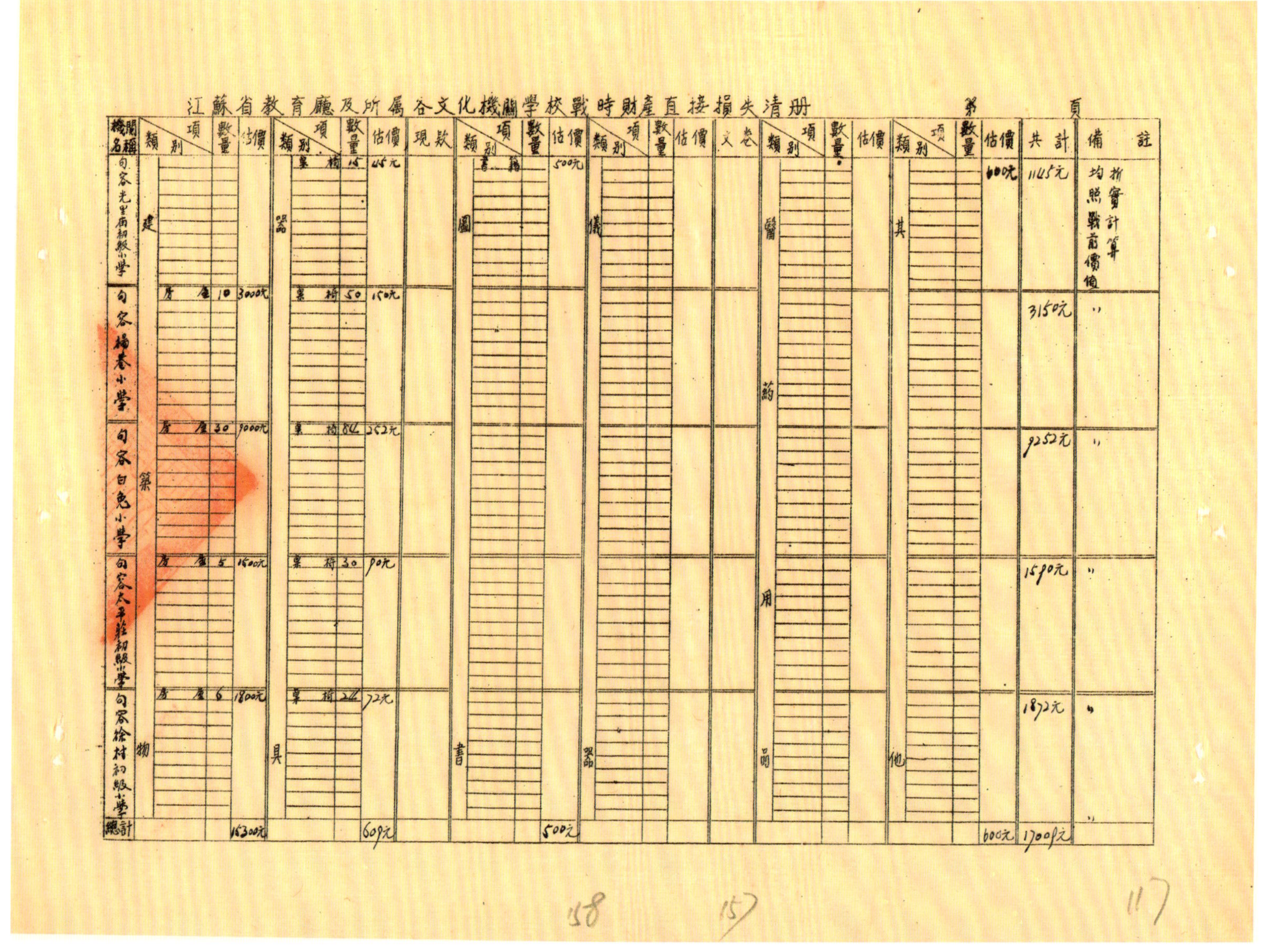

江蘇省教育廳及所屬各文化機關學校戰時財產直接損失清冊　第　頁

機關名稱	建築物 類別/項	數量	估價	器具 類別/項	數量	估價	現款	圖書 類別/項	數量	估價	儀器 類別/項	數量	估價	文卷	醫藥用品 類別/項	數量	估價	其他 類別/項	數量	估價	共計	備註
句容光里廟初級小學				桌椅	15	45元		書籍		500元										600元	1145元	折實計算均照戰前價值
句容楊巷小學	房屋	10	3000元	桌椅	50	150元															3150元	〃
句容白兔小學	房屋	30	9000元	桌椅	84	252元															9252元	〃
句容太平莊初級小學	房屋	5	1500元	桌椅	30	90元															1590元	〃
句容徐村初級小學	房屋	6	1800元	桌椅	24	72元															1872元	〃
總計			15300元			609元				500元										600元	17009元	

158　157　117

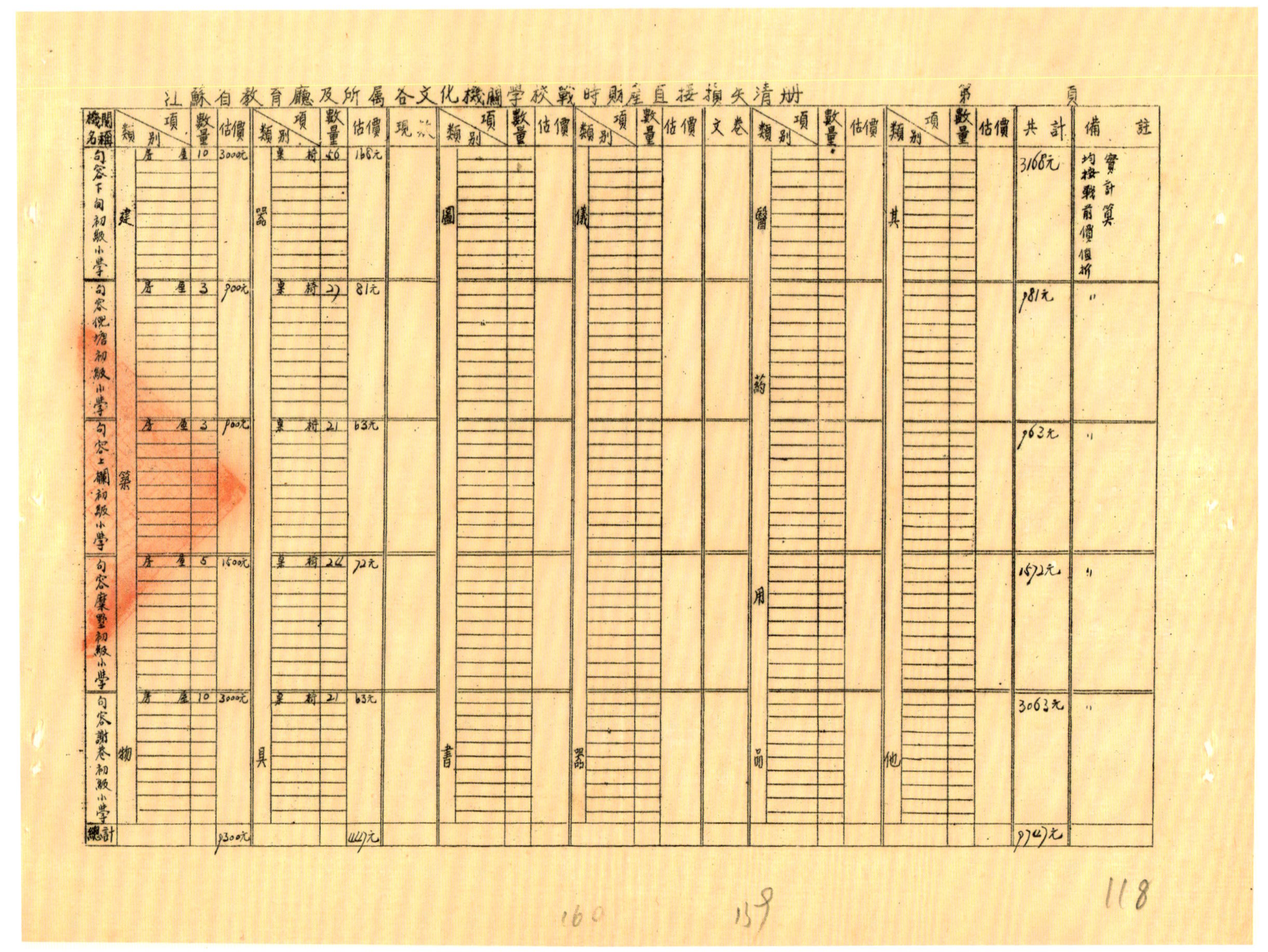

江蘇省教育廳及所屬各文化機關學校戰時財產直接損失清冊　第　頁

機關名稱	建築物 類別	數量	估價	器具 類別	數量	估價	現款	圖書 類別	數量	估價	儀器 類別	數量	估價	文卷	醫藥用品 類別	數量	估價	其他 類別	數量	估價	共計	備註
句容下蜀初級小學	房屋	10	3000元	桌椅	56	168元															3168元	均按戰前價值折實計算
句容倪塘初級小學	房屋	3	900元	桌椅	27	81元															981元	〃
句容上蜀初級小學	房屋	3	900元	桌椅	21	63元															963元	〃
句容糜墅初級小學	房屋	5	1500元	桌椅	24	72元															1572元	〃
句容謝巷初級小學	房屋	10	3000元	桌椅	21	63元															3063元	〃
總計			9300元			447元															9747元	

160　159　118

江蘇省教育廳及所屬各文化機關學校戰時財產直接損失清冊 第 頁

機關名稱	建築物 類別	數量	估價	器具 類別	數量	估價	現款	圖書 類別	數量	估價	儀器 類別	數量	估價	文卷	醫藥用品 類別	數量	估價	其他 類別	數量	估價	共計	備註
句容竹香初級小學	房屋	6	1800元	桌椅	60	180元															1980元	均照戰前價值折實計算
句容朱隍初級小學	房屋	5	1500元	桌椅	30	90元															1590元	〃
句容振漢初級小學	房屋	9	2700元	桌椅	48	144元															2844元	〃
句容唐莊初級小學	房屋	3	900元	桌椅	21	63元															963元	〃
句容古隍初級小學				桌椅	30	90元															90元	〃
總計			6900元			567元															7467元	

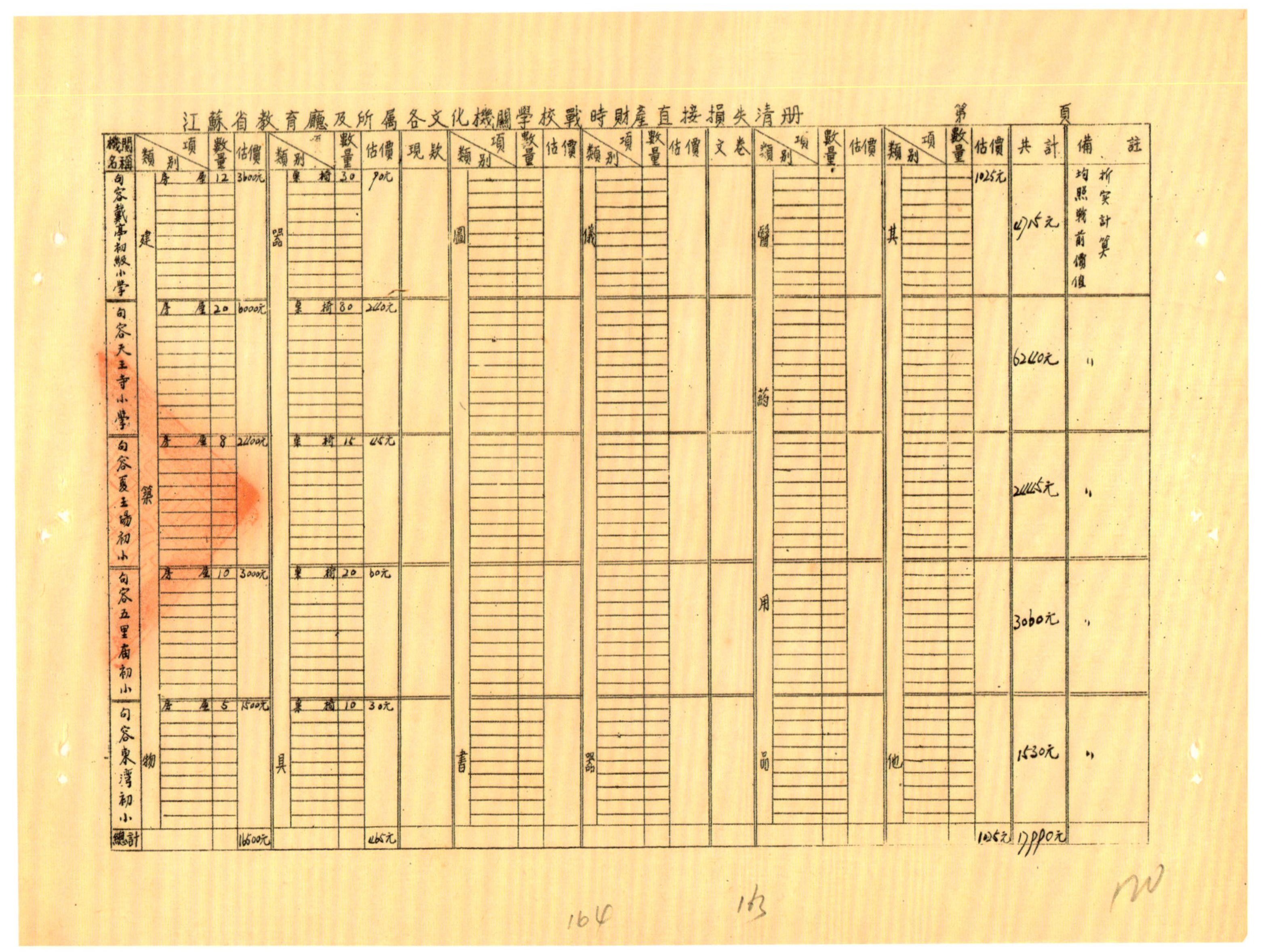

江蘇省教育廳及所屬各文化機關學校戰時財產直接損失清冊　第　頁

機關名稱	建築物 類別	數量	估價	器具 類別	數量	估價	現款	圖書 類別	數量	估價	儀器 類別	數量	估價	文卷	醫藥用品 類別	數量	估價	其他 類別	數量	估價	共計	備註
句容戴亭初級小學	房屋	12	3600元	桌椅	30	90元														1025元	4715元	均照戰前價值折實計算
句容天王寺小學	房屋	20	6000元	桌椅	80	240元															6240元	〃
句容夏王墒初小	房屋	8	2400元	桌椅	15	45元															2445元	〃
句容五里廟初小	房屋	10	3000元	桌椅	20	60元															3060元	〃
句容東灣初小	房屋	5	1500元	桌椅	10	30元															1530元	〃
總計			16500元			465元														1025元	17990元	

164　163

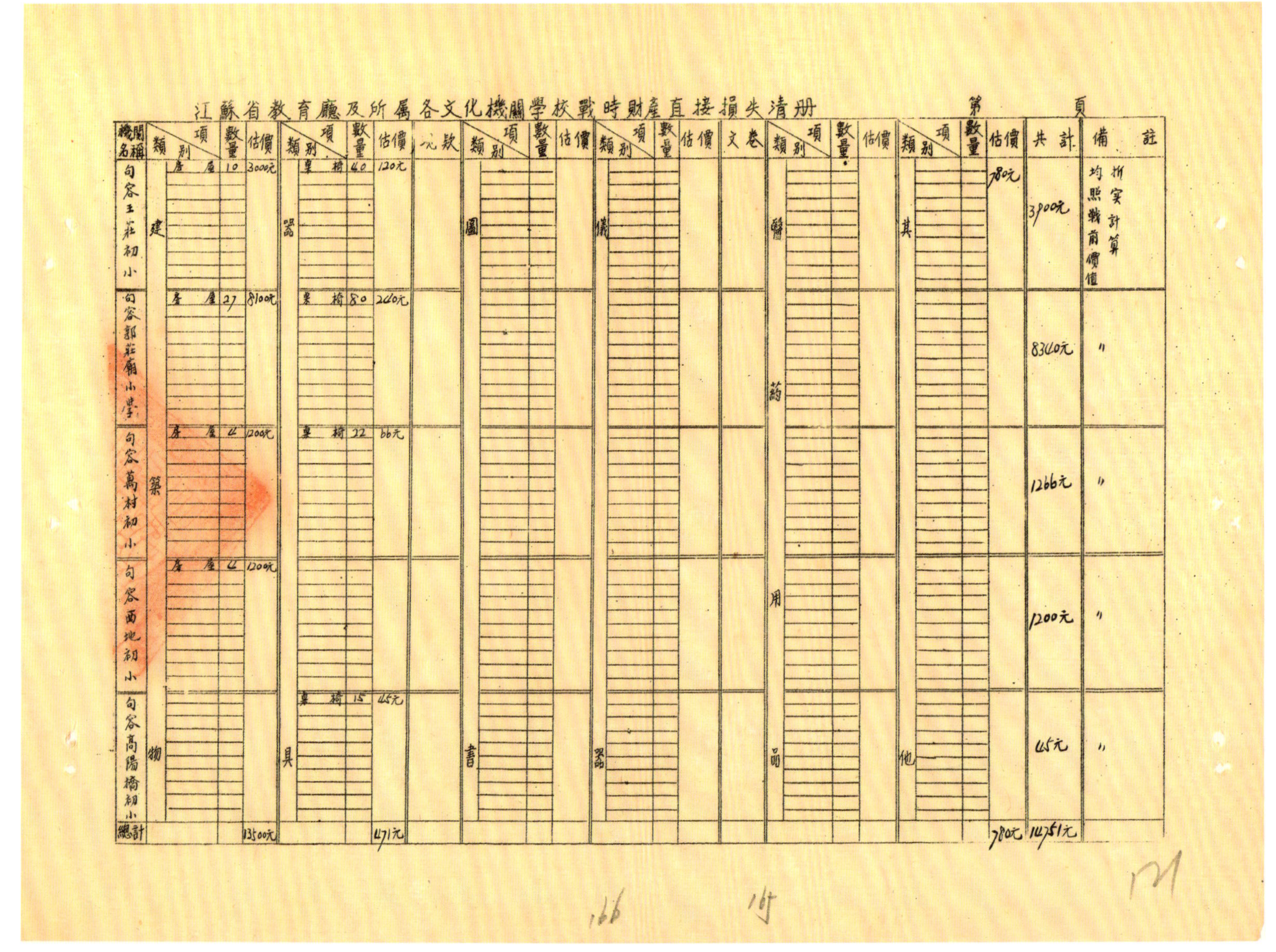

江蘇省教育廳及所屬各文化機關學校戰時財產直接損失清冊　　第　　頁

機關名稱	建築物 類別	數量	估價	器具 類別	數量	估價	現款	圖書 類別	數量	估價	儀器 類別	數量	估價	文卷	醫藥用品 類別	數量	估價	其他 類別	數量	估價	共計	備註
句容王莊初小	房屋	10	3000元	桌椅	40	120元														780元	3900元	均照戰前價值折實計算
句容郭莊甯小學	房屋	27	8100元	桌椅	80	240元															8340元	〃
句容葛村初小	房屋	4	1200元	桌椅	22	66元															1266元	〃
句容西地初小	房屋	4	1200元																		1200元	〃
句容高陽橋初小				桌椅	15	45元															45元	〃
總計			13500元			471元														780元	14751元	

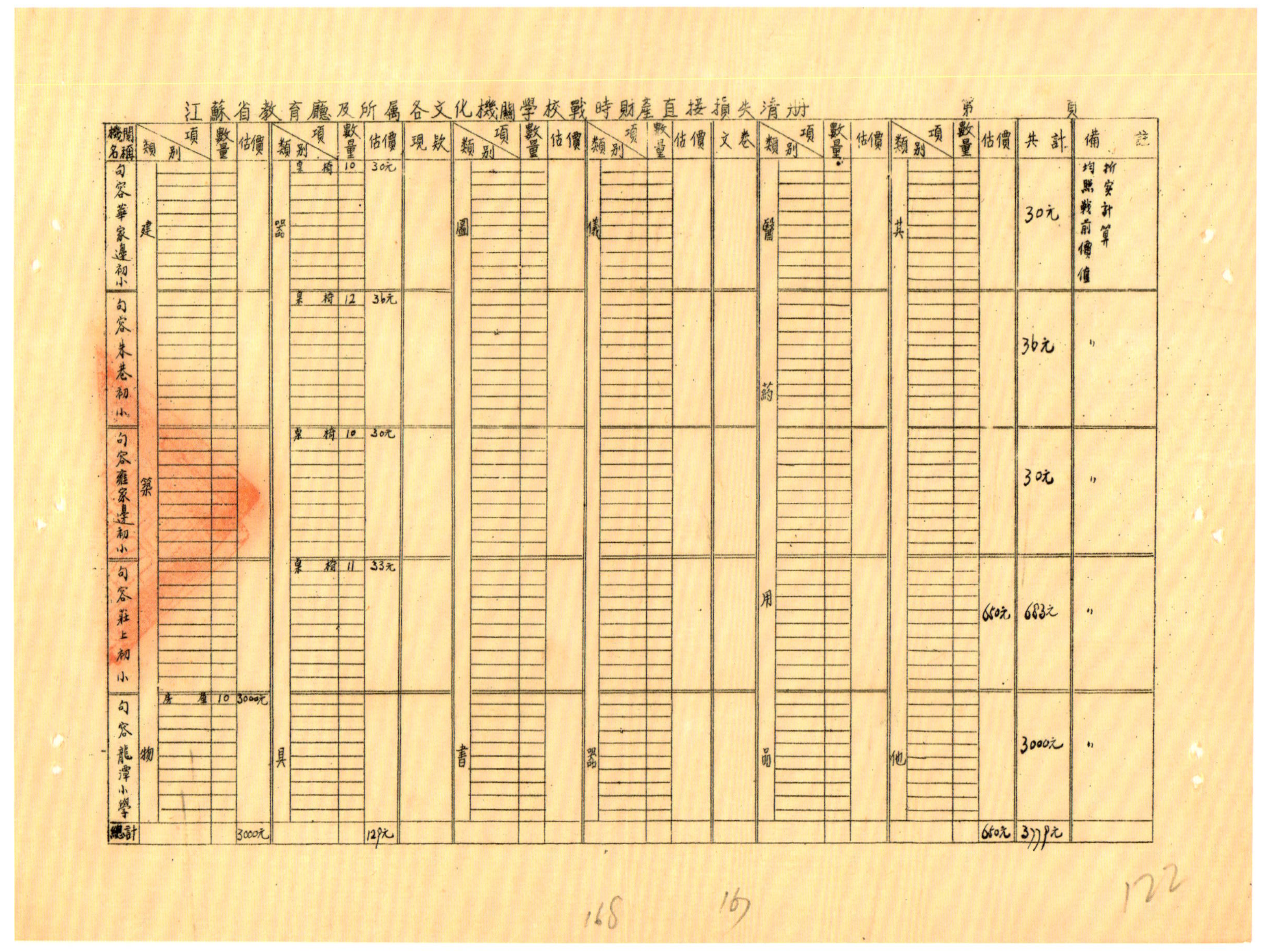

江蘇省教育廳及所屬各文化機關學校戰時財產直接損失清册　第　頁

機關名稱	建築物 類別項	數量	估價	器具 類別項	數量	估價	現款	圖書 類別項	數量	估價	儀器 類別項	數量	估價	文卷	醫藥用品 類別項	數量	估價	其他 類別項	數量	估價	共計	備註
句容華家邊初小				桌椅	10	30元															30元	均照戰前價值折實計算
句容朱巷初小				桌椅	12	36元															36元	〃
句容雍家邊初小				桌椅	10	30元															30元	〃
句容莊上初小				桌椅	11	33元														650元	683元	〃
句容龍潭小學	房屋	10	3000元																		3000元	〃
總計			3000元			129元														650元	3779元	

168　167　122

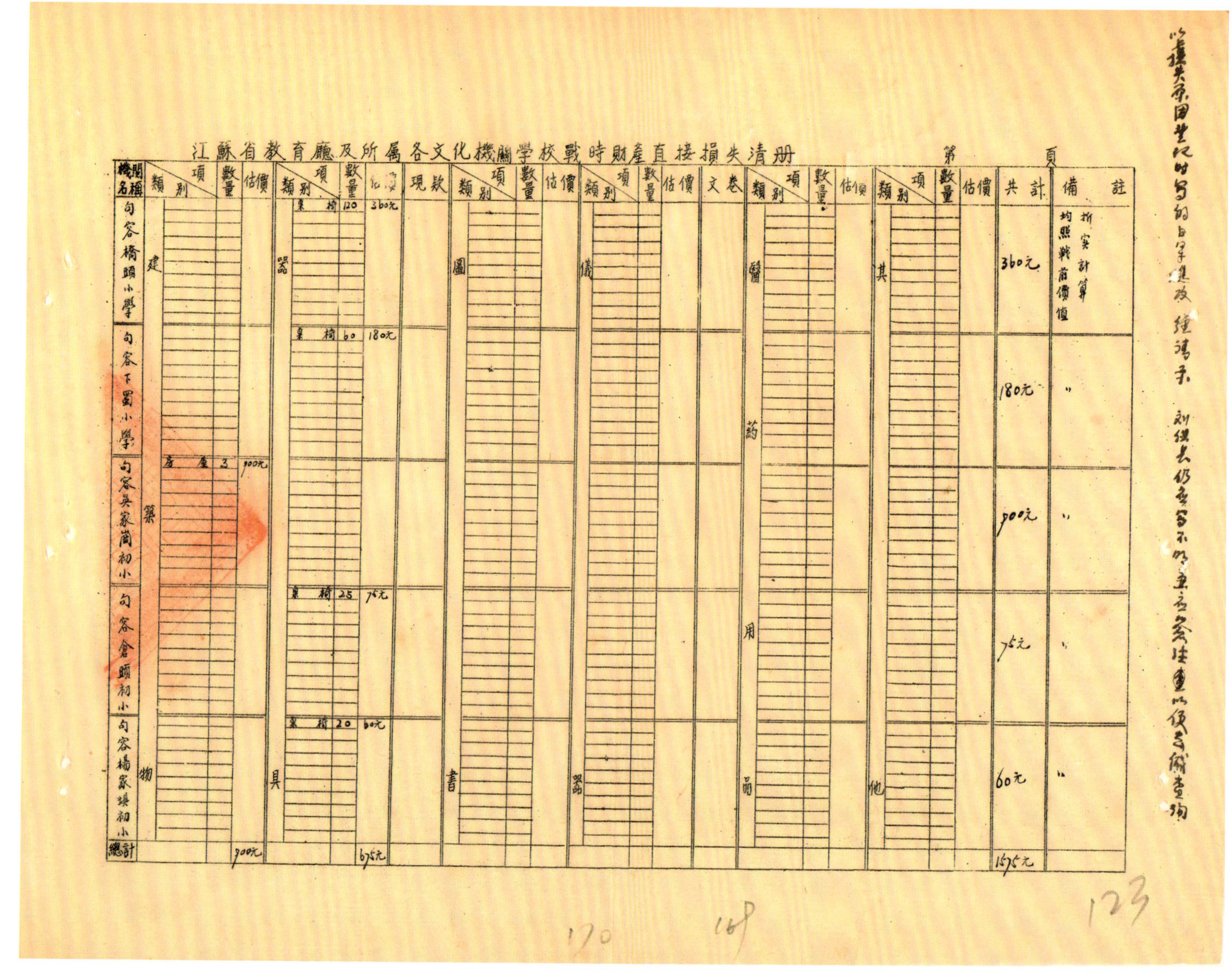

江蘇省教育廳及所屬各文化機關學校戰時財產直接損失清冊　第　頁

機關名稱	建築物 類別	數量	估價	器具 類別	數量	估價	現款	圖書 類別	數量	估價	儀器 類別	數量	估價	文卷	醫藥用品 類別	數量	估價	其他 類別	數量	估價	共計	備註
句容橋頭小學				桌椅	120	360元															360元	均照戰前價值折實計算
句容下蜀小學				桌椅	60	180元															180元	〃
句容吳家崗初小	房屋	3	900元																		900元	〃
句容倉頭初小				桌椅	25	75元															75元	〃
句容楊家場初小				桌椅	20	60元															60元	〃
總計			900元			675元															1575元	

以上損失系因[illegible]

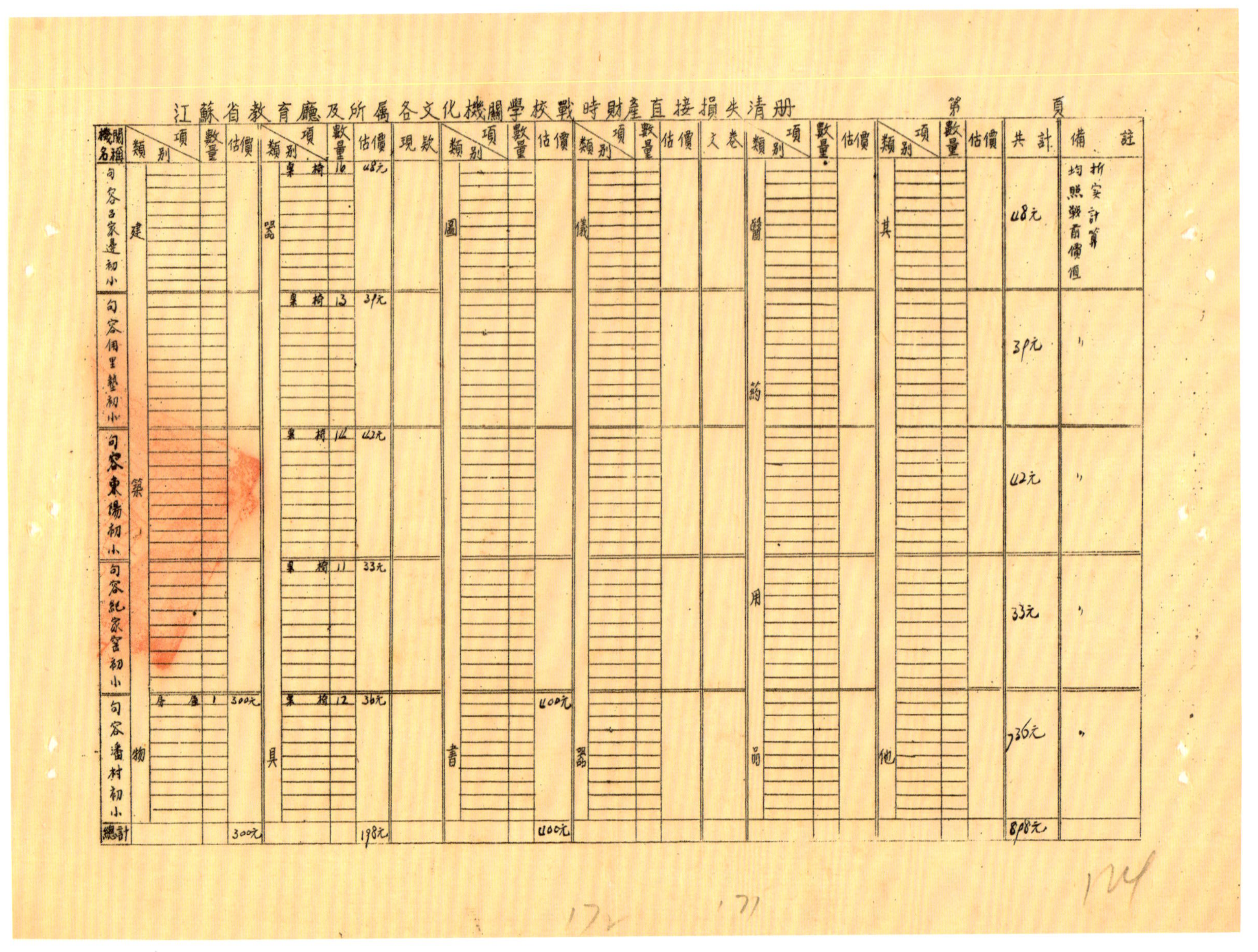

江蘇省教育廳及所屬各文化機關學校戰時財產直接損失清册　　第　　頁

機關名稱	建築物 類別	數量	估價	器具 類別	數量	估價	現款	圖書 類別	數量	估價	儀器 類別	數量	估價	文卷	醫藥用品 類別	數量	估價	其他 類別	數量	估價	共計	備註
句容呂家邊初小				桌椅	16	48元															48元	均照戰前價值折實計算
句容倜里塾初小				桌椅	13	39元															39元	〃
句容東陽初小				桌椅	14	42元															42元	〃
句容紀家窰初小				桌椅	11	33元															33元	〃
句容潘村初小	房屋	1	300元	桌椅	12	36元				400元											736元	〃
總計			300元			198元				400元											898元	

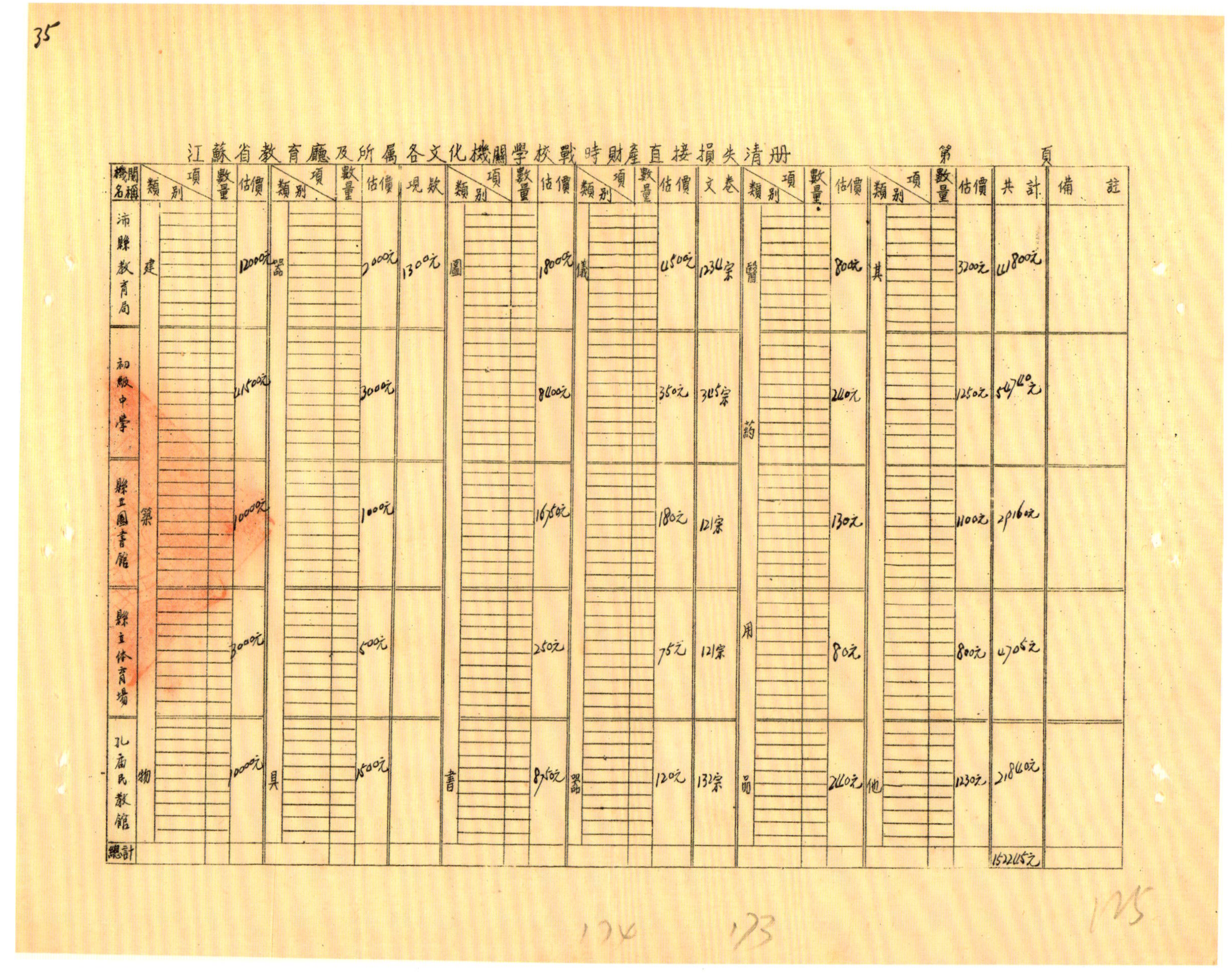

江蘇省教育廳及所屬各文化機關學校戰時財產直接損失清册　　　第　　頁

機關名稱	項目類別	數量	估價	項目類別	數量	估價	現款	項目類別	數量	估價	項目類別	數量	估價	文卷	項目類別	數量	估價	項目類別	數量	估價	共計	備註
沛縣教育局	建		12000元	器		2000元	1300元	圖		18000元	儀		4500元	1234宗	醫		800元	其		3200元	41800元	
初級中學			41500元			3000元				8400元			350元	345宗	藥		240元			1250元	54740元	
縣立圖書館	築		10000元			1000元				16750元			180元	121宗			130元			1100元	29160元	
縣立体育場			3000元			500元				250元			75元	121宗	用		80元			800元	4705元	
孔廟民教館	物		10000元	具		1500元		書		8750元	器		120元	132宗	品		240元	他		1230元	21840元	
總計																					152245元	

35

124　123　125

1101

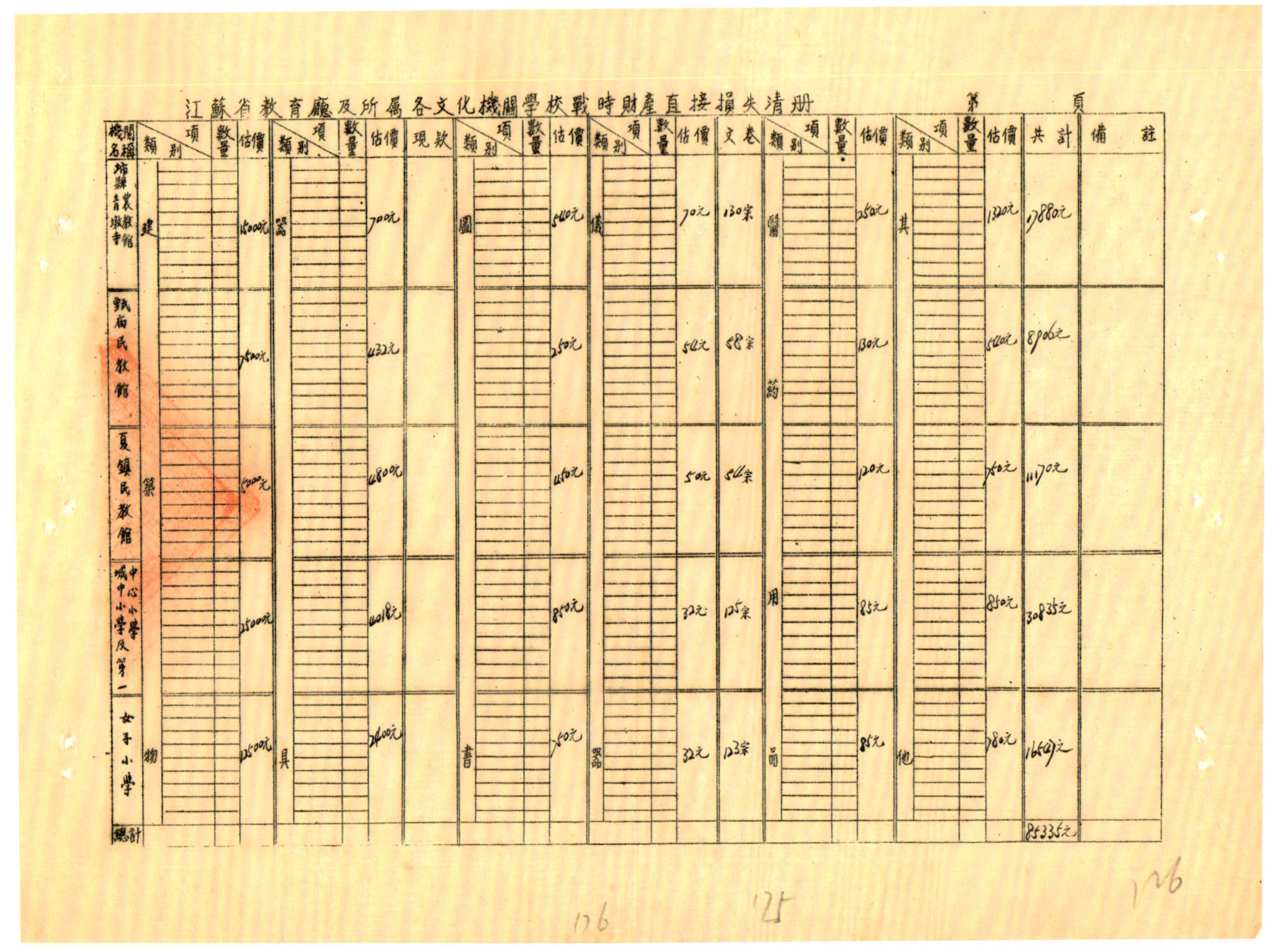

江蘇省教育廳及所屬各文化機關學校戰時財產直接損失清册　第　頁

機關名稱	建築物 數量	建築物 估價	器具 數量	器具 估價	現款	圖書 數量	圖書 估價	儀器 數量	儀器 估價	文卷	醫藥用品 數量	醫藥用品 估價	其他 數量	其他 估價	共計	備註
沛縣農教館(青墩寺)		15000元		700元			540元		70元	130宗		250元		1320元	17880元	
甄廟民教館		7500元		432元			250元		54元	58宗		130元		540元	8906元	
夏鎮民教館		5000元		4800元			450元		50元	54宗		120元		750元	11170元	
城中小學及第一中心小學		25000元		4018元			850元		32元	125宗		85元		850元	30835元	
女子小學		12500元		2400元			750元		32元	123宗		85元		780元	16547元	
總計															85335元	

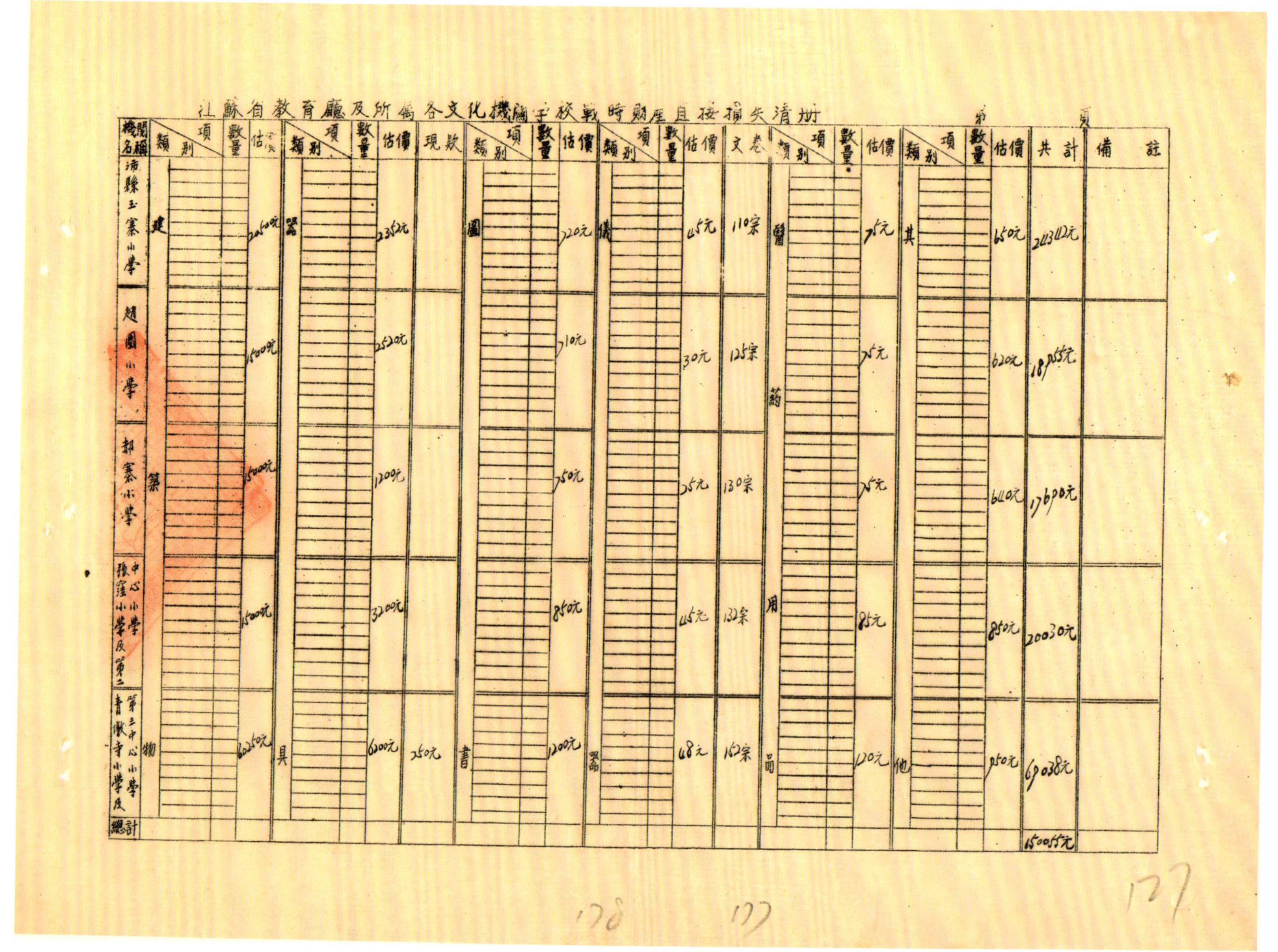

江蘇省教育廳及所屬各文化機關學校戰時財產直接損失清册　第　頁

機關名稱	建築物 類別	建築物 數量	建築物 估價	器具 類別	器具 數量	器具 估價	現款	圖書 類別	圖書 數量	圖書 估價	儀器 類別	儀器 數量	儀器 估價	文卷	醫藥用品 類別	醫藥用品 數量	醫藥用品 估價	其他 類別	其他 數量	其他 估價	共計	備註
沛縣玉寨小學	建		20600元	器		2352元		圖		220元	儀		45元	110宗	醫		75元	其		650元	[illegible]	
趙圈小學			15000元			2520元				710元			30元	125宗	藥		75元			620元	18955元	
郝寨小學	築		15000元			1200元				750元			75元	130宗			75元			640元	17690元	
中心小學張窪小學及第二			15000元			3200元				850元			45元	132宗	用		85元			850元	20030元	
第三中心小學青墩寺小學及	物		60250元	具		6200元	250元	書		1200元	器		48元	152宗	品		120元	他		250元	69038元	
總計																					150055元	

177　178　177

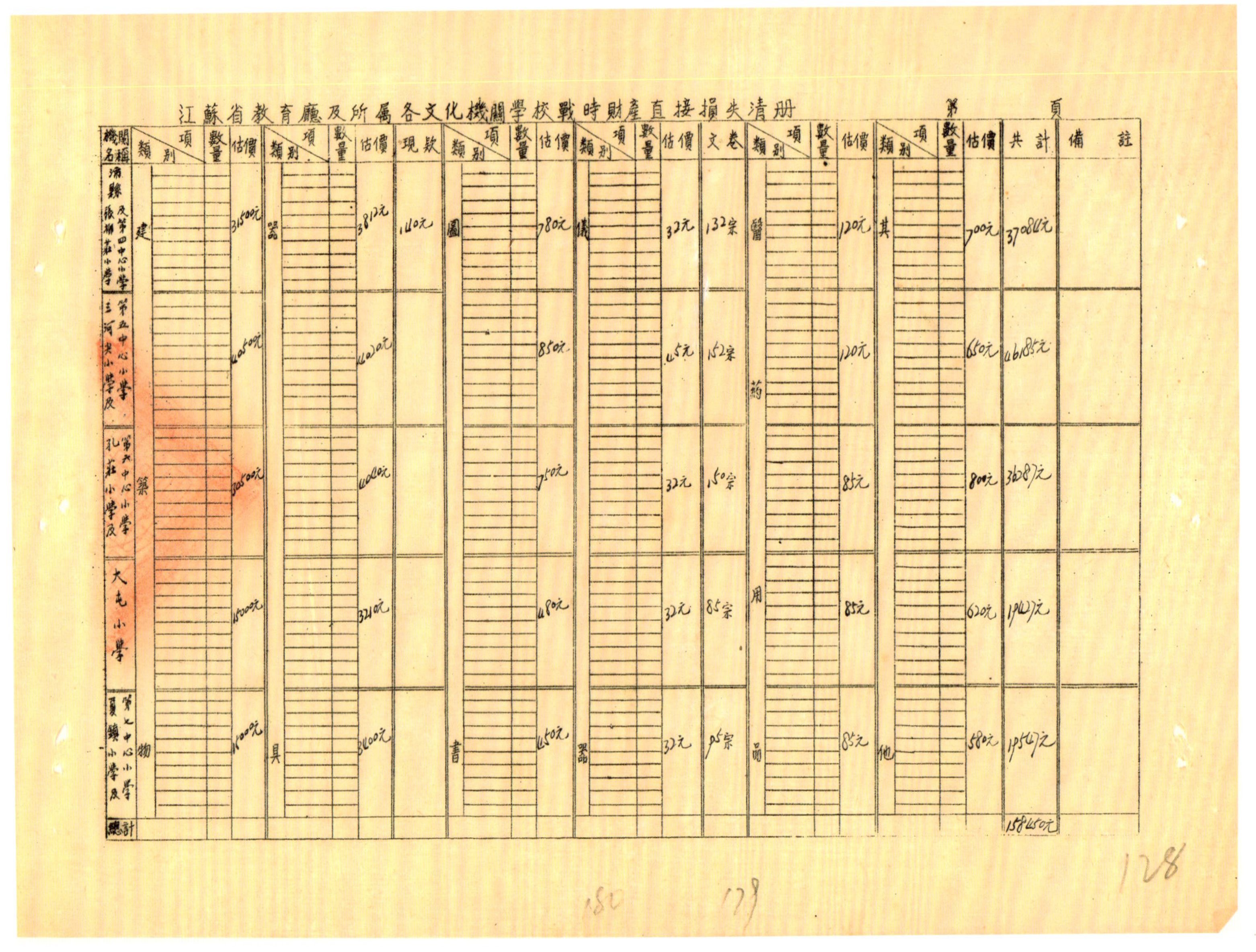

江蘇省教育廳及所屬各文化機關學校戰時財產直接損失清册　　第　　頁

機關名稱	建築物 類别	數量	估價	器具 類别	數量	估價	現款	圖書 類别	數量	估價	儀器 類别	數量	估價	文卷	醫藥用品 類别	數量	估價	其他 類别	數量	估價	共計	備註
沛縣第四中心小學及張柳莊小學	建築物		31500元	器具		3812元	140元	圖書		780元	儀器		32元	132宗	醫藥用品		120元	其他		700元	37084元	
第五中心小學及三河尖小學			40500元			4020元				850元			45元	152宗			120元			650元	46185元	
第六中心小學及孔莊小學			30500元			4000元				750元			32元	150宗			85元			800元	36287元	
大屯小學			15000元			3210元				480元			32元	85宗			85元			620元	19427元	
第七中心小學及夏鎮小學			11000元			3800元				450元			32元	75宗			85元			580元	15947元	
總計																					158450元	

180　179　128

江蘇省教育廳及所屬各文化機關學校戰時財產直接損失清冊　　第　　頁

機關名稱	類別（項）	數量	估價	類別（項）	數量	估價	現款	類別（項）	數量	估價	類別（項）	數量	估價	文卷	類別（項）	數量	估價	類別（項）	數量	估價	共計	備註
第四百廿四校 沛縣張王莊初小	建築物		127200元	器具		254400元	15000元	圖書		63600元	儀器		4240元	5000宗	醫藥用品		21250元	其他		4220元	175760元	
總計																						

182　181　129

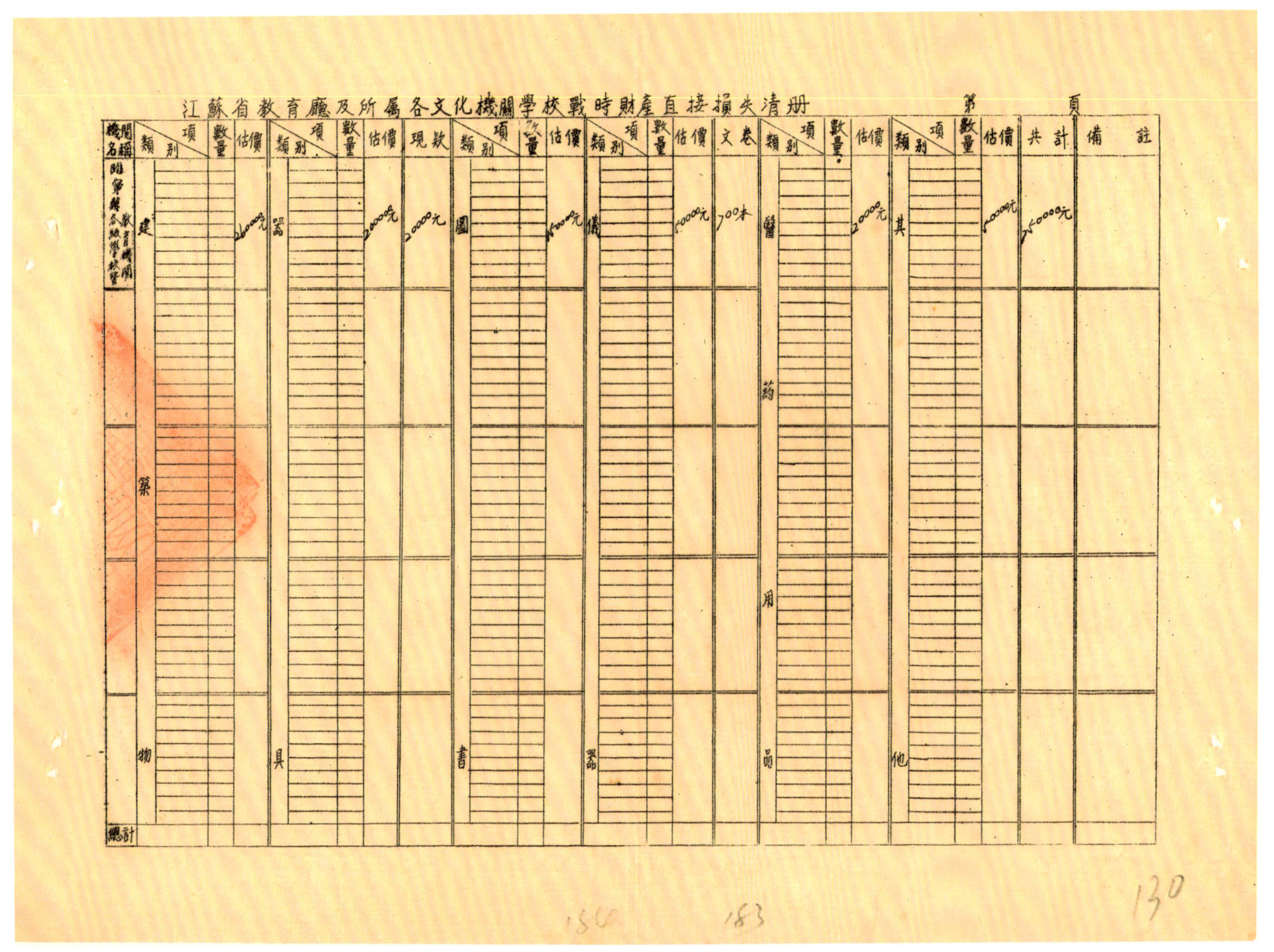

江蘇省教育廳及所屬各文化機關學校戰時財產直接損失清册　　第　　頁

機關名稱	類别項	數量	估價	類别項	數量	估價	現款	類别項	數量	估價	類别項	數量	估價	文卷	類别項	數量	估價	類别項	數量	估價	共計	備註
教育機關暨各級學校	建築物		260000元	器具		20000元	20000元	圖書		150000元	儀器		50000元	700本	醫藥用品		20000元	其他		50000元	750000元	
總計																						

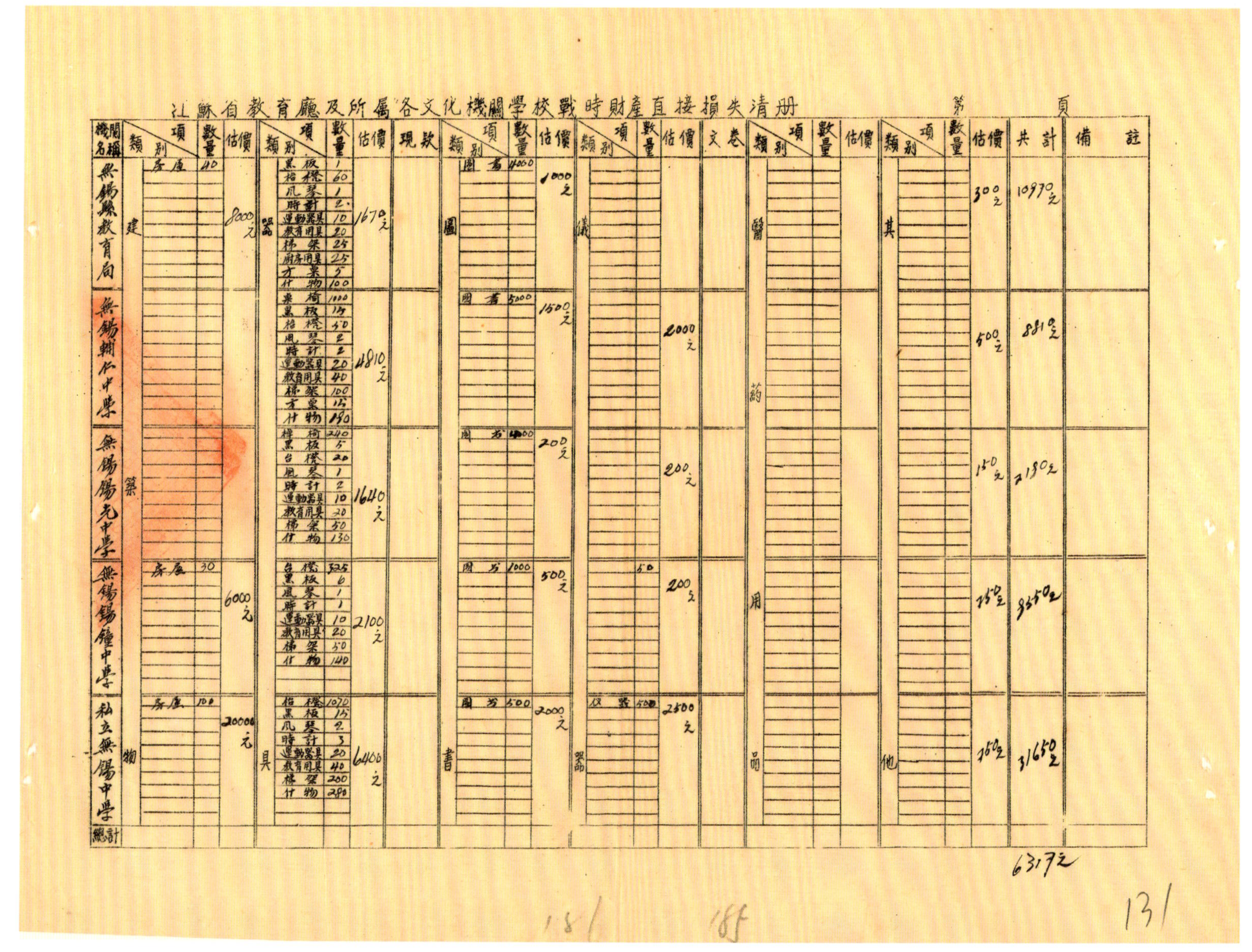

江蘇省教育廳及所屬各文化機關學校戰時財產直接損失清冊　　第　　頁

機關名稱	建築物 項別	數量	估價	器具 項別	數量	估價	現款	圖書 項別	數量	估價	儀器 項別	數量	估價	文卷	醫藥用品 項別	數量	估價	其他 項別	數量	估價	共計	備註
無錫縣教育局	房屋	40	8000元	黑板 桔櫈 風琴 時計 運動器具 教育用具 橱架 廚房用具 方桌 什物	1 60 1 2 10 20 25 25 5 100	1670元		圖書	4000	1000元										300元	10970元	
無錫輔仁中學				桌椅 黑板 桔櫈 風琴 時計 運動器具 教育用具 橱架 方桌 什物	1000 15 50 2 2 20 40 100 15 180	4810元		圖書	5000	1500元			2000元							500元	8810元	
無錫錫光中學				桿椅 黑板 台櫈 風琴 時計 運動器具 教育用具 橱架 什物	240 5 20 1 2 10 20 50 130	1640元		圖書	4000	200元			200元							150元	2190元	
無錫錫鐘中學	房屋	30	6000元	台櫈 黑板 風琴 時計 運動器具 教育用具 橱架 什物	325 6 1 1 10 20 50 140	2100元		圖書	1000	500元		50	200元							250元	9050元	
私立無錫中學	房屋	100	20000元	桔櫈 黑板 風琴 時計 運動器具 教育用具 橱架 什物	1070 15 2 3 20 40 200 280	6400元		圖書	500	2000元	儀器	500	2500元							750元	31650元	
總計																						

6317元

181　185　131

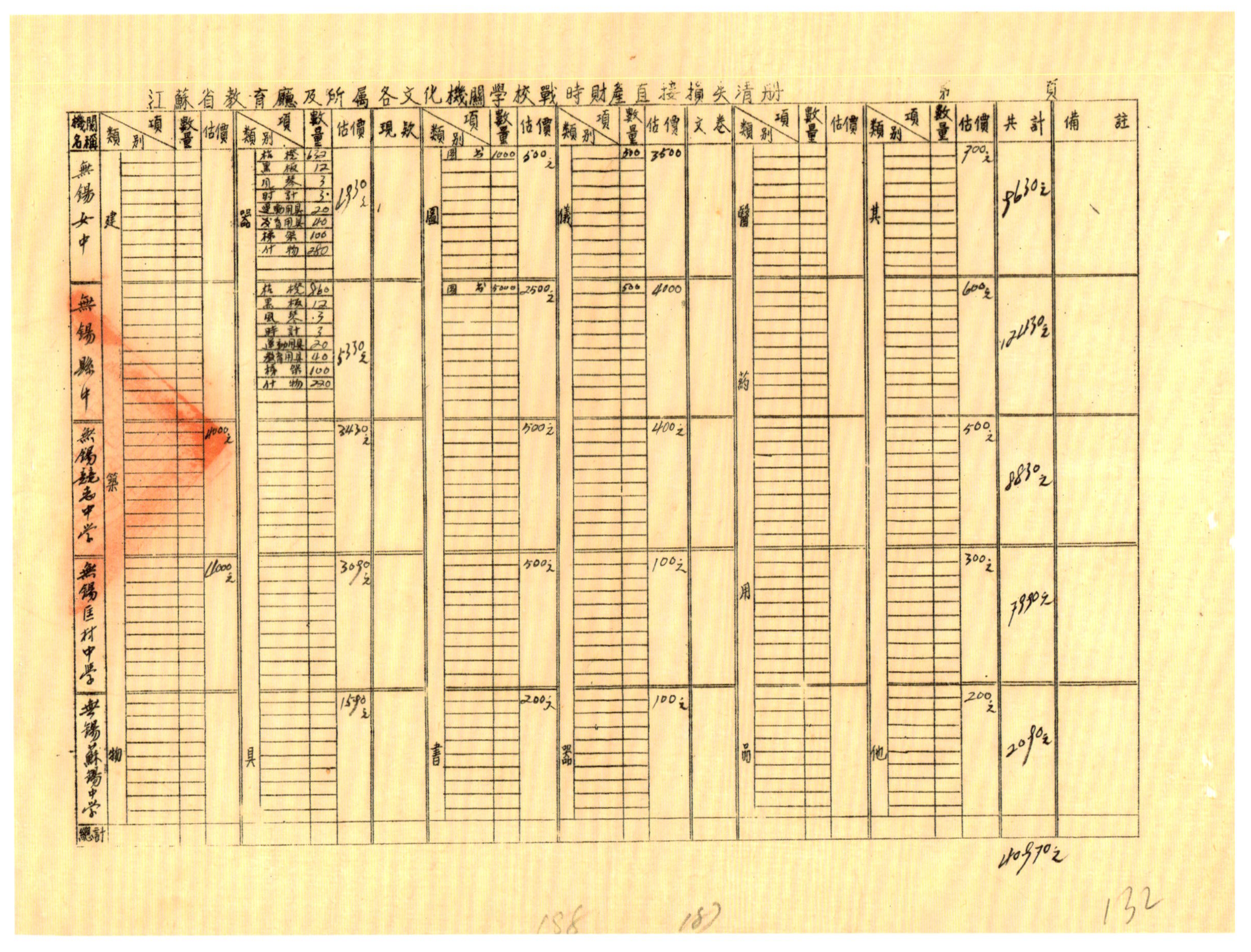

江蘇省教育廳及所屬各文化機關學校戰時財產直接損失清册　第　頁

機關名稱	建築物 數量	建築物 估價	器具 項別	器具 數量	器具 估價	現款	圖書 項別	圖書 數量	圖書 估價	儀器 數量	儀器 估價	文卷	醫藥用品 數量	醫藥用品 估價	其他 數量	其他 估價	共計	備註
無錫女中			枱櫈 黑板 風琴 時計 運動用具 教育用具 標架 什物	632 12 3 3 20 40 100 280	4930元		圖書	1000	500元	500	3500					700元	9630元	
無錫縣中			枱櫈 黑板 風琴 時計 運動用具 教育用具 標架 什物	860 12 3 3 20 40 100 220	5330元		圖書	5000	2500元	500	4000					600元	12430元	
無錫競志中學		4000元			3430元				500元		400元					500元	8830元	
無錫匡村中學		4000元			3090元				500元		100元					300元	7990元	
無錫蘇錫中學					1590元				200元		100元					200元	2090元	
總計																	40970元	

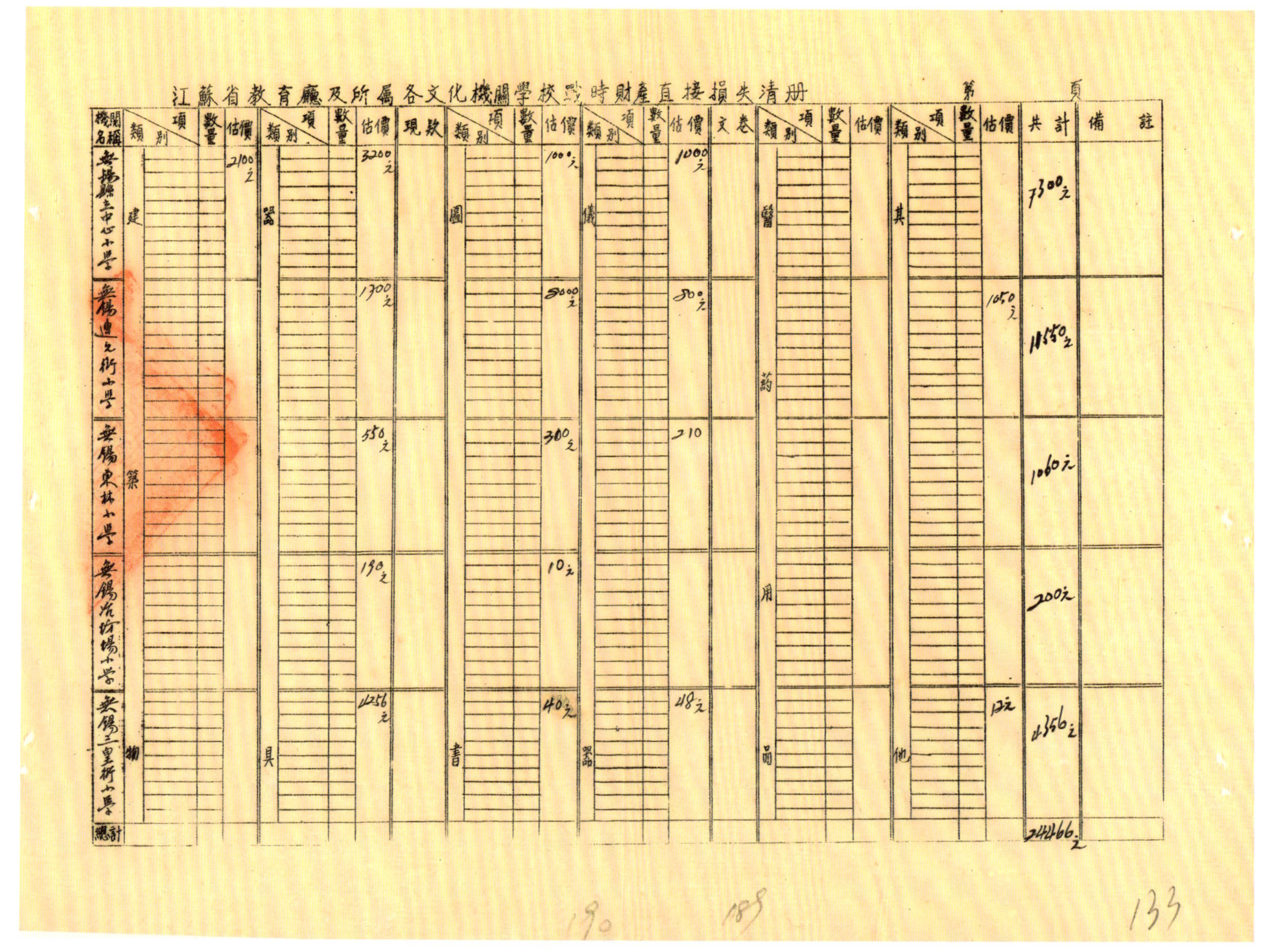

江蘇省教育廳及所屬各文化機關學校戰時財產直接損失清冊　　第　　頁

機關名稱	建築物 項數量	建築物 估價	器具 項數量	器具 估價	現款	圖書 項數量	圖書 估價	儀器 項數量	儀器 估價	文卷	醫藥用品 項數量	醫藥用品 估價	其他 項數量	其他 估價	共計	備註
無錫縣立中心小學		2100元		3200元			1000元		1000元						7300元	
無錫連元街小學				1700元			8000元		800元					1050元	11550元	
無錫東林小學				550元			300元		210						1060元	
無錫冶坊場小學				190元			10元								200元	
無錫三皇街小學				4256元			40元		48元					12元	4356元	
總計															24466元	

190　188　133

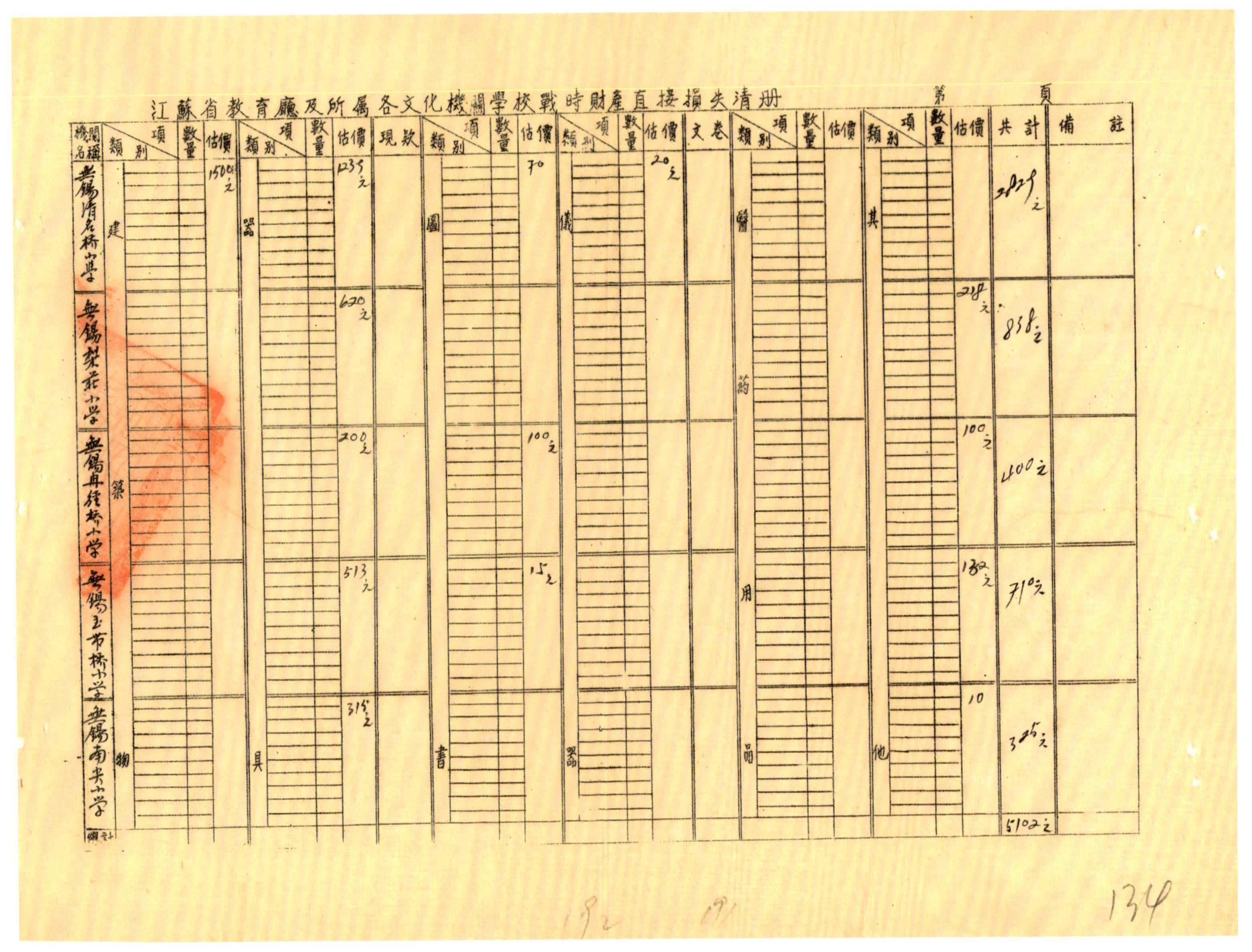

江蘇省教育廳及所屬各文化機關學校戰時財產直接損失清册

第　　頁

機關名稱	建築物 數量	建築物 估價	器具 數量	器具 估價	現款	圖書 數量	圖書 估價	儀器 數量	儀器 估價	文卷	醫藥用品 數量	醫藥用品 估價	其他 數量	其他 估價	共計	備註
無錫清名橋小学		1500元		1235元			70		20元						2825元	
無錫梨花小学				620元										218元	838元	
無錫冉經橋小学				200元			100元							100元	400元	
無錫玉节橋小学				513元			15元							182元	710元	
無錫南尖小学				315元										10	325元	
總計															5102元	

192　191　134

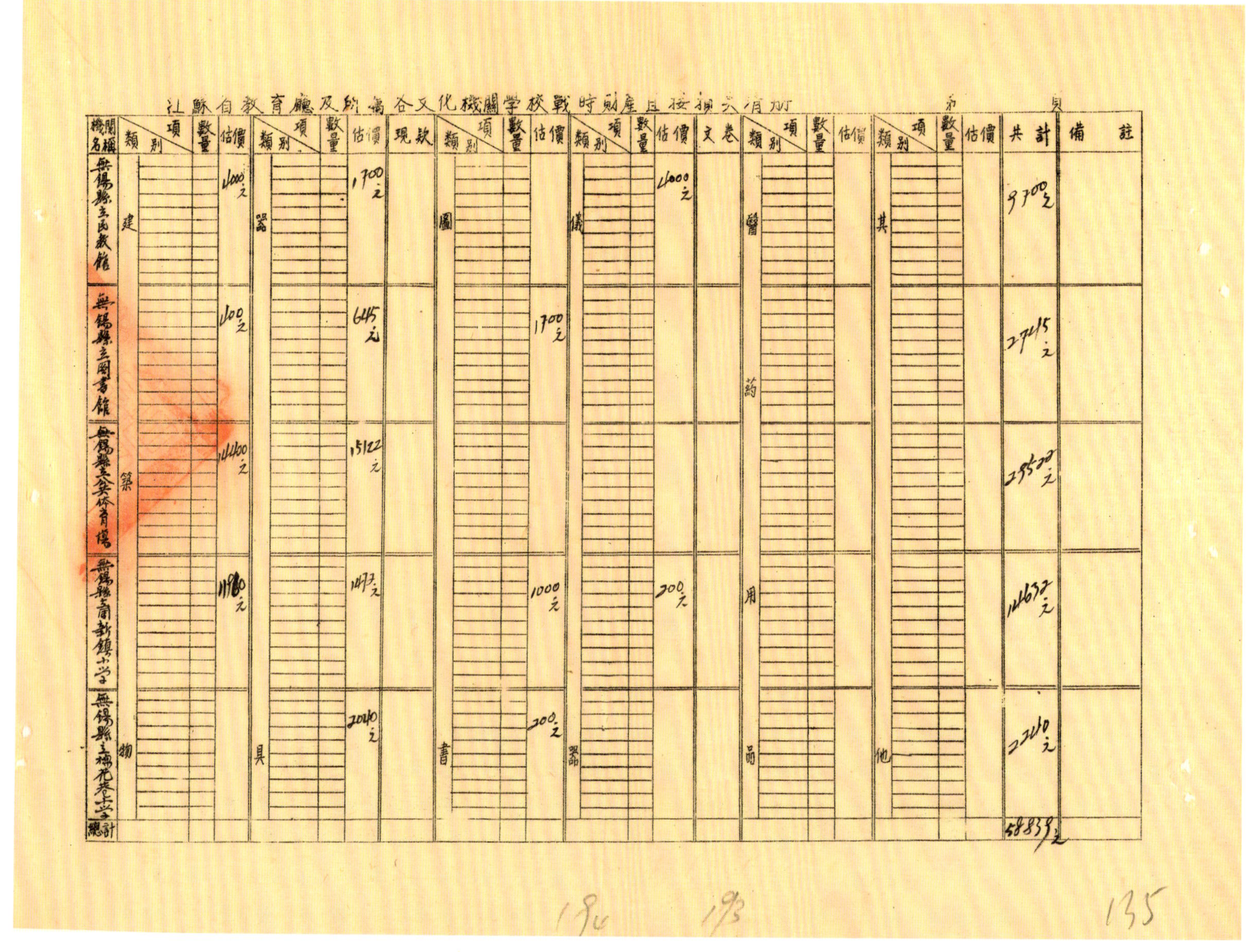

江蘇省教育廳及所屬各文化機關学校戰時財產直接損失清册　　第　　頁

機關名稱	建築物 數量	建築物 估價	器具 數量	器具 估價	現款	圖書 數量	圖書 估價	儀器 數量	儀器 估價	文卷	醫藥用品 數量	醫藥用品 估價	其他 數量	其他 估價	共計	備註
無錫縣立民教館		4000元		1700元					4000元						9700元	
無錫縣立圖書館		400元		645元			1700元								2745元	
無錫縣立公共体育場		14400元		15122元											29522元	
無錫縣立南新鎮小学		11980元		1473元			1000元		200元						14653元	
無錫縣立梅花巷小学				2040元			200元								2240元	
總計															58839元	

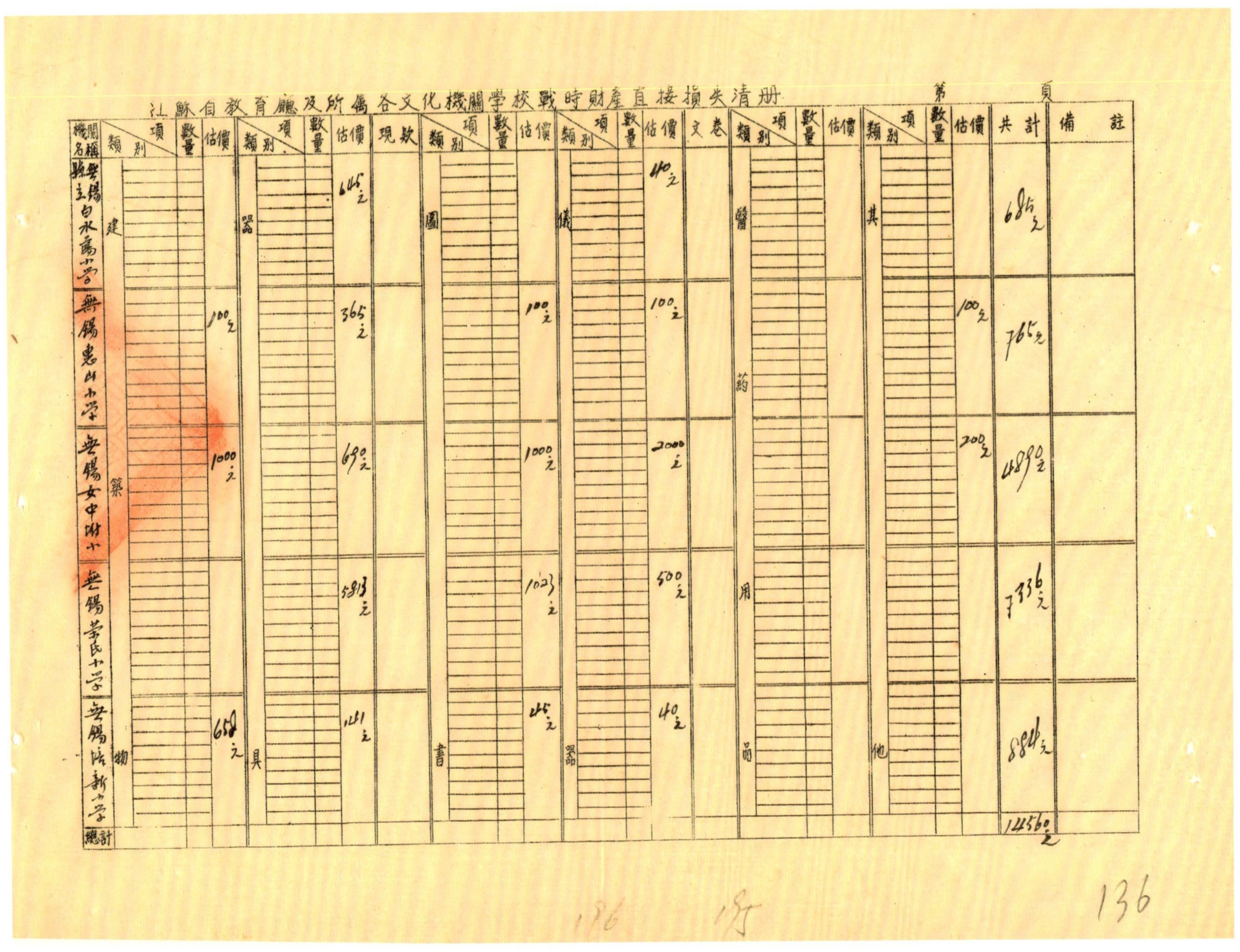

江蘇省教育廳及所屬各文化機關學校戰時財產直接損失清册　第　頁

機關名稱	建築 項	建築 數量	建築 估價	器具 項	器具 數量	器具 估價	現款	圖書 項	圖書 數量	圖書 估價	儀器 項	儀器 數量	儀器 估價	文卷	醫藥用品 項	醫藥用品 數量	醫藥用品 估價	其他 項	其他 數量	其他 估價	共計	備註
縣立無錫白水蕩小学						645元							40元								685元	
無錫惠山小学			100元			365元				100元			100元							100元	765元	
無錫女中附小			1000元			690元				1000元			2000元							200元	4890元	
無錫荣氏小学						5813元				1023元			500元								7336元	
無錫浩新小学			658元			141元				45元			40元								884元	
總計																					14560元	

136

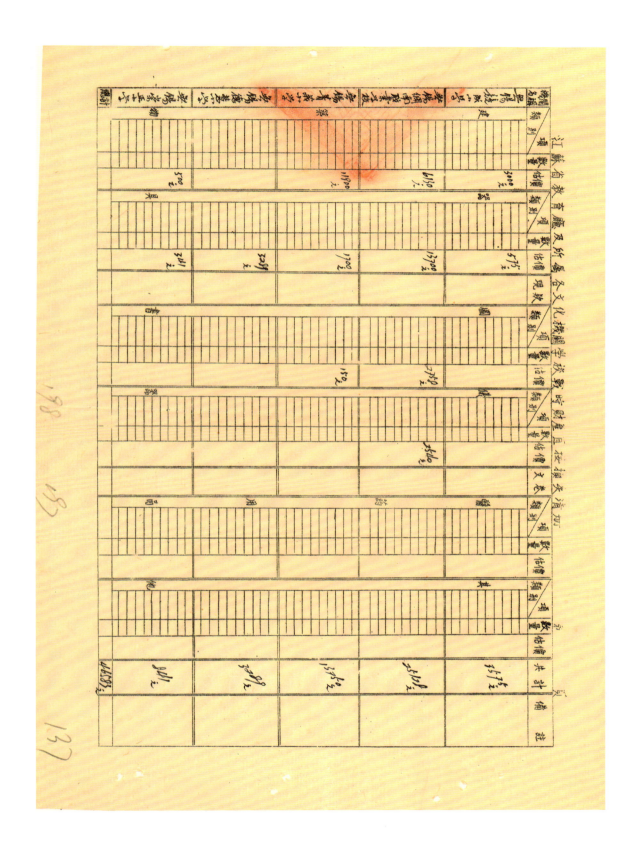

江蘇省教育廳及所屬各文化機關學校戰時財產直接損失清册　第　頁

機關名稱	建築物 類別項	數量	估價	器具 類別項	數量	估價	現款	圖書 類別項	數量	估價	儀器 類別項	數量	估價	文卷	醫藥用品 類別項	數量	估價	其他 類別項	數量	估價	共計	備註
無錫競成小学			3000元			575元															3575元	
無錫綢南職業学校			6130元			13700元				2758元			2540元								25128元	
無錫菁莪小学			11900元			1700元				150元											13750元	
無錫德慧小学						3289元															3289元	
無錫崇正小学			500元			341元															841元	
總計																					46583元	

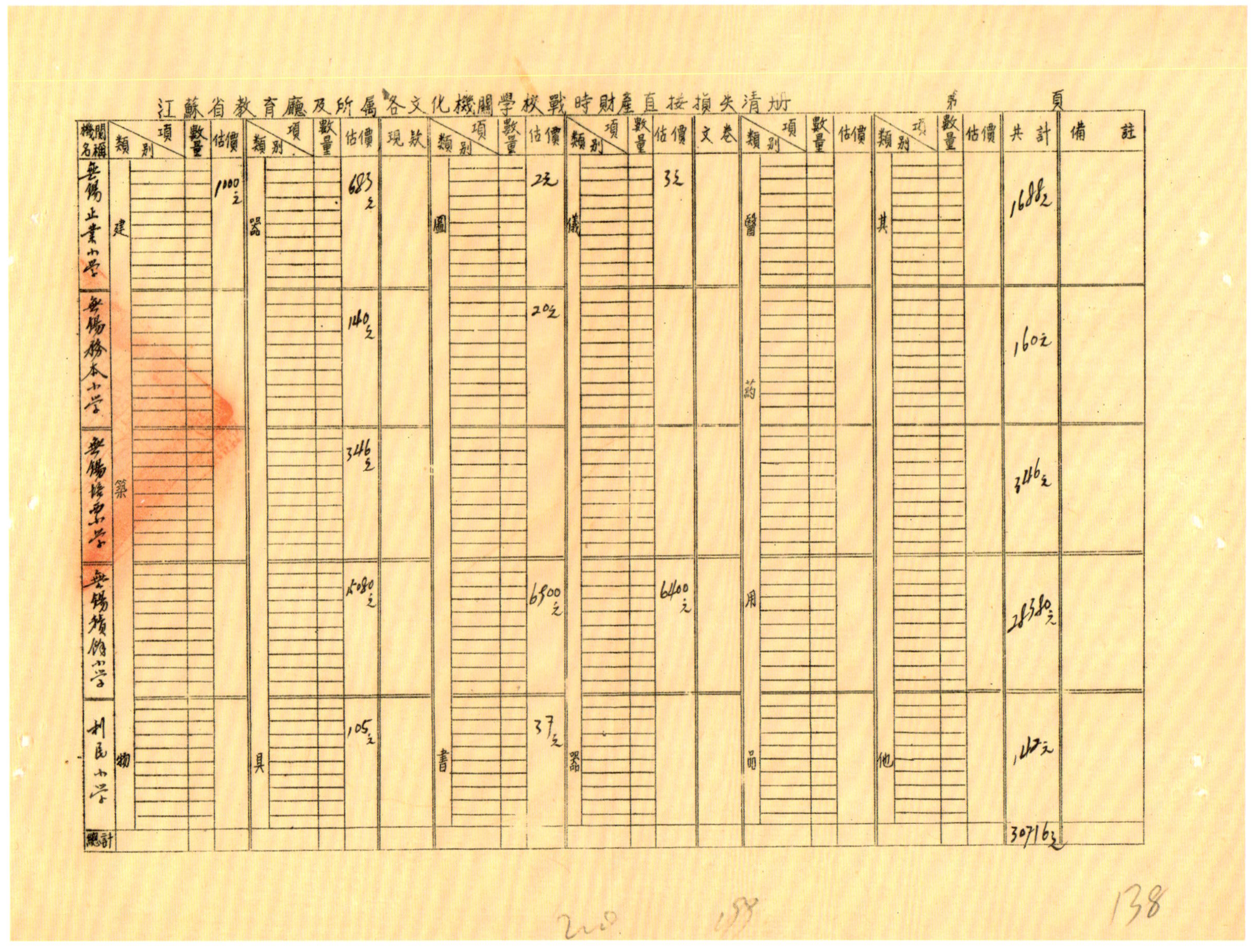

江蘇省教育廳及所屬各文化機關學校戰時財產直接損失清册　　第　　頁

機關名稱	建築 類別	建築 數量	建築 估價	器具 類別	器具 數量	器具 估價	現款	圖書 類別	圖書 數量	圖書 估價	儀器 類別	儀器 數量	儀器 估價	文卷	醫藥用品 類別	醫藥用品 數量	醫藥用品 估價	其他 類別	其他 數量	其他 估價	共計	備註
無錫正業小學			1000元			683元				2元			3元								1688元	
無錫務本小學						140元				20元											160元	
無錫塘東小學						346元															346元	
無錫積餘小學						15080元				6900元			6400元								28380元	
利民小學						105元				37元											142元	
總計																					30716元	

138

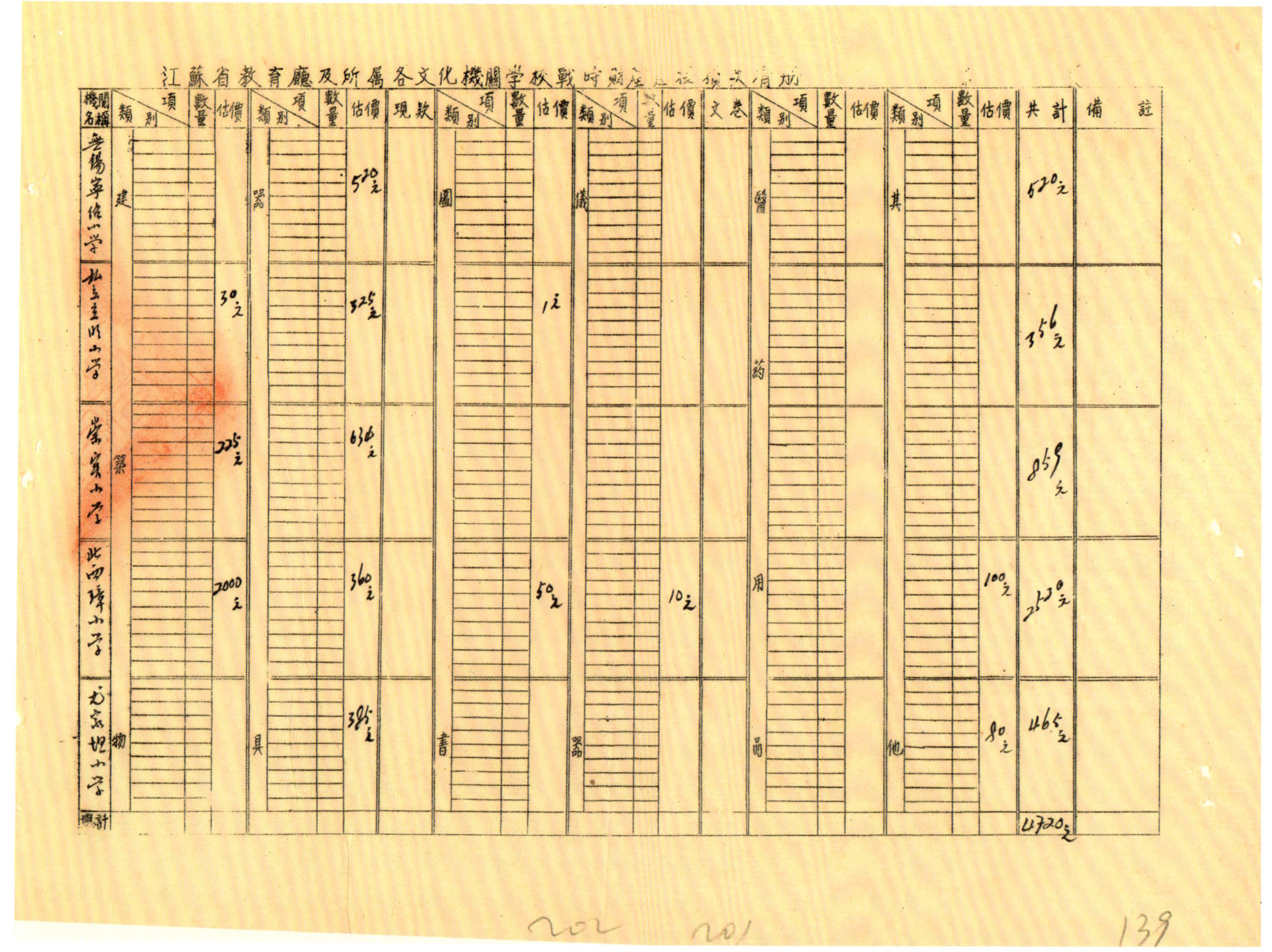

江蘇省教育廳及所屬各文化機關學校戰時財產直接損失清册

機關名稱	建築物 項目	數量	估價	器具 項目	數量	估價	現款	圖書 項目	數量	估價	儀器 項目	數量	估價	文卷	醫藥用品 項目	數量	估價	其他 項目	數量	估價	共計	備註
無錫寧倍小學						520元															520元	
私立立明小學			30元			325元				1元											356元	
崇實小學			225元			634元															859元	
北西漳小學			2000元			360元				50元			10元							100元	2520元	
尤家埂小學						385元														80元	465元	
總計																					4720元	

202 201 139

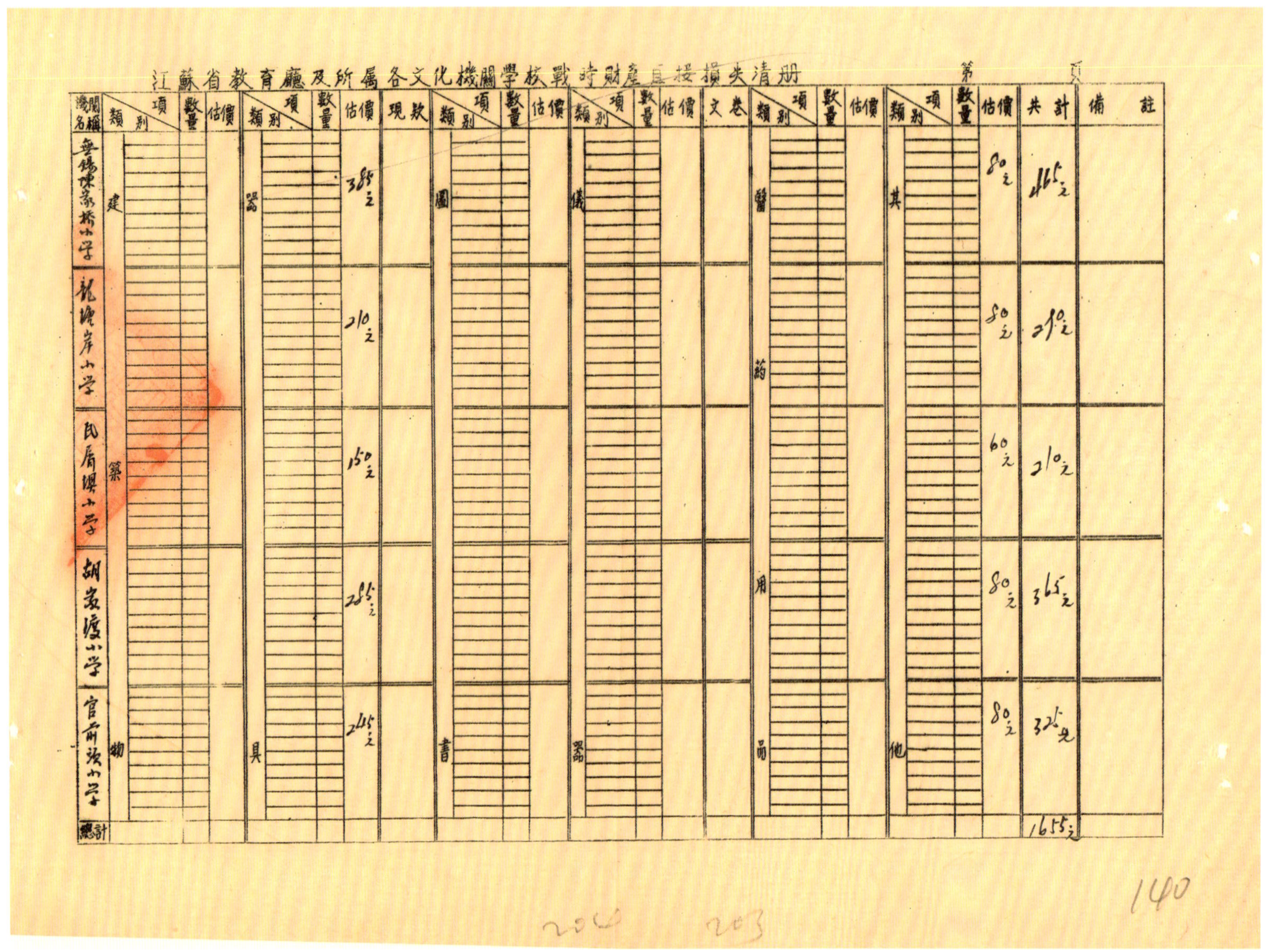

江蘇省教育廳及所屬各文化機關學校戰時財產直接損失清册　　第　　頁

機關名稱	建築 類別	數量	估價	器具 類別	數量	估價	現款	圖書 類別	數量	估價	儀器 類別	數量	估價	文卷	醫藥用品 類別	數量	估價	其他 類別	數量	估價	共計	備註
無錫陳家橋小学						385之														80之	465之	
龍塘岸小学						210之														80之	290之	
民盾堰小学						150之														60之	210之	
胡家渡小学						285之														80之	365之	
官前渡小学						245之														80之	325之	
總計																					1655之	

206　203

140

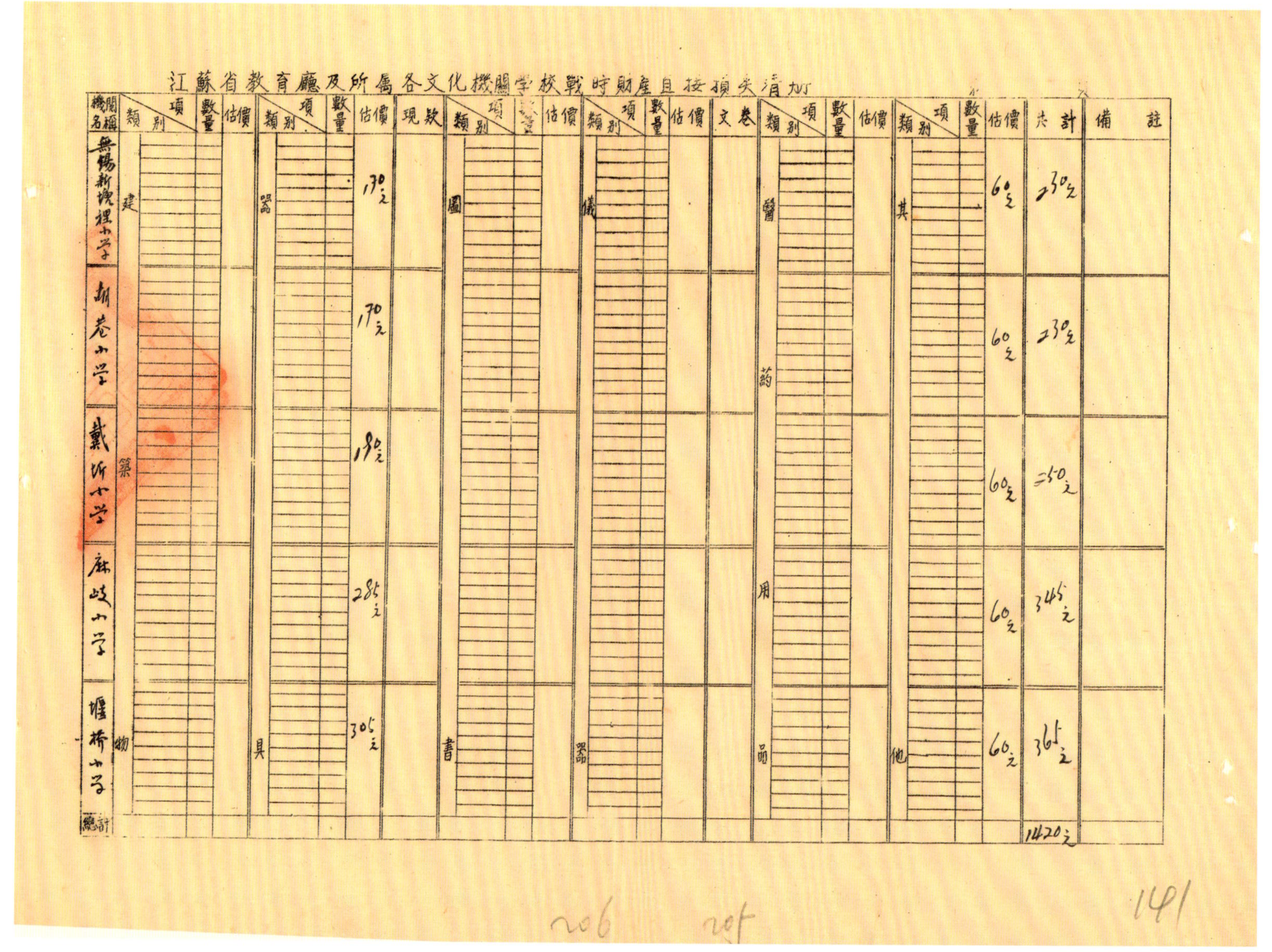

江蘇省教育廳及所屬各文化機關學校戰時財產直接損失清册

機關名稱	建築物 項	數量	估價	器具 項	數量	估價	現款	圖書 項	數量	估價	儀器 項	數量	估價	文卷	醫藥用品 項	數量	估價	其他 項	數量	估價	共計	備註
無錫新塘裡小學						170元														60元	230元	
胡巷小學						170元														60元	230元	
戴沂小學						180元														60元	250元	
麻岐小學						285元														60元	345元	
堰橋小學						305元														60元	365元	
總計																					1420元	

206 207

141

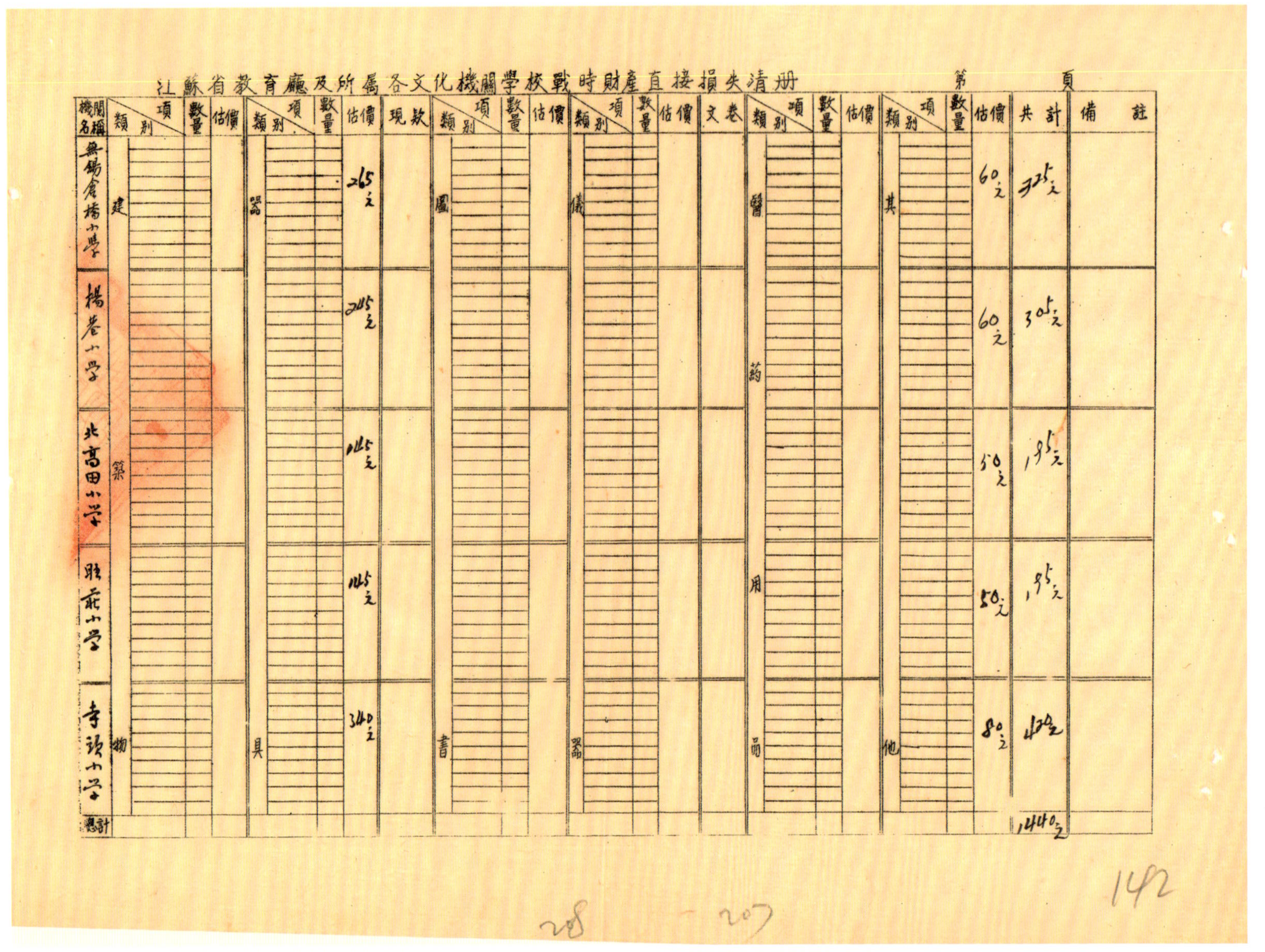

江蘇省教育廳及所屬各文化機關學校戰時財產直接損失清冊　第　頁

機關名稱	建築物			器具			現款	圖書			儀器			文卷	醫藥用品			其他			共計	備註
	項類別	數量	估價	項類別	數量	估價		項類別	數量	估價	項類別	數量	估價		項類別	數量	估價	項類別	數量	估價		
無錫倉橋小學						265元														60元	325元	
楊巷小學						245元														60元	305元	
北高田小學						145元														50元	195元	
駐莊小學						145元														50元	195元	
寺頭小學						340元														80元	420元	
總計																					1440元	

142

28－207

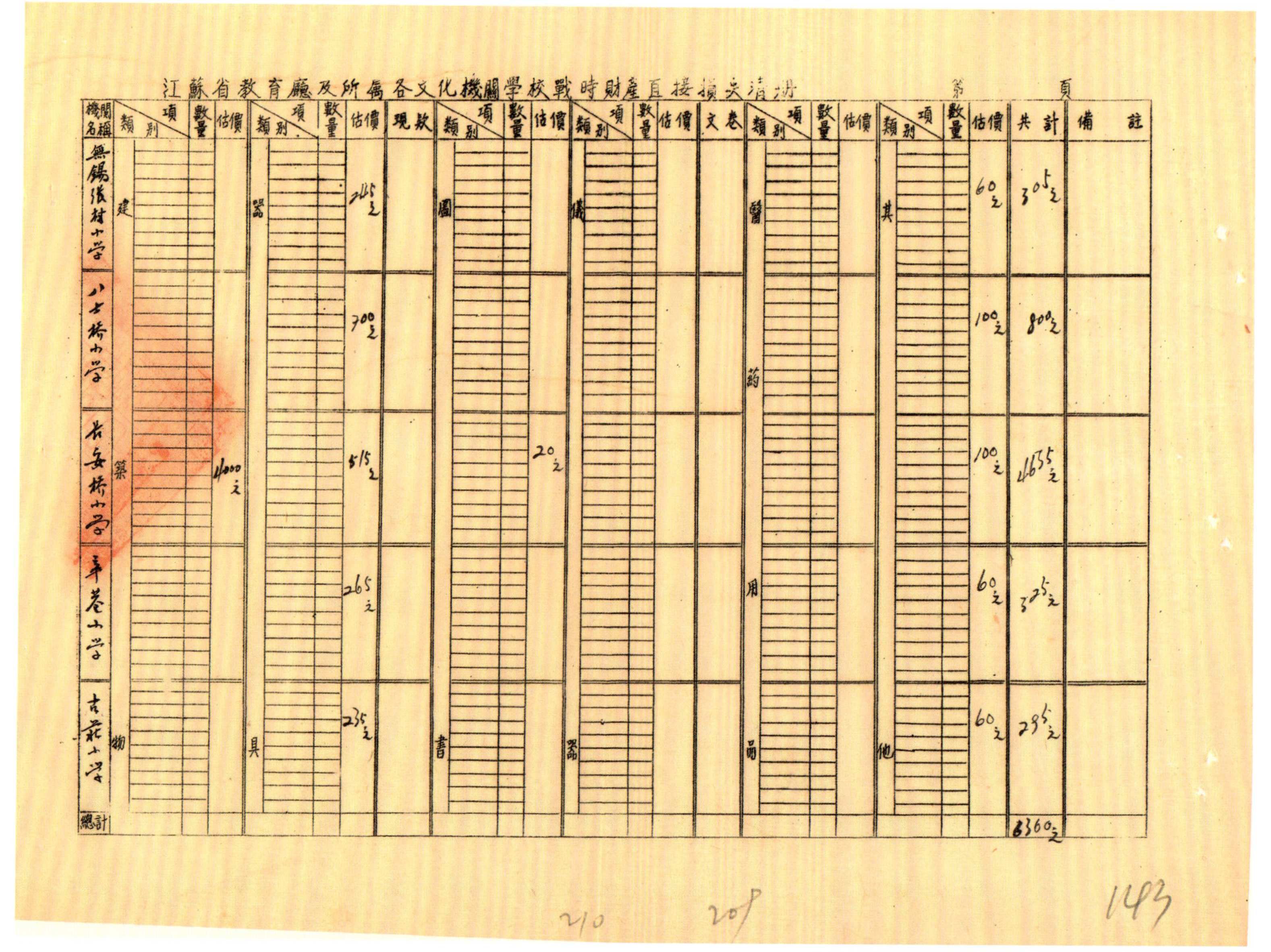

江蘇省教育廳及所屬各文化機關學校戰時財產直接損失清冊　　第　　頁

機關名稱	建築物 數量	建築物 估價	器具 數量	器具 估價	現款	圖書 數量	圖書 估價	儀器 數量	儀器 估價	文卷	醫藥用品 數量	醫藥用品 估價	其他 數量	其他 估價	共計	備註
無錫張村小学				245之										60之	305之	
八士橋小学				700之										100之	800之	
長安橋小学		4000之		515之			20之							100之	4635之	
羊巷小学				265之										60之	325之	
吉莊小学				235之										60之	295之	
總計															6360之	

210　209　143

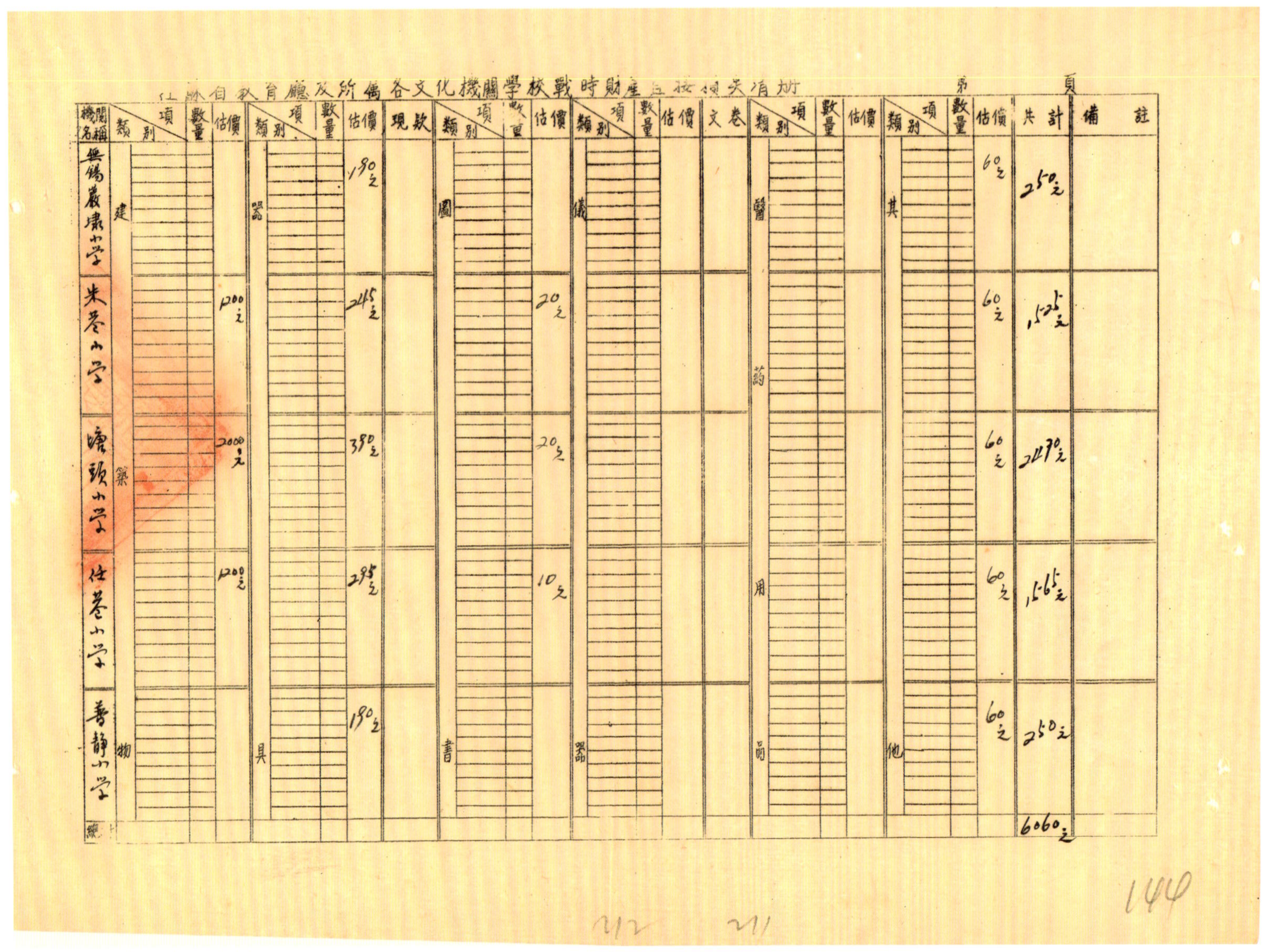

江蘇省教育廳及所屬各文化機關學校戰時財產直接損失清册　　第　　頁

機關名稱	建築物 類別項	數量	估價	器具 類別項	數量	估價	現款	圖書 類別項	數量	估價	儀器 類別項	數量	估價	文卷	醫藥用品 類別項	數量	估價	其他 類別項	數量	估價	共計	備註
無錫嚴壚小学						190元														60元	250元	
朱巷小学			1200元			245元				20元										60元	1525元	
壇頭小学			2000元			380元				20元										60元	2470元	
仕巷小学			1200元			295元				10元										60元	1565元	
善靜小学						190元														60元	250元	
總計																					6060元	

212　211

144

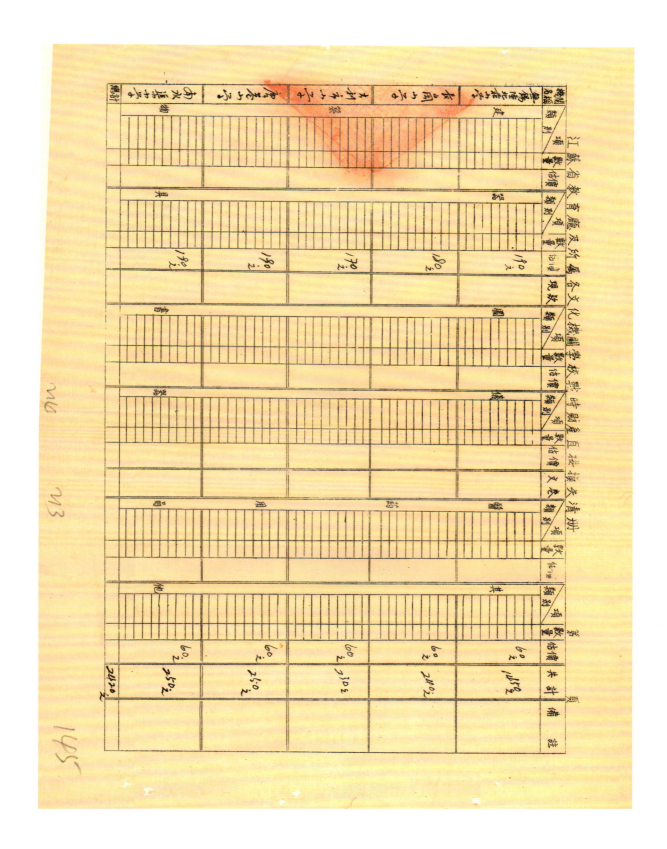

江蘇省教育廳及所屬各文化機關學校戰時財產直接損失清冊　第　頁

機關名稱	建築物 類別/項	數量	估價	器具 類別/項	數量	估價	現款	圖書 類別/項	數量	估價	儀器 類別/項	數量	估價	文卷	醫藥用品 類別/項	數量	估價	其他 類別/項	數量	估價	共計	備註
無錫陸北莊小学						190元														60元	1450元	
長崗小学						180元														60元	240元	
吉利市小学						170元														60元	230元	
唐巷小学						190元														60元	250元	
南水渠小学						190元														60元	250元	
總計																					2420元	

145

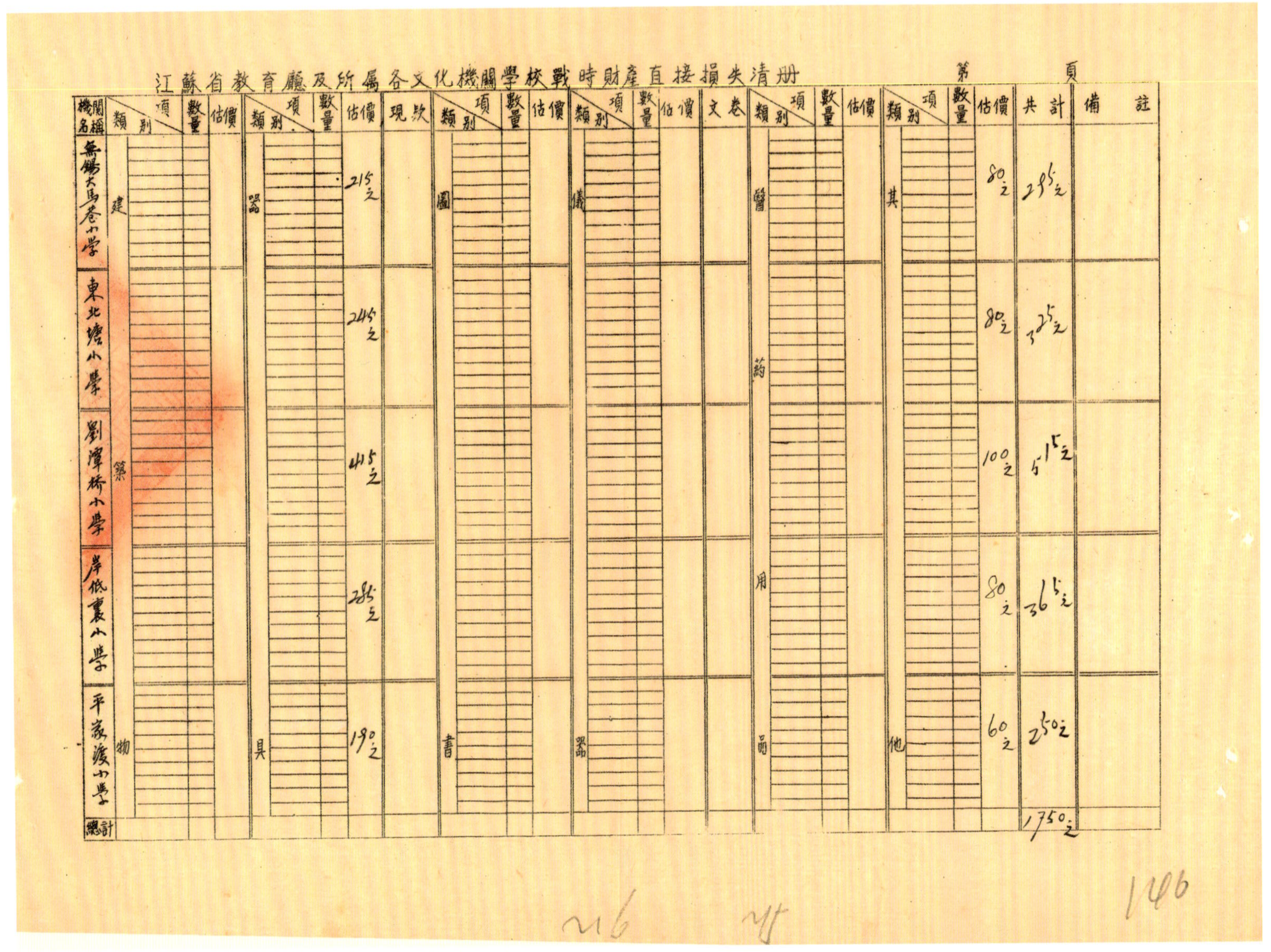

江蘇省教育廳及所屬各文化機關學校戰時財產直接損失清册　第　頁

機關名稱	建築物 類別	數量	估價	器具 類別	數量	估價	現款	圖書 類別	數量	估價	儀器 類別	數量	估價	文卷	醫藥用品 類別	數量	估價	其他 類別	數量	估價	共計	備註
無錫大馬巷小學						215元														80元	295元	
東北塘小學						245元														80元	325元	
劉潭橋小學						415元														100元	515元	
岸低裏小學						285元														80元	365元	
平家渡小學						190元														60元	250元	
總計																					1750元	

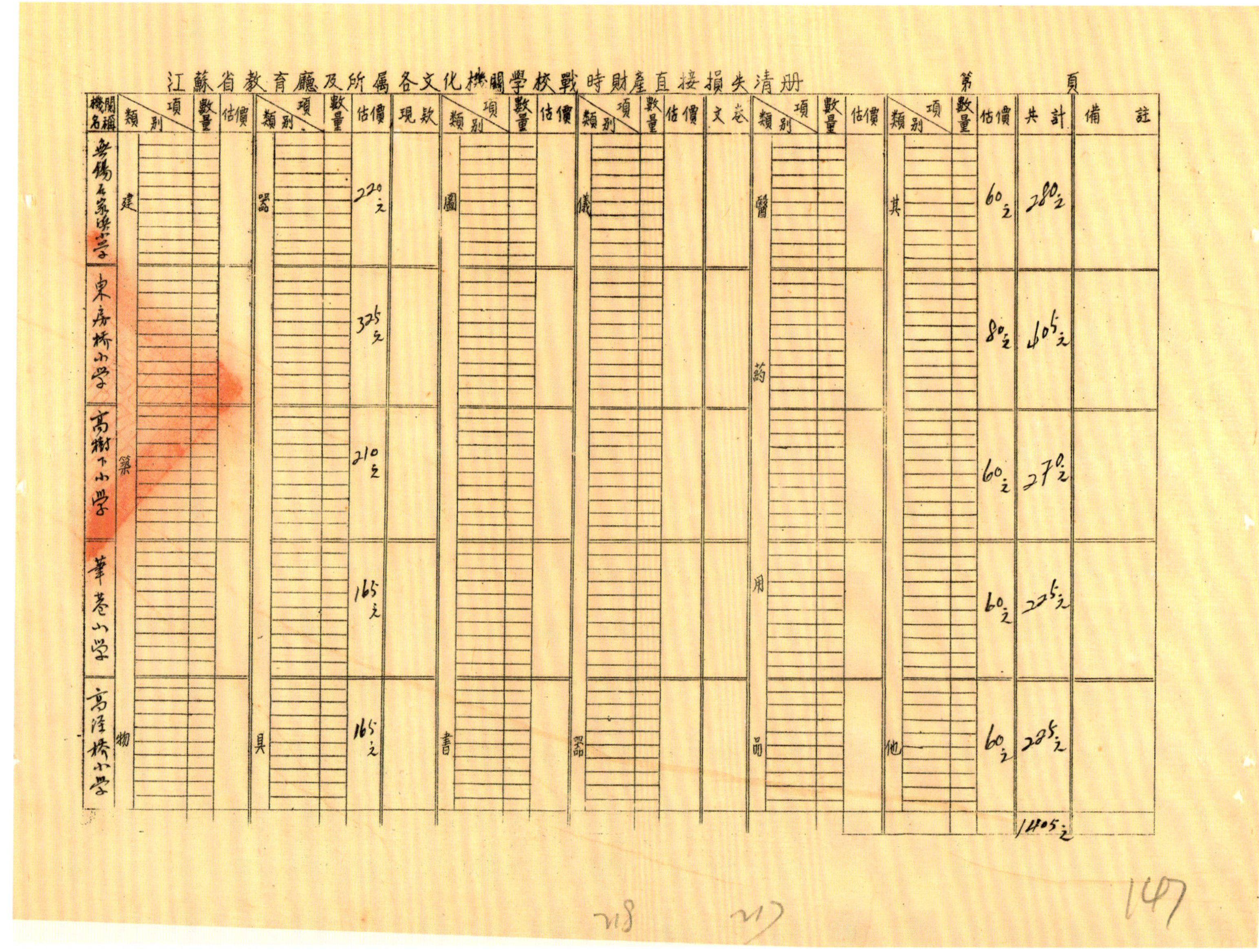

江蘇省教育廳及所屬各文化機關學校戰時財產直接損失清册　第　頁

機關名稱	建築物 數量	建築物 估價	器具 數量	器具 估價	現款	圖書 數量	圖書 估價	儀器 數量	儀器 估價	文卷	醫藥用品 數量	醫藥用品 估價	其他 數量	其他 估價	共計	備註
無錫石家浜小学				220元										60元	280元	
東房橋小学				325元										80元	405元	
高樹下小学				210元										60元	270元	
華巷小学				165元										60元	225元	
高涇橋小学				165元										60元	225元	
															1405元	

218　217　147

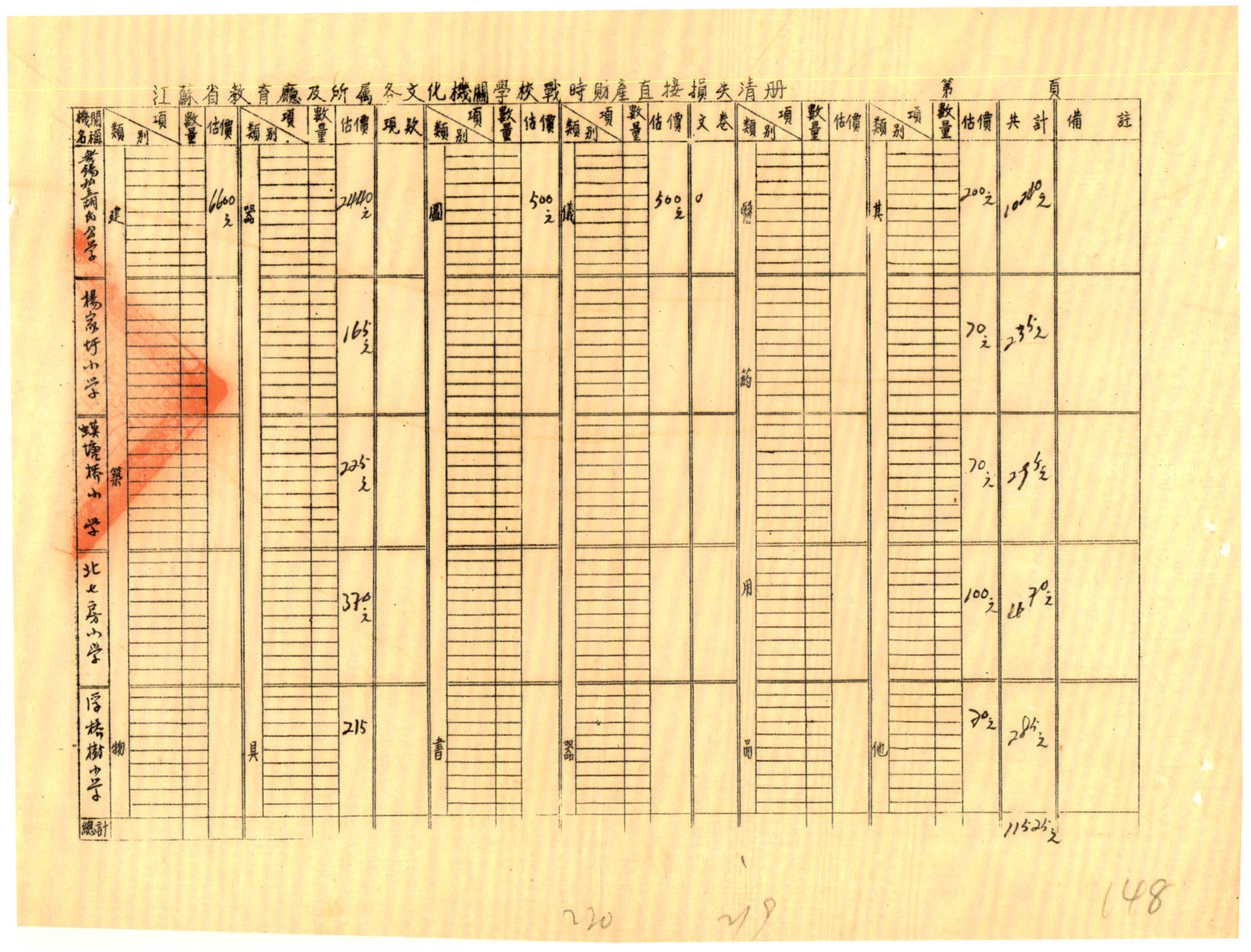

江蘇省教育廳及所屬各文化機關學校戰時財產直接損失清册　第　頁

機關名稱	建築物 項目類別	數量	估價	器具 項目類別	數量	估價	現款	圖書 項目類別	數量	估價	儀器 項目類別	數量	估價	文卷	醫藥用品 項目類別	數量	估價	其他 項目類別	數量	估價	共計	備註
無錫私立胡氏公学			6600元			2440元				500元			500元	0						200元	10240元	
楊家圩小学						165元														70元	235元	
蝶境橋小学						225元														70元	295元	
北七房小学						370元														100元	470元	
浮橋樹小学						215														70元	285元	
總計																					11525元	

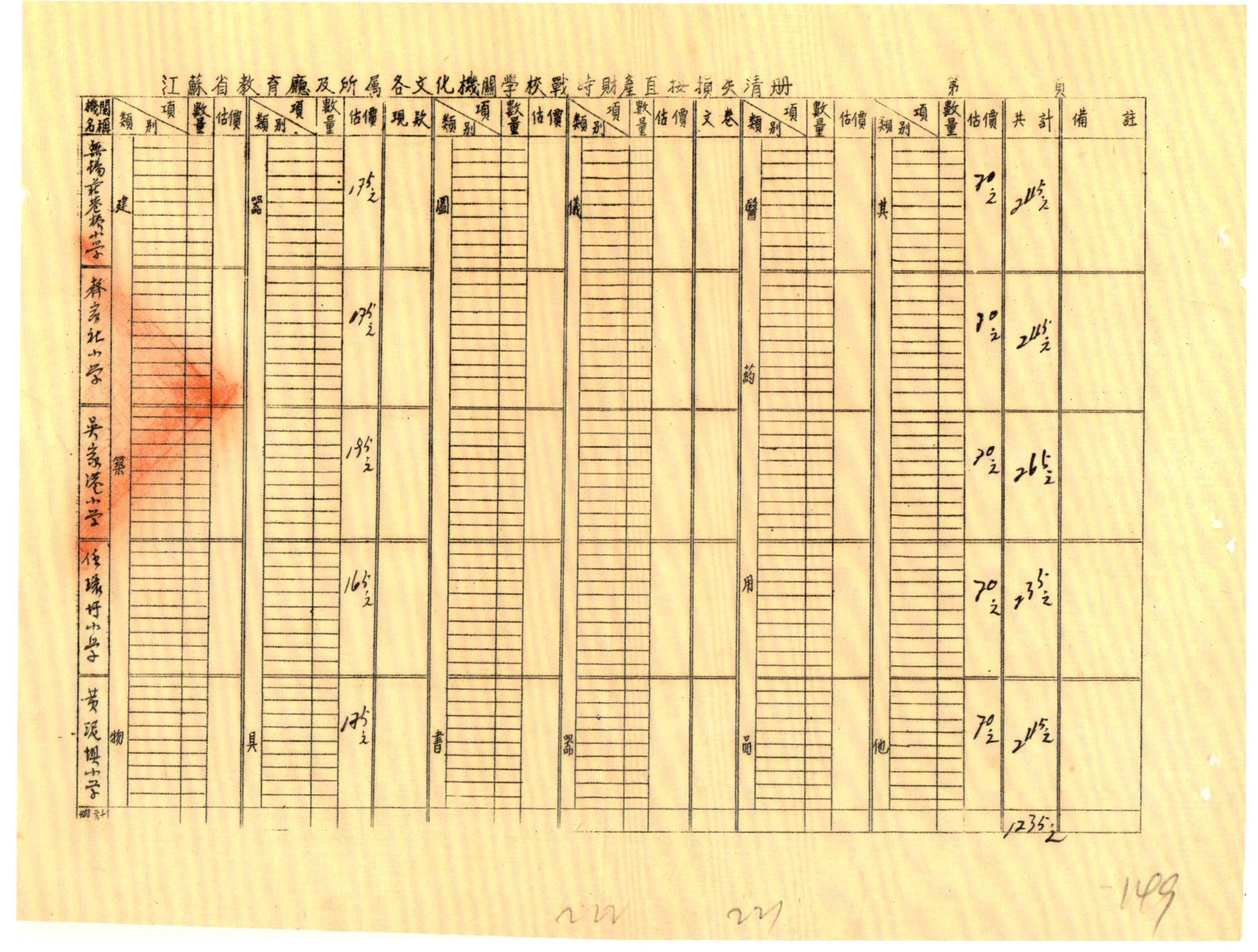

江蘇省教育廳及所屬各文化機關學校戰時財產直接損失清冊　第　頁

機關名稱	建築物（項）	數量	估價	器具（項）	數量	估價	現款	圖書（項）	數量	估價	儀器（項）	數量	估價	文卷	醫藥用品（項）	數量	估價	其他（項）	數量	估價	共計	備註
無錫莊巷橋小学						175元														70元	245元	
蔣家社小学						175元														70元	245元	
吳家港小学						195元														70元	265元	
侯瑤圩小学						165元														70元	235元	
黃泥壩小学						175元														70元	245元	
總計																					1235元	

222　221　-149

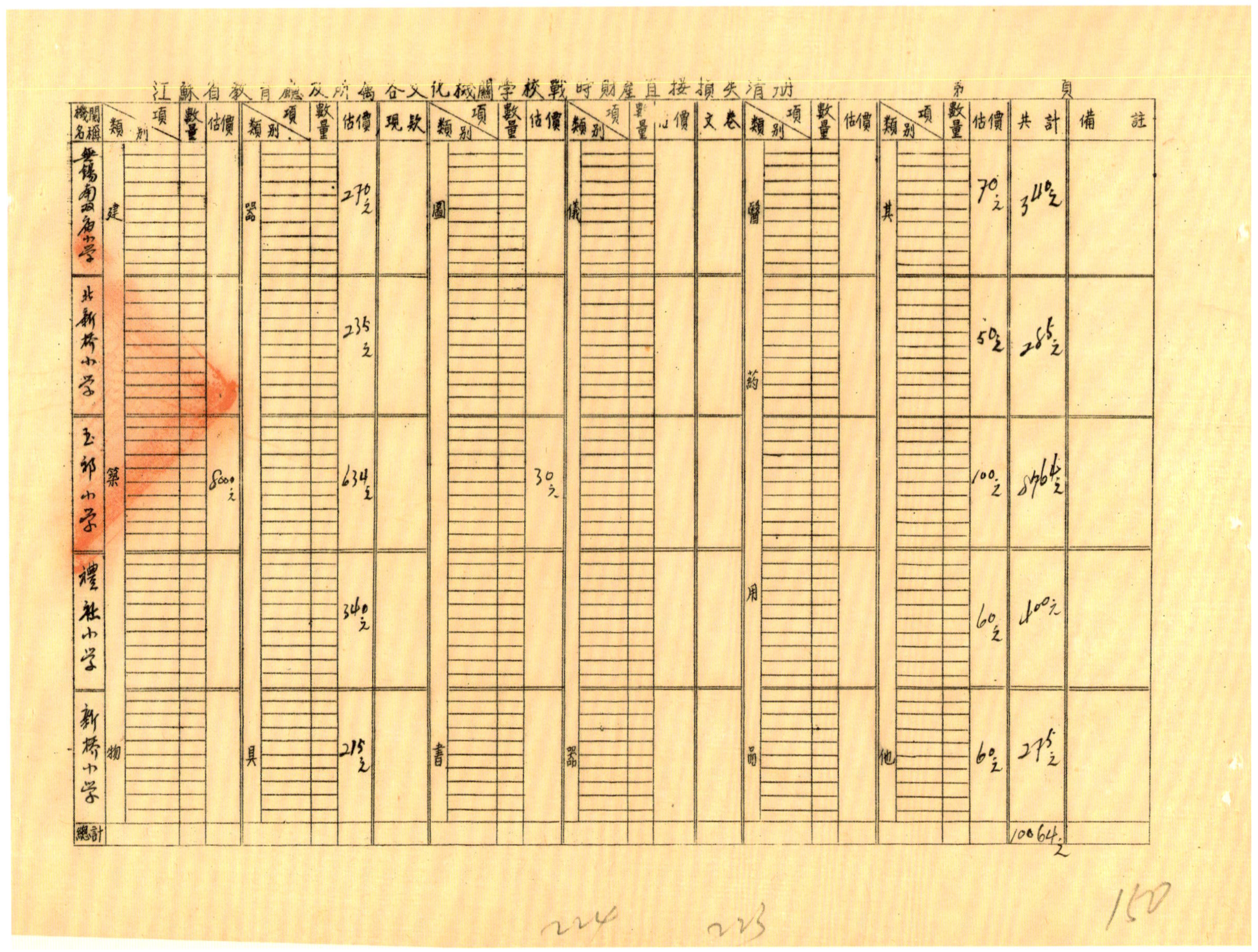

江蘇省教育廳及所屬各文化機關學校戰時財產直接損失清册　第　頁

機關名稱	建築物 類別／項	數量	估價	器具 類別／項	數量	估價	現款	圖書 類別／項	數量	估價	儀器 類別／項	數量	估價	文卷	醫藥用品 類別／項	數量	估價	其他 類別／項	數量	估價	共計	備註
無錫南西倉小学						270元														70元	340元	
北新橋小学						235元														50元	285元	
玉祁小学			8000元			634元				30元										100元	8764元	
禮社小学						340元														60元	400元	
新橋小学						215元														60元	275元	
總計																					10064元	

224　223　150

江蘇省教育廳及所屬各文化機關學校戰時財產[illegible]損失清冊　第　頁

機關名稱	建築 類別/項	建築 數量	建築 估價	器具 類別/項	器具 數量	器具 估價	現款	圖書 類別/項	圖書 數量	圖書 估價	儀器 類別/項	儀器 數量	儀器 估價	文卷	醫藥用品 類別/項	醫藥用品 數量	醫藥用品 估價	其他 類別/項	其他 數量	其他 估價	共計	備註
無錫存巷小学						145之														40之	185之	
前洲小学			1000之			561之				20之										80之	1661之	
西漳小学			1000之			203之				10之										70之	1283之	
秦巷小学			1000之			370之				20之										70之	1460之	
石幢小学			1200之			270之				10之										70之	1550之	
總計																					6149之	

226　227　151

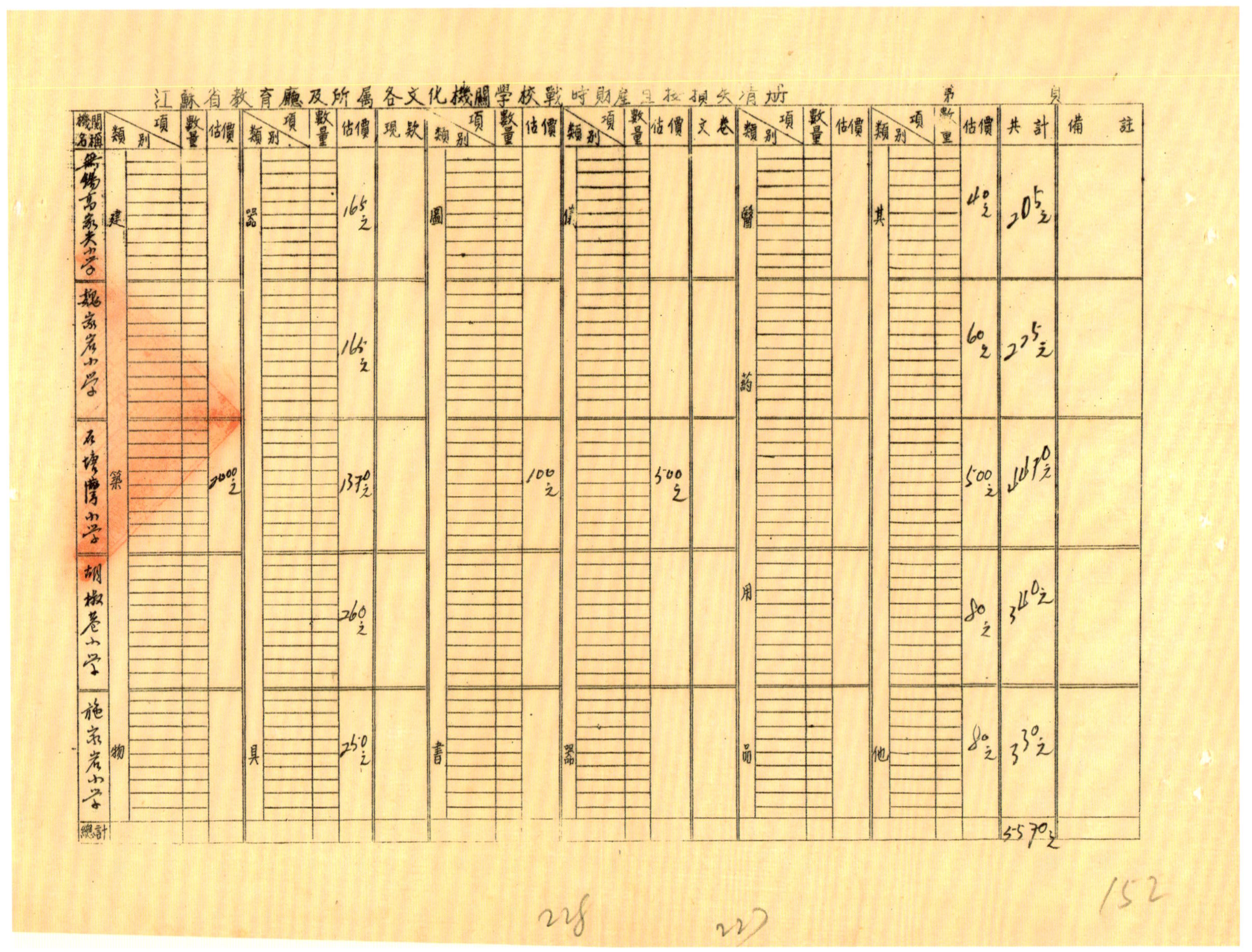

江蘇省教育廳及所屬各文化機關學校戰時財產直接損失清册　第　頁

機關名稱	建築物 類別	數量	估價	器具 類別	數量	估價	現款	圖書 類別	數量	估價	儀器 類別	數量	估價	文卷	醫藥用品 類別	數量	估價	其他 類別	數量	估價	共計	備註
無錫高家夾小学						165元														40元	205元	
魏家岸小学						165元														60元	225元	
石塘灣小学			2000元			1370元				100元			500元							500元	4470元	
胡椒巷小学						260元														80元	340元	
施家岸小学						250元														80元	330元	
總計																					5570元	

228　227　152

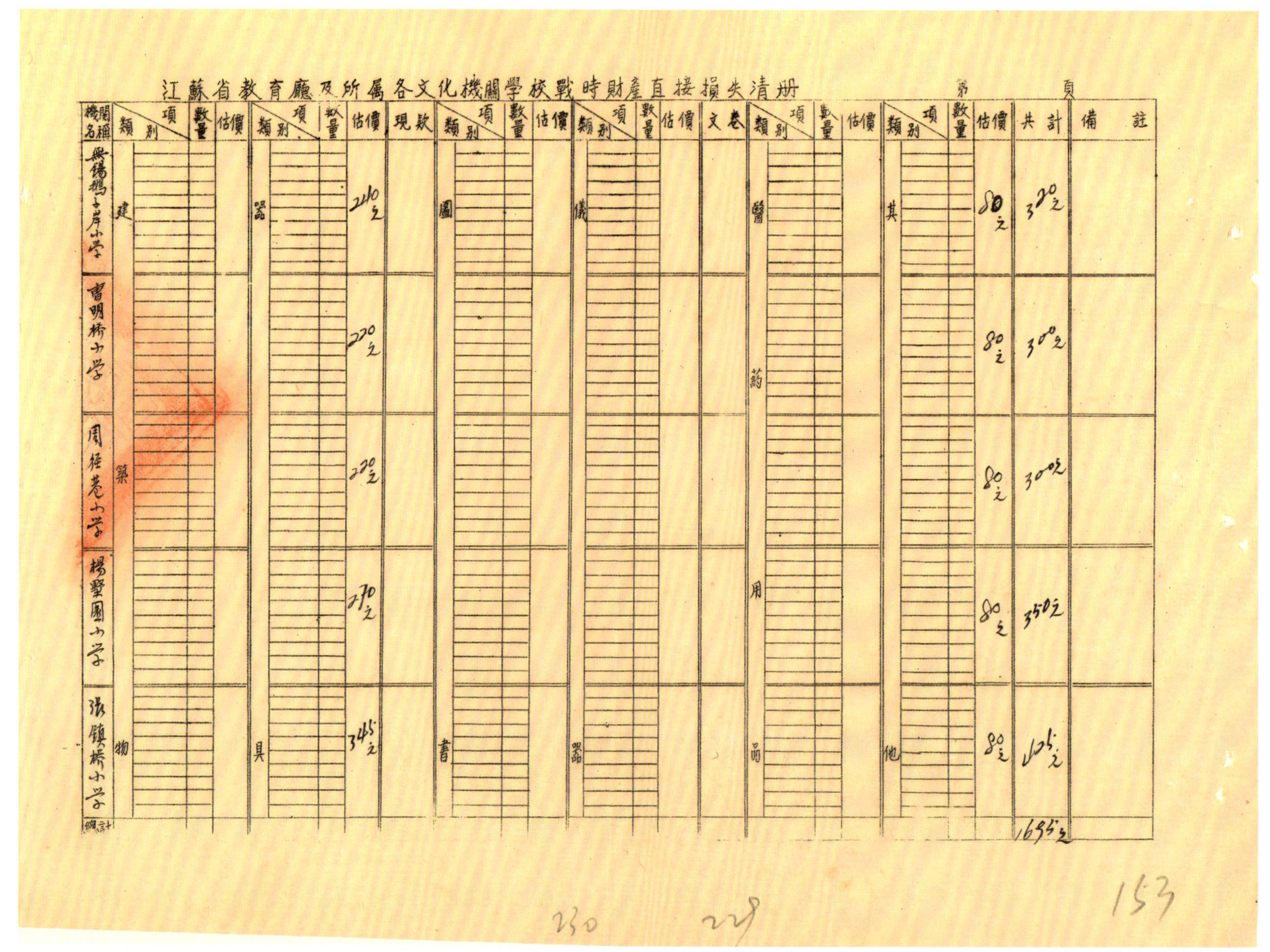

江蘇省教育廳及所屬各文化機關學校戰時財產直接損失清册　　第　　頁

機關名稱	建築物 數量	建築物 估價	器具 數量	器具 估價	現款	圖書 數量	圖書 估價	儀器 數量	儀器 估價	文卷	醫藥用品 數量	醫藥用品 估價	其他 數量	其他 估價	共計	備註
無錫鵝子岸小学				240元										80元	320元	
曹明橋小学				220元										80元	300元	
周徑巷小学				220元										80元	300元	
楊墅園小学				270元										80元	350元	
張鎮橋小学				345元										80元	425元	
總計															1695元	

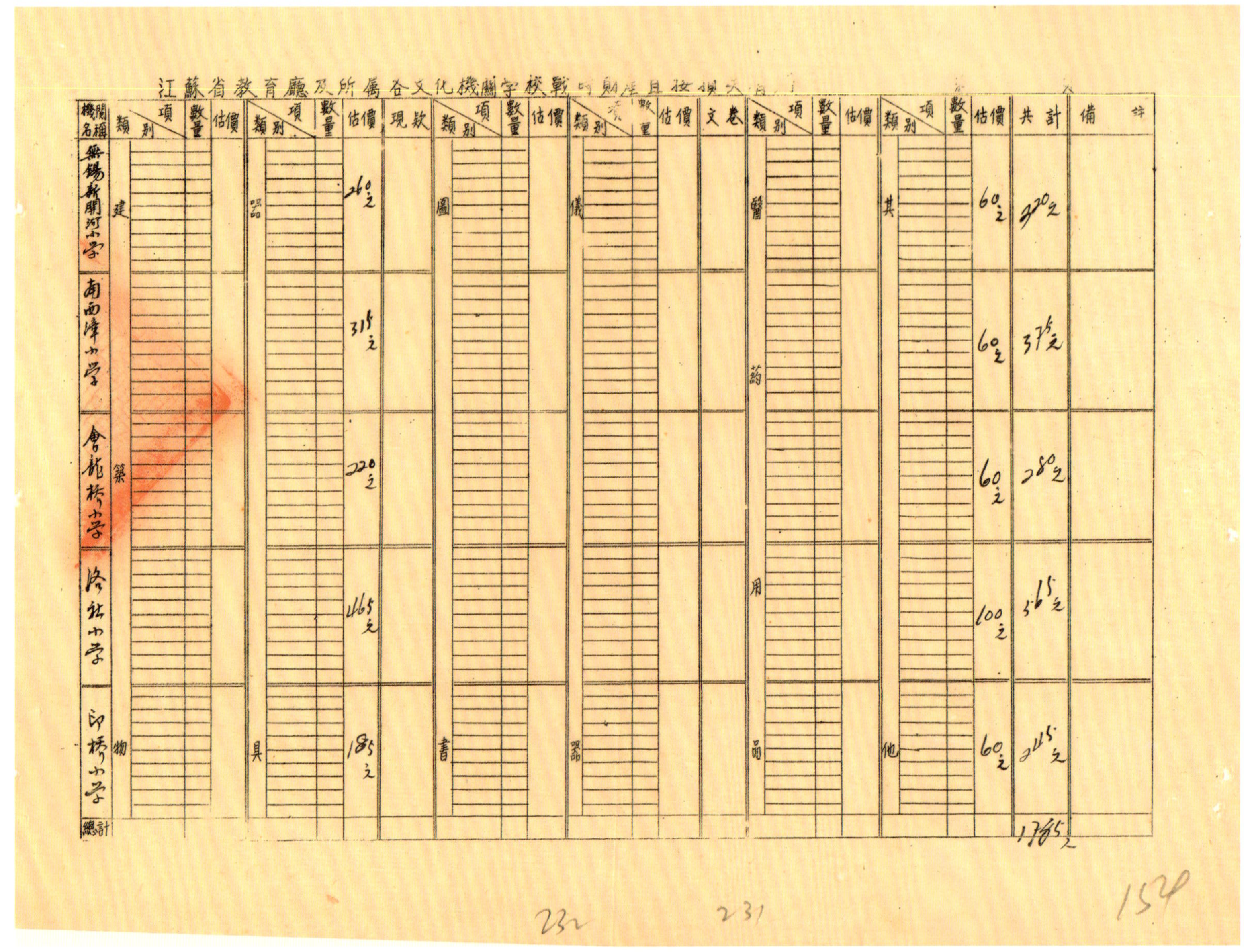

江蘇省教育廳及所屬各文化機關學校戰時財產直接損失表

機關名稱	建築物 類別	數量	估價	器具 類別	數量	估價	現款	圖書 類別	數量	估價	儀器 類別	數量	估價	文卷	醫藥用品 類別	數量	估價	其他 類別	數量	估價	共計	備註
無錫新開河小学						260元														60元	320元	
南西漳小学						315元														60元	375元	
會龍橋小学						220元														60元	280元	
洛社小学						465元														100元	565元	
印橋小学						185元														60元	245元	
總計																					1785元	

江蘇省教育廳及所屬各文化機關學校戰時財產直接損失清册

第　　頁

機關名稱	建築物 類別項	數量	估價	器具 類別項	數量	估價	現款	圖書 類別項	數量	估價	儀器 類別項	數量	估價	文卷	醫藥用品 類別項	數量	估價	其他 類別項	數量	估價	共計	備註
無錫青墩小学						335元														80元	415元	
梅涇小学						260元														60元	320元	
潘葑小学						260元														60元	320元	
溪口小学						185元														60元	245元	
馬盤里協作小学						145元														40元	185元	
																					1485元	

234

233

155

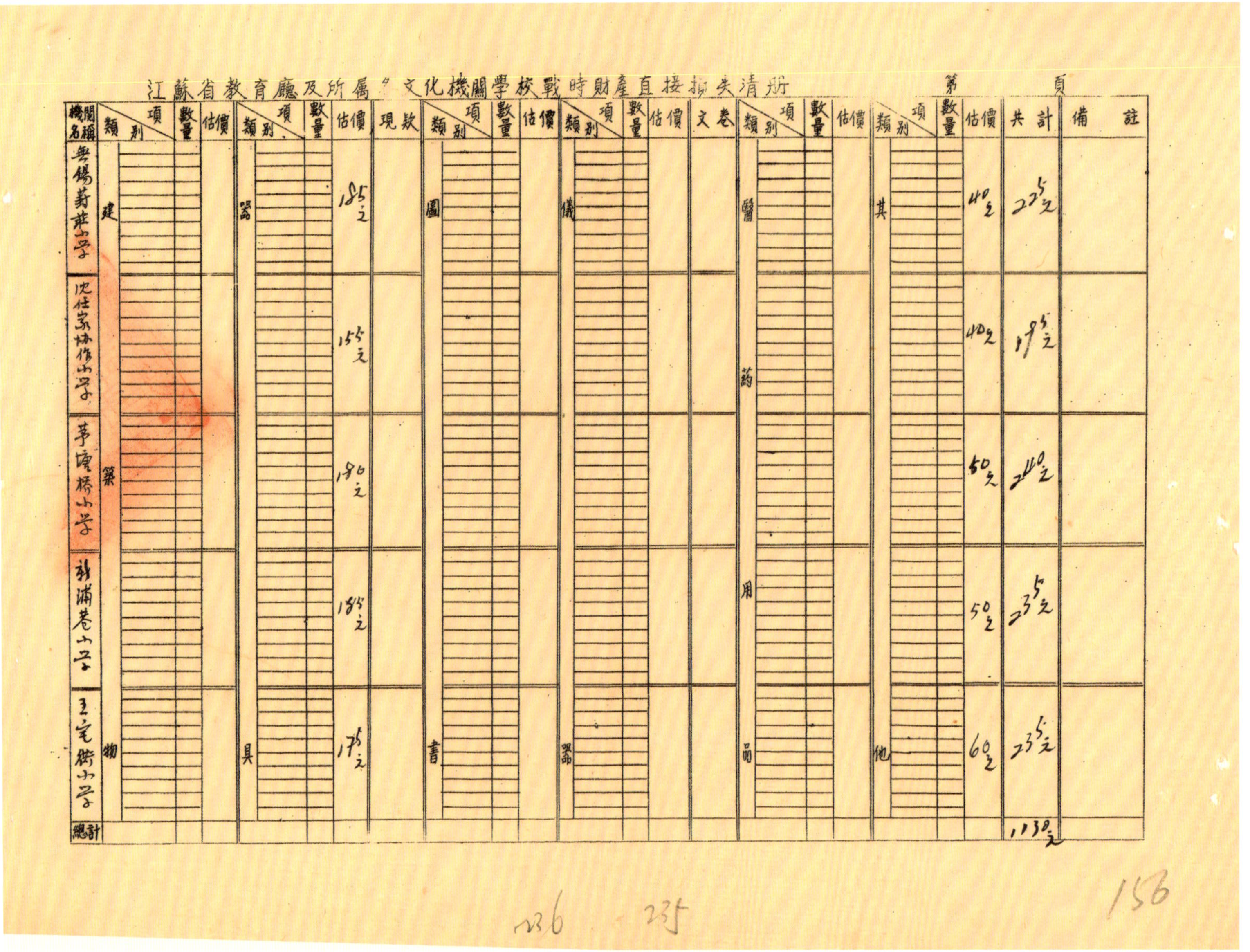

江蘇省教育廳及所屬〃文化機關學校戰時財產直接損失清册　　第　　頁

機關名稱	建築物 類別/項	數量	估價	器具 類別/項	數量	估價	現款	圖書 類別/項	數量	估價	儀器 類別/項	數量	估價	文卷	醫藥用品 類別/項	數量	估價	其他 類別/項	數量	估價	共計	備註
無錫蔣莊小学						185元														40元	225元	
沈任家協作小学						155元														40元	195元	
亭塘橋小学						190元														50元	240元	
新浦巷小学						185元														50元	235元	
王宅街小学						175元														60元	235元	
總計																					1130元	

（二）縣自教育廳及所屬各文化機關学校戰時財產直接損失清冊　　第　　頁

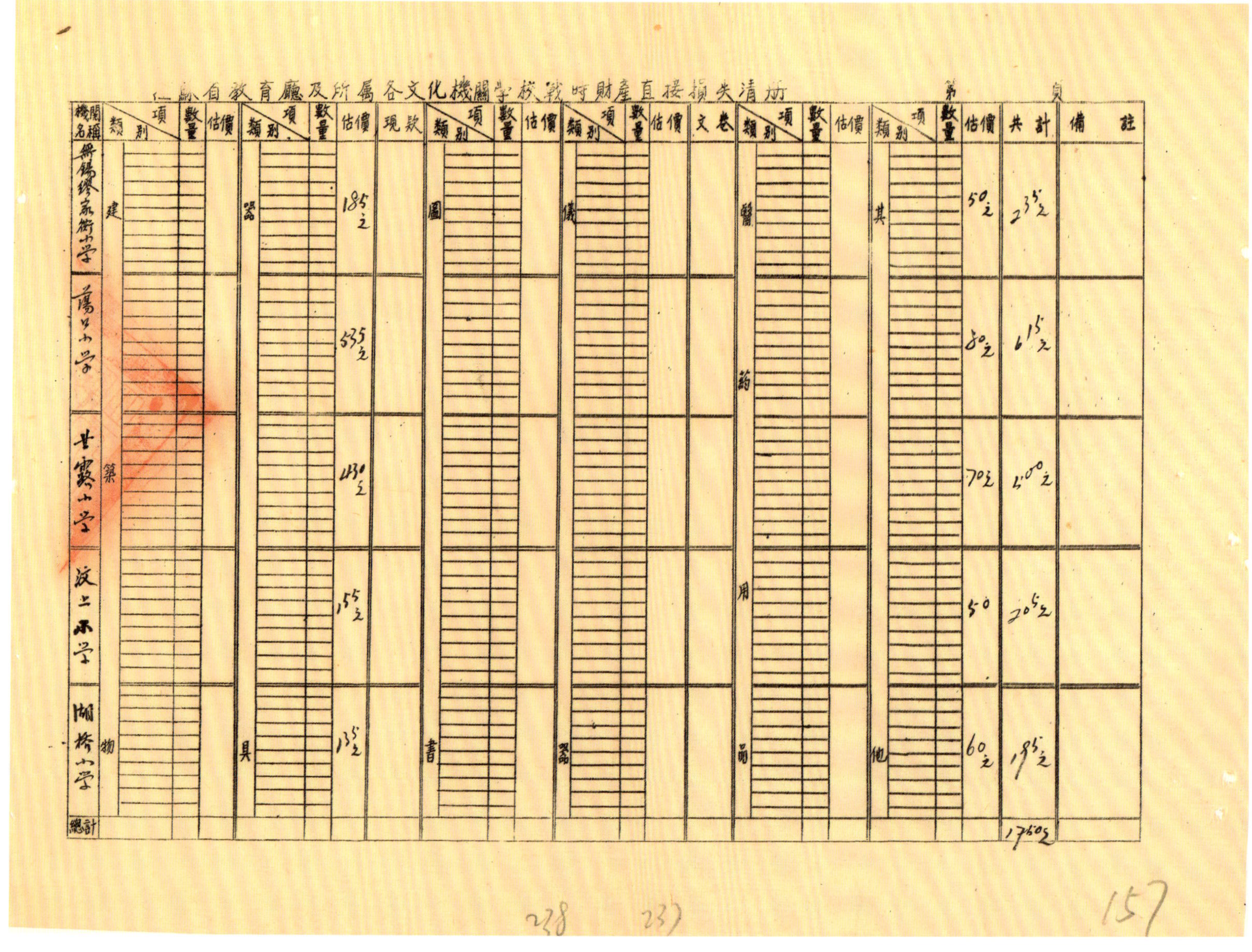

機關名稱	建築物 數量	建築物 估價	器具 數量	器具 估價	現款	圖書 數量	圖書 估價	儀器 數量	儀器 估價	文卷	醫藥用品 數量	醫藥用品 估價	其他 數量	其他 估價	共計	備註
無錫繆家衖小学				185元										50元	235元	
蕩口小学				535元										80元	615元	
甘露小学				430元										70元	500元	
汥上小学				155元										50	205元	
湖橋小学				135元										60元	195元	
總計															1750元	

228　237　157

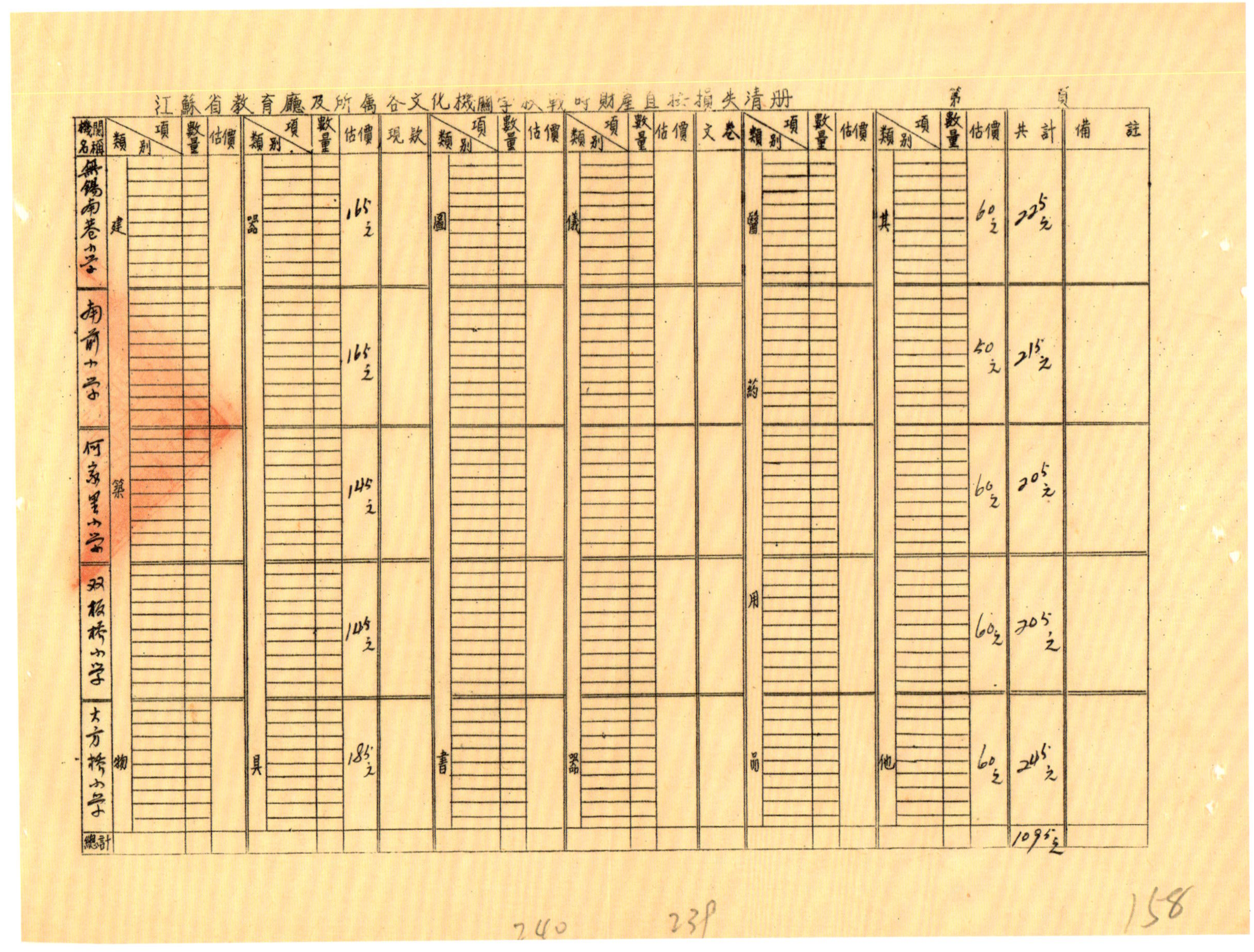

江蘇省教育廳及所屬各文化機關學校戰時財產直接損失清册

第　　頁

機關名稱	建築物 類別	建築物 數量	建築物 估價	器具 類別	器具 數量	器具 估價	現款	圖書 類別	圖書 數量	圖書 估價	儀器 類別	儀器 數量	儀器 估價	文卷	醫藥用品 類別	醫藥用品 數量	醫藥用品 估價	其他 類別	其他 數量	其他 估價	共計	備註
無錫南巷小学						165元														60元	225元	
南前小学						165元														50元	215元	
何家里小学						145元														60元	205元	
双板桥小学						145元														60元	205元	
大方桥小学						185元														60元	245元	
總計																					1095元	

240　238　158

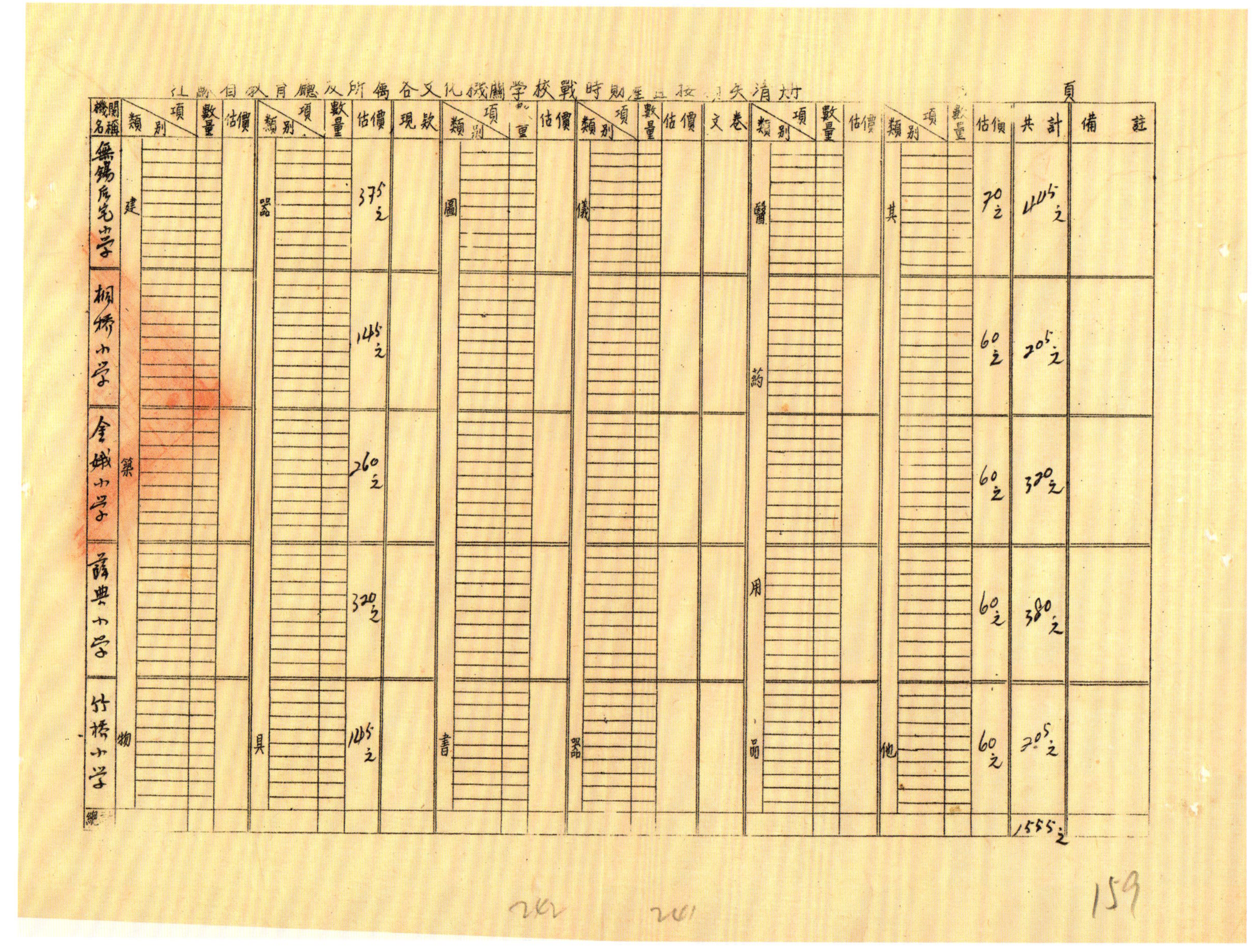

江蘇省教育廳及所屬各文化機關學校戰時財產直接損失清冊　　頁

機關名稱	建築物 類別項	數量	估價	器具 類別項	數量	估價	現款	圖書 類別項	數量	估價	儀器 類別項	數量	估價	文卷	醫藥用品 類別項	數量	估價	其他 類別項	數量	估價	共計	備註
無錫后宅小学						375元														70元	445元	
桐橋小学						145元														60元	205元	
金城小学						260元														60元	320元	
薛典小学						320元														60元	380元	
竹橋小学						145元														60元	205元	
總計																					1555元	

262　261　159

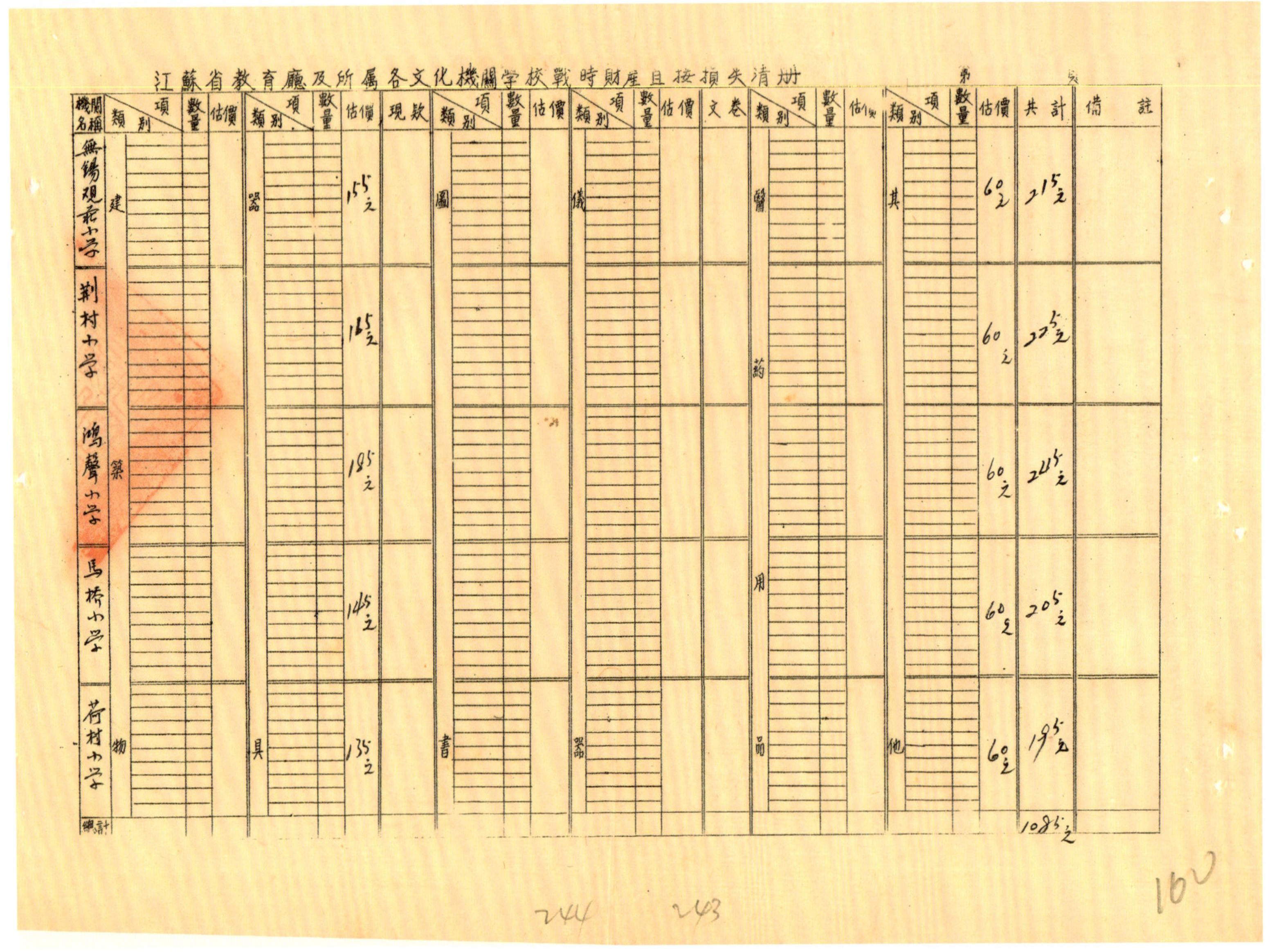

江蘇省教育廳及所屬各文化機關学校戰時財產直接損失清册

第　頁

機關名稱	建築 類別	數量	估價	器具 類別	數量	估價	現款	圖書 類別	數量	估價	儀器 類別	數量	估價	文卷	醫藥用品 類別	數量	估價	其他 類別	數量	估價	共計	備註
無錫观苑小学						155元														60元	215元	
荆村小学						165元														60元	225元	
鸿聲小学						185元														60元	245元	
馬桥小学						145元														60元	205元	
荷村小学						135元														60元	195元	
總計																					1085元	

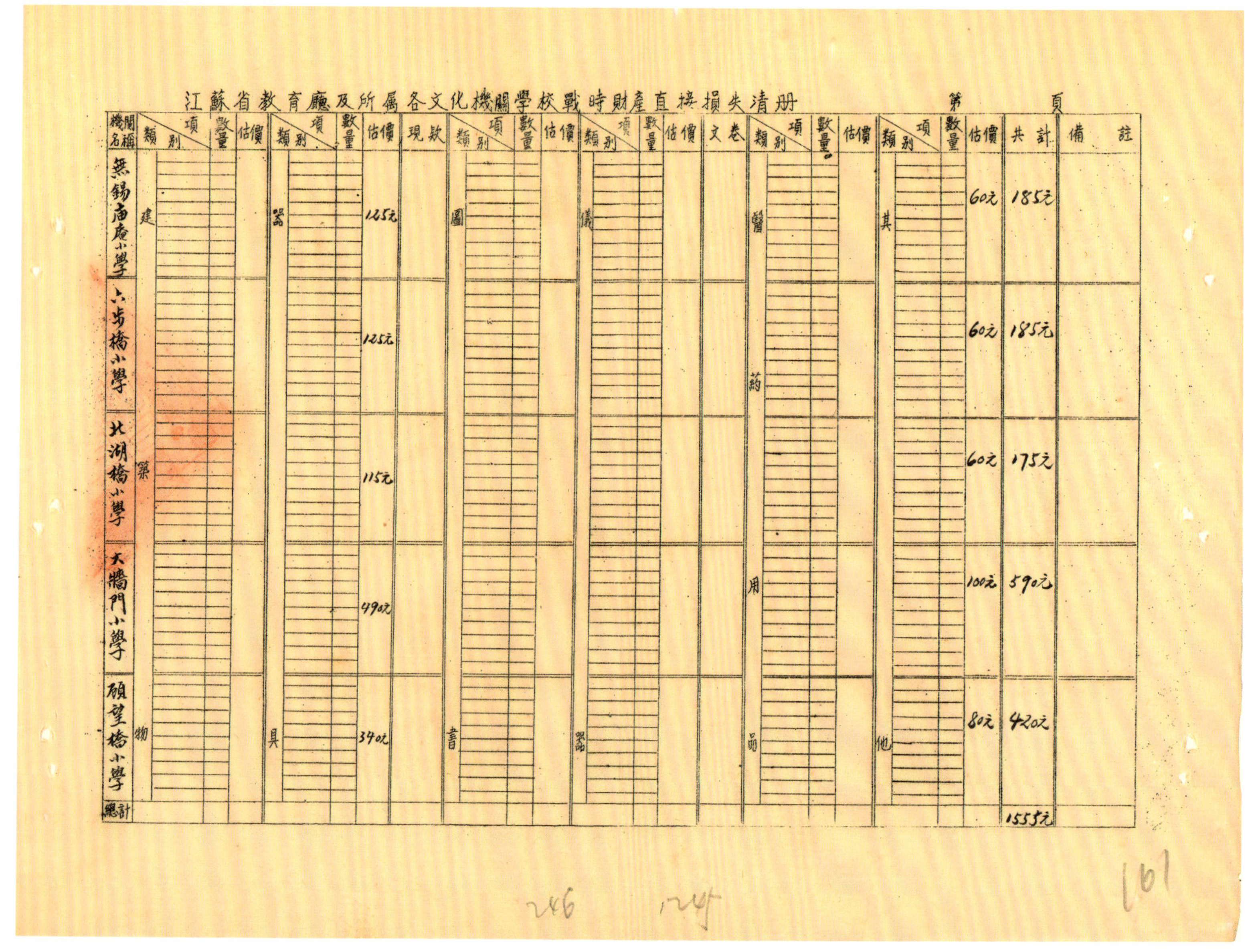

江蘇省教育廳及所屬各文化機關學校戰時財產直接損失清册　　第　　頁

機關名稱	建築物（類別項）	數量	估價	器具（類別項）	數量	估價	現款	圖書（類別項）	數量	估價	儀器（類別項）	數量	估價	文卷	醫藥用品（類別項）	數量	估價	其他（類別項）	數量	估價	共計	備註
無錫庙庵小學						125元														60元	185元	
六步橋小學						125元														60元	185元	
北湖橋小學						115元														60元	175元	
大墻門小學						490元														100元	590元	
碩望橋小學						340元														80元	420元	
總計																					1555元	

246　1245　101

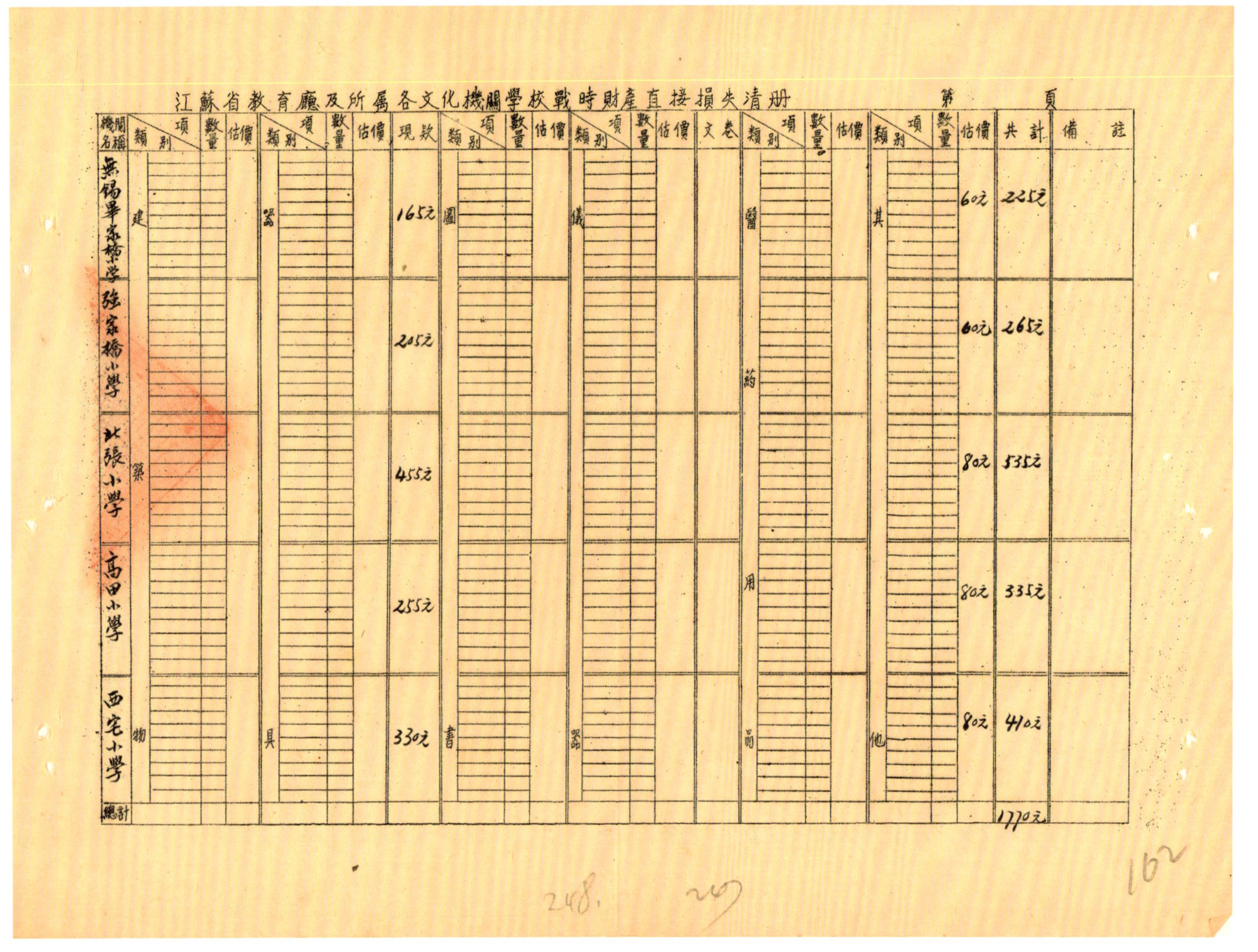

江蘇省教育廳及所屬各文化機關學校戰時財產直接損失清冊　第　頁

機關名稱	建築物 類別/項	數量	估價	器具 類別/項	數量	估價	現款	圖書 類別/項	數量	估價	儀器 類別/項	數量	估價	文卷	醫藥用品 類別/項	數量	估價	其他 類別/項	數量	估價	共計	備註
無錫華家橋小学							165元													60元	225元	
強家橋小學							205元													60元	265元	
北張小學							455元													80元	535元	
高田小學							255元													80元	335元	
西宅小學							330元													80元	410元	
總計																					1770元	

248. 249 162

江蘇省教育廳及所屬各文化機關學校戰時財產直接損失清册　第　頁

機關名稱	建築物 類別 項	數量	估價	器具 類別 項	數量	估價	現款	圖書 類別 項	數量	估價	儀器 類別 項	數量	估價	文卷	醫藥用品 類別 項	數量	估價	其他 類別 項	數量	估價	共計	備註
無錫西興小學							175元													60元	235元	
宜橋小學							135元													60元	195元	
福塘小學							145元													60元	205元	
瞻橋小學							235元													70元	305元	
黃土塘小學							240元													80元	330元	
總計																					1270元	

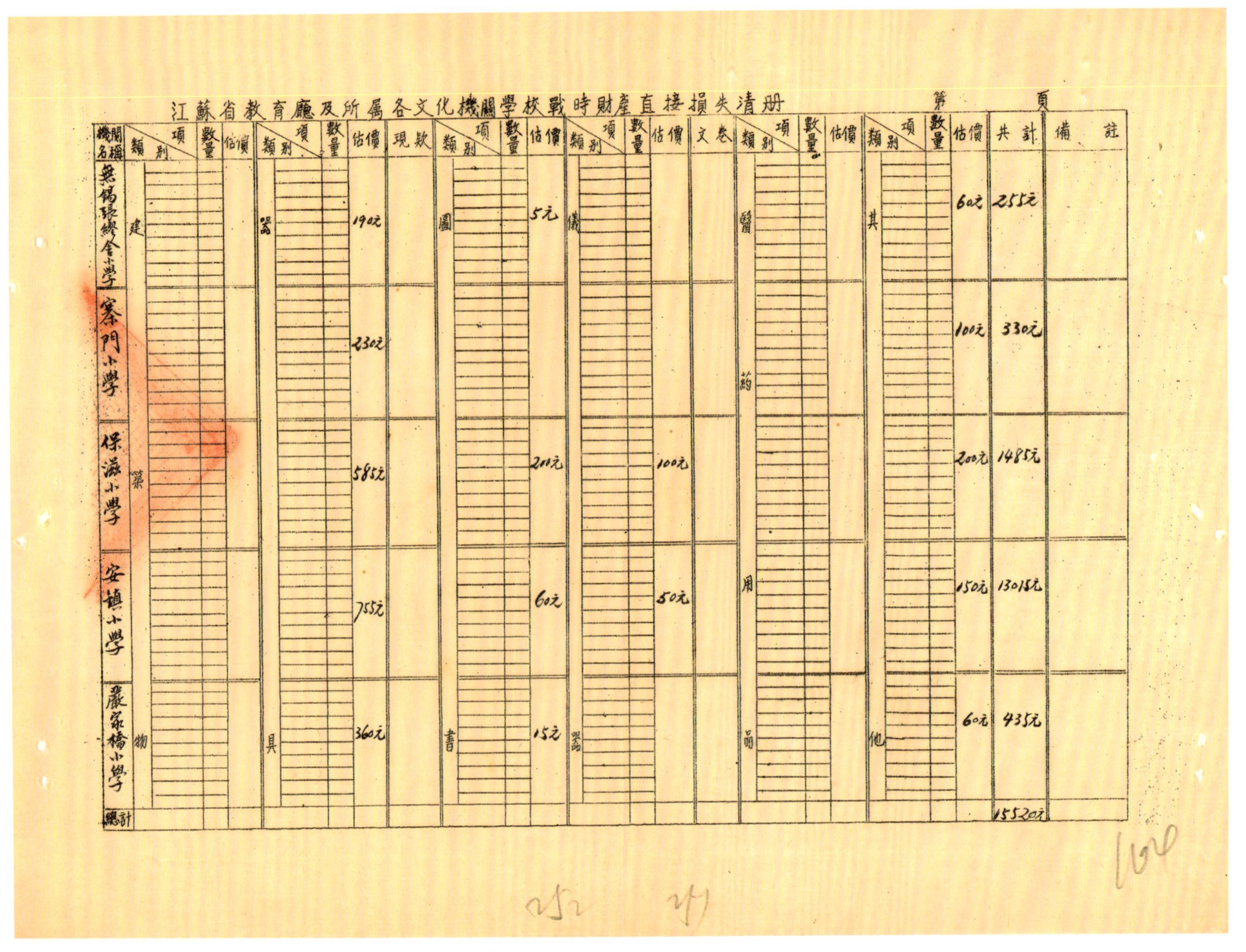

江蘇省教育廳及所屬各文化機關學校戰時財產直接損失清册　　第　　頁

機關名稱	建築物 類別項	數量	估價	器具 類別項	數量	估價	現款	圖書 類別項	數量	估價	儀器 類別項	數量	估價	文卷	醫藥用品 類別項	數量	估價	其他 類別項	數量	估價	共計	備註
無錫張縣舍小學						190元				5元										60元	255元	
寨門小學						230元														100元	330元	
保滋小學						585元				200元			100元							200元	1485元	
安鎮小學						755元				60元			50元							150元	13015元	
嚴家橋小學						360元				15元										60元	435元	
總計																					15520元	

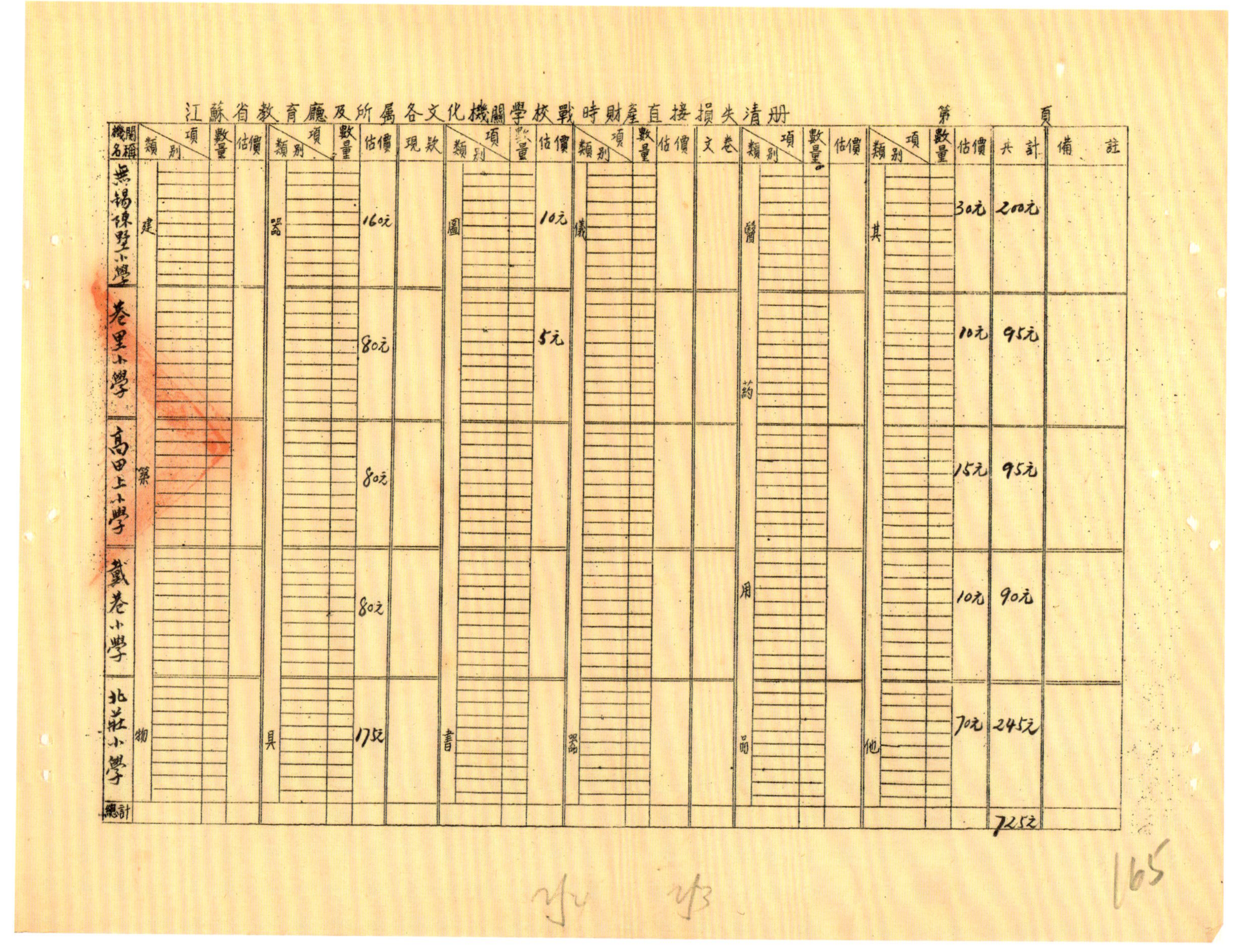

江蘇省教育廳及所屬各文化機關學校戰時財產直接損失清冊

第　　頁

機關名稱	類別	數量	估價	類別	數量	估價	現款	類別	數量	估價	類別	數量	估價	文卷	類別	數量	估價	類別	數量	估價	共計	備註
無錫陳墅小學	建			器		160元		圖		10元	儀				醫			其		30元	200元	
巷里小學						80元				5元					藥					10元	95元	
高田上小學	築					80元														15元	95元	
戴巷小學						80元									用					10元	90元	
北莊小學	物			具		175元		書			器				品			他		70元	245元	
總計																					725元	

165

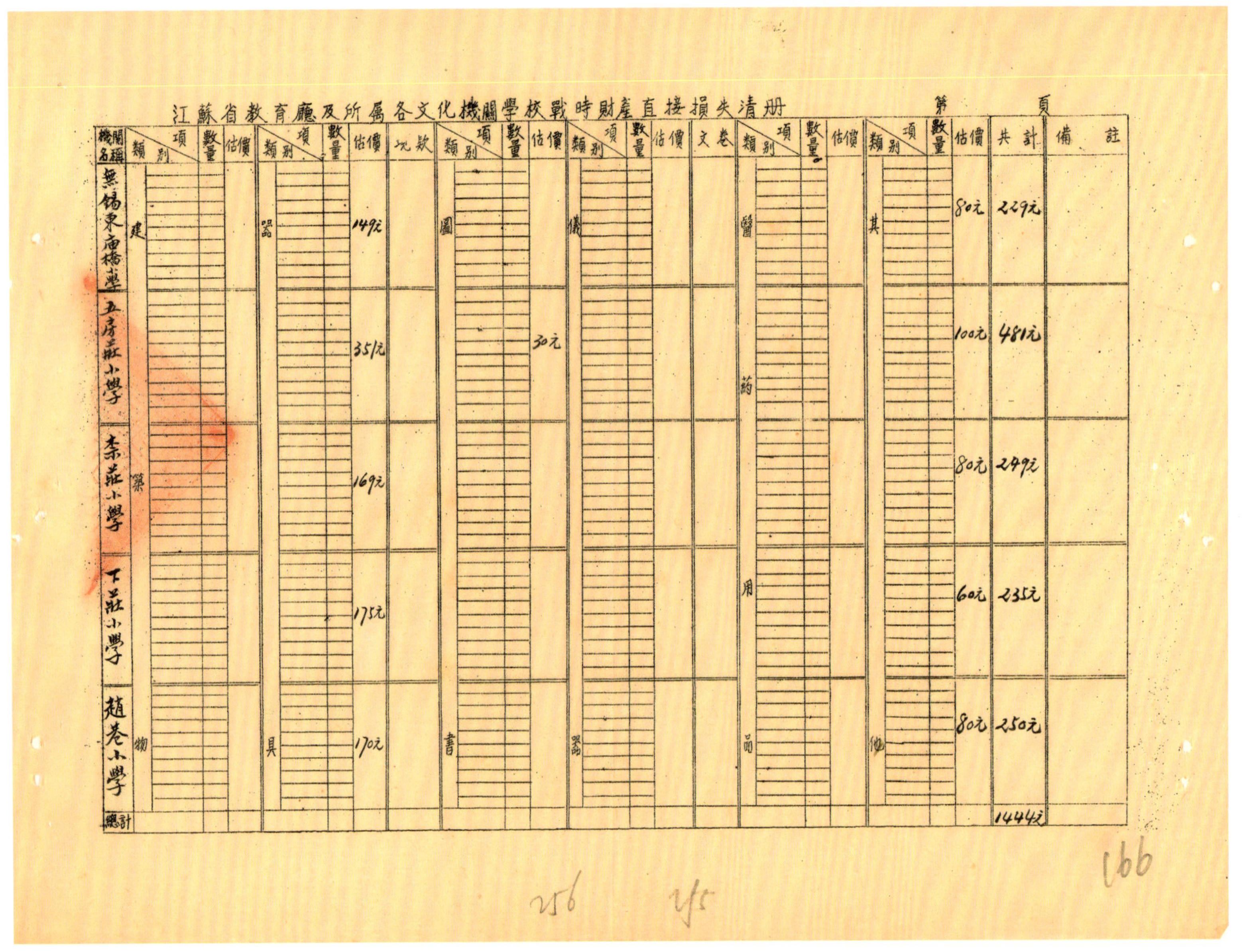

江蘇省教育廳及所屬各文化機關學校戰時財產直接損失清冊

第　　頁

機關名稱	建築 數量	建築 估價	器具 數量	器具 估價	現款	圖書 數量	圖書 估價	儀器 數量	儀器 估價	文卷	醫藥用品 數量	醫藥用品 估價	其他 數量	其他 估價	共計	備註
無錫東廟橋學				149元										80元	229元	
五房莊小學				351元			30元							100元	481元	
李莊小學				169元										80元	249元	
下莊小學				175元										60元	235元	
趙巷小學				170元										80元	250元	
總計															1444元	

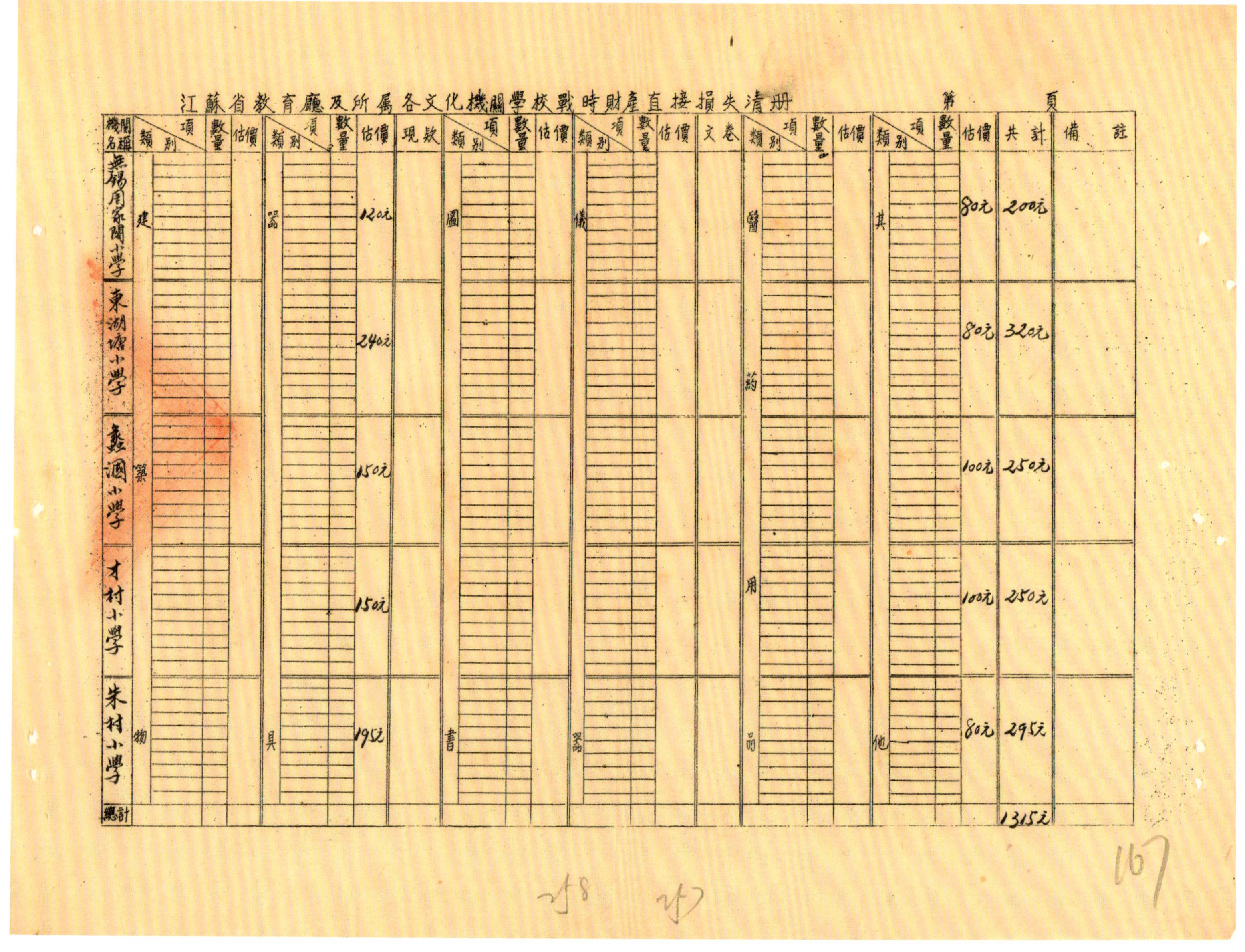

江蘇省教育廳及所屬各文化機關學校戰時財產直接損失清冊

第　　　頁

機關名稱	類別	數量	估價	類別	數量	估價	現款	類別	數量	估價	類別	數量	估價	文卷	類別	數量	估價	類別	數量	估價	共計	備註
無錫周家閘小學	建			器		120元		圖			儀				醫			其		80元	200元	
東湖塘小學						240元									藥					80元	320元	
蠡漍小學	築					150元														100元	250元	
才村小學						150元									用					100元	250元	
朱村小學	物			具		195元		書			器				品			他		80元	295元	
總計																					1315元	

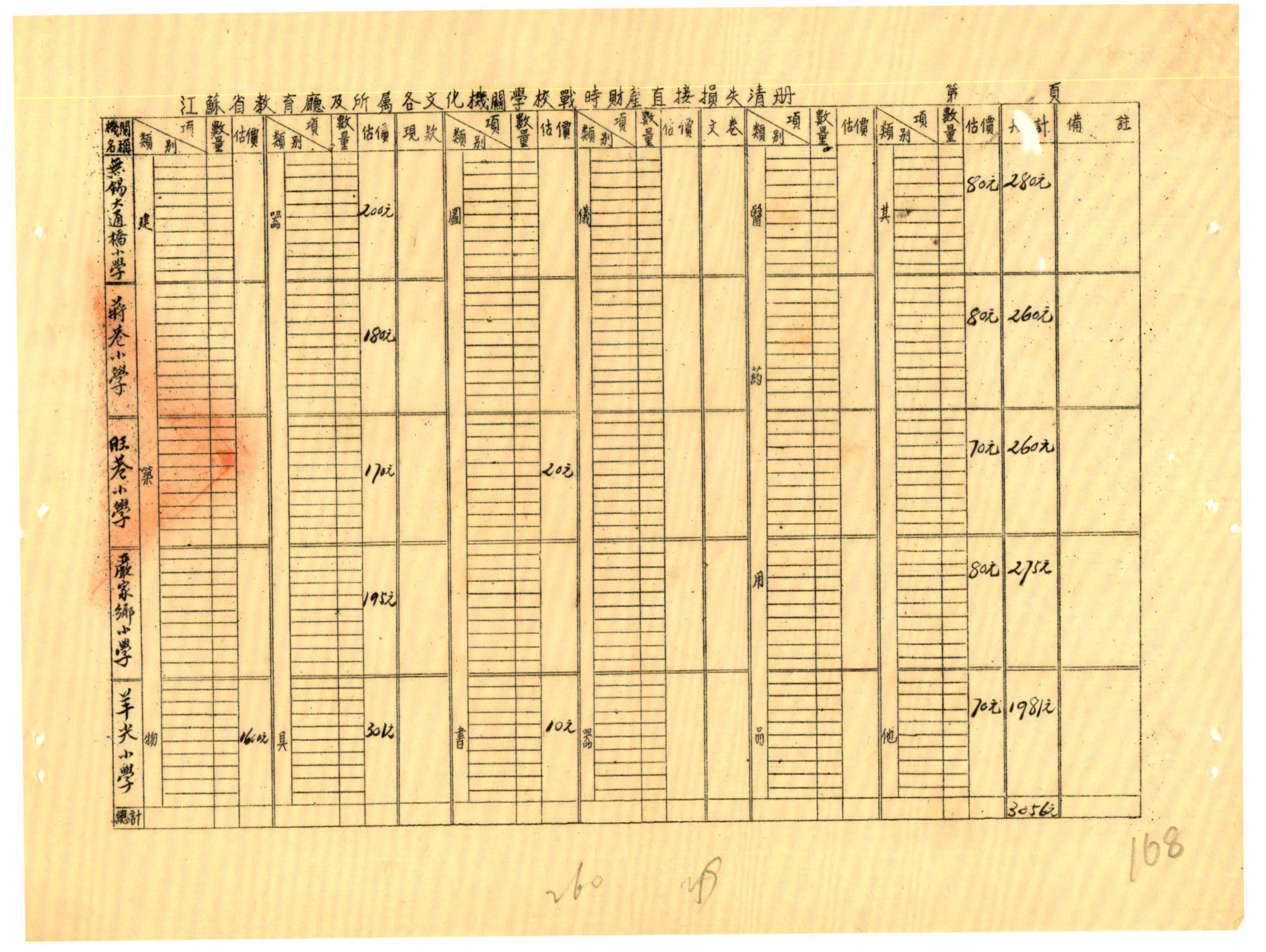

江蘇省教育廳及所屬各文化機關學校戰時財產直接損失清册　第　頁

機關名稱	建築物 類別項目	數量	估價	器具 類別項目	數量	估價	現款	圖書 類別項目	數量	估價	儀器 類別項目	數量	估價	文卷	醫藥用品 類別項目	數量	估價	其他 類別項目	數量	估價	共計	備註
無錫大通橋小學						200元														80元	280元	
蔣巷小學						180元														80元	260元	
旺巷小學						170元				20元										70元	260元	
嚴家鄉小學						195元														80元	275元	
羊尖小學			160元			30元				10元										70元	1981元	
總計																					3056元	

260　168

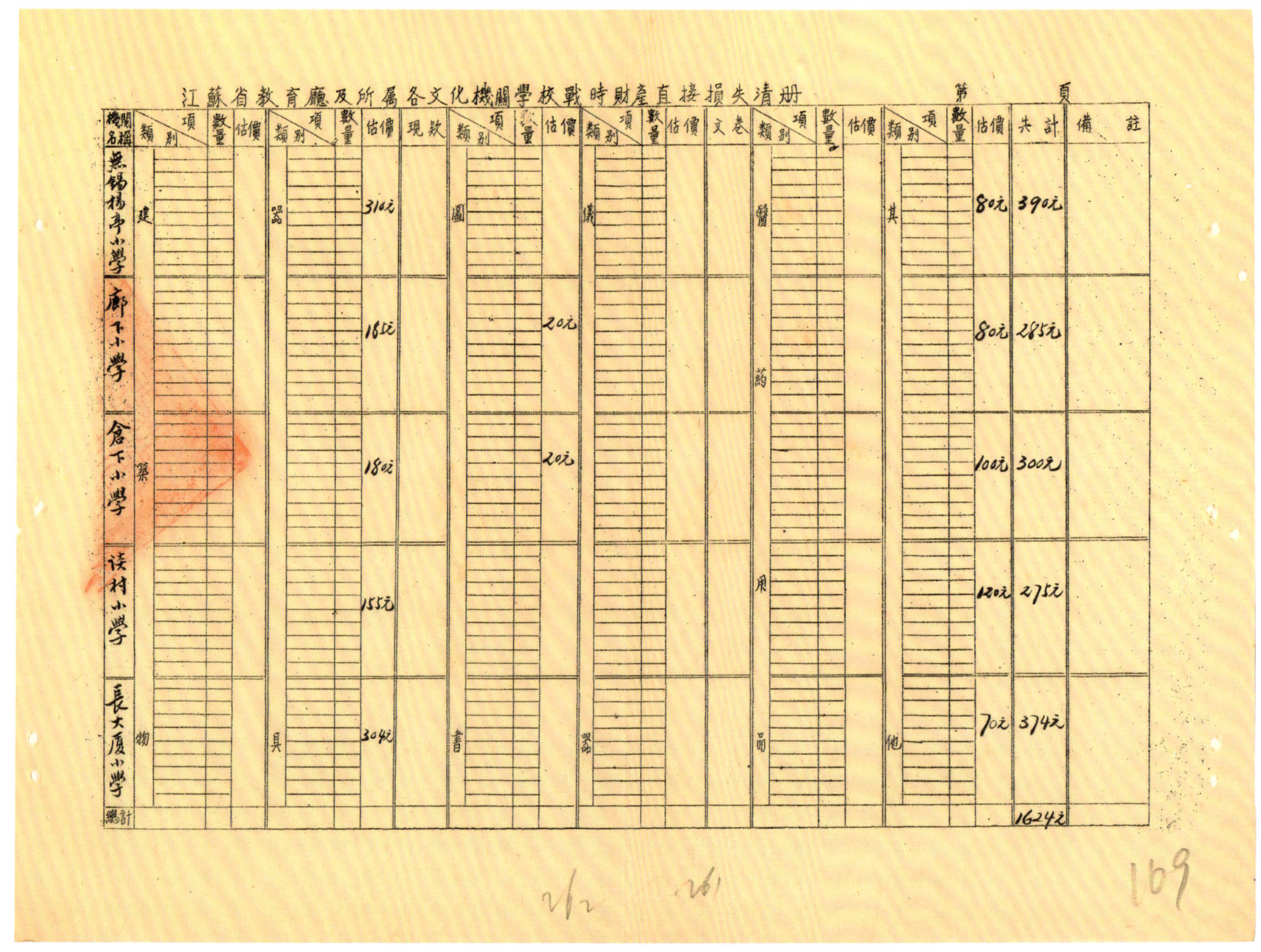

江蘇省教育廳及所屬各文化機關學校戰時財產直接損失清册

第　　頁

機關名稱	類別＼項	數量	估價	類別＼項	數量	估價	現款	類別＼項	數量	估價	類別＼項	數量	估價	文卷	類別＼項	數量	估價	類別＼項	數量	估價	共計	備註
	建築物			器具				圖書			儀器				醫藥用品			其他				
無錫楊亭小學						310元														80元	390元	
廊下小學						185元				20元										80元	285元	
倉下小學						180元				20元										100元	300元	
談村小學						155元														120元	275元	
長大廈小學						304元														70元	374元	
總計																					1624元	

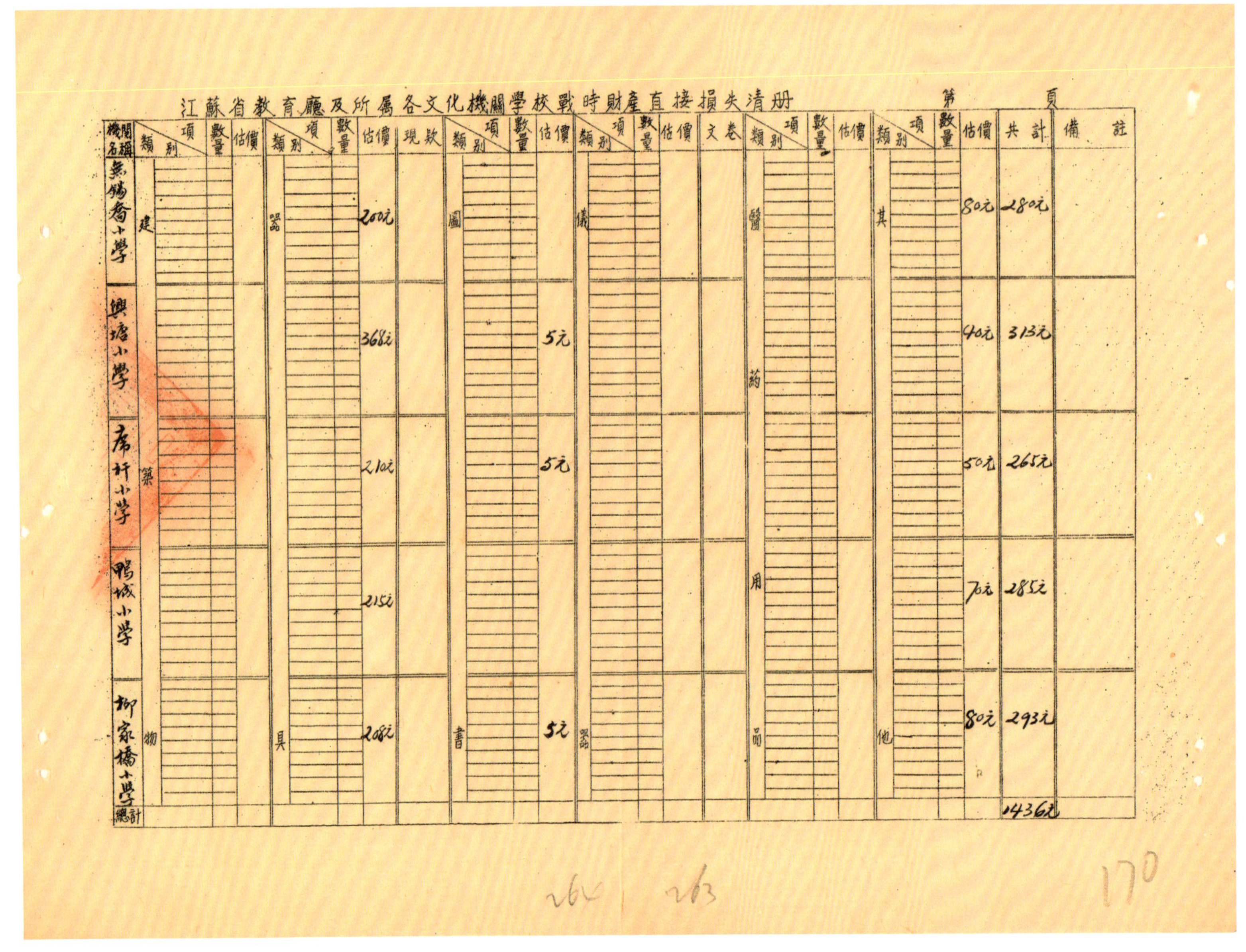

江蘇省教育廳及所屬各文化機關學校戰時財產直接損失清冊

第　頁

機關名稱	建築物 類別	建築物 數量	建築物 估價	器具 類別	器具 數量	器具 估價	現款	圖書 類別	圖書 數量	圖書 估價	儀器 類別	儀器 數量	儀器 估價	文卷	醫藥用品 類別	醫藥用品 數量	醫藥用品 估價	其他 類別	其他 數量	其他 估價	共計	備註
無錫喬小學						200元														80元	280元	
興塘小學						368元				5元										40元	313元	
席圻小學						210元				5元										50元	265元	
鴨城小學						215元														70元	285元	
柳家橋小學						208元				5元										80元	293元	
總計																					1436元	

264　263　170

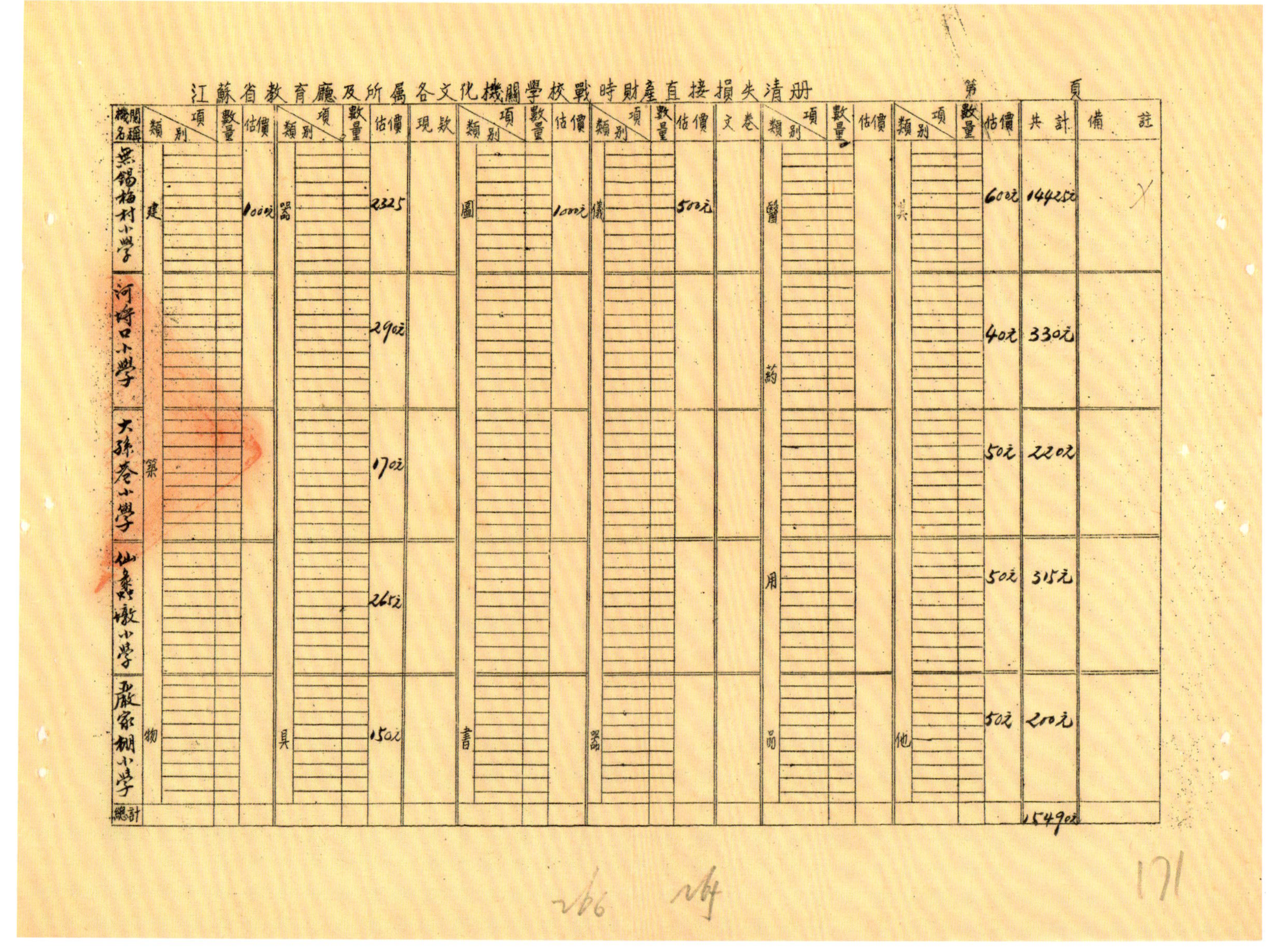

江蘇省教育廳及所屬各文化機關學校戰時財產直接損失清册　　第　　頁

機關名稱	類別（建築物）	數量	估價	類別（器具）	數量	估價	現款	類別（圖書）	數量	估價	類別（儀器）	數量	估價	文卷	類別（醫藥用品）	數量	估價	類別（其他）	數量	估價	共計	備註
無錫梅村小學			1000元			2325				1000元			500元							600元	14425元	
河埒口小學						290元														40元	330元	
大孫巷小學						170元														50元	220元	
仙蠡墩小學						265元														50元	315元	
嚴家朗小學						150元														50元	200元	
總計																					15490元	

171

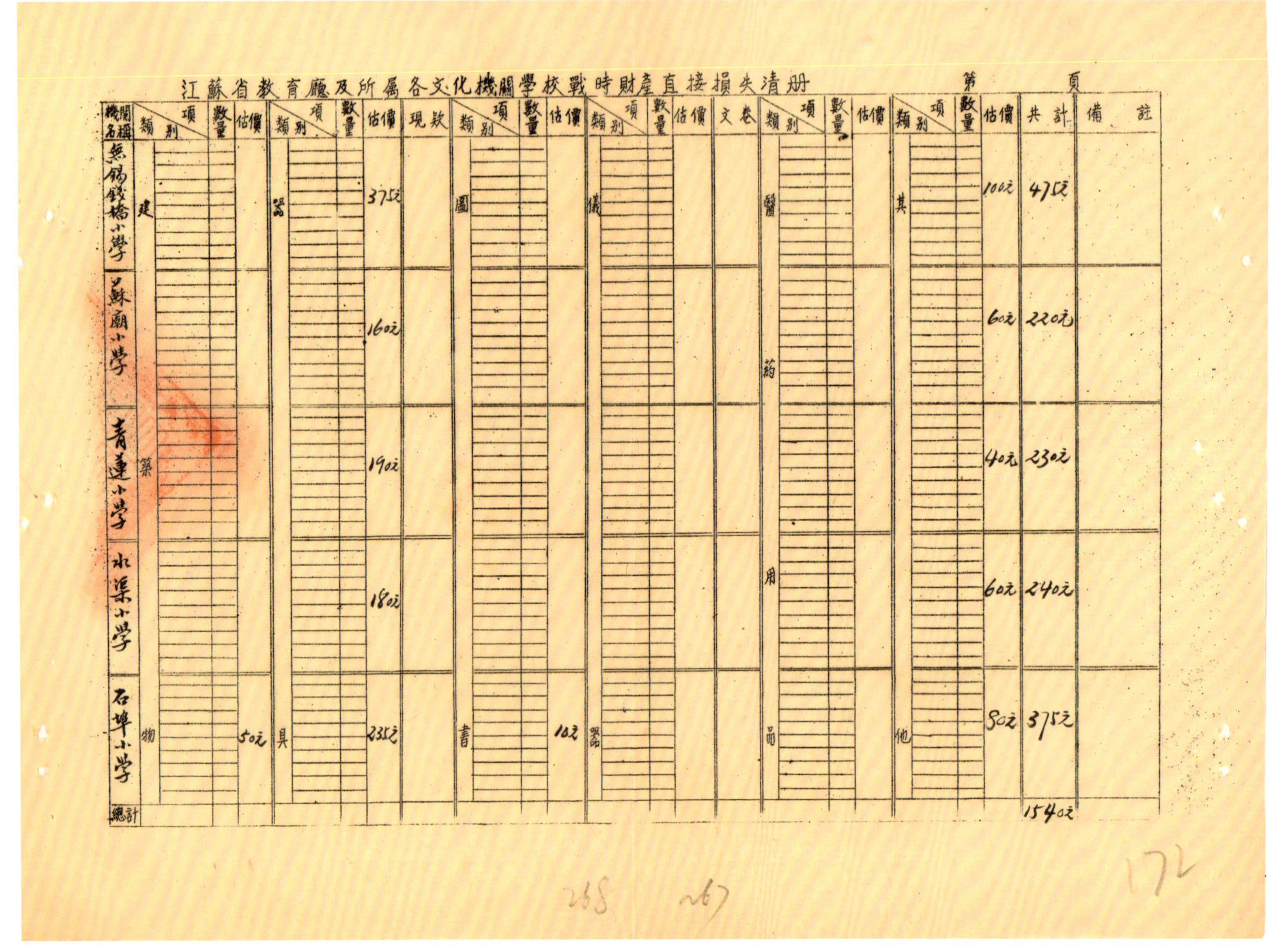

江蘇省教育廳及所屬各文化機關學校戰時財產直接損失清册

第　　頁

機關名稱	建築物 數量	建築物 估價	器具 數量	器具 估價	現款	圖書 數量	圖書 估價	儀器 數量	儀器 估價	文卷	醫藥用品 數量	醫藥用品 估價	其他 數量	其他 估價	共計	備註
無錫錢橋小學				375元										100元	475元	
蘇廟小學				160元										60元	220元	
青蓮小學				190元										40元	230元	
水渠小學				180元										60元	240元	
石埠小學		50元		235元			10元							80元	375元	
總計															1540元	

268 267 172

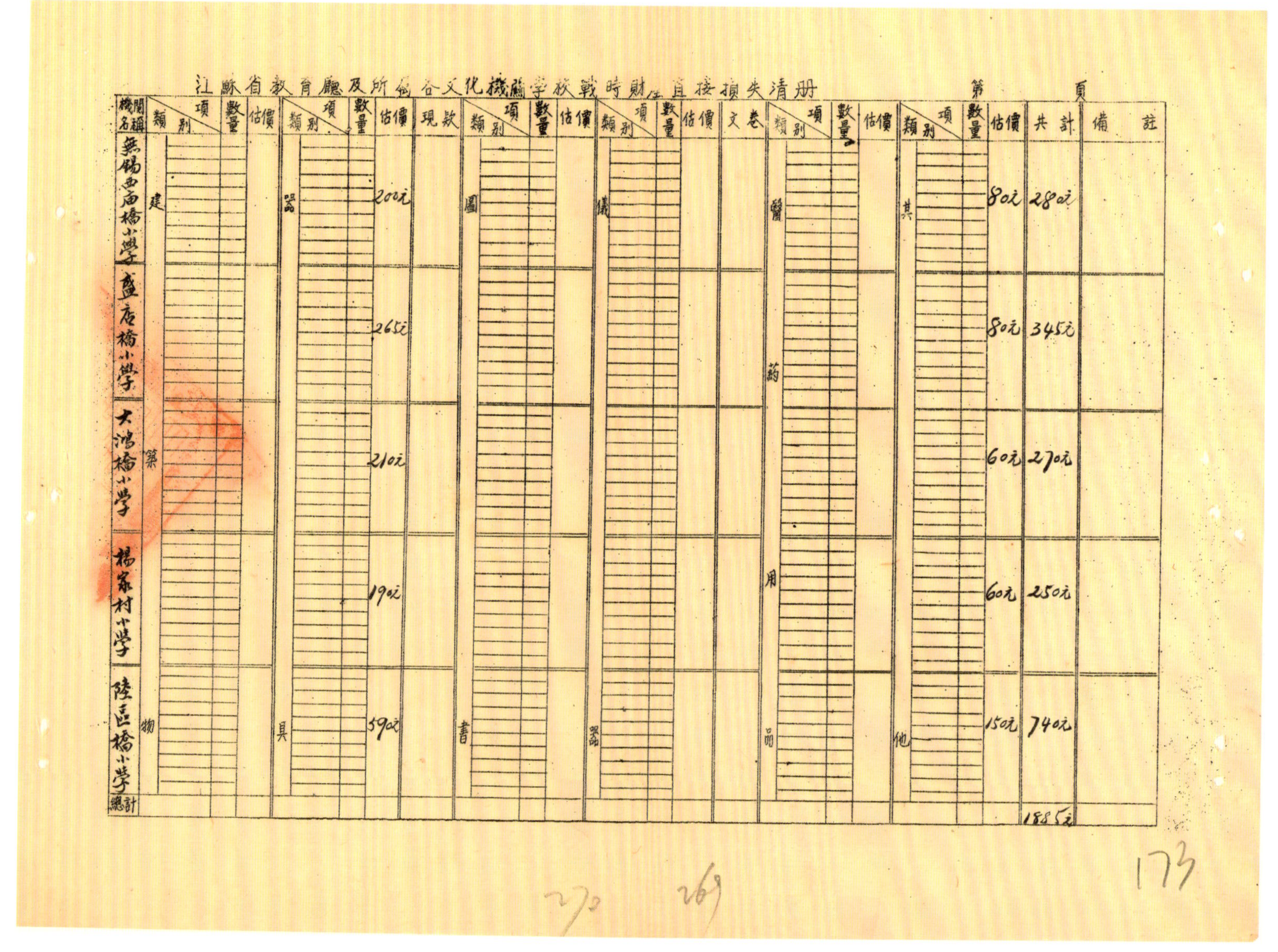
江蘇省教育廳及所屬各文化機關學校戰時財產直接損失清冊　第　頁

機關名稱	建築物 數量	建築物 估價	器具 數量	器具 估價	現款	圖書 數量	圖書 估價	儀器 數量	儀器 估價	文卷	醫藥用品 數量	醫藥用品 估價	其他 數量	其他 估價	共計	備註
無錫西南橋小學				200元										80元	280元	
盛店橋小學				265元										80元	345元	
大鴻橋小學				210元										60元	270元	
楊家村小學				190元										60元	250元	
陸區橋小學				590元										150元	740元	
總計															1885元	

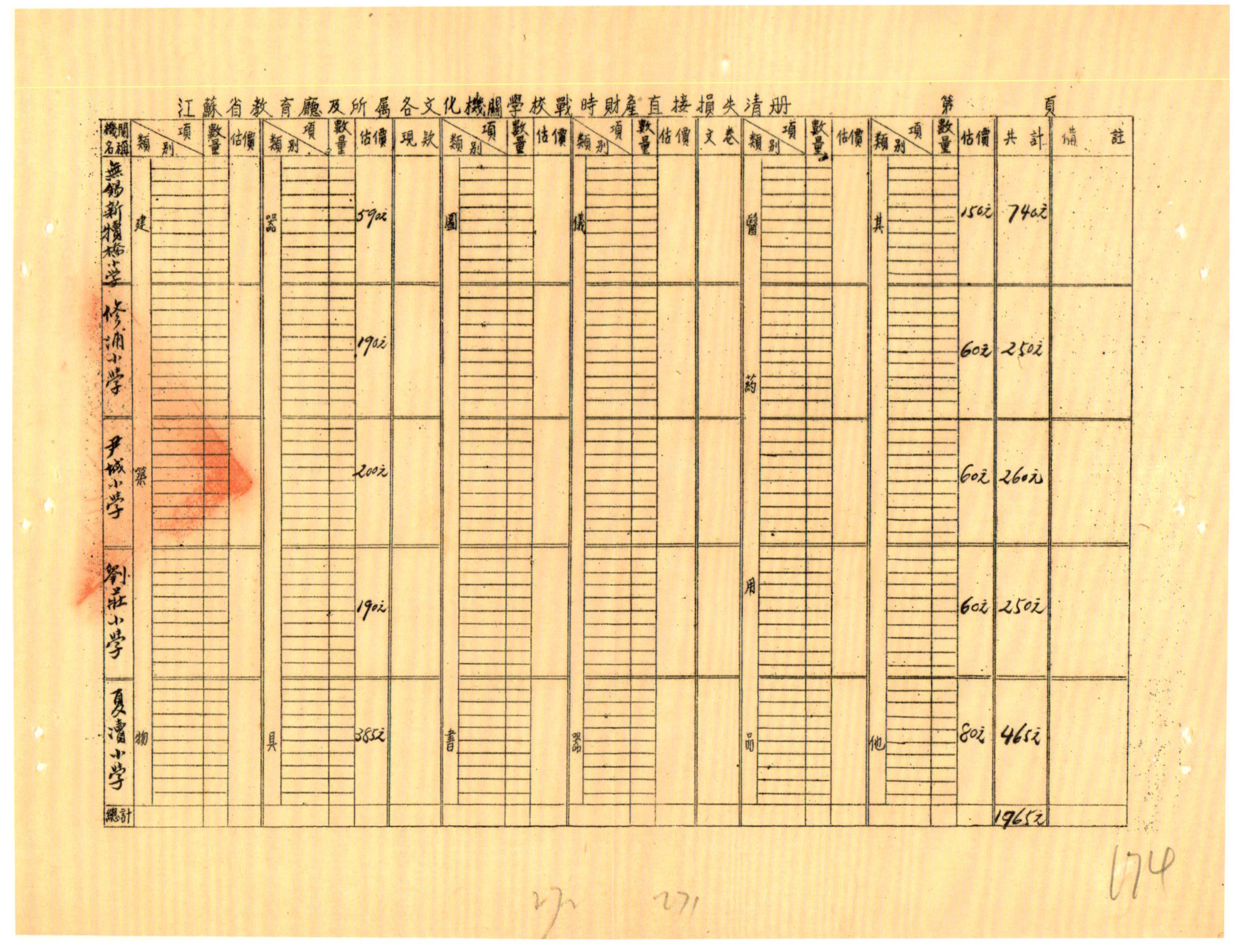

江蘇省教育廳及所屬各文化機關學校戰時財產直接損失清册　　第　　頁

機關名稱	建築物 類別	數量	估價	器具 類別	數量	估價	現款	圖書 類別	數量	估價	儀器 類別	數量	估價	文卷	醫藥用品 類別	數量	估價	其他 類別	數量	估價	共計	備註
無錫新犢橋小学						590元														150元	740元	
修浦小学						190元														60元	250元	
尹城小学						200元														60元	260元	
劉莊小学						190元														60元	250元	
夏瀆小学						385元														80元	465元	
總計																					1965元	

174

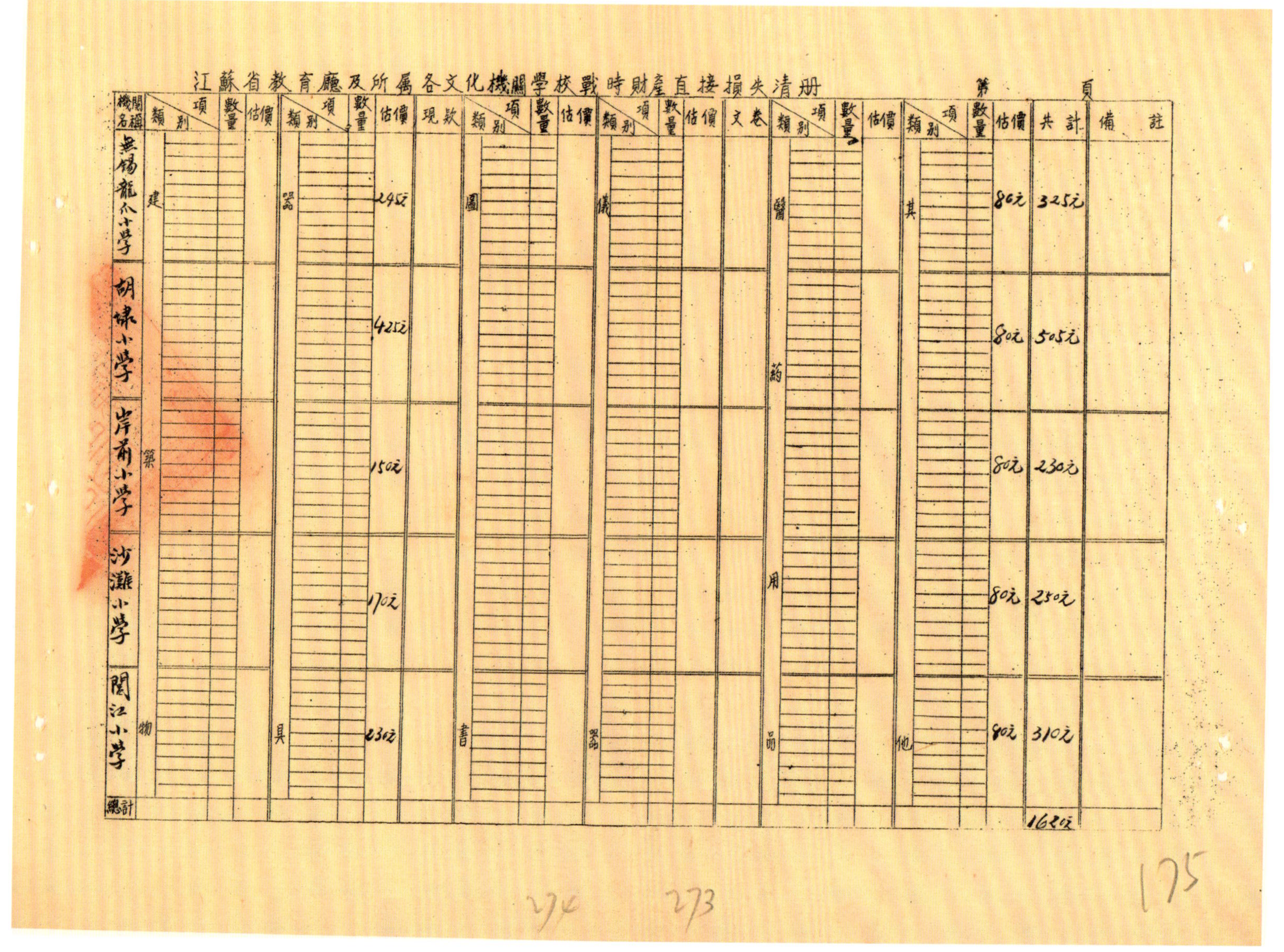

江蘇省教育廳及所屬各文化機關學校戰時財產直接損失清冊　第　頁

機關名稱	類別	數量	估價	類別	數量	估價	現款	類別	數量	估價	類別	數量	估價	文卷	類別	數量	估價	類別	數量	估價	共計	備註
無錫龍亭小学	建築物			器具		245元		圖書			儀器				醫藥用品			其他		80元	325元	
胡埭小学						425元														80元	505元	
岸蒲小学						150元														80元	230元	
沙灘小学						170元														80元	250元	
閭江小学						230元														80元	310元	
總計																					1620元	

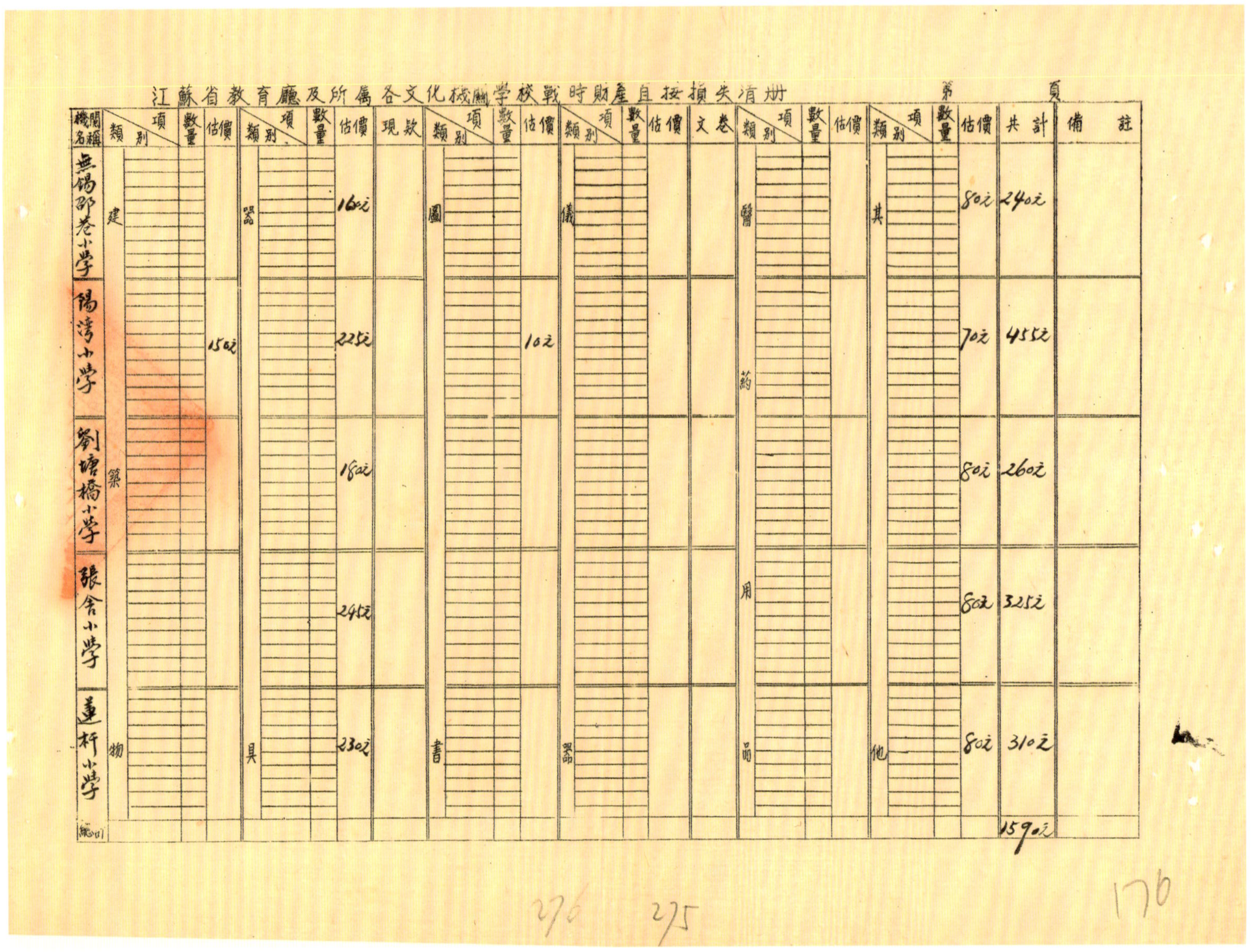

江蘇省教育廳及所屬各文化機關學校戰時財產直接損失清冊　第　頁

機關名稱	建築物 類別項	數量	估價	器具 類別項	數量	估價	現款	圖書 類別項	數量	估價	儀器 類別項	數量	估價	文卷	醫藥用品 類別項	數量	估價	其他 類別項	數量	估價	共計	備註
無錫邵巷小學						160元														80元	240元	
陽灣小學			150元			225元				10元										70元	455元	
劉塘橋小學						180元														80元	260元	
張舍小學						245元														80元	325元	
蓮杆小學						230元														80元	310元	
總計																					1590元	

276

275

170

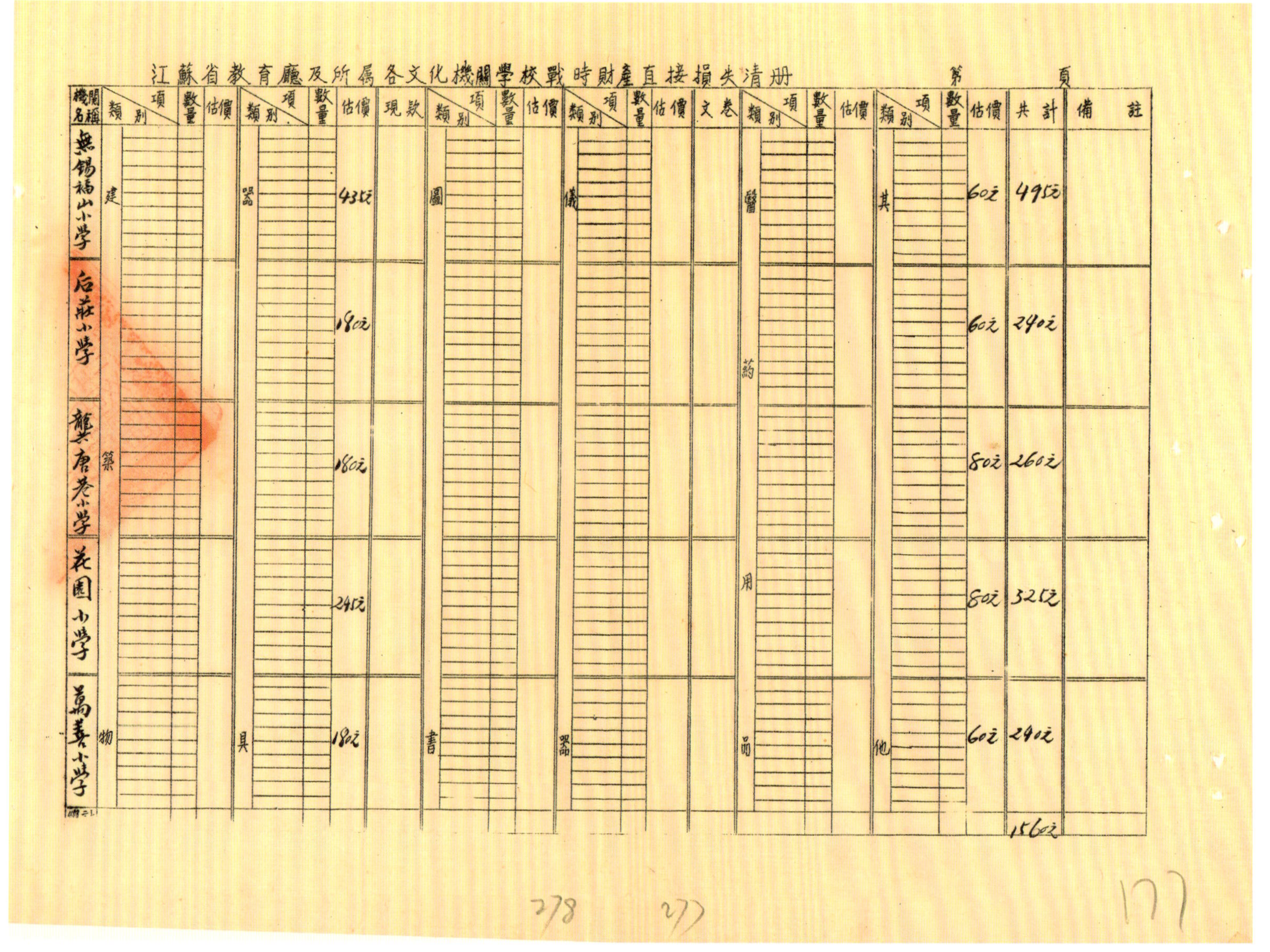

江蘇省教育廳及所屬各文化機關學校戰時財產直接損失清冊　　第　　頁

機關名稱	建築物 數量	建築物 估價	器具 數量	器具 估價	現款	圖書 數量	圖書 估價	儀器 數量	儀器 估價	文卷	醫藥用品 數量	醫藥用品 估價	其他 數量	其他 估價	共計	備註
無錫福山小学				435元										60元	495元	
后莊小学				180元										60元	240元	
龔唐巷小学				180元										80元	260元	
花園小学				245元										80元	325元	
萬善小学				180元										60元	240元	
															1560元	

278　277　177

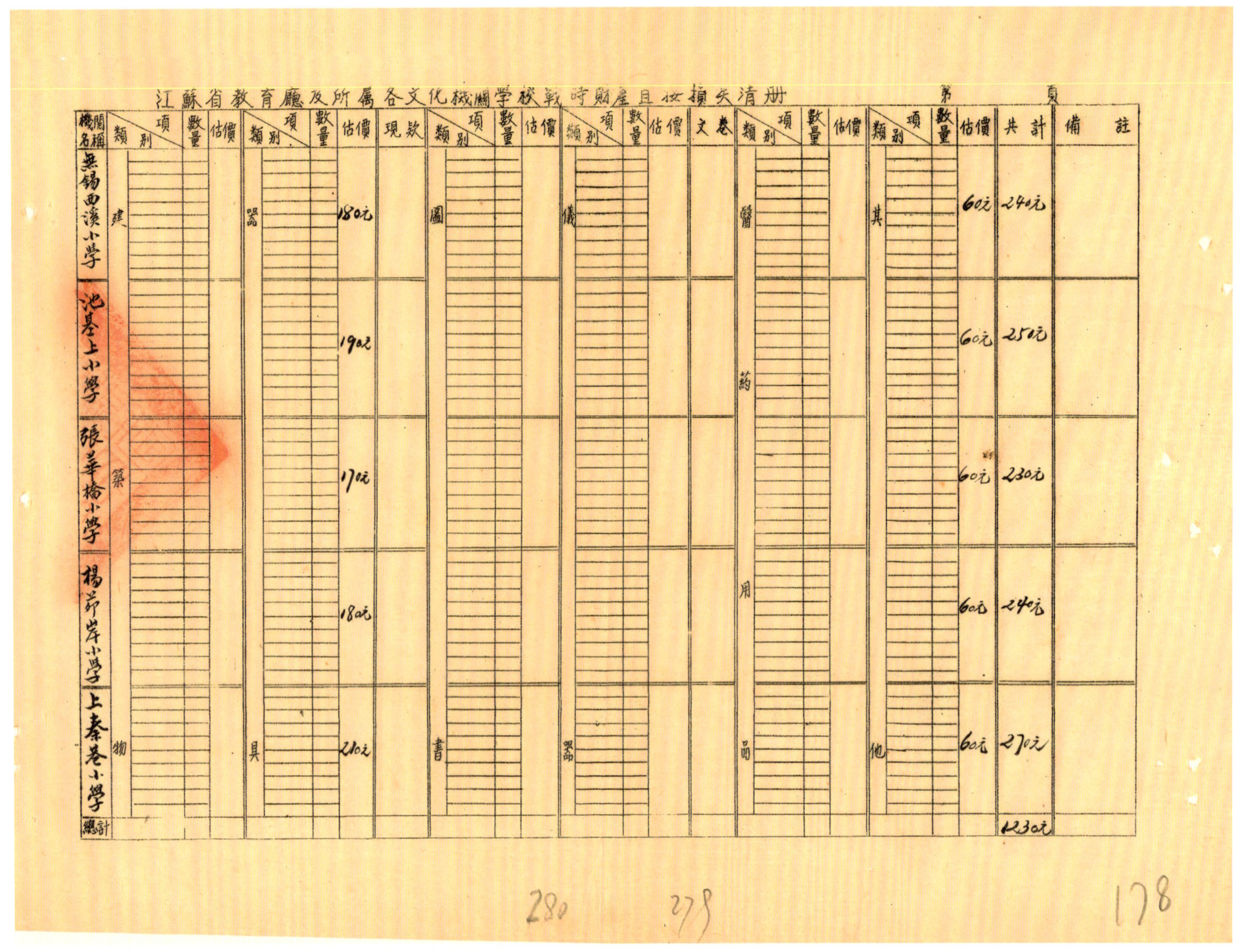

江蘇省教育廳及所屬各文化機關學校戰時財產直接損失清冊　第　頁

機關名稱	建築物 類別項	數量	估價	器具 類別項	數量	估價	現款	圖書 類別項	數量	估價	儀器 類別項	數量	估價	文卷	醫藥用品 類別項	數量	估價	其他 類別項	數量	估價	共計	備註
無錫西溪小學						180元														60元	240元	
池基上小學						190元														60元	250元	
張華橋小學						170元														60元	230元	
楊節岸小學						180元														60元	240元	
上秦巷小學						210元														60元	270元	
總計																					1230元	

江蘇省教育廳及所屬各文化機關學校戰時財產直接損失清册

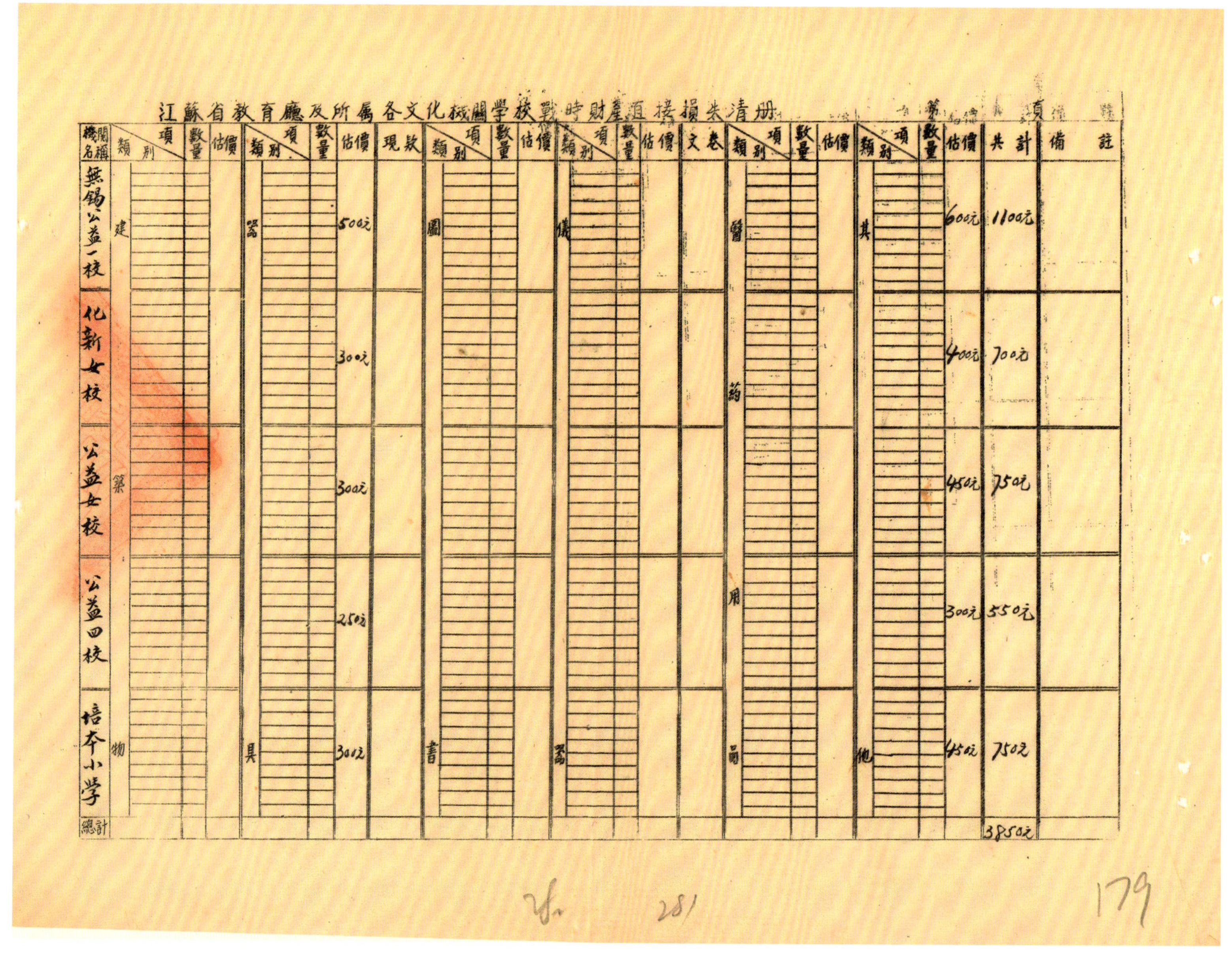

機關名稱	建築物 類別項	數量	估價	器具 類別項	數量	估價	現款	圖書 類別項	數量	估價	儀器 類別項	數量	估價	文卷	醫藥用品 類別項	數量	估價	其他 類別項	數量	估價	共計	備註
無錫公益一校						500元														600元	1100元	
化新女校						300元														400元	700元	
公益女校						300元														450元	750元	
公益四校						250元														300元	550元	
培本小学						300元														450元	750元	
總計																					3850元	

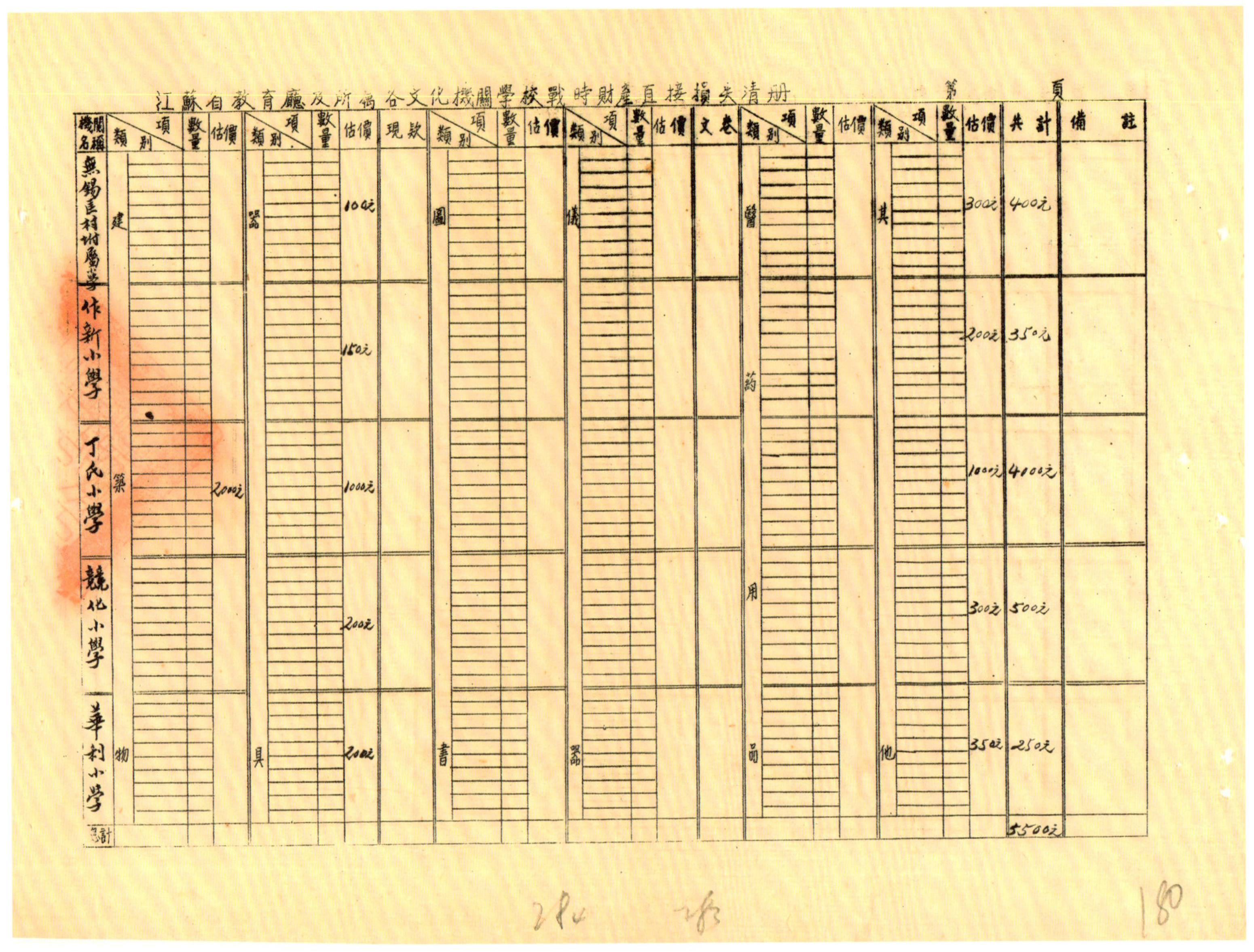

江蘇省教育廳及所屬各文化機關學校戰時財產直接損失清册　　第　　頁

機關名稱	建築物 項別	數量	估價	器具 項別	數量	估價	現款	圖書 項別	數量	估價	儀器 項別	數量	估價	文卷	醫藥用品 項別	數量	估價	其他 項別	數量	估價	共計	備註
無錫匡村附屬學						100元														300元	400元	
作新小學						150元														200元	350元	
丁氏小學			2000元			1000元														1000元	4100元	
競化小學						200元														300元	500元	
華利小學						200元														35元	250元	
總計																					5500元	

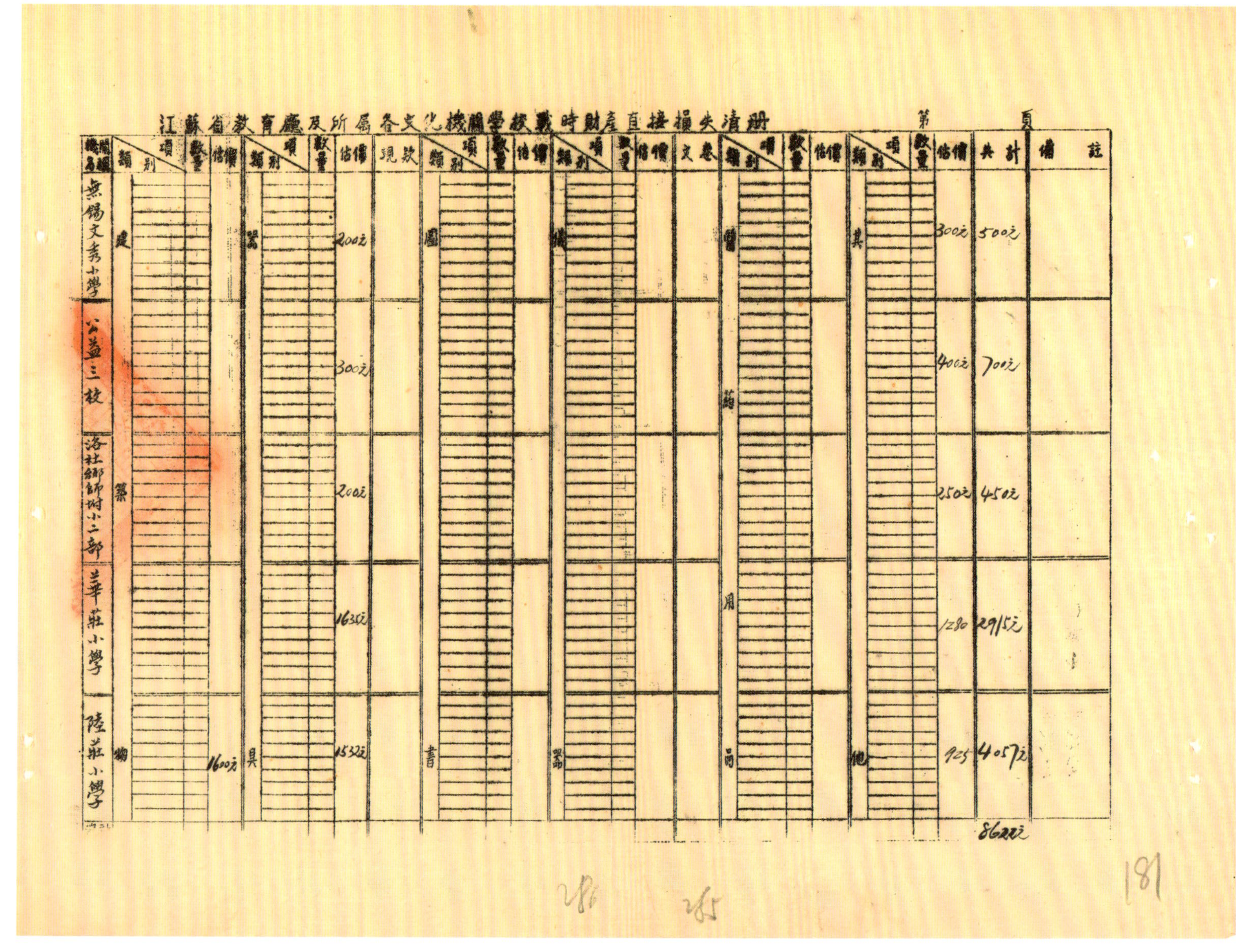

江蘇省教育廳及所屬各文化機關學校戰時財產直接損失清册　第　頁

機關名稱	建築物 類別	建築物 數量	建築物 估價	器具 類別	器具 數量	器具 估價	現款	圖書 類別	圖書 數量	圖書 估價	儀器 類別	儀器 數量	儀器 估價	文卷	醫藥用品 類別	醫藥用品 數量	醫藥用品 估價	其他 類別	其他 數量	其他 估價	共計	備註
無錫文秀小學						200元														300元	500元	
公益三校						300元														400元	700元	
洛社鄉師附小二部						200元														250元	450元	
芊莊小學						1635元														1280	2915元	
陸莊小學			1600元			1532元														925	4057元	
																					8622元	

286　285　181

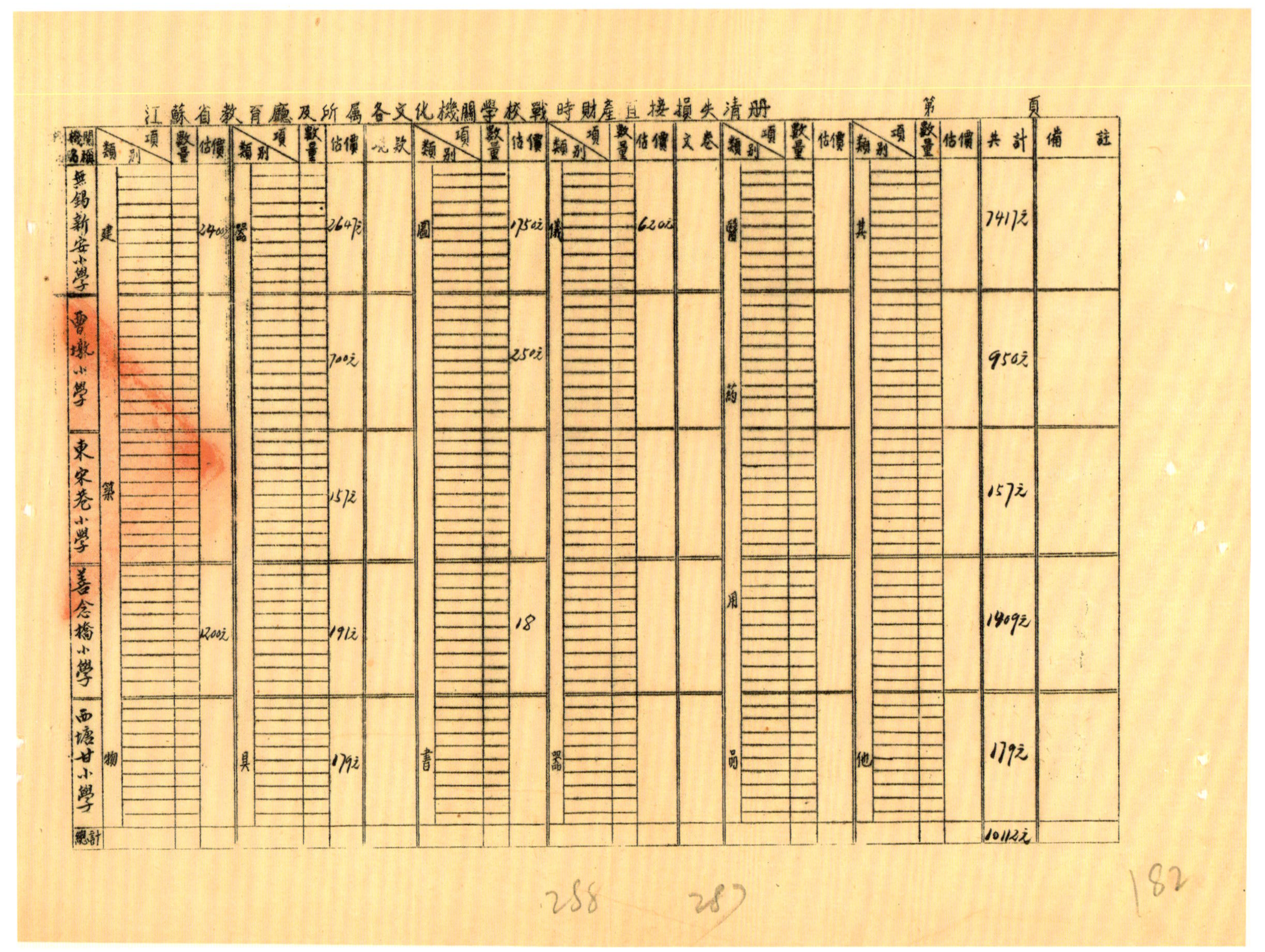

江蘇省教育廳及所屬各文化機關學校戰時財產直接損失清冊　　第　　頁

機關名稱	項類別	數量	估價	項類別	數量	估價	現款	項類別	數量	估價	項類別	數量	估價	文卷	項類別	數量	估價	項類別	數量	估價	共計	備註
無錫新安小學	建		2400元	器		264元		圖		1750元	儀		620元		醫			其			7417元	
曹墩小學						700元				250元					藥						950元	
東宋巷小學	築					157元															157元	
善念橋小學			1200元			191元				18					用						1409元	
西塘甘小學	物			具		179元		書			器				品			他			179元	
總計																					10112元	

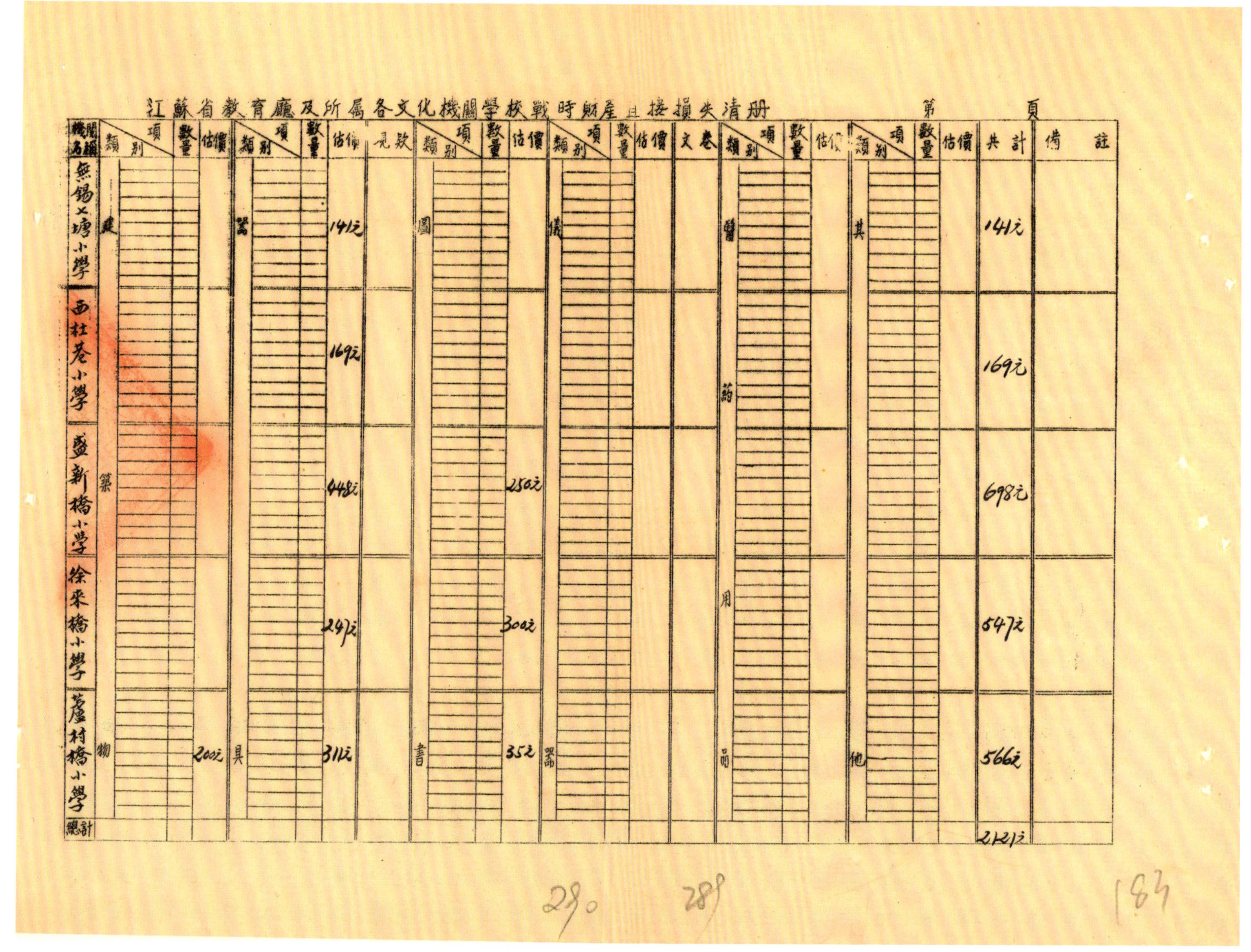

江蘇省教育廳及所屬各文化機關學校戰時財產直接損失清冊　第　頁

機關名稱	類別（建築物）	數量	估價	類別（器具）	數量	估價	現款	類別（圖書）	數量	估價	類別（儀器）	數量	估價	文卷	類別（醫藥用品）	數量	估價	類別（其他）	數量	估價	共計	備註
無錫×塘小學						141元															141元	
西杜巷小學						169元															169元	
盛新橋小學						448元				250元											698元	
徐采橋小學						247元				300元											547元	
[illegible]蘆村橋小學			200元			311元				35元											566元	
總計																					2121元	

290

289

184

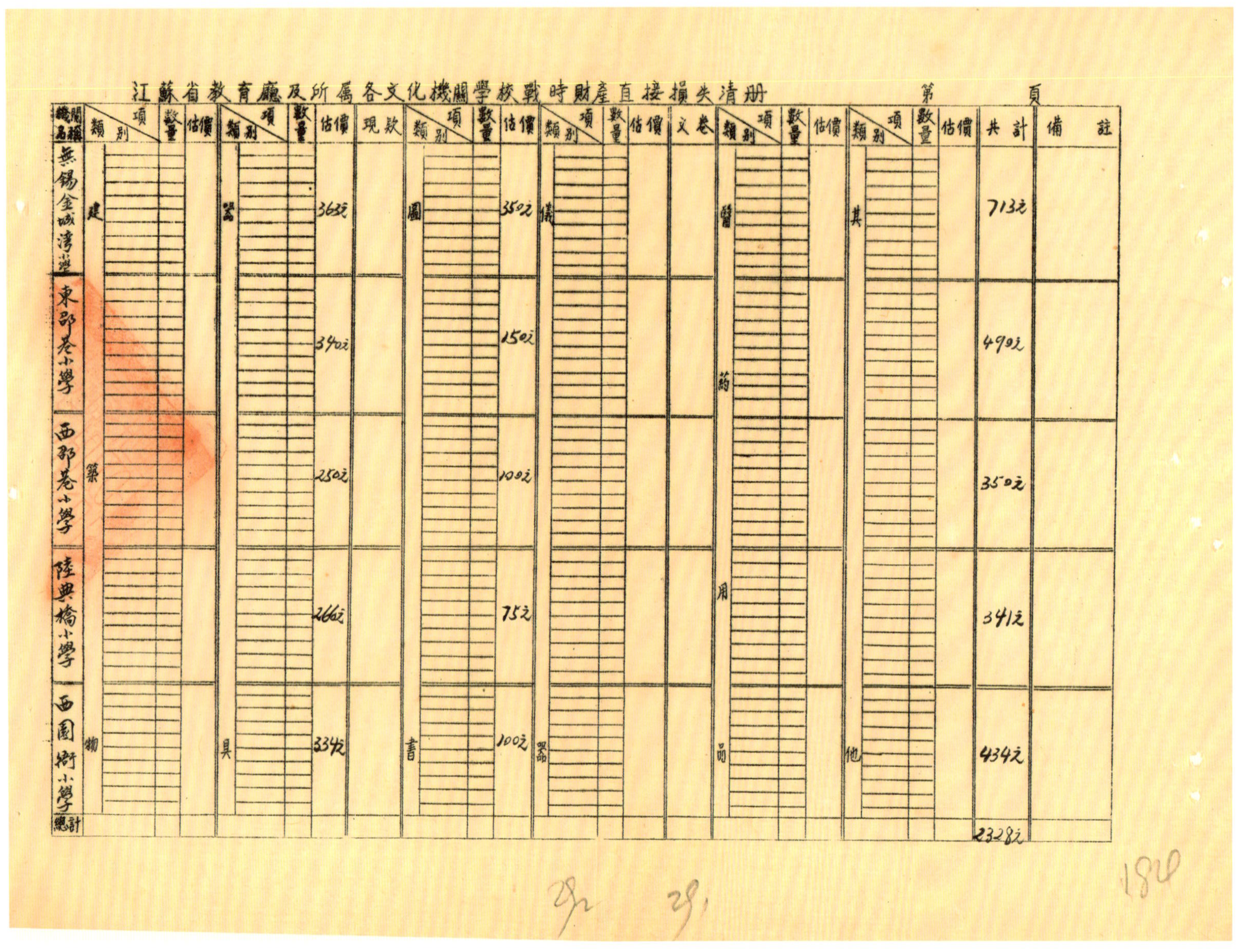

江蘇省教育廳及所屬各文化機關學校戰時財產直接損失清册　　第　　頁

機關名稱	項別（建築物）	數量	估價	項別（器具）	數量	估價	現款	項別（圖書）	數量	估價	項別（儀器）	數量	估價	文卷	項別（醫藥用品）	數量	估價	項別（其他）	數量	估價	共計	備註
無錫金城灣小學						363元				350元											713元	
東郭巷小學						340元				150元											490元	
西郭巷小學						250元				100元											350元	
陸典橋小學						266元				75元											341元	
西園街小學						334元				100元											434元	
總計																					2328元	

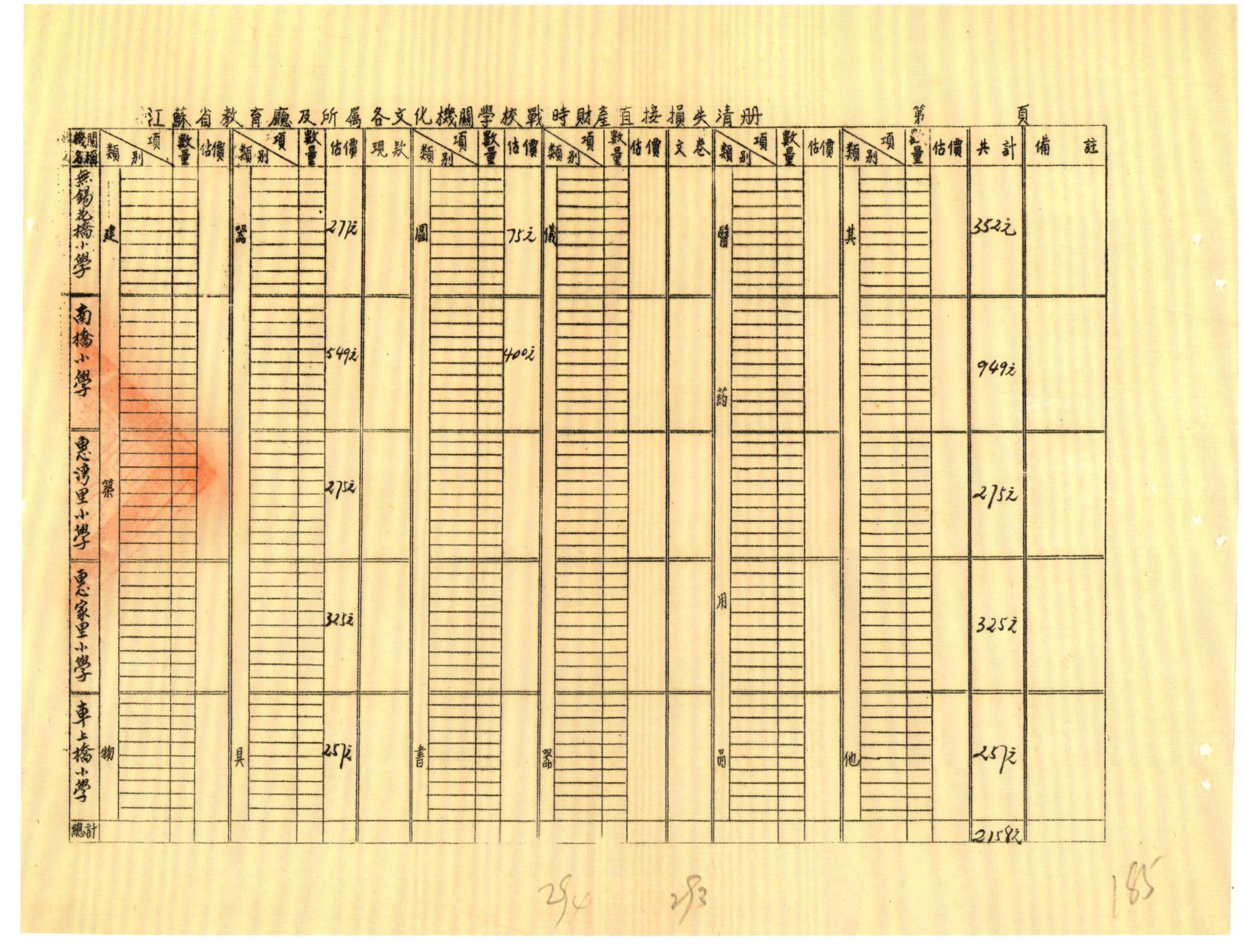

江蘇省教育廳及所屬各文化機關學校戰時財產直接損失清册　　第　　頁

機關名稱	建築物 類別	建築物 數量	建築物 估價	器具 類別	器具 數量	器具 估價	現款	圖書 類別	圖書 數量	圖書 估價	儀器 類別	儀器 數量	儀器 估價	文卷	醫藥用品 類別	醫藥用品 數量	醫藥用品 估價	其他 類別	其他 數量	其他 估價	共計	備註
無錫花橋小學						277元				75元											352元	
南橋小學						549元				400元											949元	
惠灣里小學						275元															275元	
惠家里小學						325元															325元	
東上橋小學						257元															257元	
總計																					2158元	

294　283　185

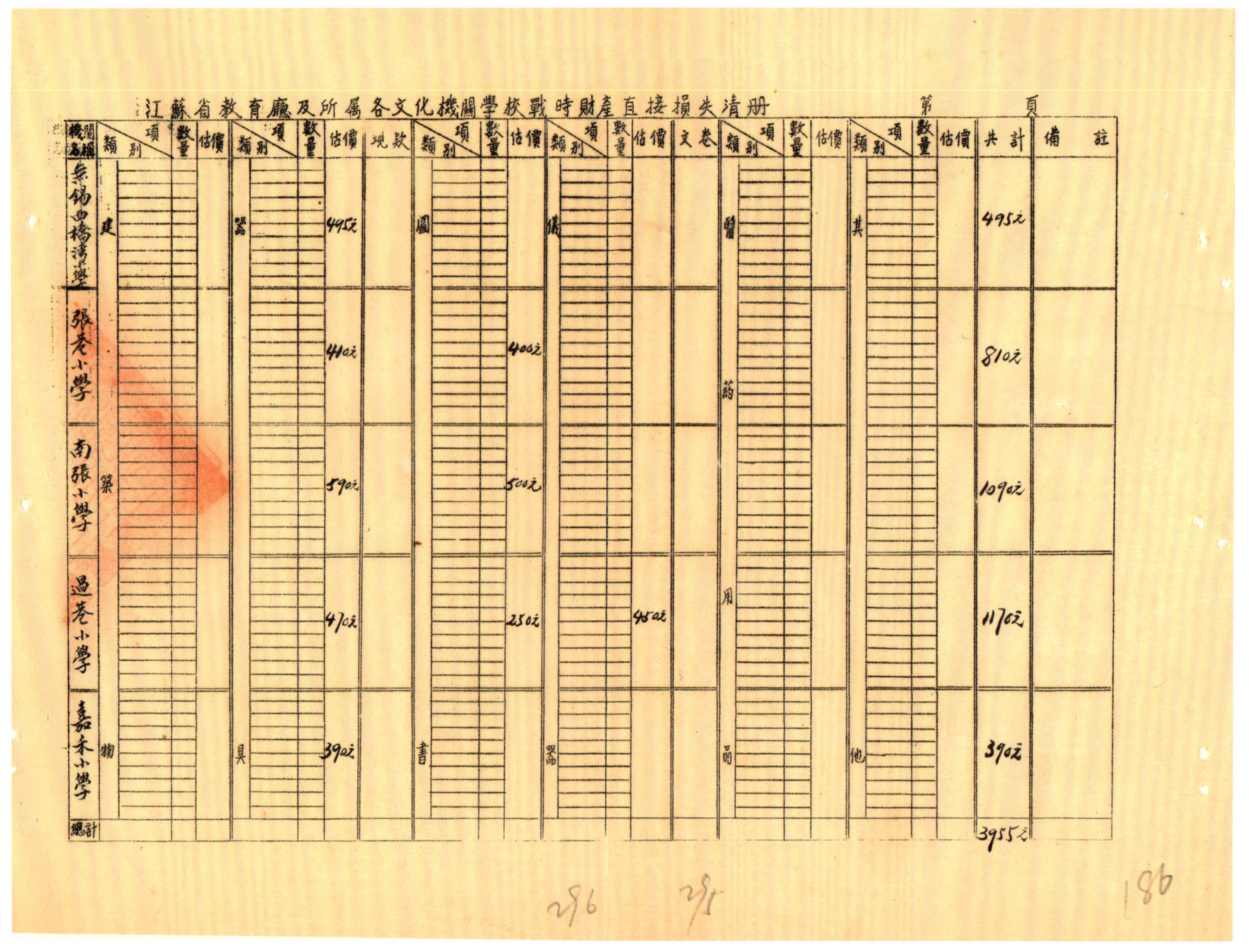

江蘇省教育廳及所屬各文化機關學校戰時財產直接損失清册　第　頁

機關名稱	建築物 數量	建築物 估價	器具 數量	器具 估價	現款	圖書 數量	圖書 估價	儀器 數量	儀器 估價	文卷	醫藥用品 數量	醫藥用品 估價	其他 數量	其他 估價	共計	備註
無錫曲橋講學				495元											495元	
張巷小學				410元			400元								810元	
南張小學				590元			500元								1090元	
過巷小學				470元			250元		450元						1170元	
嘉禾小學				390元											390元	
總計															3955元	

296　295　186

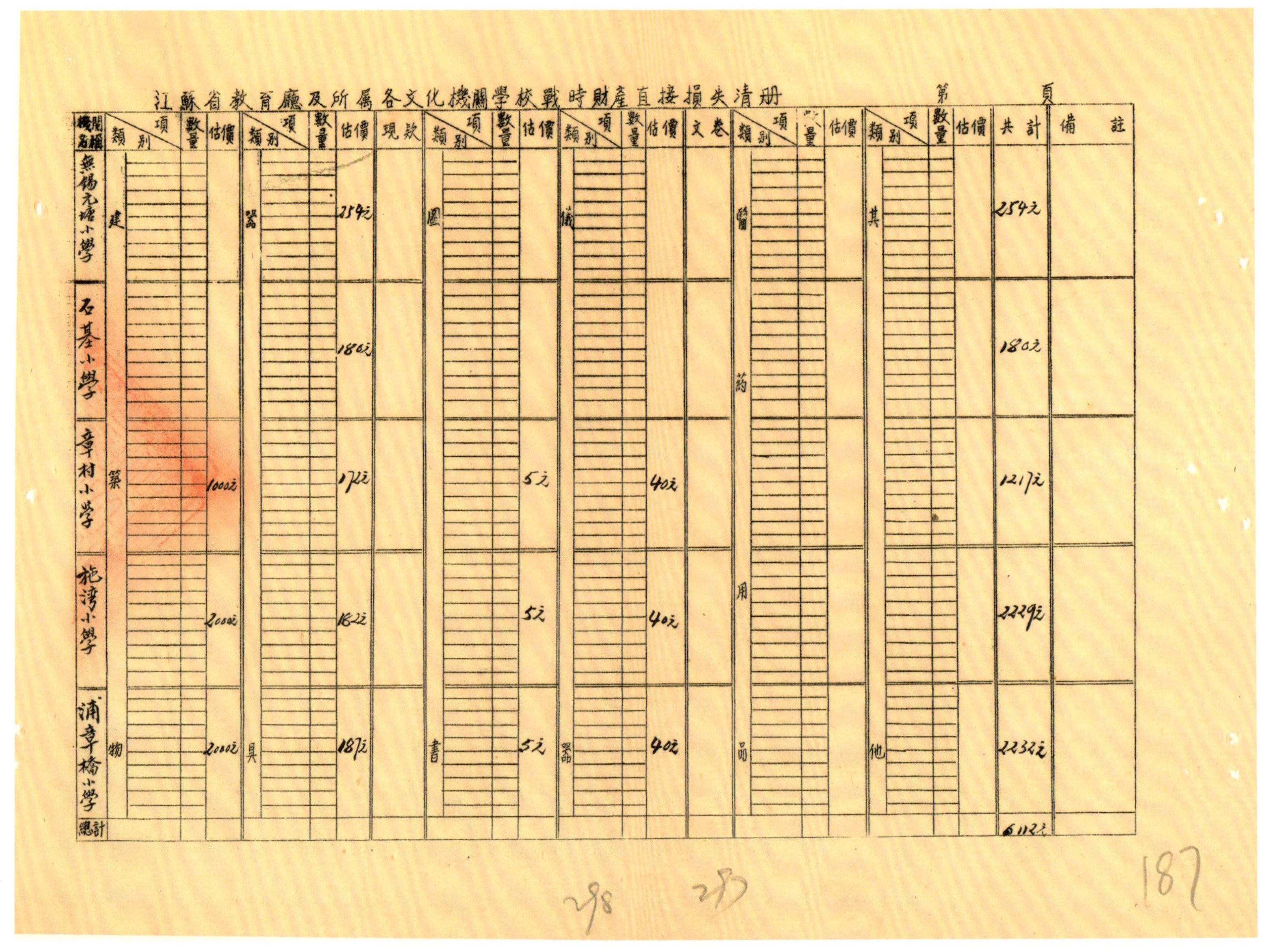

江蘇省教育廳及所屬各文化機關學校戰時財產直接損失清冊　　第　　頁

機關名稱	建築物 類別	數量	估價	器具 類別	數量	估價	現款	圖書 類別	數量	估價	儀器 類別	數量	估價	文卷	醫藥用品 類別	數量	估價	其他 類別	數量	估價	共計	備註
無錫元塘小學						254元															254元	
石基小學						180元															180元	
章村小學			1000元			172元				5元			40元								1217元	
施灣小學			2000元			182元				5元			40元								2229元	
浦章橋小學			2000元			187元				5元			40元								2232元	
總計																					6112元	

298　283

187

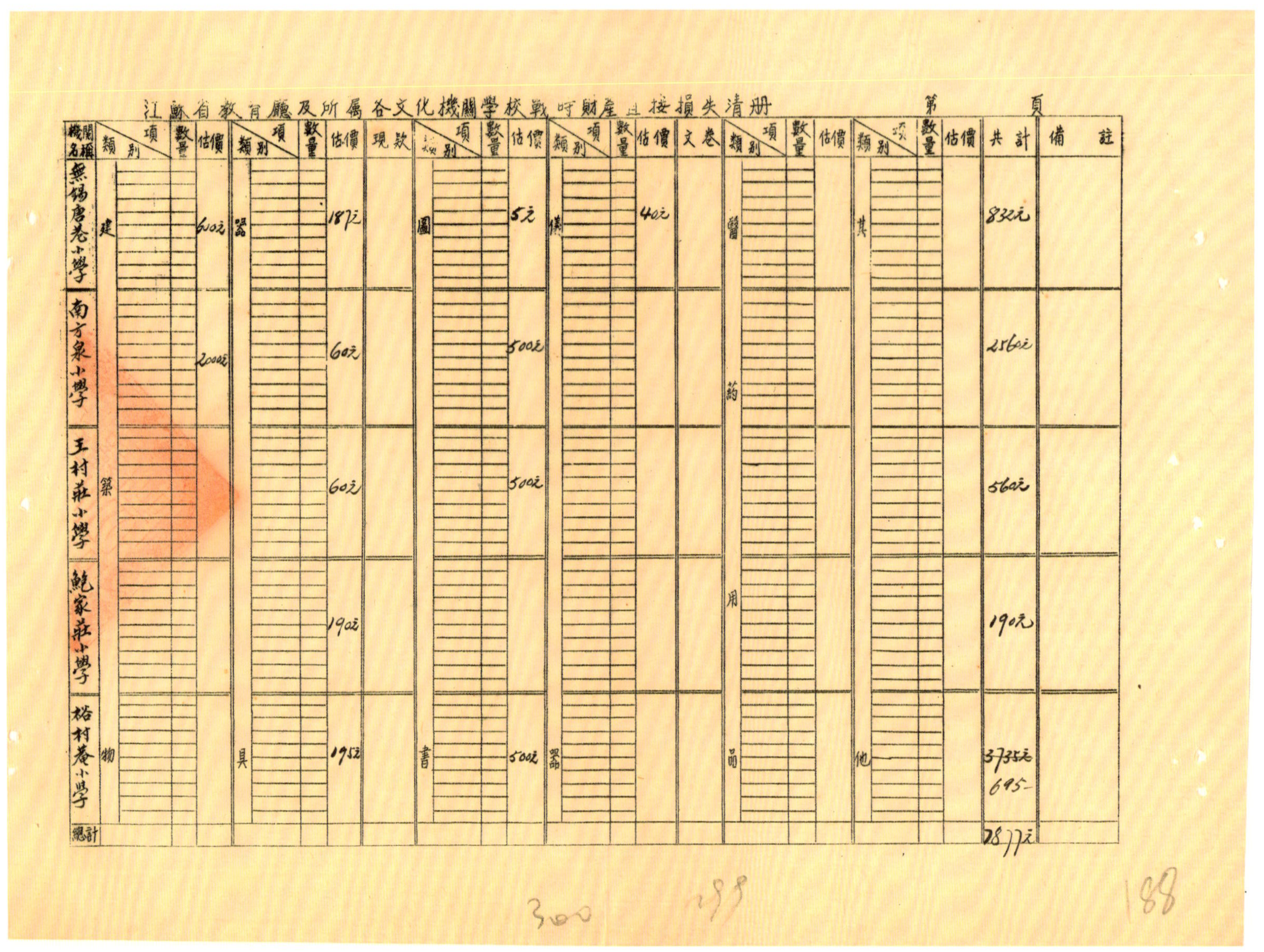

江蘇省教育廳及所屬各文化機關學校戰時財產直接損失清册　　第　　頁

機關名稱	類別	數量	估價	類別	數量	估價	現款	類別	數量	估價	類別	數量	估價	文卷	類別	數量	估價	類別	數量	估價	共計	備註
	建築物			器具				圖書			儀器				醫藥用品			其他				
無錫唐巷小學			600元			187元				5元			40元								832元	
南方泉小學			2000元			60元				500元											2560元	
王村莊小學						60元				500元											560元	
鮑家莊小學						190元															190元	
梧村巷小學						195元				500元											~~3735元~~ 695	
總計																					2877元	

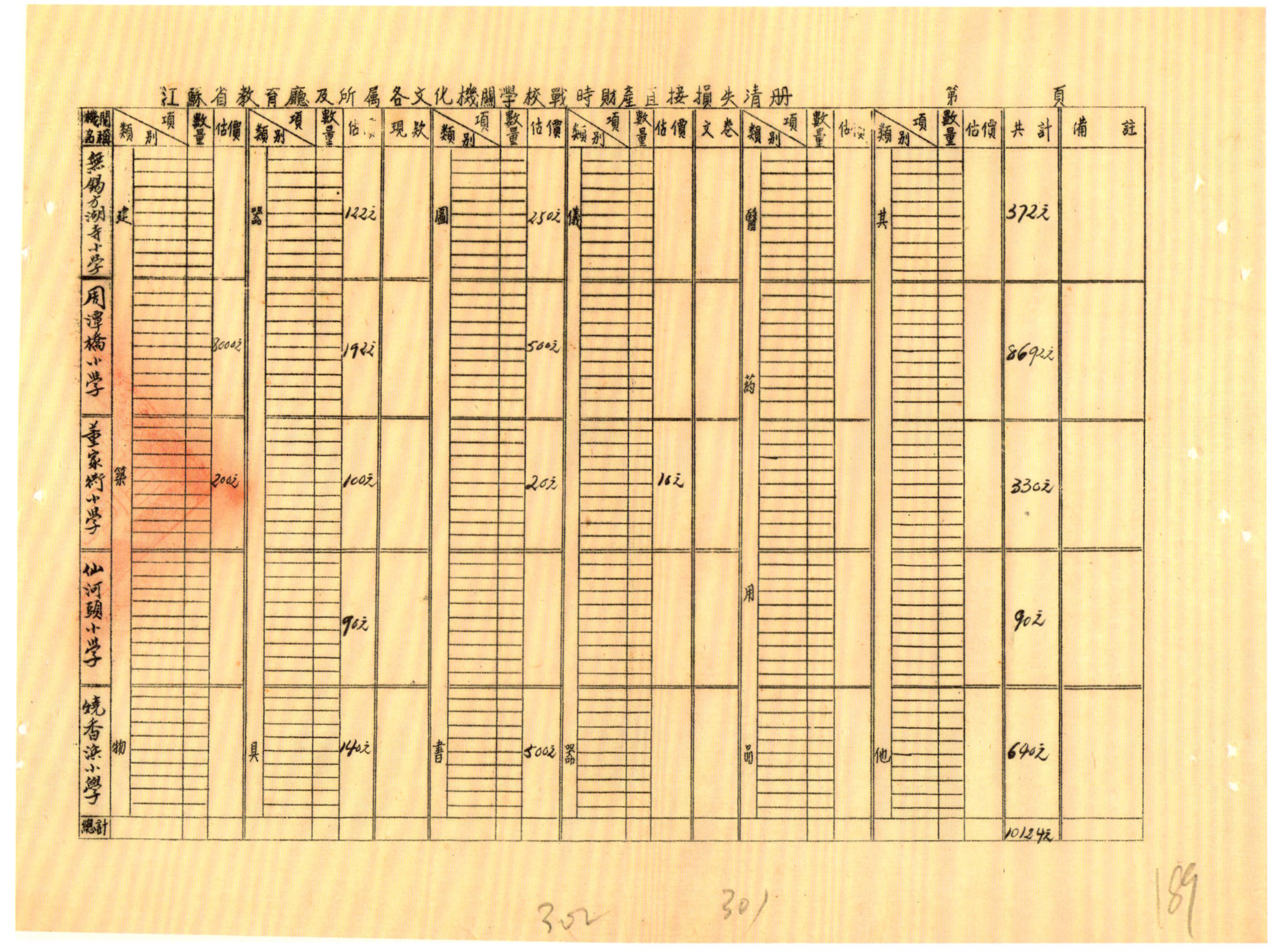

江蘇省教育廳及所屬各文化機關學校戰時財產直接損失清冊　　第　　頁

機關名稱	建築物 數量	建築物 估價	器具 數量	器具 估價	現款	圖書 數量	圖書 估價	儀器 數量	儀器 估價	文卷	醫藥用品 數量	醫藥用品 估價	其他 數量	其他 估價	共計	備註
無錫方湖寺小学				122元			250元								372元	
周潭橋小学		8000元		192元			500元								8692元	
華家衖小學		200元		100元			20元		10元						330元	
仙河頭小学				90元											90元	
燒香浜小學				140元			500元								640元	
總計															10124元	

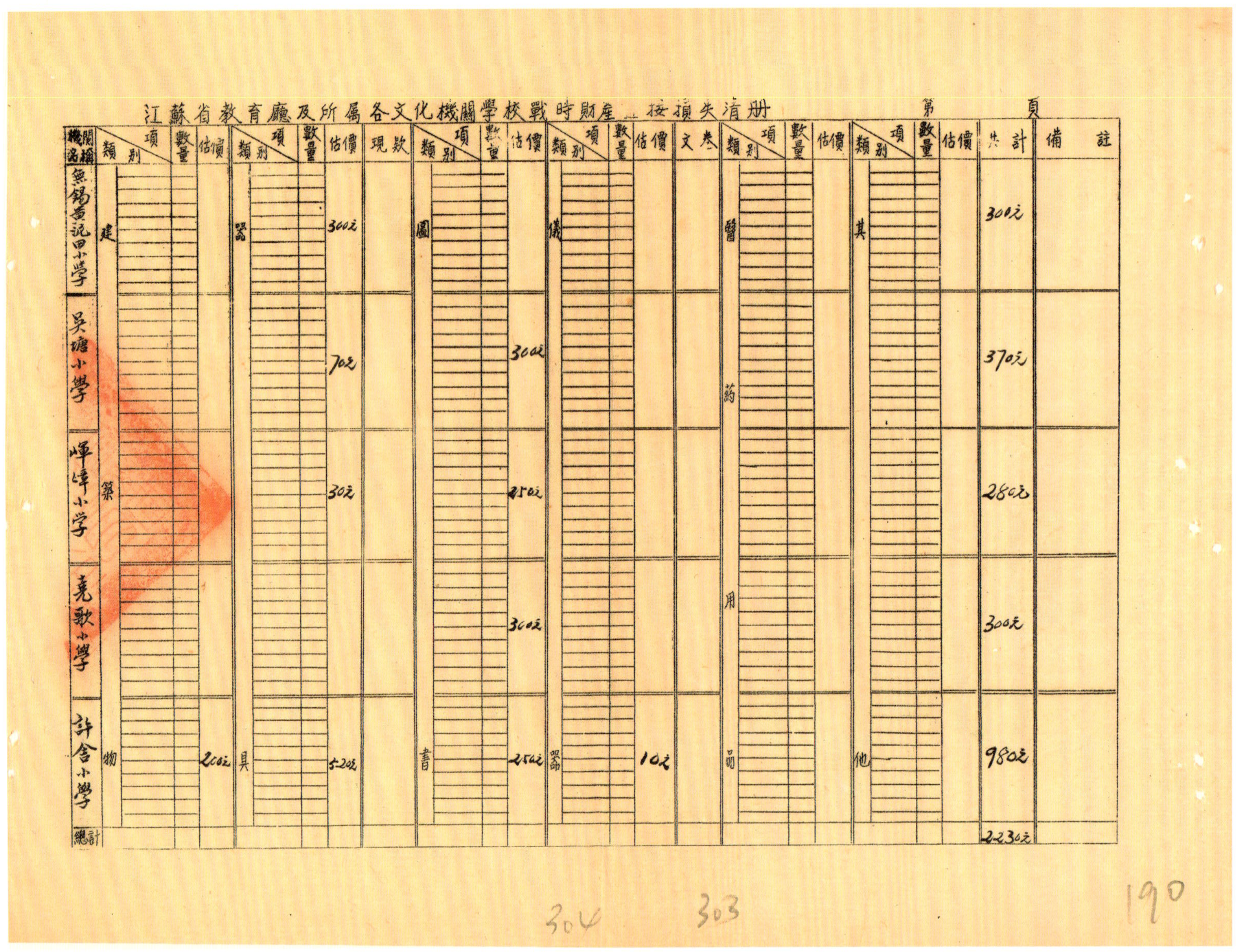

江蘇省教育廳及所屬各文化機關學校戰時財產＿接損失清冊　　第　　頁

機關名稱	項別類別（建築物）	數量	估價	項別類別（器具）	數量	估價	現款	項別類別（圖書）	數量	估價	項別類別（儀器）	數量	估價	文卷	項別類別（醫藥用品）	數量	估價	項別類別（其他）	數量	估價	共計	備註
無錫黃泥田小學						300元															300元	
吳塘小學						70元				300元											370元	
嶧嶂小学						30元				250元											280元	
堯歌小學										300元											300元	
許舍小學			200元			520元				250元			10元								980元	
總計																					2230元	

304　303　190

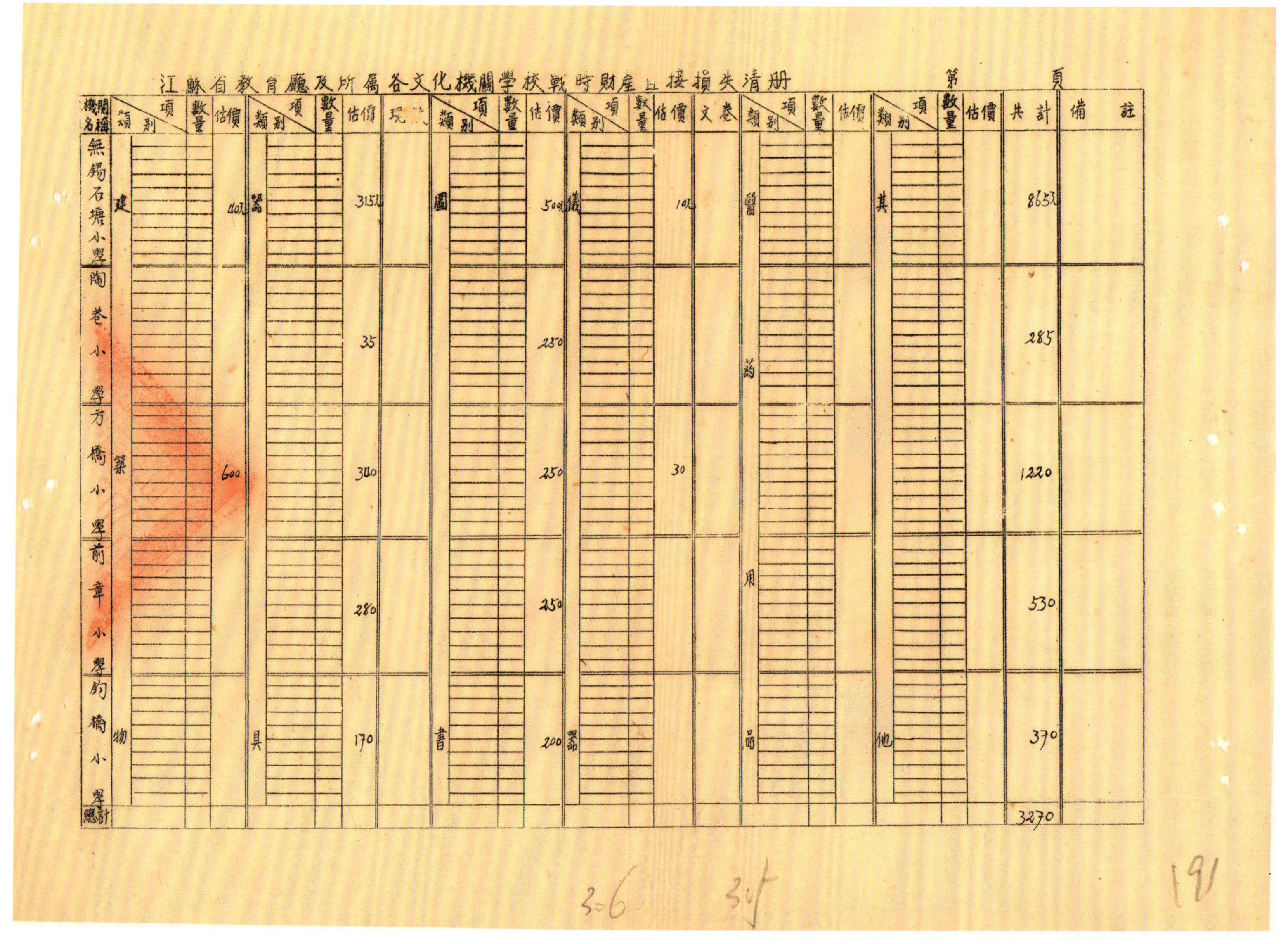

江蘇省教育廳及所屬各文化機關學校戰時財產直接損失清册　　第　　頁

機關名稱	建築物 類別項	數量	估價	器具 類別項	數量	估價	現款	圖書 類別項	數量	估價	儀器 類別項	數量	估價	文卷	醫藥用品 類別項	數量	估價	其他 類別項	數量	估價	共計	備註
無錫石塘小學			40元			315元				500元			10元								865元	
陶巷小學						35				250											285	
方橋小學			600			340				250			30								1220	
前章小學						280				250											530	
鈞橋小學						170				200											370	
總計																					3270	

306　305　191

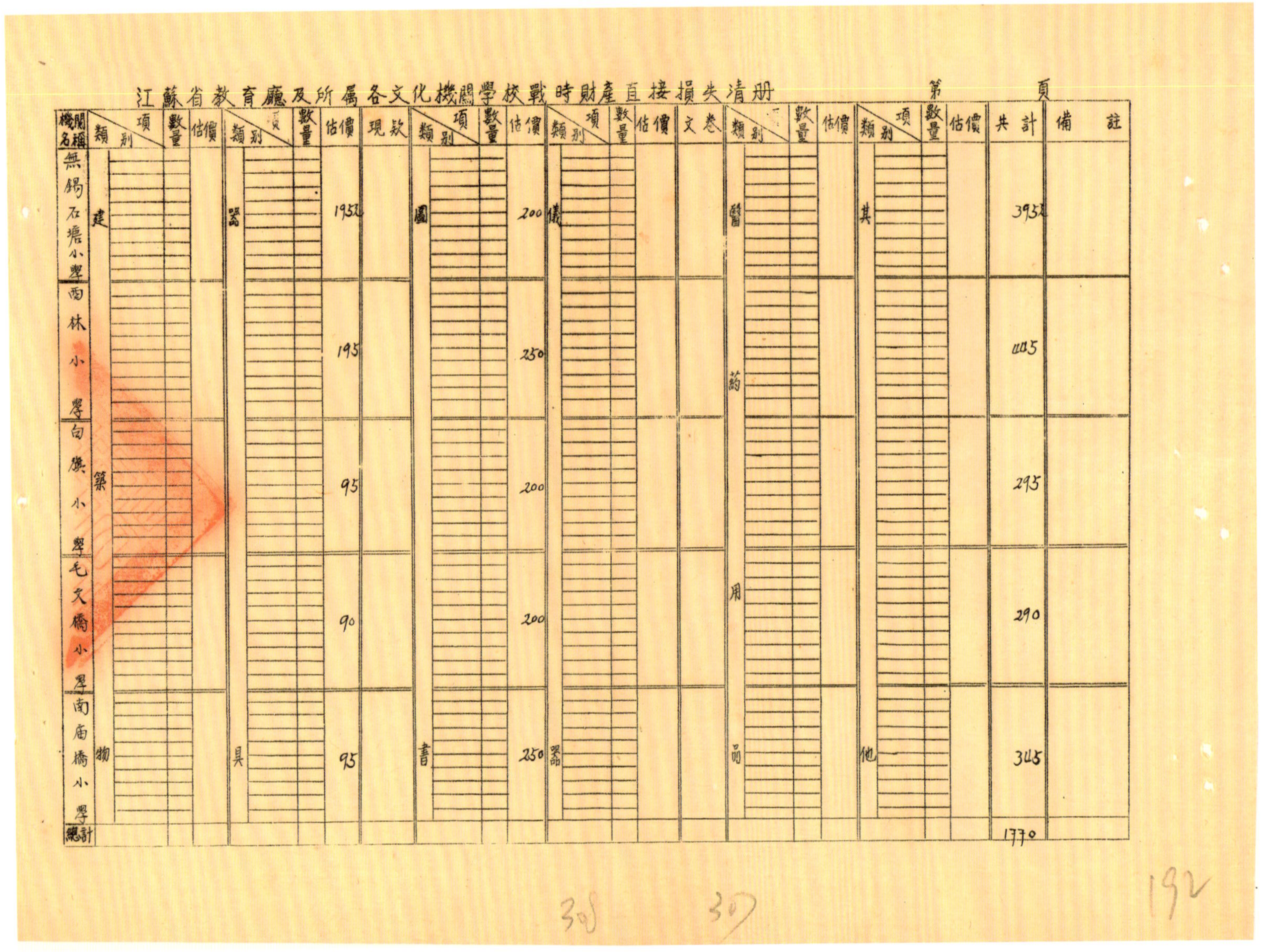

江蘇省教育廳及所屬各文化機關學校戰時財產直接損失清册　　第　　頁

機關名稱	項別類	數量	估價	項別類	數量	估價	現款	項別類	數量	估價	項別類	數量	估價	文卷	項別類	數量	估價	項別類	數量	估價	共計	備註
無錫石塘小學	建築物			器具		195		圖書		200	儀器				醫藥用品			其他			395	
西林小學						195				250											445	
白旗小學						95				200											295	
毛文僑小學						90				200											290	
南廟橋小學						95				250											345	
總計																					1770	

308　307　192

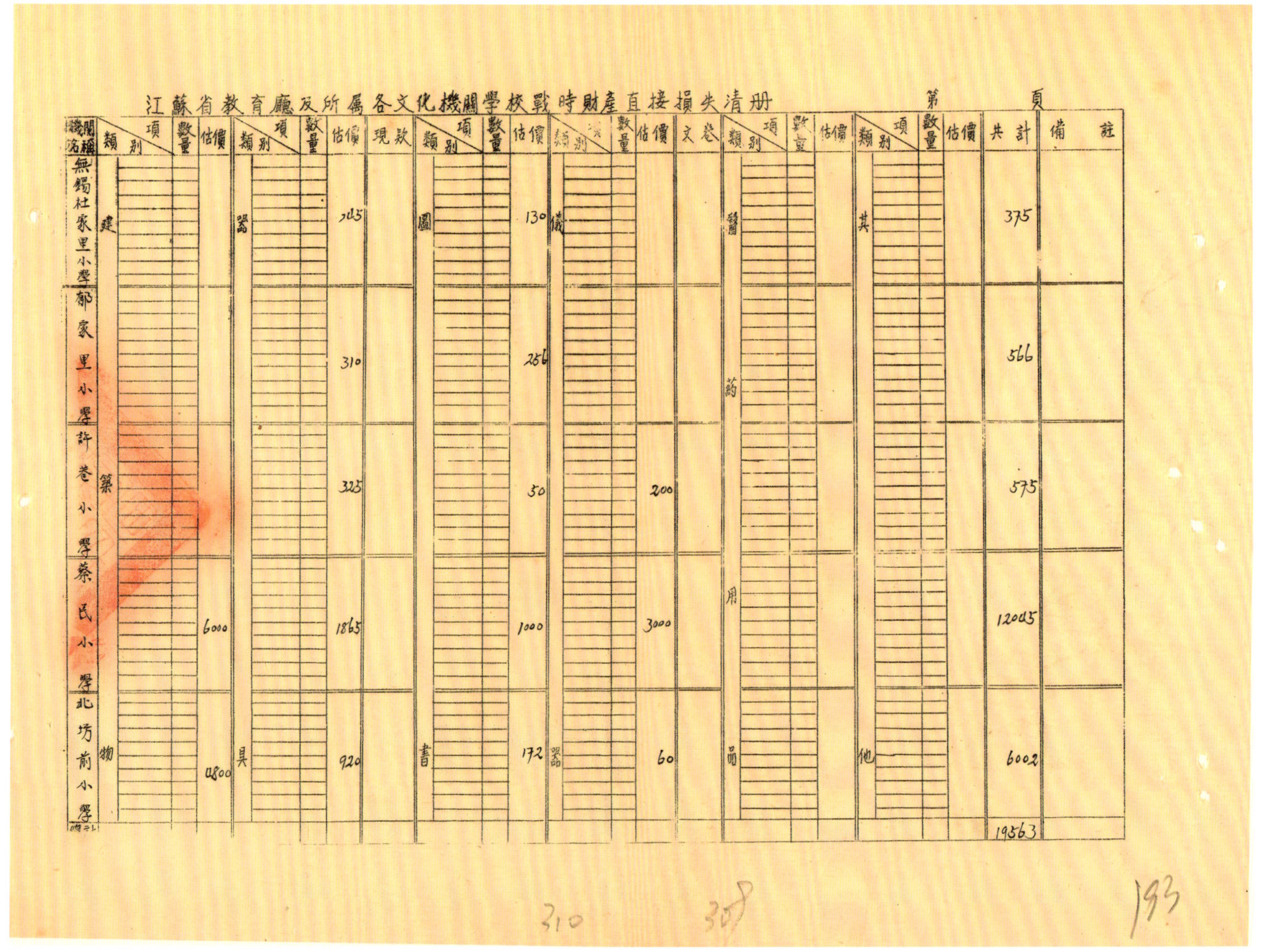

江蘇省教育廳及所屬各文化機關學校戰時財產直接損失清冊　第　頁

機關名稱	建築物 類別	數量	估價	器具 類別	數量	估價	現款	圖書 類別	數量	估價	儀器 類別	數量	估價	文卷	醫藥用品 類別	數量	估價	其他 類別	數量	估價	共計	備註
無錫杜家里小學						245				130											375	
郁家里小學						310				256											566	
許巷小學						325				50			200								575	
蔡民小學			6000			1865				1000			3000								12045	
北坊前小學			4800			920				172			60								6002	
																					19563	

310　308　193

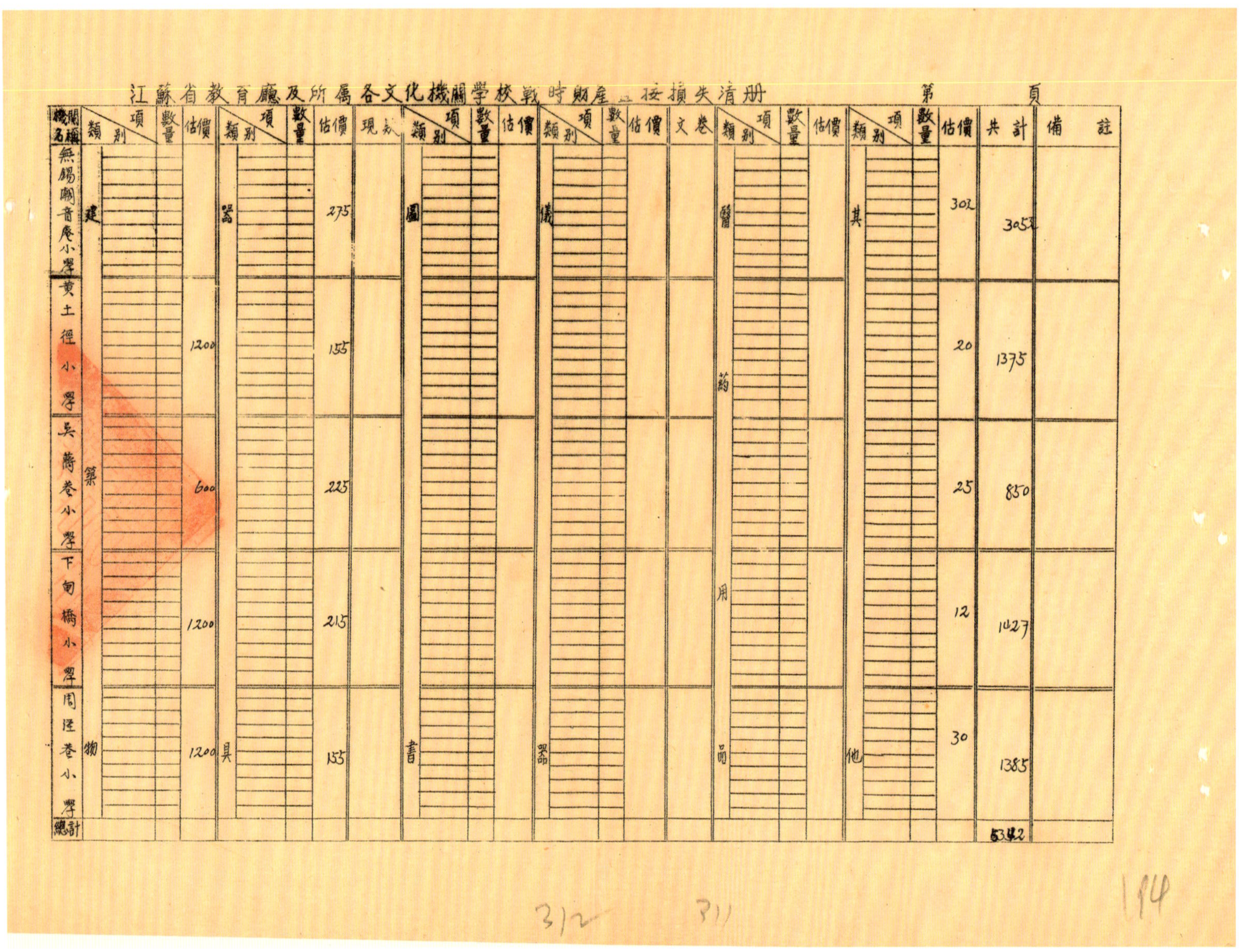

江蘇省教育廳及所屬各文化機關學校戰時財產直接損失清册　　第　　頁

機關名稱	建築物 類別	數量	估價	器具 類別	數量	估價	現款	圖書 類別	數量	估價	儀器 類別	數量	估價	文卷	醫藥用品 類別	數量	估價	其他 類別	數量	估價	共計	備註
無錫關音庵小學						275														302	3052	
黄土涇小學			1200			155														20	1375	
吴蒔巷小學			600			225														25	850	
下甸橋小學			1200			215														12	1427	
周涇巷小學			1200			155														30	1385	
總計																					5342	

312　311　194

江蘇省教育廳及所屬各文化機關學校戰時財產直接損失清冊　第　頁

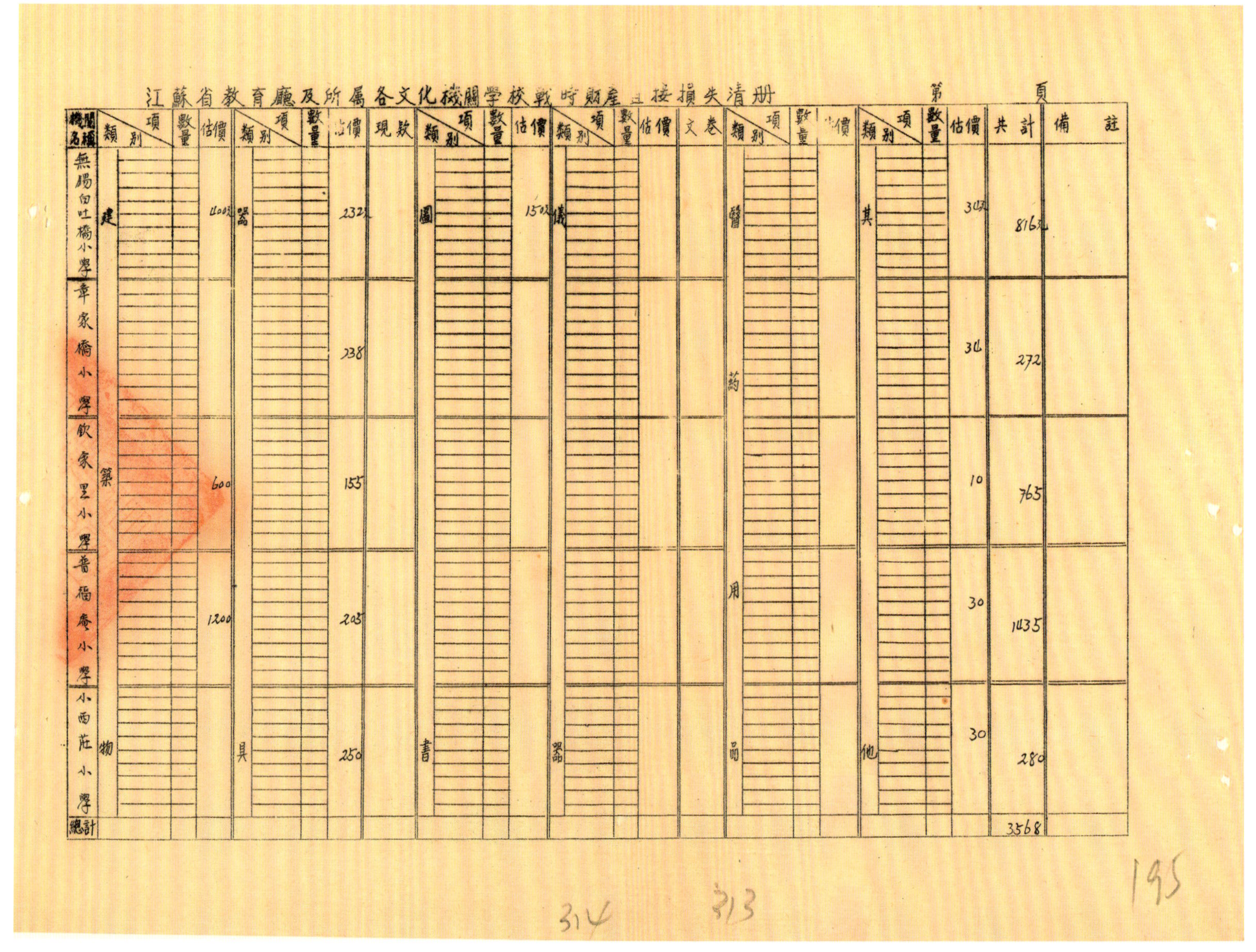

機關名稱	項 類別	數量	估價	項 類別	數量	估價	現款	項 類別	數量	估價	項 類別	數量	估價	文卷	項 類別	數量	估價	項 類別	數量	估價	共計	備註
無錫白吐橋小學	建		400元	器		232元		圖		150元	儀				醫			其		34元	816元	
章家橋小學						238									藥					34	272	
欽家里小學	築		600			155														10	765	
普福庵小學			1200			205									用					30	1435	
小西莊小學	物			具		250		書			器				品			他		30	280	
總計																					3568	

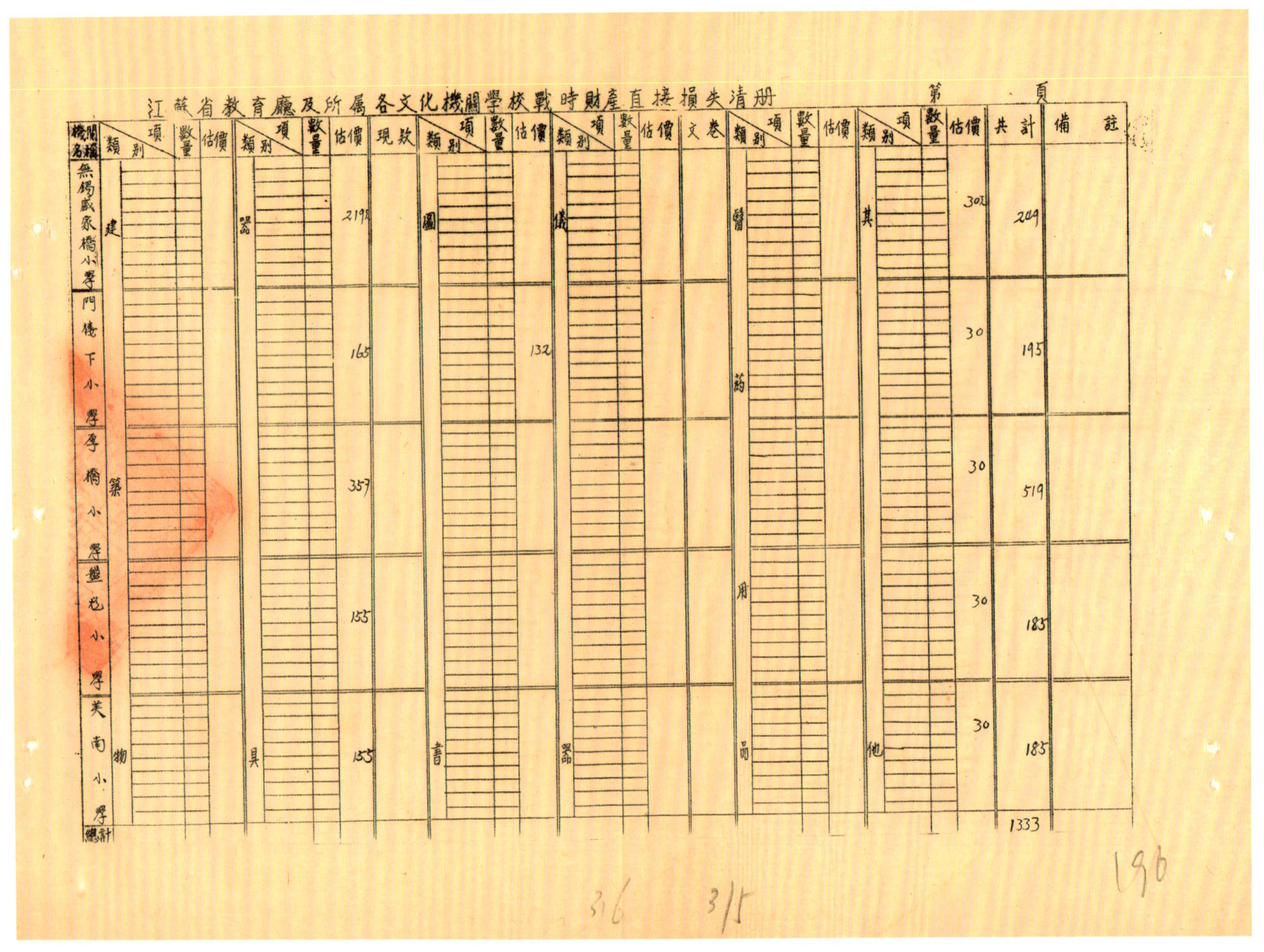

江蘇省教育廳及所屬各文化機關學校戰時財產直接損失清册　　第　　頁

機關名稱	建築物			器具			現款	圖書			儀器			文卷	醫藥用品			其他			共計	備註
	類別	數量	估價	類別	數量	估價		類別	數量	估價	類別	數量	估價		類別	數量	估價	類別	數量	估價		
無錫戚家橋小學						219元														30元	209	
門樓下小學						165				132										30	195	
孚橋小學						357														30	519	
鹽宅小學						155														30	185	
芙南小學						155														30	185	
總計																					1333	

江蘇省教育廳及所屬各文化機關學校戰時財產直接損失清册　　　　第　　頁

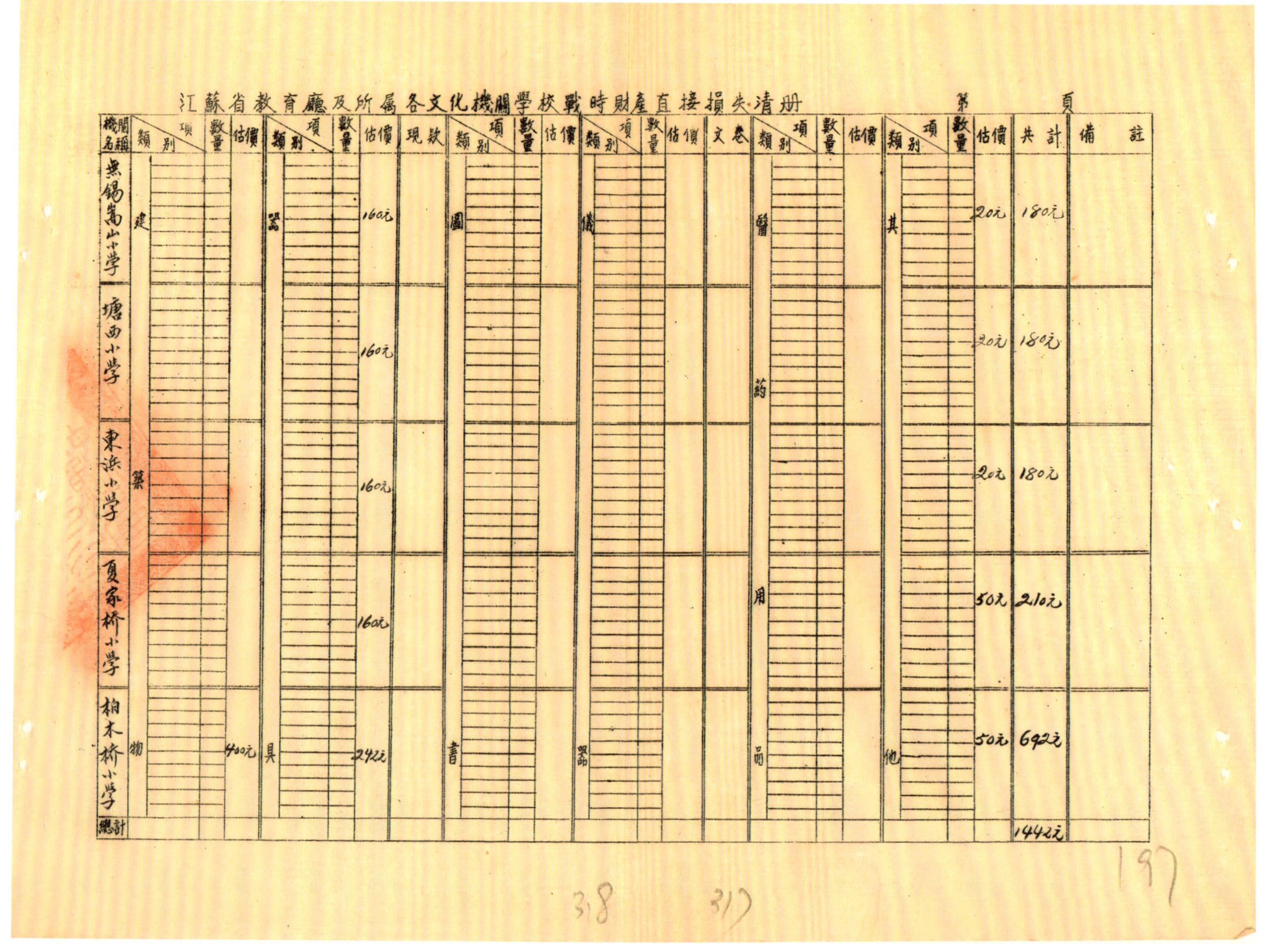

機關名稱	項 類別	數量	估價	項 類別	數量	估價	現款	項 類別	數量	估價	項 類別	數量	估價	文卷	項 類別	數量	估價	項 類別	數量	估價	共計	備註
無錫嵩山小学	建			器		160元		圖			儀				醫			其		20元	180元	
塘西小学						160元									藥					20元	180元	
東浜小学	築					160元														20元	180元	
夏家橋小学						160元									用					50元	210元	
柏木橋小学	物		400元	具		242元		書			器				品			他		50元	692元	
總計																					1442元	

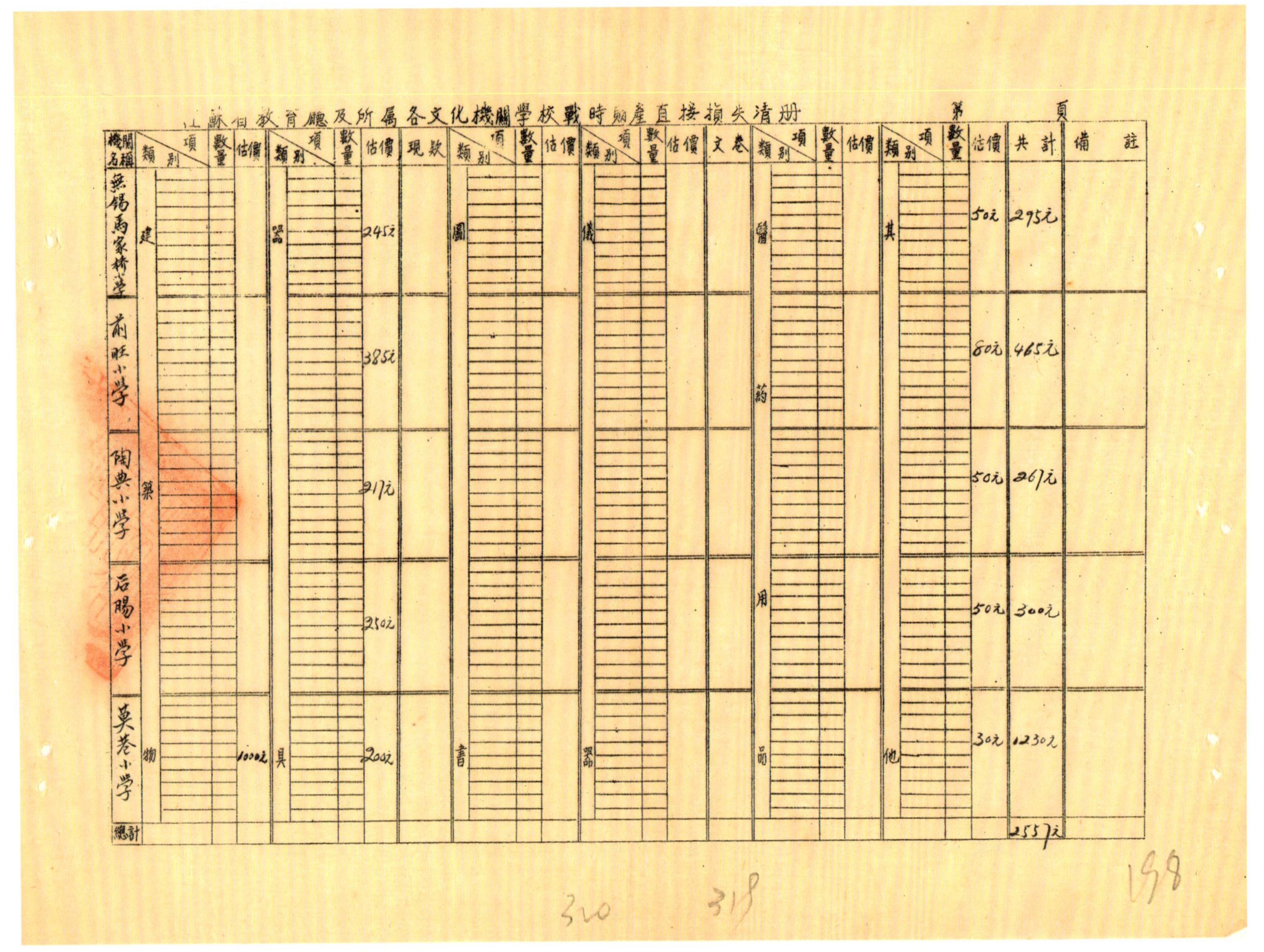

江蘇省教育廳及所屬各文化機關學校戰時財產直接損失清冊　第　頁

機關名稱	建築物（類別/項）	數量	估價	器具（類別/項）	數量	估價	現款	圖書（類別/項）	數量	估價	儀器（類別/項）	數量	估價	文卷	醫藥用品（類別/項）	數量	估價	其他（類別/項）	數量	估價	共計	備註
無錫禹家橋学						245元														50元	295元	
前旺小学						385元														80元	465元	
陶典小学						217元														50元	267元	
后陽小学						250元														50元	300元	
莫巷小学			1000元			200元														30元	1230元	
總計																					2557元	

320　318　198

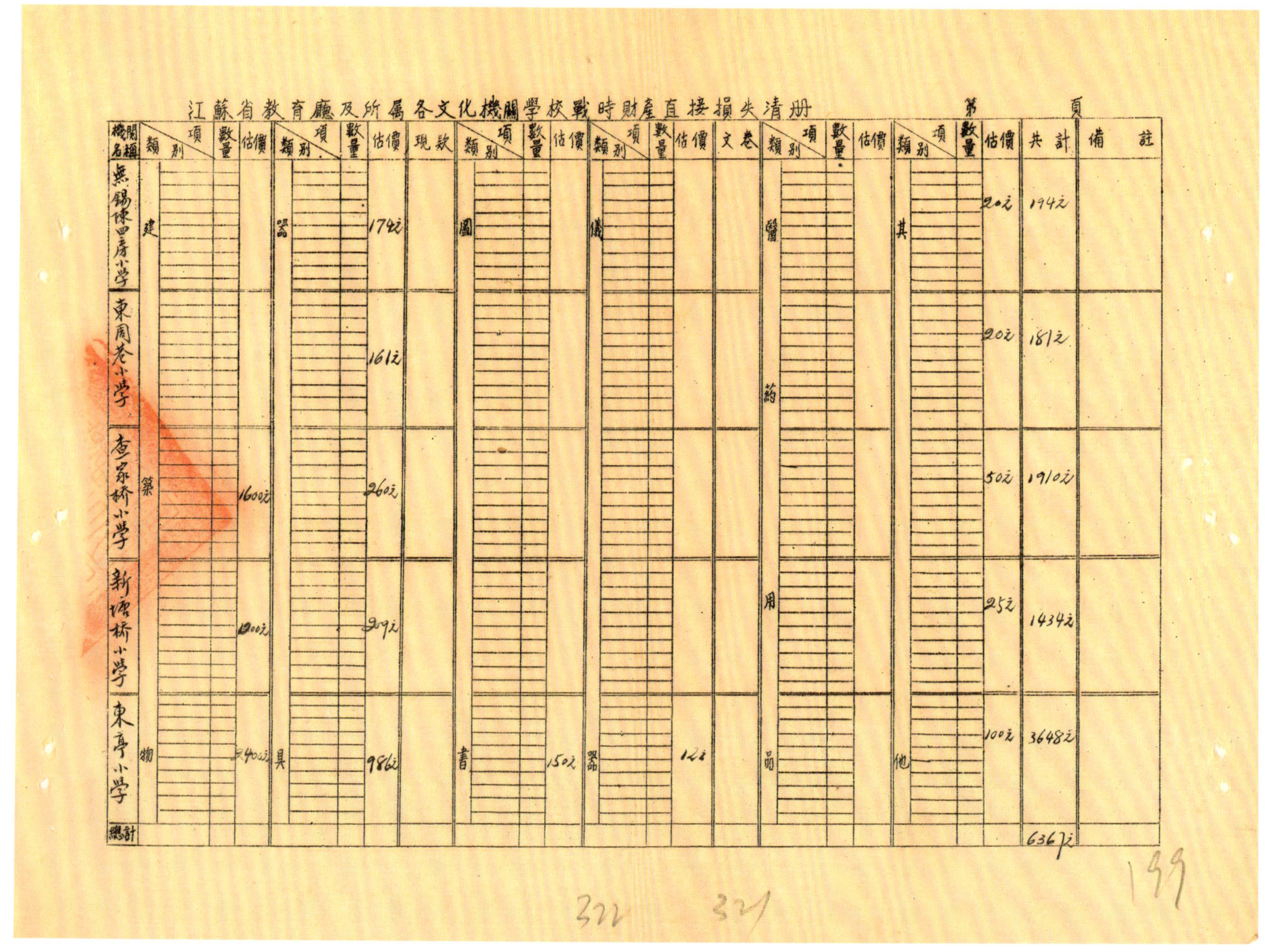

江蘇省教育廳及所屬各文化機關學校戰時財產直接損失清册　第　頁

機關名稱	建築物 類別	數量	估價	器具 類別	數量	估價	現款	圖書 類別	數量	估價	儀器 類別	數量	估價	文卷	醫藥用品 類別	數量	估價	其他 類別	數量	估價	共計	備註
無錫陳四房小学						174元														20元	194元	
東周巷小学						161元														20元	181元	
查家桥小学			1600元			260元														50元	1910元	
新塘桥小学			1200元			209元														25元	1434元	
東亭小学			2400元			986元				150元			12元							100元	3648元	
總計																					6367元	

322　321　199

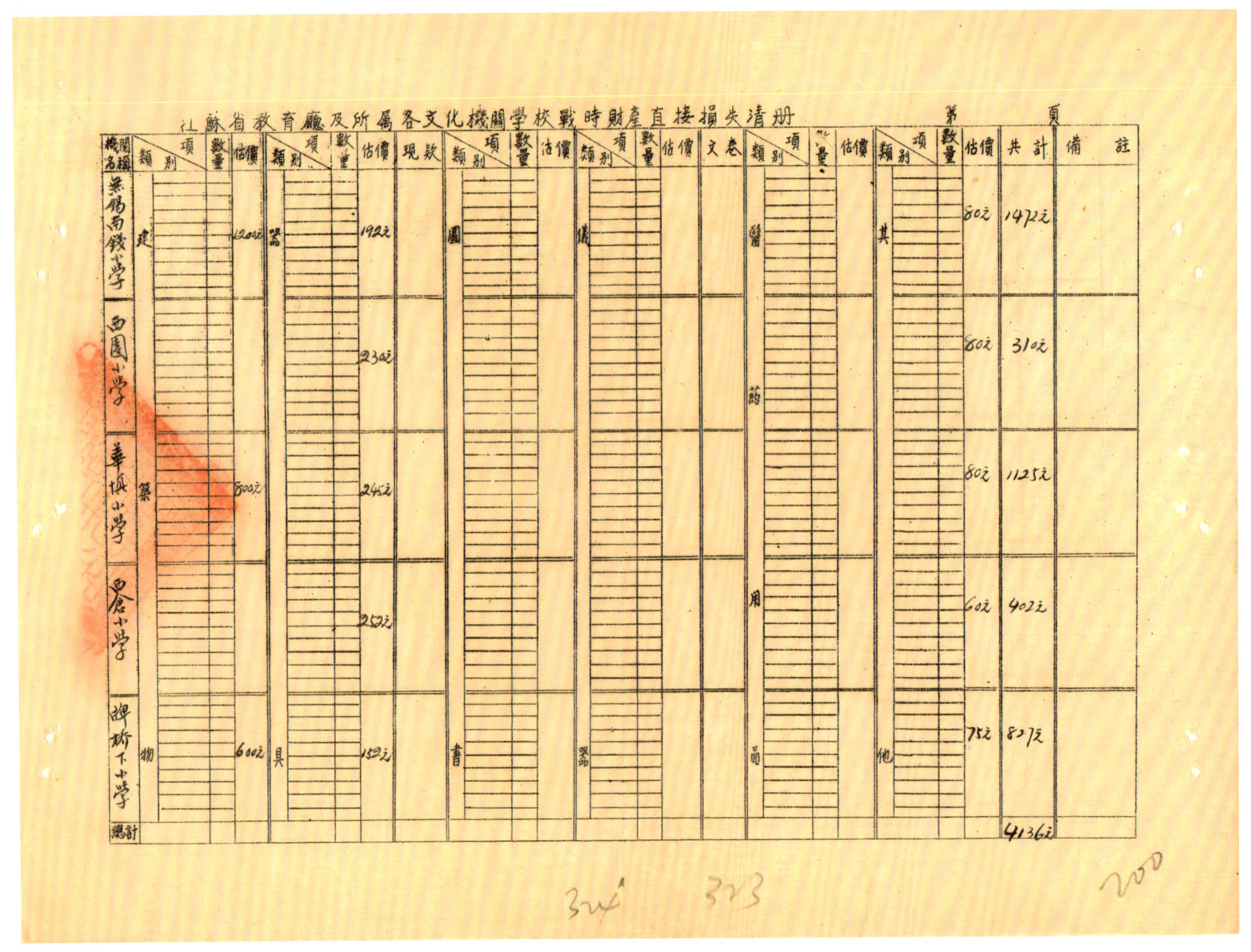

江蘇省教育廳及所屬各文化機關學校戰時財產直接損失清册　　第　　頁

機關名稱	類別（建築物）	數量	估價	類別（器具）	數量	估價	現款	類別（圖書）	數量	估價	類別（儀器）	數量	估價	文卷	類別（醫藥用品）	數量	估價	類別（其他）	數量	估價	共計	備註
無錫南錢小学			1200元			192元														80元	1472元	
西園小学						230元														80元	310元	
華填小学			800元			245元														80元	1125元	
四倉小学						252元														60元	402元	
碑橋下小学			600元			152元														75元	827元	
總計																					4136元	

324　323　200

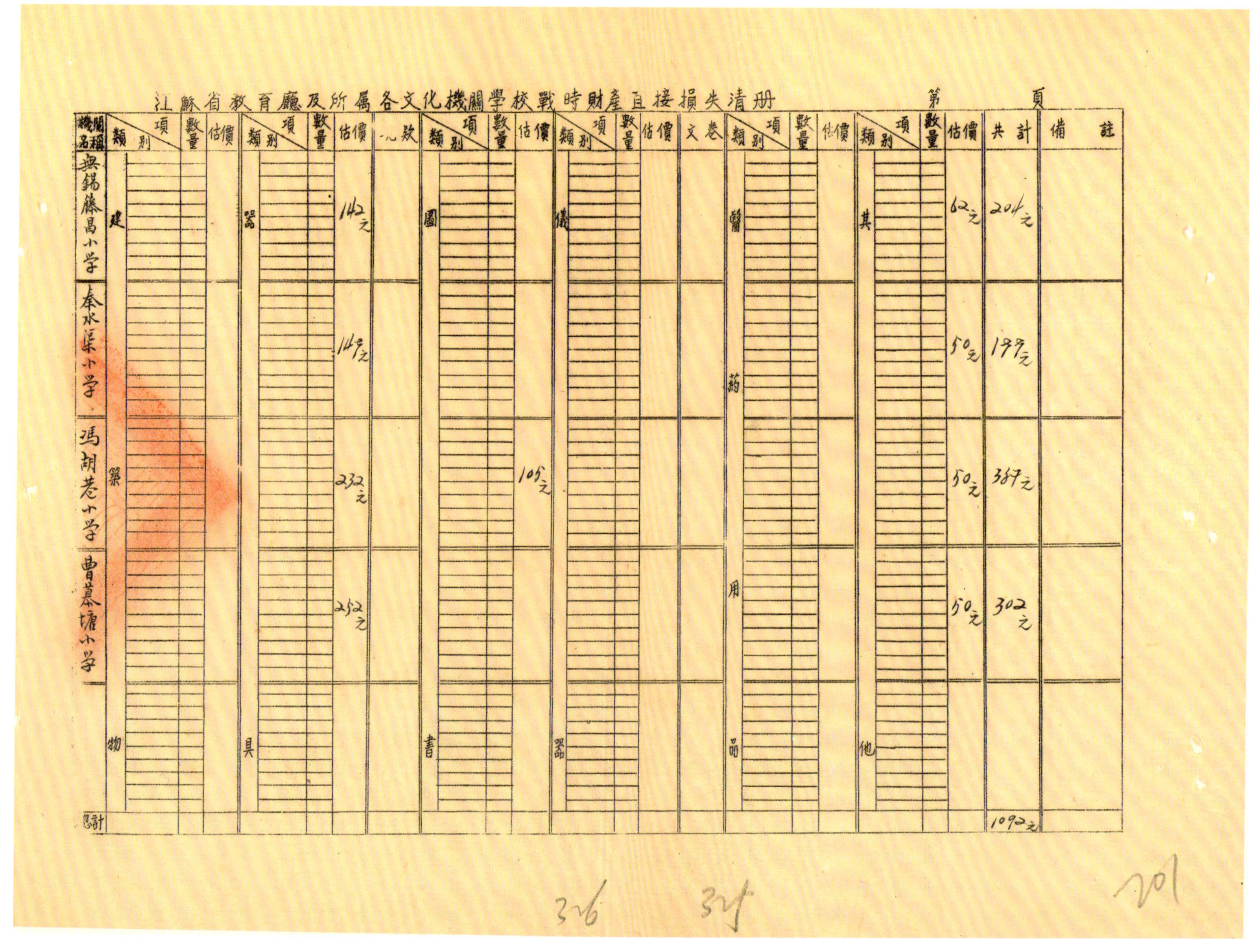

江蘇省教育廳及所屬各文化機關學校戰時財產直接損失清册　　第　　頁

機關名稱	建築物 數量	建築物 估價	器具 數量	器具 估價	現款	圖書 數量	圖書 估價	儀器 數量	儀器 估價	文卷	醫藥用品 數量	醫藥用品 估價	其他 數量	其他 估價	共計	備註
無錫藤昌小学				142元										62元	204元	
奉水渠小学				149元										50元	199元	
馮胡巷小学				232元			105元							50元	387元	
曹慕塘小学				252元										50元	302元	
總計															1092元	

316　317　201

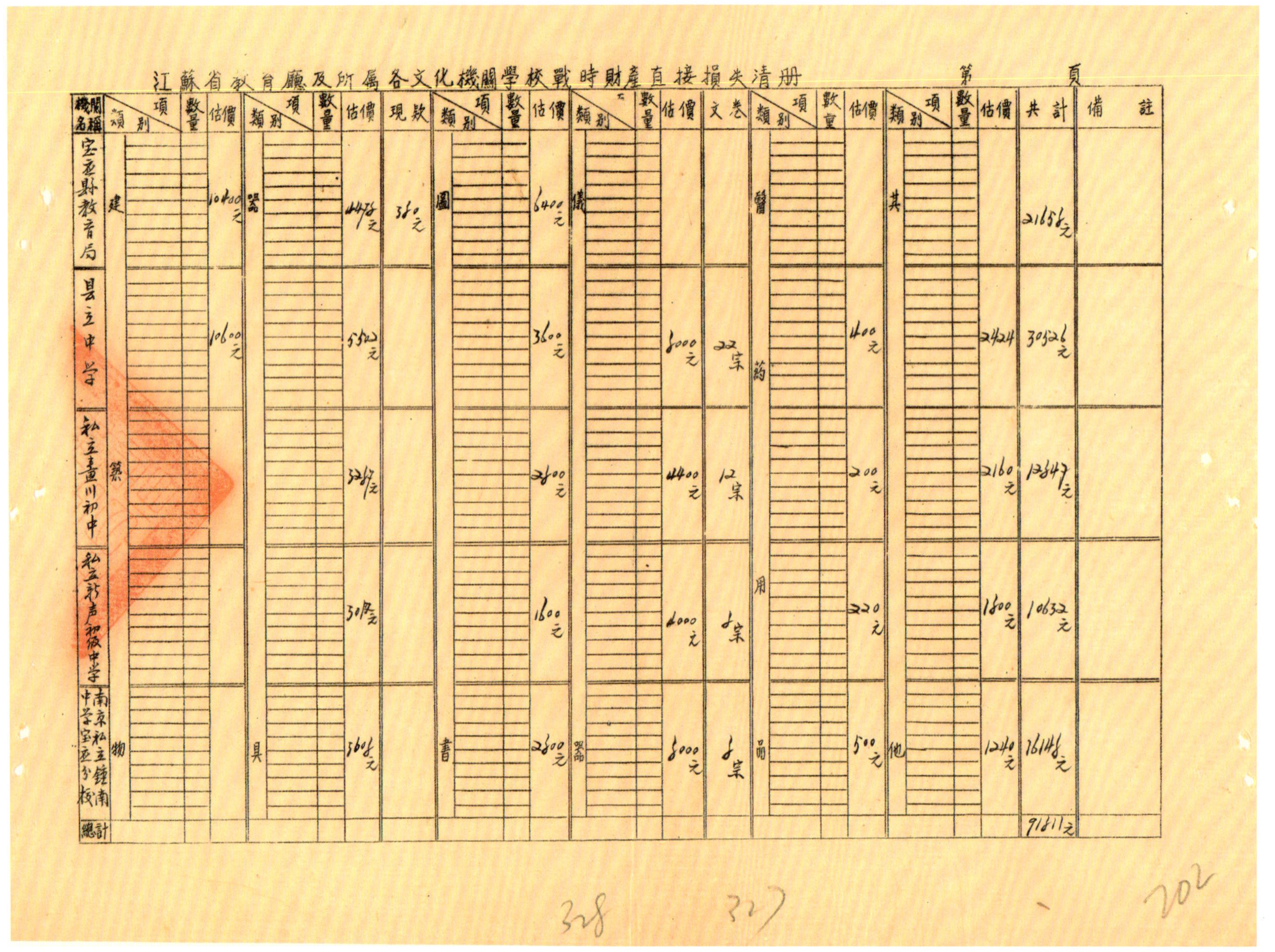

江蘇省教育廳及所屬各文化機關學校戰時財產直接損失清册　　第　　頁

機關名稱	建築物			器具				圖書			儀器				醫藥用品			其他			共計	備註
	項類別	數量	估價	項類別	數量	估價	現款	項類別	數量	估價	項類別	數量	估價	文卷	項類別	數量	估價	項類別	數量	估價		
宝應縣教育局			10400元			4478元	360元			6400元											21656元	
縣立中學			10600元			5502元				3600元			8000元	22宗			400元			2424	30526元	
私立畫川初中						3287元				2800元			4400元	12宗			200元			2160元	12847元	
私立新声初級中学						3012元				1600元			6000元	6宗			220元			1800元	10632元	
南京私立鍾南中学宝应分校						3608元				2800元			8000元	6宗			500元			1240元	16148元	
總計																					91811元	

328　327　202

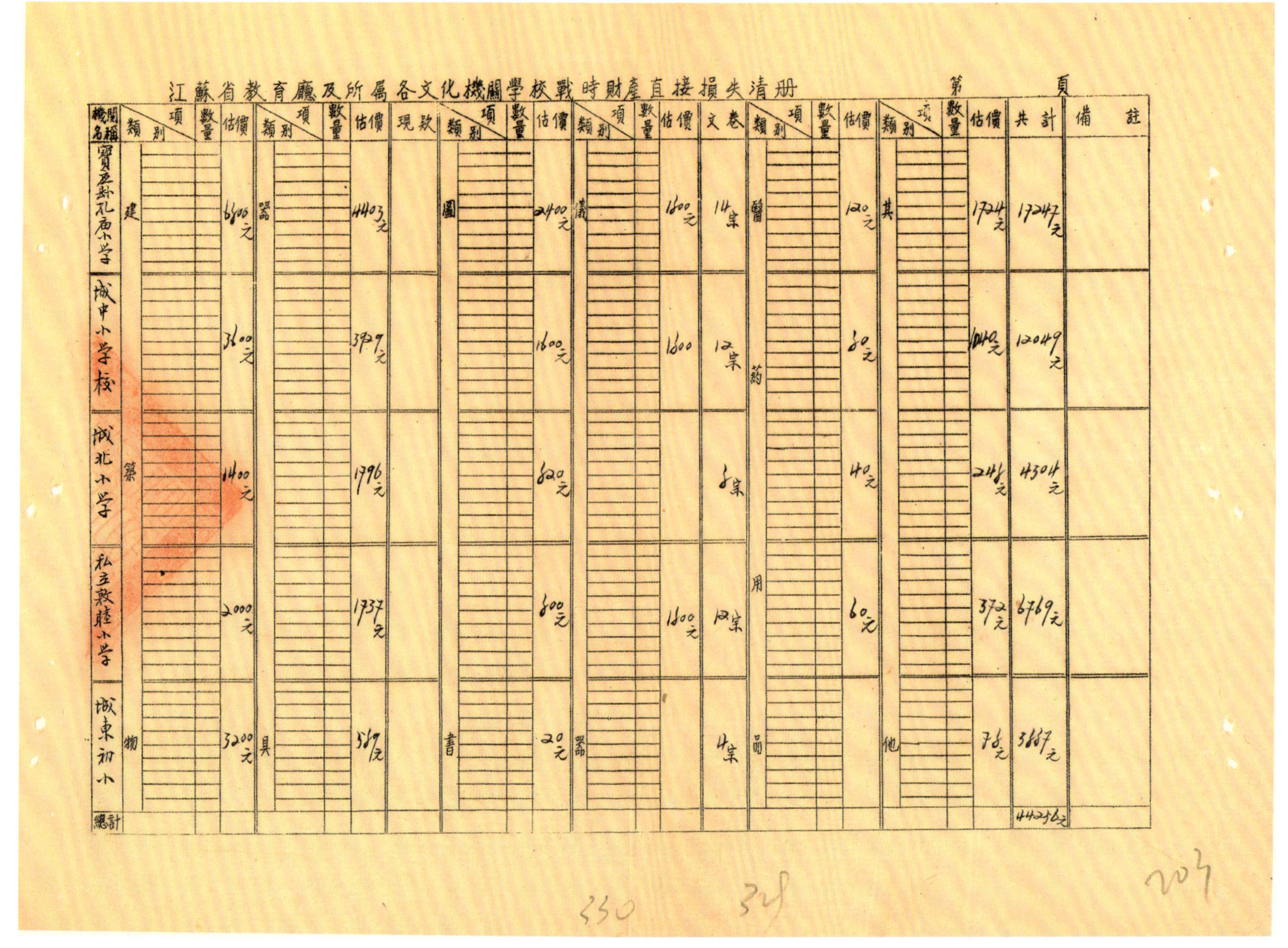

江蘇省教育廳及所屬各文化機關學校戰時財產直接損失清册　　第　　頁

機關名稱	建築物 數量	建築物 估價	器具 數量	器具 估價	現款	圖書 數量	圖書 估價	儀器 數量	儀器 估價	文卷	醫藥用品 數量	醫藥用品 估價	其他 數量	其他 估價	共計	備註
寶應縣孔廟小學		6800元		4403元			2400元		1800元	14宗		120元		1724元	17247元	
城中小學校		3600元		3929元			1600元		1800	12宗		80元		1040元	12049元	
城北小學		1400元		1796元			820元			8宗		40元		248元	4304元	
私立敦睦小學		2000元		1737元			800元		1800元	10宗		60元		372元	6769元	
城東初小		3200元		569元			20元			4宗				78元	3867元	
總計															44236元	

330　324　204

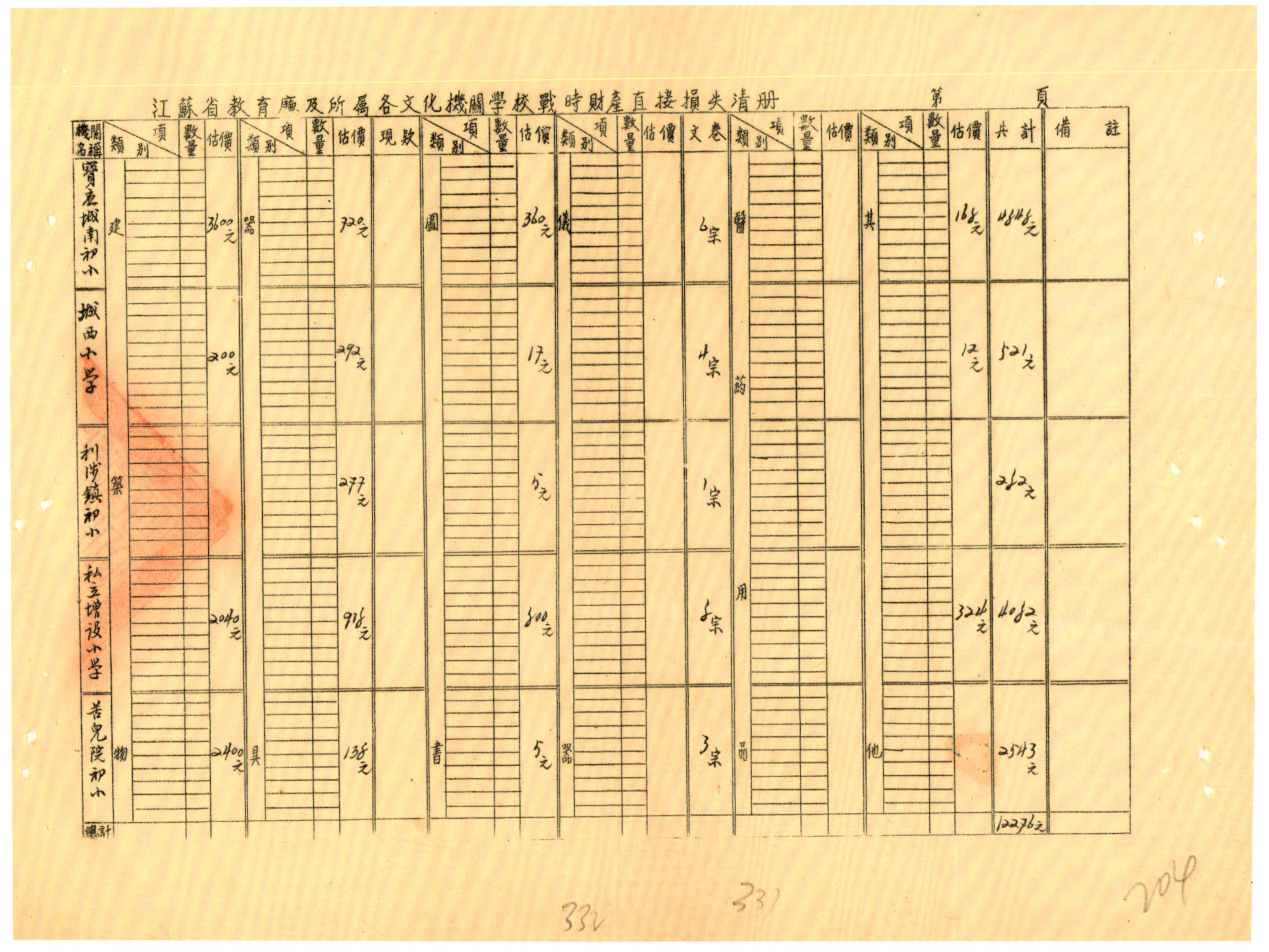

江蘇省教育廳及所屬各文化機關學校戰時財產直接損失清册　　第　　頁

機關名稱	類別	數量	估價	類別	數量	估價	現款	類別	數量	估價	類別	數量	估價	文卷	類別	數量	估價	類別	數量	估價	共計	備註
寶應城南初小	建築物		3600元	器具		320元		圖書		360元	儀器			6宗	醫藥用品			其他		168元	4848元	
城西小学			200元			292元				17元				4宗						12元	521元	
利步鎮初小						277元				5元				1宗							282元	
私立增設小学			2040元			916元				800元				5宗						326元	4082元	
苦兒院初小			2400元			138元				5元				3宗							2543元	
總計																					12276元	

332　331　204

江蘇省教育廳及所屬各文化機關學校戰時財產直接損失清冊　　第　　頁

機關名稱	項別 類別	數量	估價	項別 類別	數量	估價	現款	項別 類別	數量	估價	項別 類別	數量	估價	文卷	項別 類別	數量	估價	項別 類別	數量	估價	共計	備註
宝应县东门外初小	建		2800之	器		150之		圖		5之	儀				醫			其			2955之	
南港初小			326之							15之				4宗	藥					48之	389之	
西港小学	築					496之				44之				6宗						104之	644之	
北港小学			200之			229之				5之				3宗	用						434之	
大王庙简易初小	物			具		59之		書		5之	器			1宗	品			他			64之	
總計																					4486之	

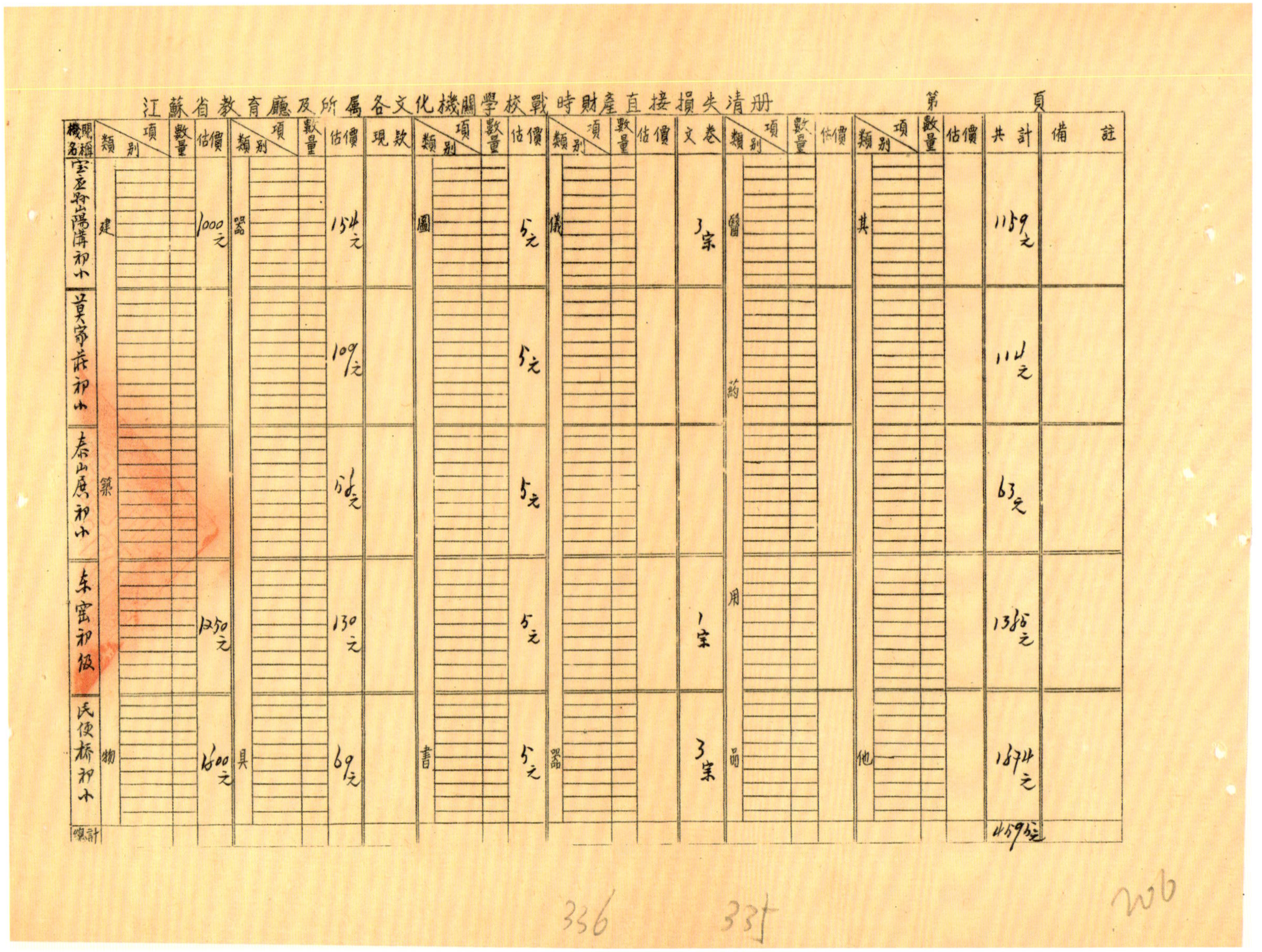

江蘇省教育廳及所屬各文化機關學校戰時財產直接損失清冊　　第　　頁

機關名稱	建築物 類別	數量	估價	器具 類別	數量	估價	現款	圖書 類別	數量	估價	儀器 類別	數量	估價	文卷	醫藥用品 類別	數量	估價	其他 類別	數量	估價	共計	備註
宝应縣山陽溝初小			1000元			154元				5元				3宗							1159元	
黃家莊初小						109元				5元											114元	
泰山殿初小						58元				5元											63元	
东宝初级			1250元			130元				5元				1宗							1385元	
民便橋初小			1600元			69元				5元				3宗							1674元	
總計																					4595元	

336　　335　　206

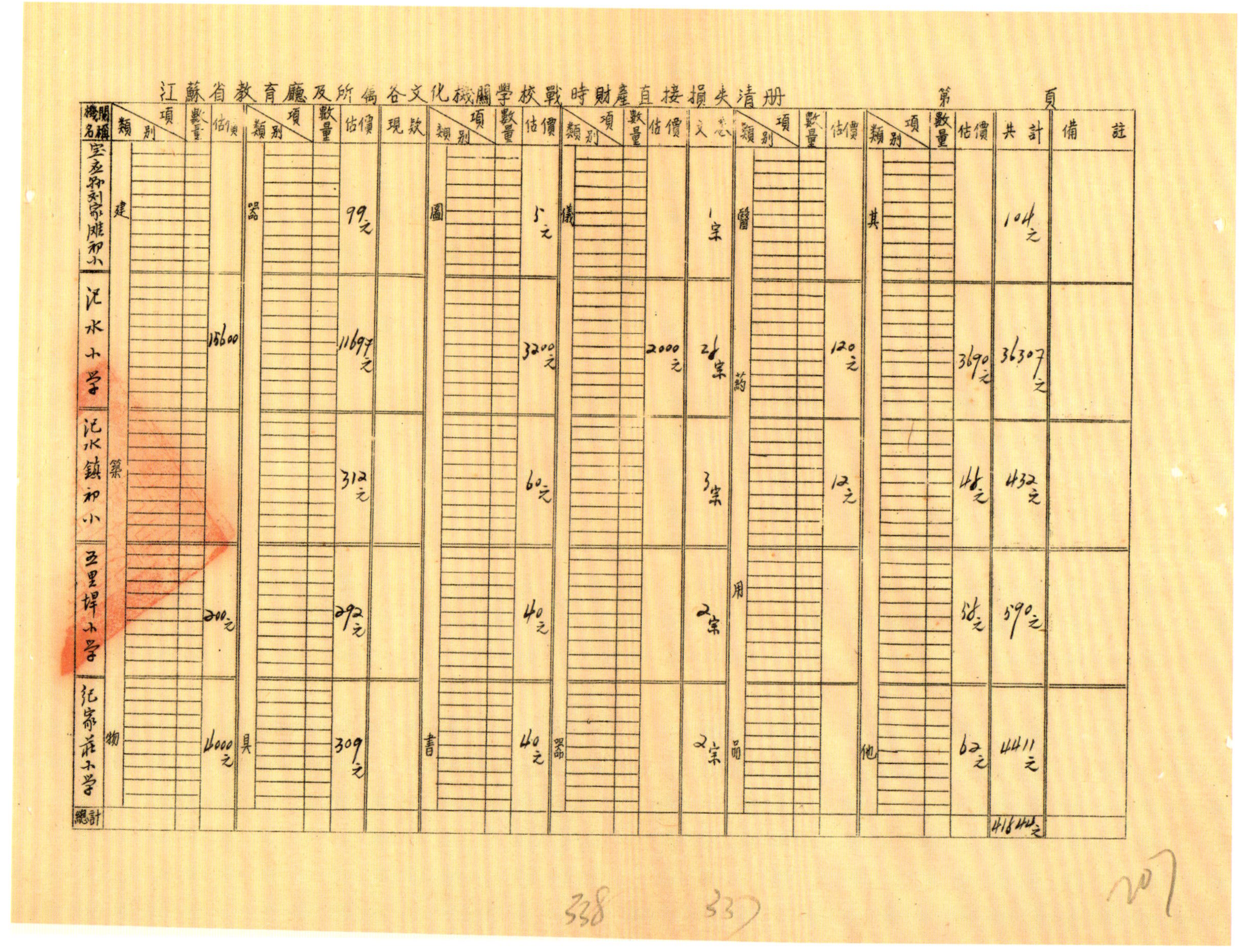

江蘇省教育廳及所屬各文化機關學校戰時財產直接損失清册　第　頁

機關名稱	建築物 數量	建築物 估價	器具 數量	器具 估價	現款	圖書 數量	圖書 估價	儀器 數量	儀器 估價	文卷	醫藥用品 數量	醫藥用品 估價	其他 數量	其他 估價	共計	備註
宝应卯刻家雎初小				99之			5之			1宗					104之	
汜水小学		15600		11697之			3200之		2000之	26宗		120之		3690之	36307之	
汜水鎮初小				312之			60之			3宗		12之		48之	432之	
五里埠小学		200之		292之			40之			2宗				58之	590之	
纪家莊小学		4000之		309之			40之			2宗				62之	4411之	
總計															41844之	

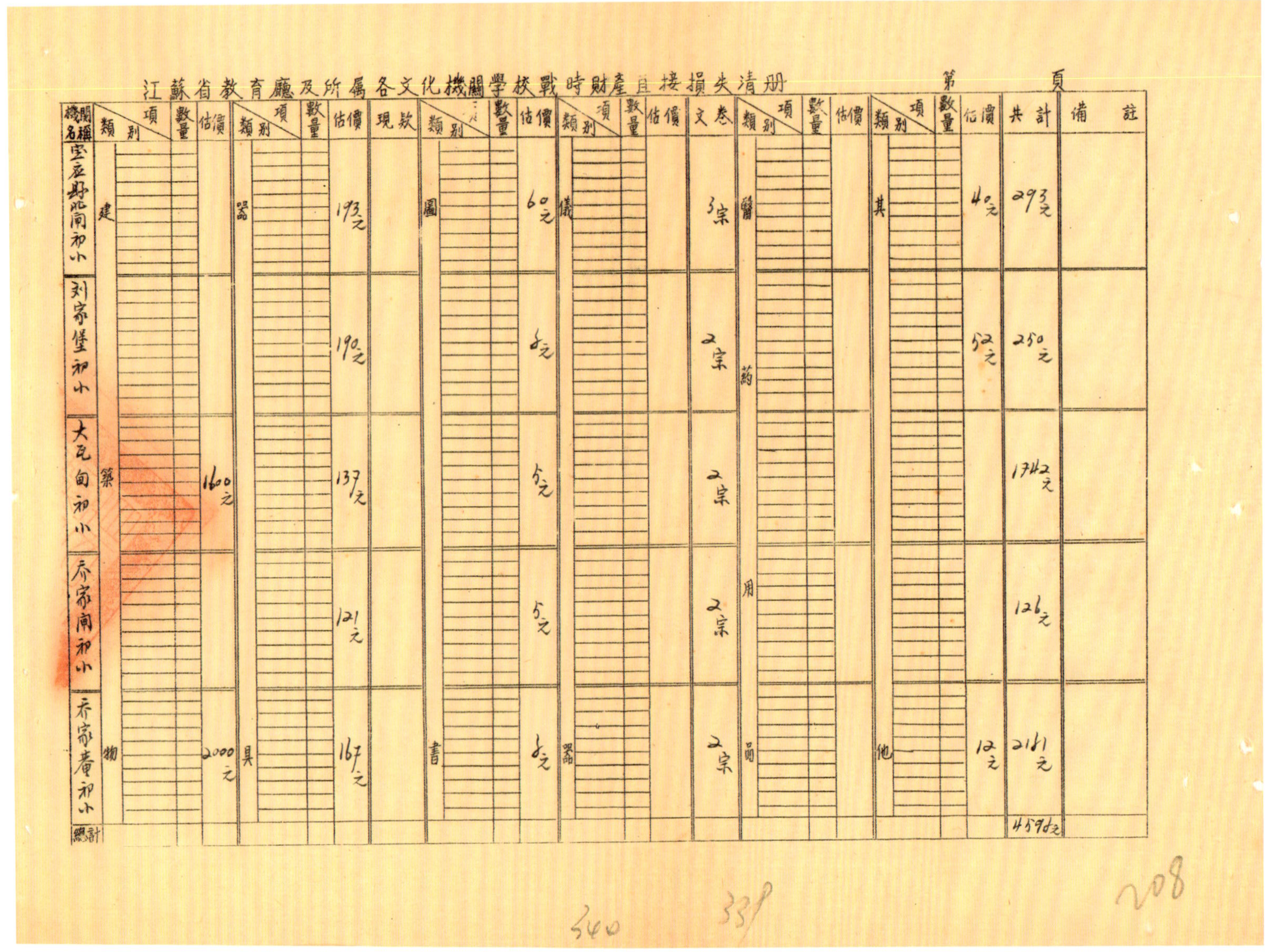

江蘇省教育廳及所屬各文化機關學校戰時財產直接損失清冊　第　頁

機關名稱	類別（建築物）	數量	估價	類別（器具）	數量	估價	現款	類別（圖書）	數量	估價	類別（儀器）	數量	估價	文卷	類別（醫藥用品）	數量	估價	類別（其他）	數量	估價	共計	備註
室庄野北南初小	建			器		193元		圖		60元	儀			3宗	醫			其		40元	293元	
刘家堡初小						190元				8元				2宗	藥					52元	250元	
大瓦甸初小	築		1600元			137元				5元				2宗							1742元	
乔家南初小						121元				5元				2宗	用						126元	
乔家庵初小	物		2000元	具		167元		書		8元	器			2宗	品			他		12元	2181元	
總計																					4592元	

540　338　208

江蘇省教育廳及所屬各文化機關學校戰時財產直接損失清冊

第　　頁

機關名稱	建築物（類別/項）	數量	估價	器具（類別/項）	數量	估價	現款	圖書（類別/項）	數量	估價	儀器（類別/項）	數量	估價	文卷	醫藥用品（類別/項）	數量	估價	其他（類別/項）	數量	估價	共計	備註
宝应孙芦家桥初小						83元				5元				2宗							88元	
蔷薇滨初小			1750元			174元				24元				2宗						10元	1958元	
盘岔口初小			1600元			149元				5元				2宗							1754元	
太平桥初小			2800元			300元				12元				3宗						36元	3148元	
桑园岭初小						80元				5元				1宗							85元	
總計																					7033元	

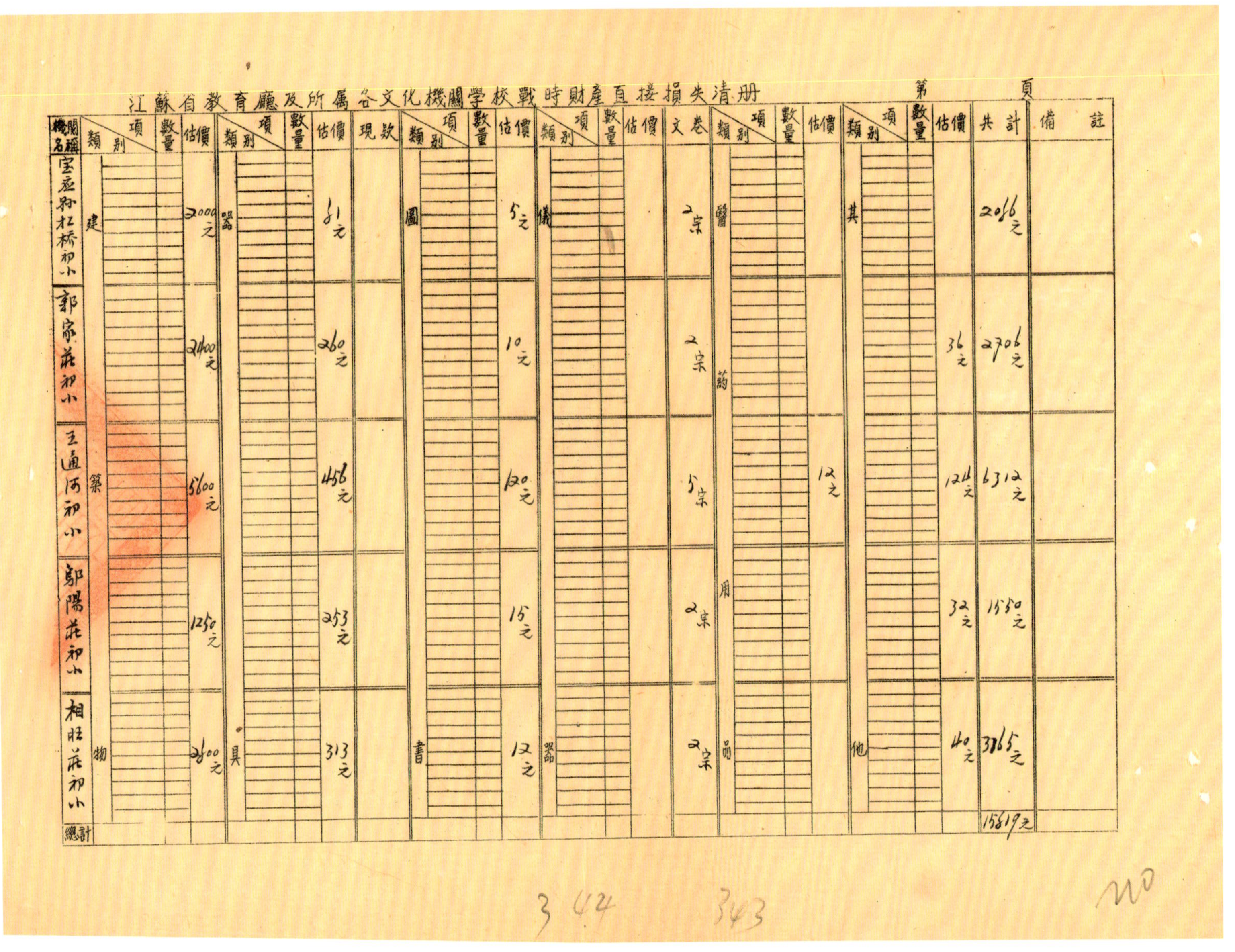

江蘇省教育廳及所屬各文化機關學校戰時財產直接損失清册

第　　頁

機關名稱	類别	數量	估價	類别	數量	估價	現款	類别	數量	估價	類别	數量	估價	文卷	類别	數量	估價	類别	數量	估價	共計	備註
宝应孙杜桥初小	建築物		2000元	器具		81元		圖書		5元	儀器			2宗	醫藥用品			其他			2086元	
郭家莊初小			2400元			260元				10元				2宗						36元	2706元	
王通河初小			5600元			456元				120元				5宗			12元			124元	6312元	
郭陽莊初小			1250元			253元				15元				2宗						32元	1550元	
相旺莊初小			2800元			313元				12元				2宗						40元	3365元	
總計																					15519元	

344

343

210

江蘇省教育廳及所屬各文化機關學校戰時財產直接損失清册　第　頁

機關名稱	建築物 類別	項	數量	估價	器具 類別	項	數量	估價	現款	圖書 類別	項	數量	估價	儀器 類別	項	數量	估價	文卷	醫藥用品 類別	項	數量	估價	其他 類別	項	數量	估價	共計	備註
宝应县北赵庄初小				2000之				131之					5之					2宗									2136之	
射陽小学				5400之				1475之					400之					8宗				100之				574之	7949之	
沙子圩初小				2600之				500之					40之					3宗								74	3214之	
陳家莊初小				1780之				294之					24之					3宗								66之	2164之	
獅家莊初小				4880之				753之					120之					5宗								82之	5835之	
總計																											21298之	

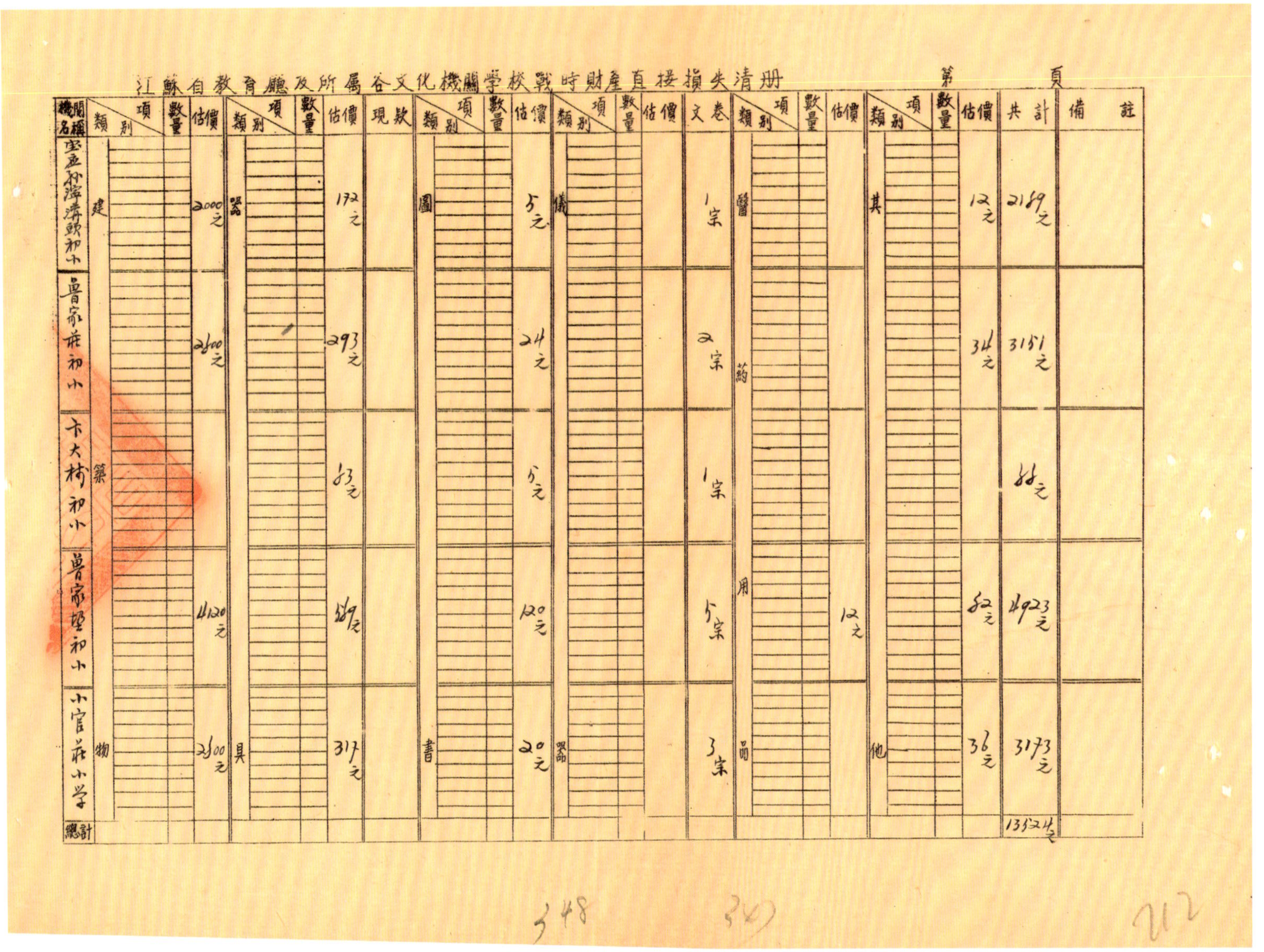

江蘇省教育廳及所屬各文化機關學校戰時財產直接損失清冊　　第　　頁

機關名稱	類別項（建築物）	數量	估價	類別項（器具）	數量	估價	現款	類別項（圖書）	數量	估價	類別項（儀器）	數量	估價	文卷	類別項（醫藥用品）	數量	估價	類別項（其他）	數量	估價	共計	備註
宝应孙淳涛头初小			2000之			172之				5之				1宗						12之	2189之	
曹家莊初小			2800之			293之				24之				2宗						34之	3151之	
卞大村初小						83之				5之				1宗							88之	
曹家垦初小			4120之			619之				120之				5宗			12之			52之	4923之	
小官莊小学			2800之			317之				20之				3宗						36之	3173之	
總計																					13524之	

348　340　212

江蘇省教育廳及所屬各文化機關學校戰時財產直接損失清册　　第　　頁

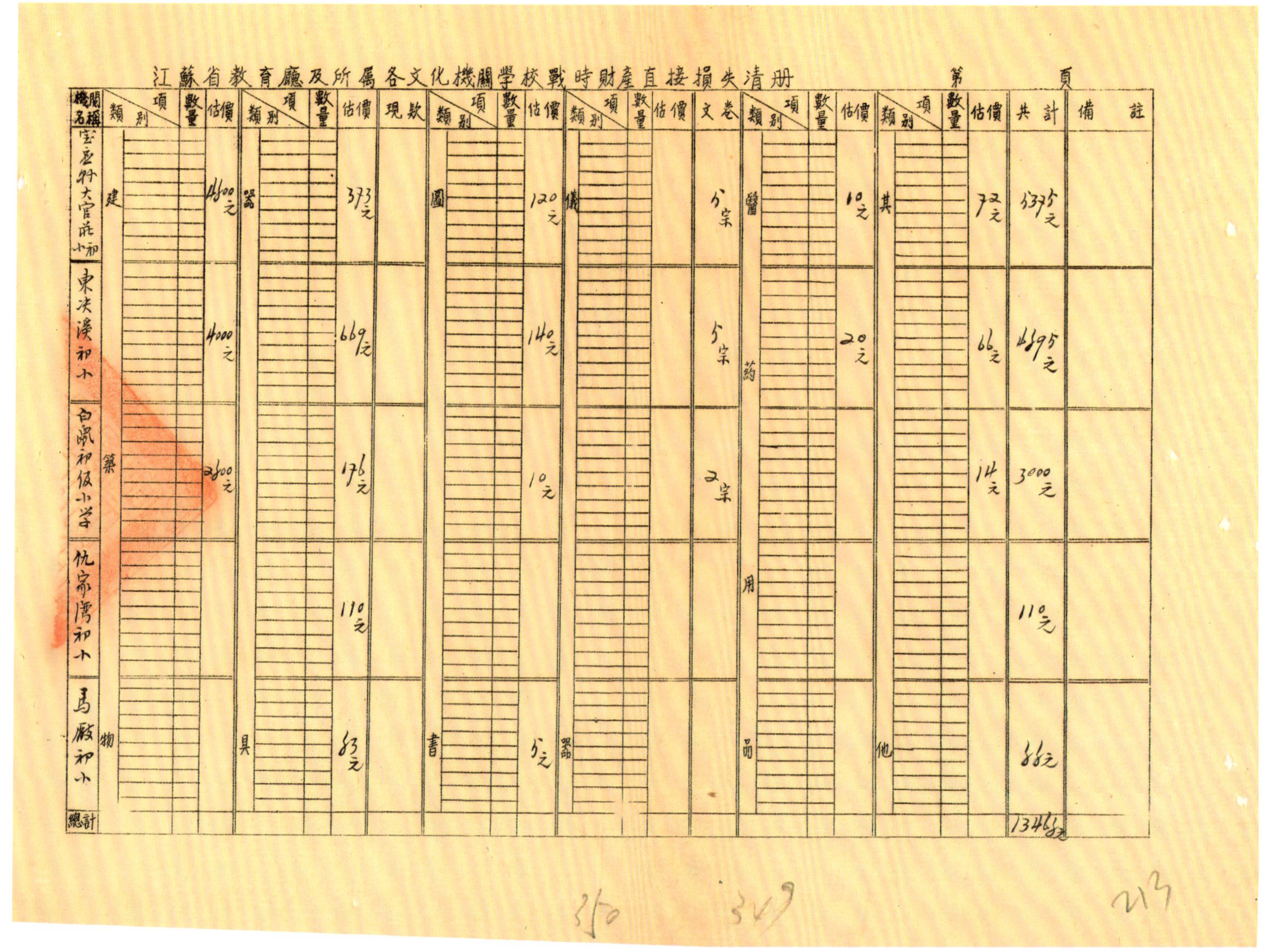

機關名稱	類別項	數量	估價	類別項	數量	估價	現款	類別項	數量	估價	類別項	數量	估價	文卷	類別項	數量	估價	類別項	數量	估價	共計	備註
	建築物			器具				圖書			儀器				醫藥用品			其他				
宝应料大官莊初小			4800元			373元				120元				5宗			10元			72元	5375元	
東汏漢初小			4000元			669元				140元				5宗			20元			66元	4895元	
白鳳初級小学			2800元			176元				10元				2宗						14元	3000元	
仇家灣初小						110元															110元	
馬廠初小						83元				5元											88元	
總計																					13468元	

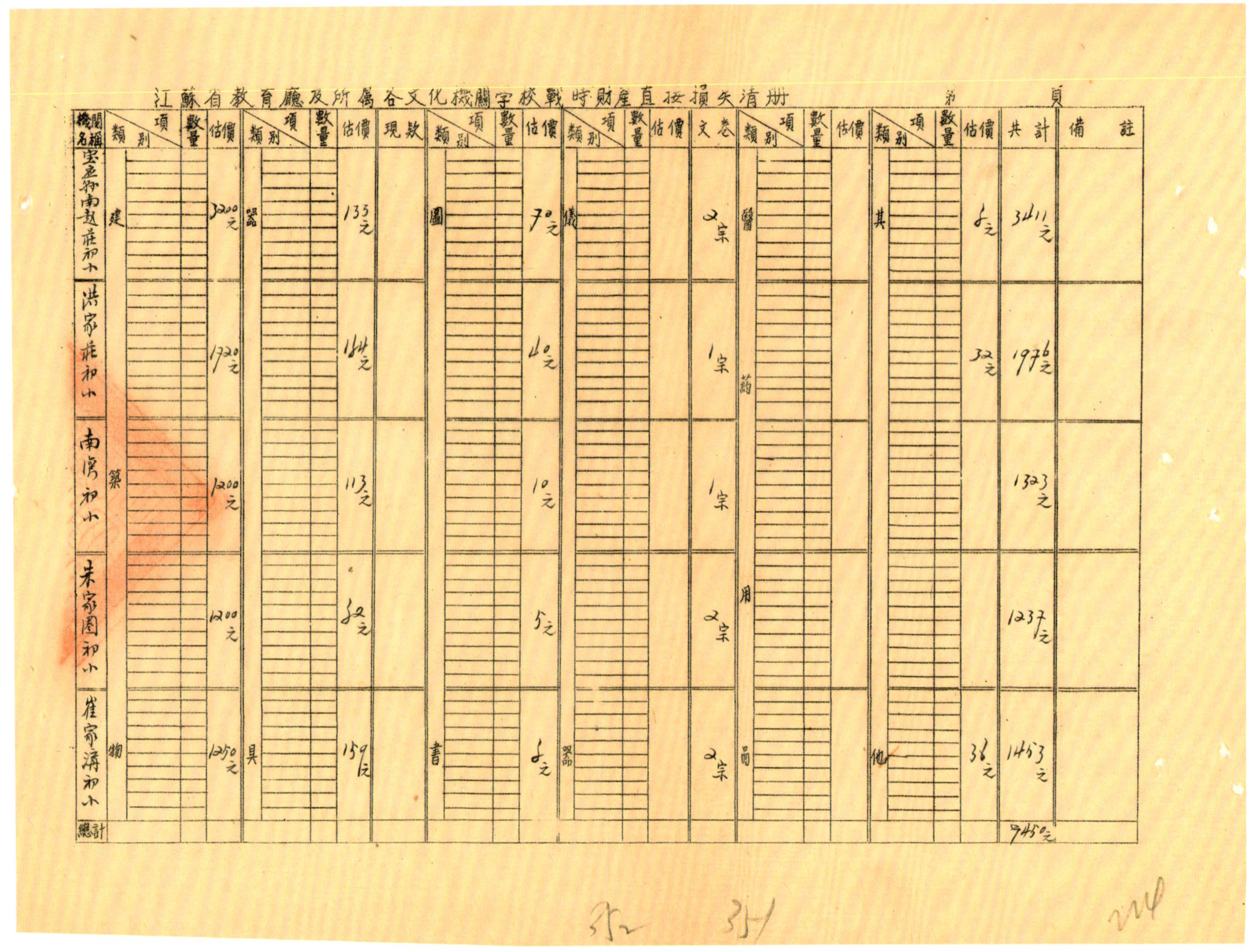

江蘇省教育廳及所屬各文化機關學校戰時財產直接損失清册　　第　　頁

機關名稱	類別項	數量	估價	類別項	數量	估價	現款	類別項	數量	估價	類別項	數量	估價	文卷	類別項	數量	估價	類別項	數量	估價	共計	備註
宝应县南赵庄初小	建		3200之	器		133之		圖		70之	儀			2宗	醫			其		8之	3411之	
洪家莊初小			1720之			184之				40之				1宗	藥					32之	1976之	
南虞初小	築		1200之			113之				10之				1宗							1323之	
朱家園初小			1200之			32之				5之				2宗	用						1237之	
崔家濟初小	物		1250之	具		159之		書		8之	器			2宗	品			他		36之	1453之	
總計																					9450之	

352　351　224

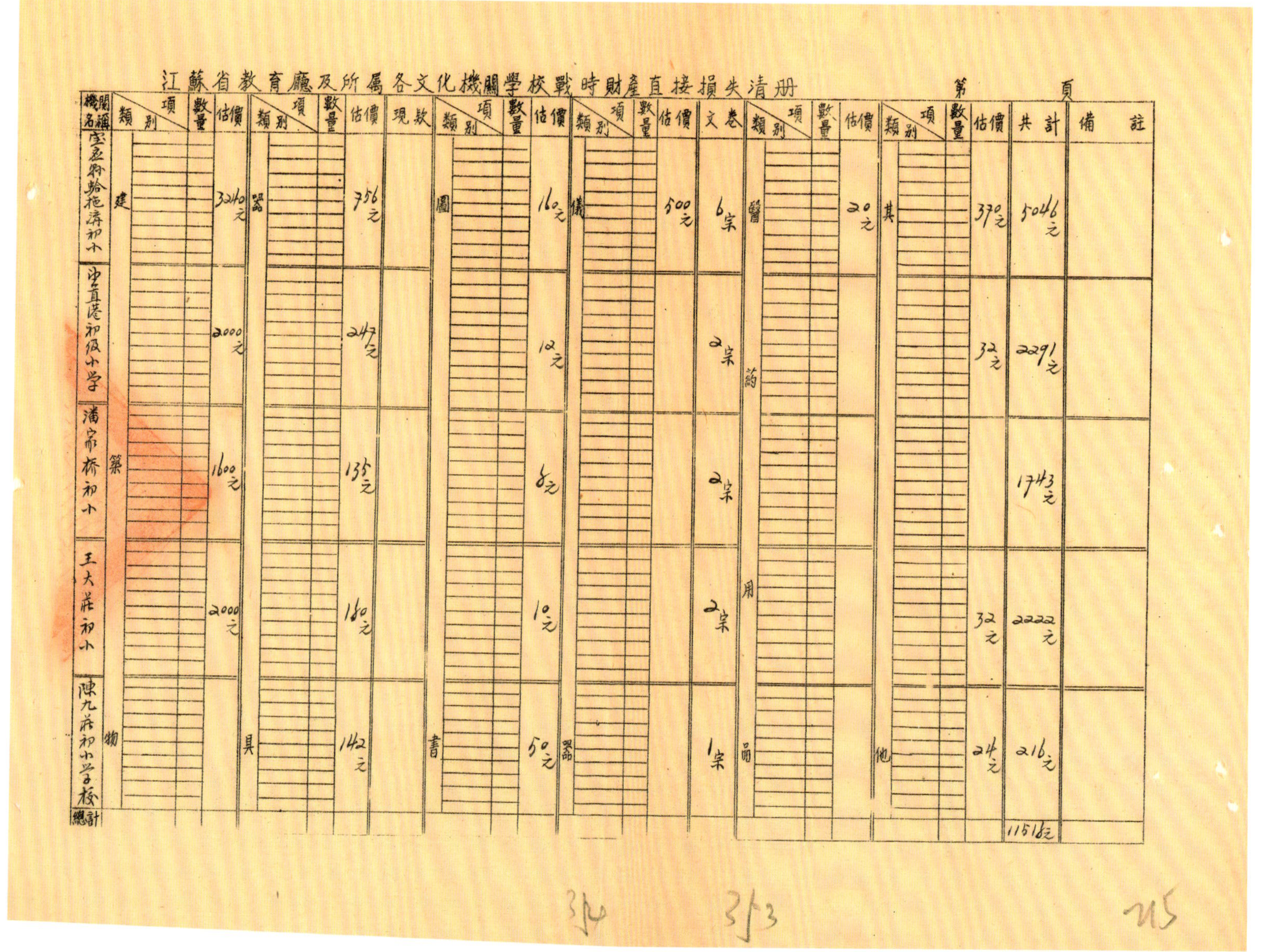

江蘇省教育廳及所屬各文化機關學校戰時財產直接損失清册　第　頁

機關名稱	類別\項	數量	估價	類別\項	數量	估價	現款	類別\項	數量	估價	類別\項	數量	估價	文卷	類別\項	數量	估價	類別\項	數量	估價	共計	備註
宝应縣蛤拖涛初小	建		3240之	器		756之		圖		160之	儀		500之	6宗	醫		20之	其		370之	5046之	
沙直港初級小学			2000之			247之				12之				2宗	藥					32之	2291之	
浦家桥初小	築		1600之			135之				8之				2宗							1743之	
王大荘初小			2000之			180之				10之				2宗	用					32之	2222之	
陳九荘初小学校	物			具		142之		書		50之	器			1宗	品			他		24之	216之	
總計																					11518之	

314　313　215

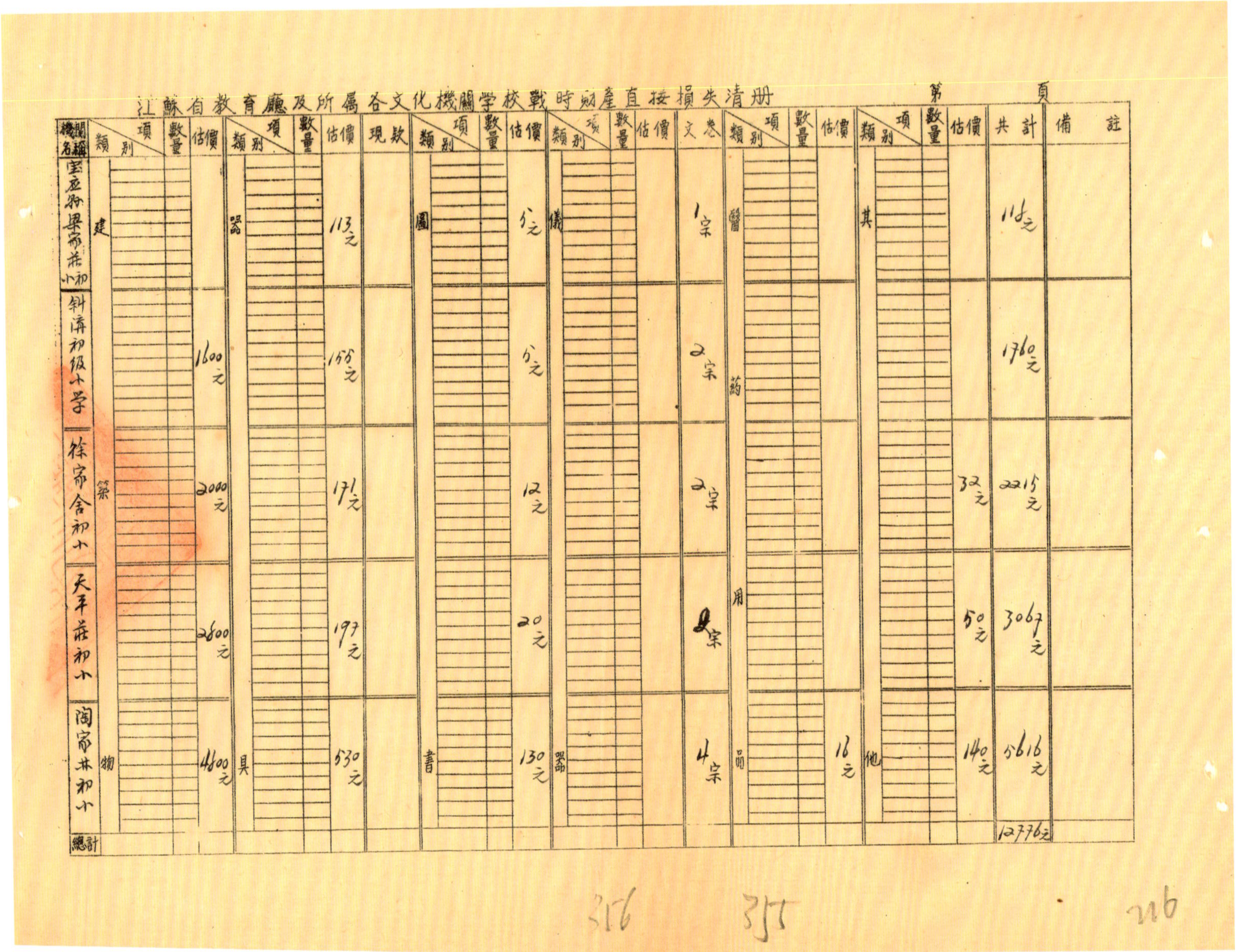

江蘇省教育廳及所屬各文化機關學校戰時財產直接損失清册

第　　頁

機關名稱	建築物 類別	數量	估價	器具 類別	數量	估價	現款	圖書 類別	數量	估價	儀器 類別	數量	估價	文卷	醫藥用品 類別	數量	估價	其他 類別	數量	估價	共計	備註
宝应孙梁家莊初小						113元				5元				1宗							118元	
斜濟初級小学			1600元			155元				5元				2宗							1760元	
徐家舍初小			2000元			171元				12元				2宗						32元	2215元	
天平莊初小			2800元			197元				20元				2宗						50元	3067元	
陶家林初小			4800元			530元				130元				4宗			16元			140元	5616元	
總計																					12776元	

316　315　216

江蘇省教育廳及所屬各文化機關学校戰時財產直接損失清册　　第　　頁

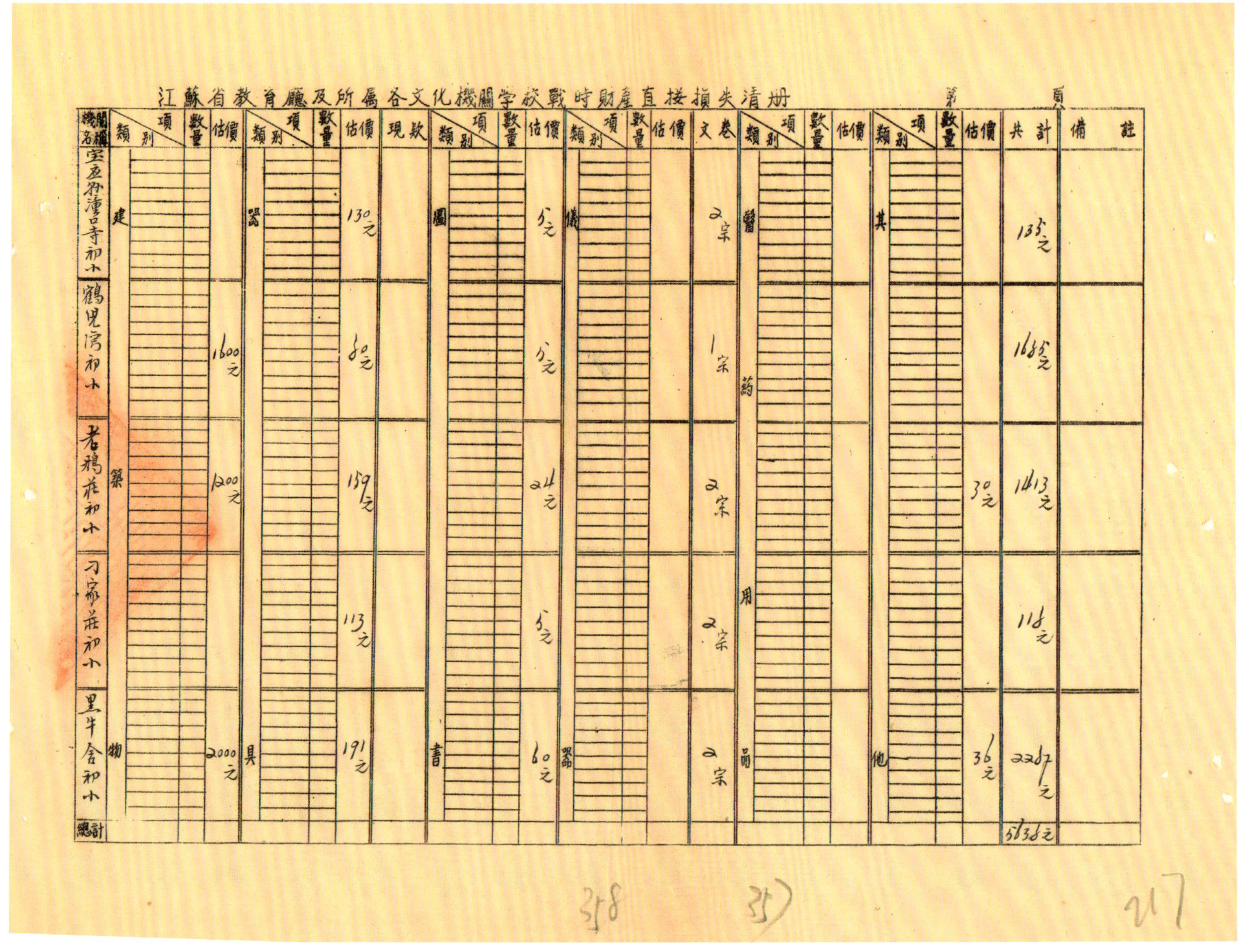

機關名稱	類別項	數量	估價	類別項	數量	估價	現款	類別項	數量	估價	類別項	數量	估價	文卷	類別項	數量	估價	類別項	數量	估價	共計	備註
	建築物			器具				圖書			儀器				醫藥用品			其他				
宝应孙潭口寺初小						130之				5之				2宗							135之	
鶴兒湾初小			1600之			80之				5之				1宗							1685之	
老鴉莊初小			1200之			159之				24之				2宗						30之	1413之	
刁家莊初小						113之				5之				2宗							118之	
黑牛舍初小			2000之			191之				60之				2宗						36之	2287之	
總計																					5638之	

318　317　217

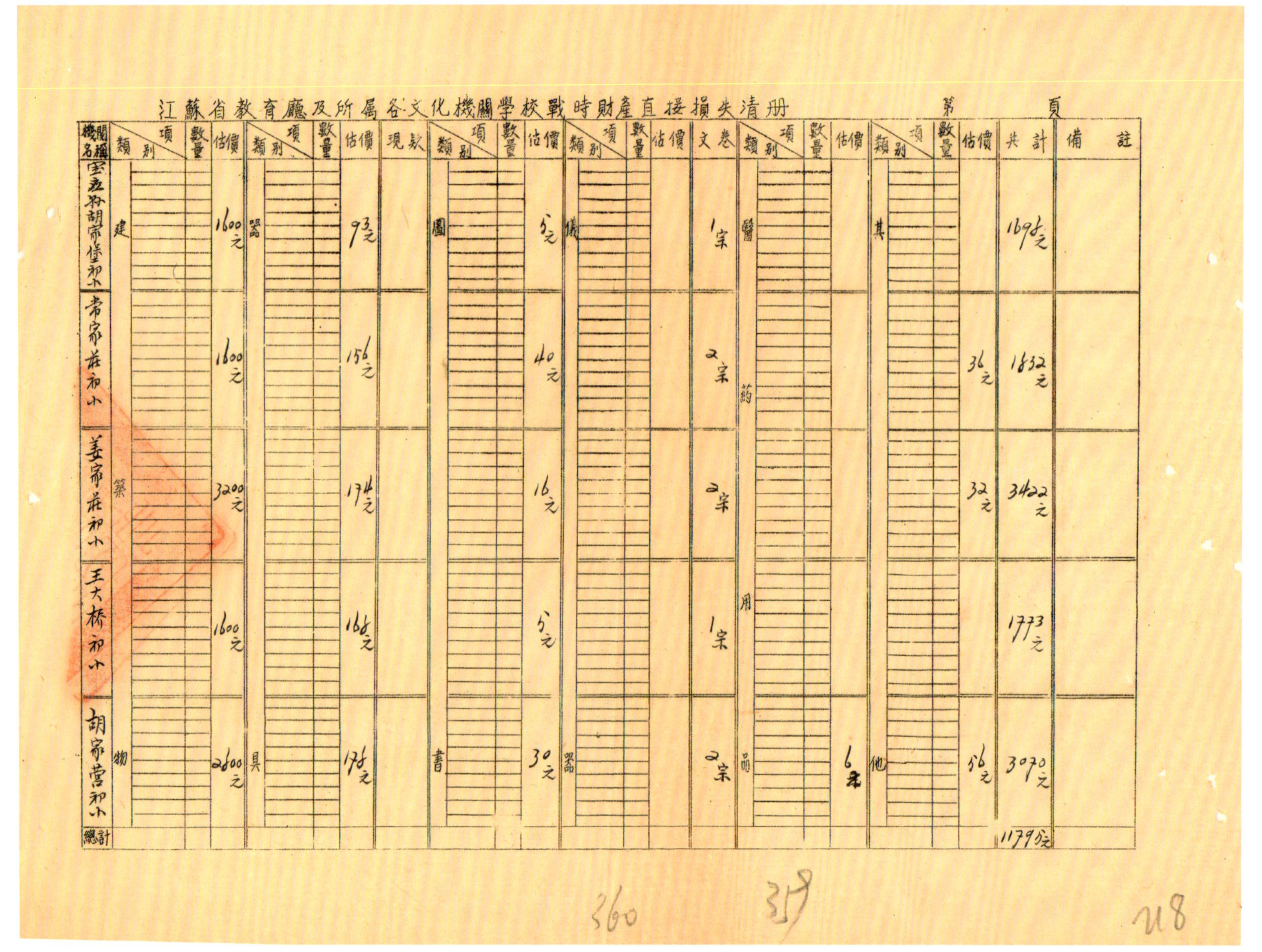

江蘇省教育廳及所屬各文化機關學校戰時財產直接損失清冊　第　頁

機關名稱	類別項	數量	估價	類別項	數量	估價	現款	類別項	數量	估價	類別項	數量	估價	文卷	類別項	數量	估價	類別項	數量	估價	共計	備註
宝应县胡家堡初小	建		1600元	器		93元		圖		5元	儀			1宗	醫			其			1698元	
常家莊初小			1600元			156元				40元				2宗	藥					36元	1832元	
姜家莊初小	築		3200元			174元				16元				2宗						32元	3422元	
王大橋初小			1600元			168元				5元				1宗	用						1773元	
胡家營初小	物		2600元	具		178元		書		30元	器			2宗	品		6元	他		56元	3070元	
總計																					11795元	

360　319　218

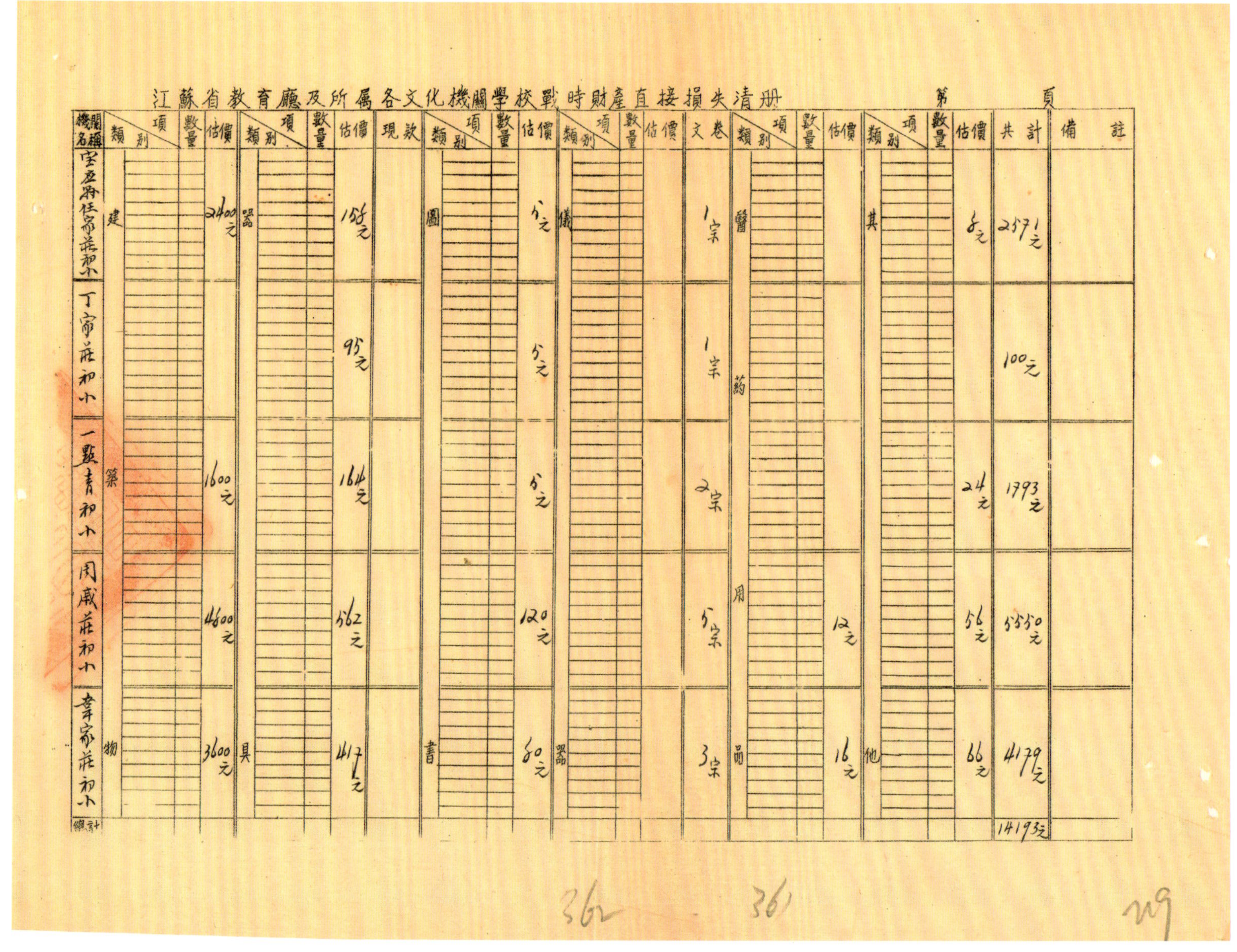

江蘇省教育廳及所屬各文化機關學校戰時財產直接損失清冊　　第　　頁

機關名稱	類別（建築物）項	數量	估價	類別（器具）項	數量	估價	現款	類別（圖書）項	數量	估價	類別（儀器）項	數量	估價	文卷	類別（醫藥用品）項	數量	估價	類別（其他）項	數量	估價	共計	備註
宝應府任家莊初小	建		2400之	器		158之		圖		5之	儀			1宗	醫			其		8之	2571之	
丁家莊初小						95之				5之				1宗	藥						100之	
一點青初小	築		1600之			164之				5之				2宗						24之	1793之	
周戚莊初小			4800之			562之				120之				5宗	用		12之			56之	5550之	
韋家莊初小	物		3600之	具		417之		書		60之	器			3宗	品		16之	他		66之	4179之	
總計																					14193之	

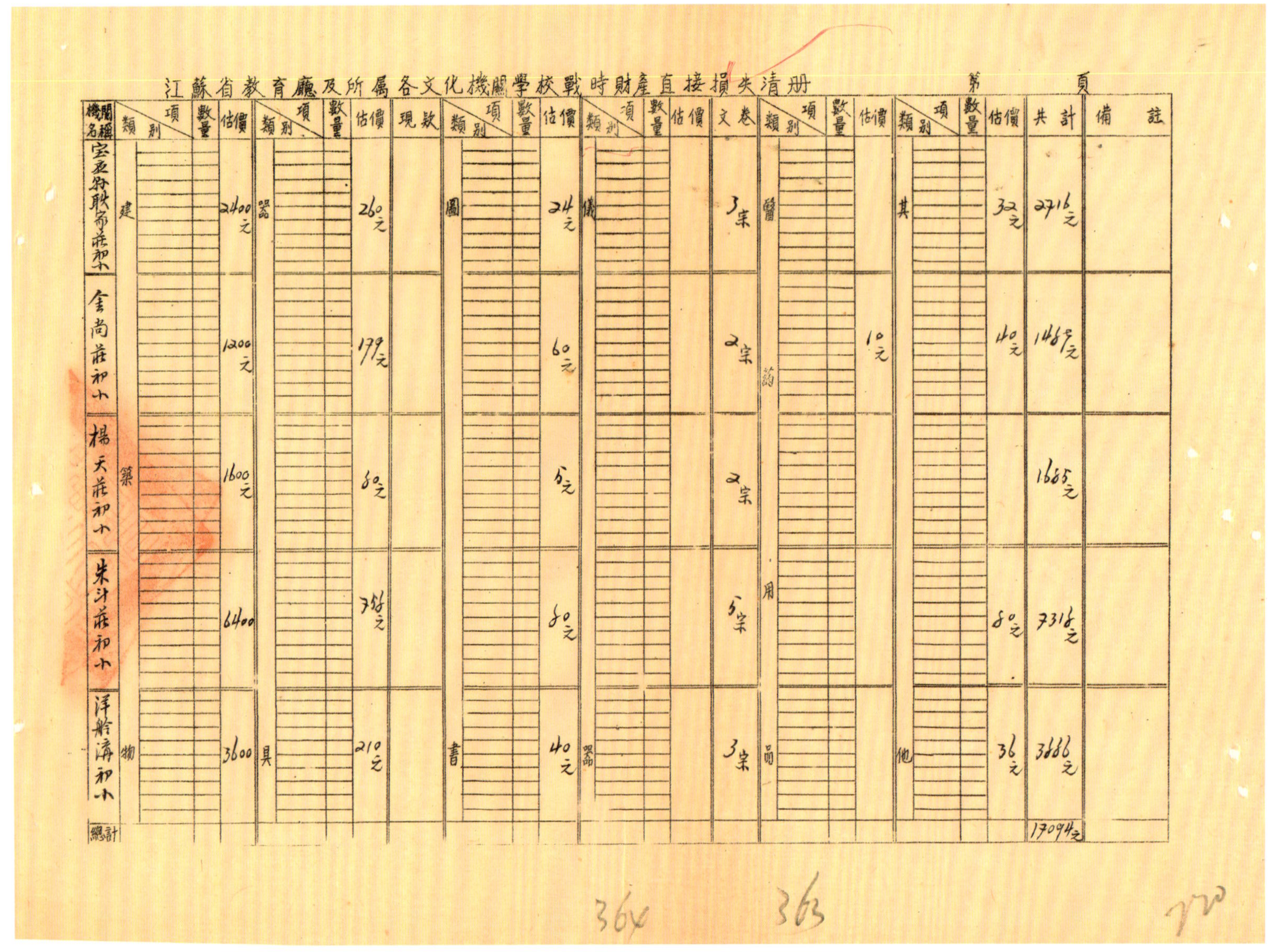

江蘇省教育廳及所屬各文化機關學校戰時財產直接損失清册　第　頁

機關名稱	類別 項	數量	估價	類別 項	數量	估價	現款	類別 項	數量	估價	類別 項	數量	估價	文卷	類別 項	數量	估價	類別 項	數量	估價	共計	備註
	建築物			器具				圖書			儀器				醫藥用品			其他				
宝應縣耿家莊初小			2400之			260之				24之				3宗						32之	2716之	
金尚莊初小			1200之			179之				60之				2宗			10之			40之	1489之	
楊天莊初小			1600之			80之				5之				2宗							1685之	
朱圩莊初小			6400			758之				80之				5宗						80之	7318之	
洋船濟初小			3600			210之				40之				3宗						36之	3886之	
總計																					17094之	

364　363　770

江蘇省教育廳及所屬各文化機關學校戰時財產直接損失清册

第　　頁

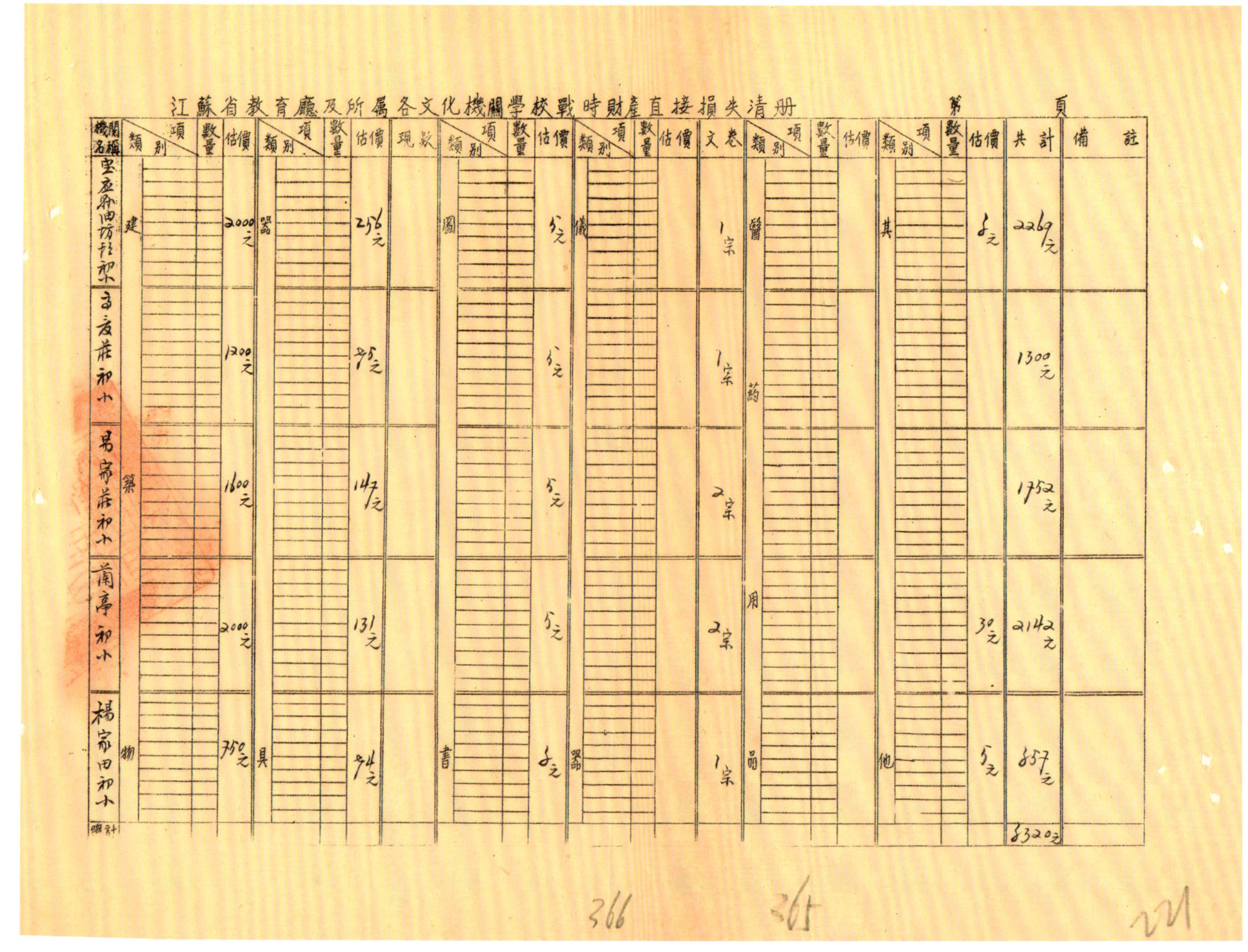

機關名稱	建築物 數量	建築物 估價	器具 數量	器具 估價	現款	圖書 數量	圖書 估價	儀器 數量	儀器 估價	文卷	醫藥用品 數量	醫藥用品 估價	其他 數量	其他 估價	共計	備註
宝应縣田坊莊初小		2000元		256元			5元			1宗				8元	2269元	
高友莊初小		1200元		95元			5元			1宗					1300元	
易家莊初小		1600元		147元			5元			2宗					1752元	
蘭亭初小		2000元		131元			5元			2宗				30元	2142元	
楊家田初小		750元		94元			8元			1宗				5元	857元	
總計															8320元	

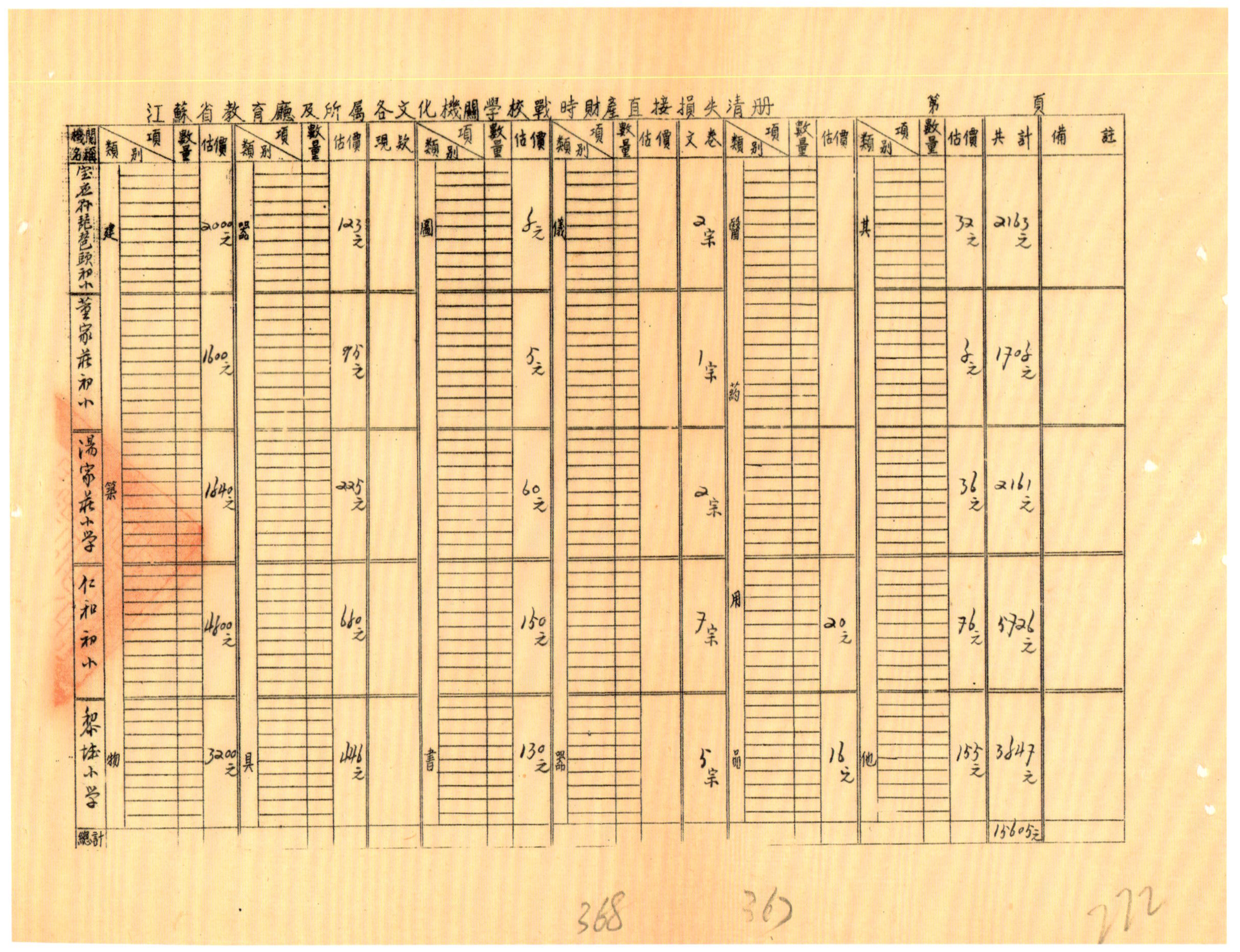

江蘇省教育廳及所屬各文化機關學校戰時財產直接損失清册　　第　　頁

機關名稱	類別（項）	數量	估價	類別（項）	數量	估價	現款	類別（項）	數量	估價	類別（項）	數量	估價	文卷	類別（項）	數量	估價	類別（項）	數量	估價	共計	備註
宝应孙琵琶頭初小	建築物		2000元	器具		123元		圖書		5元	儀器			2宗	醫藥用品			其他		35元	2163元	
董家莊初小			1600元			95元				5元				1宗						5元	1705元	
湯家莊小学			1640元			225元				60元				2宗						36元	2161元	
仁和初小			4800元			660元				150元				7宗			20元			76元	5726元	
黎垛小学			3200元			446元				130元				5宗			16元			155元	3847元	
總計																					15605元	

368　367　272

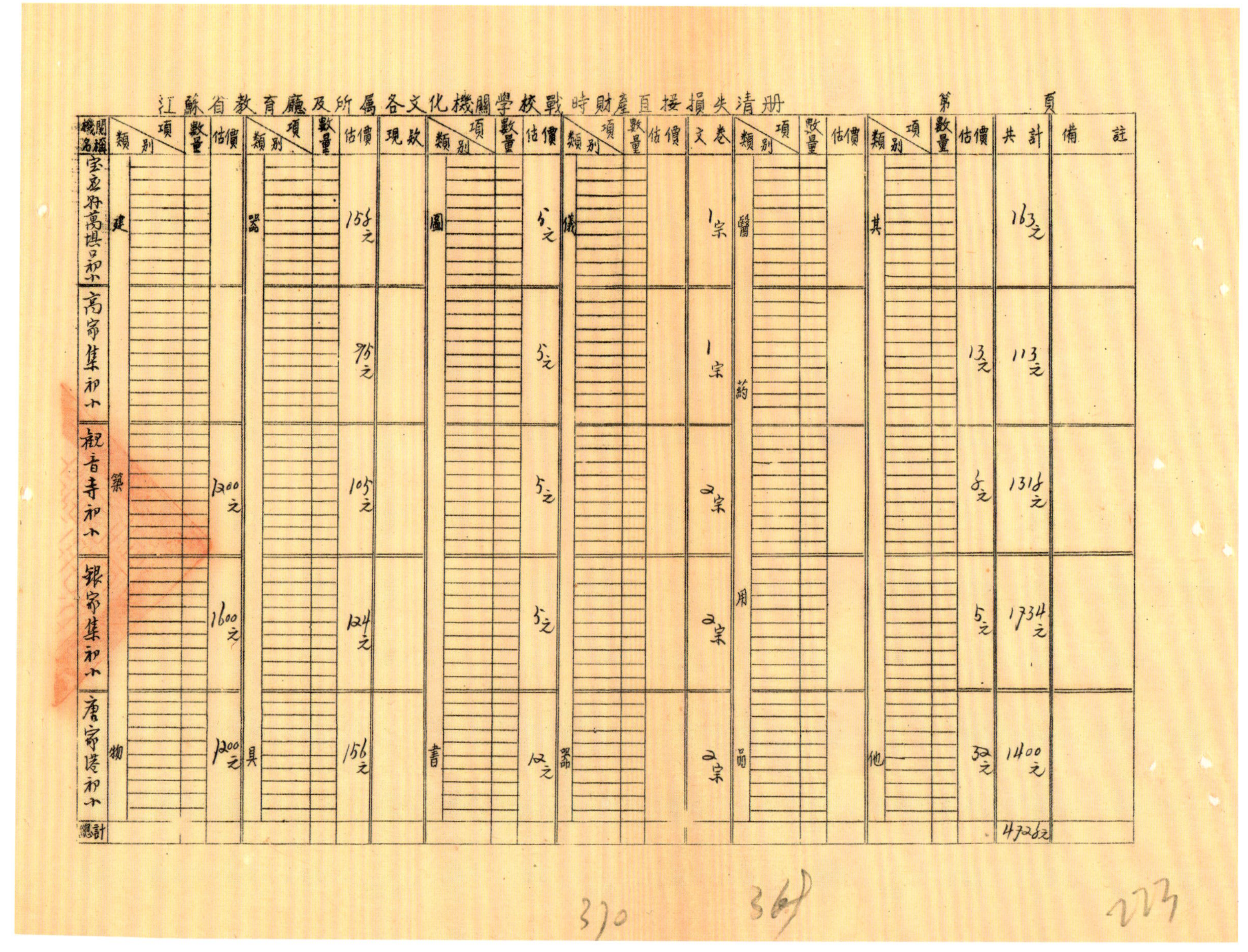

江蘇省教育廳及所屬各文化機關學校戰時財產直接損失清冊　　第　頁

機關名稱	項別類別（建築物）	數量	估價	項別類別（器具）	數量	估價	現款	項別類別（圖書）	數量	估價	項別類別（儀器）	數量	估價	文卷	項別類別（醫藥用品）	數量	估價	項別類別（其他）	數量	估價	共計	備註
宝应縣萬堪口初小						158之				5之				1宗							163之	
高家集初小						95之				5之				1宗						13之	113之	
觀音寺初小			1200之			105之				5之				2宗						8之	1318之	
銀家集初小			1600之			124之				5之				2宗						5之	1734之	
唐家港初小			1200之			156之				12之				2宗						32之	1400之	
總計																					4728元	

370　364　223

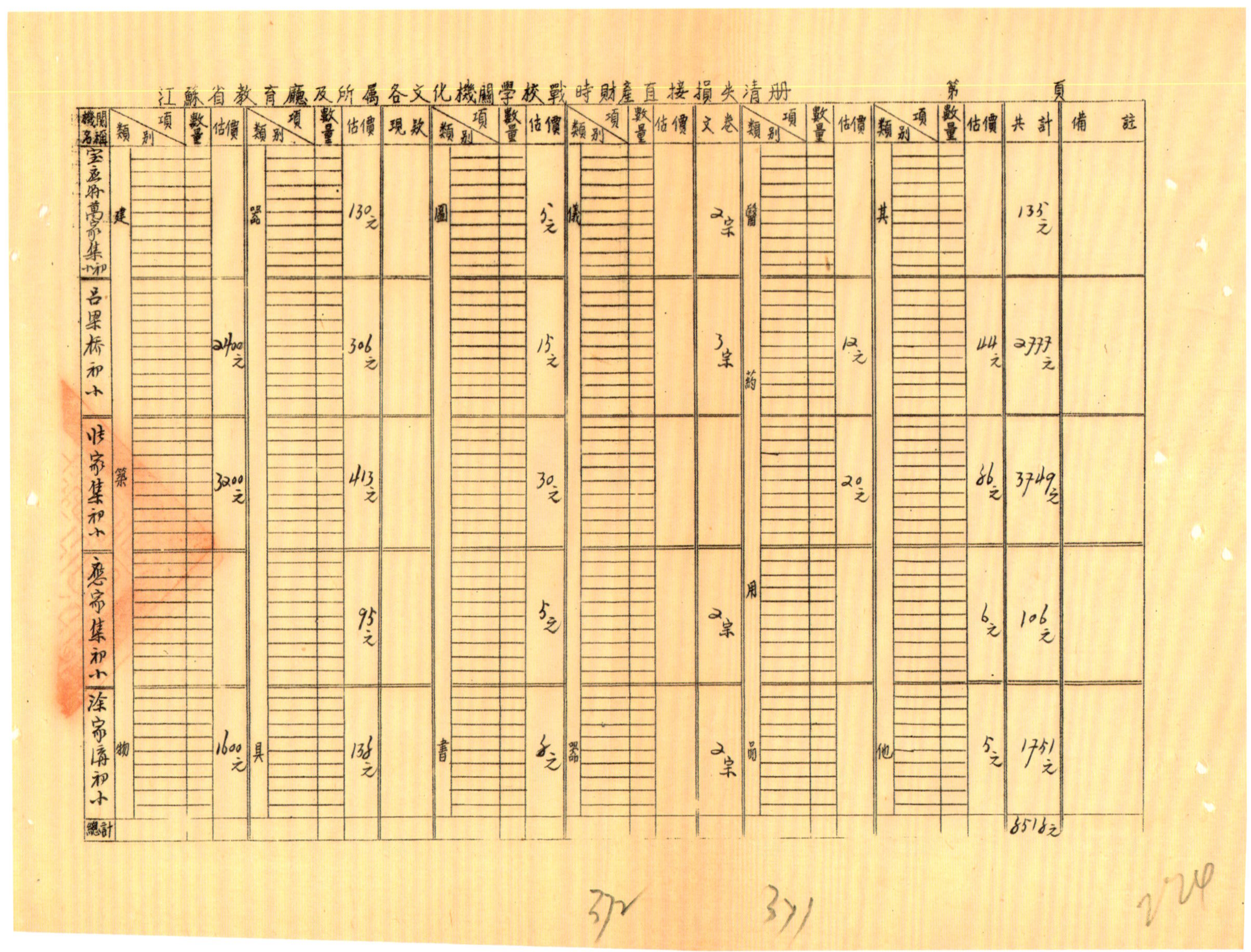

江蘇省教育廳及所屬各文化機關學校戰時財產直接損失清册　第　頁

機關名稱	類別項	數量	估價	類別項	數量	估價	現款	類別項	數量	估價	類別項	數量	估價	文卷	類別項	數量	估價	類別項	數量	估價	共計	備註
	建築物			器具				圖書			儀器				醫藥用品			其他				
宝应縣萬家集初小						130元				5元				2宗							135元	
呂梁橋初小			2400元			306元				15元				3宗			12元			44元	2777元	
張家集初小			3200元			413元				30元							20元			86元	3749元	
應家集初小						95元				5元				2宗						6元	106元	
涂家廟初小			1600元			138元				8元				2宗						5元	1751元	
總計																					8518元	

372　371　224

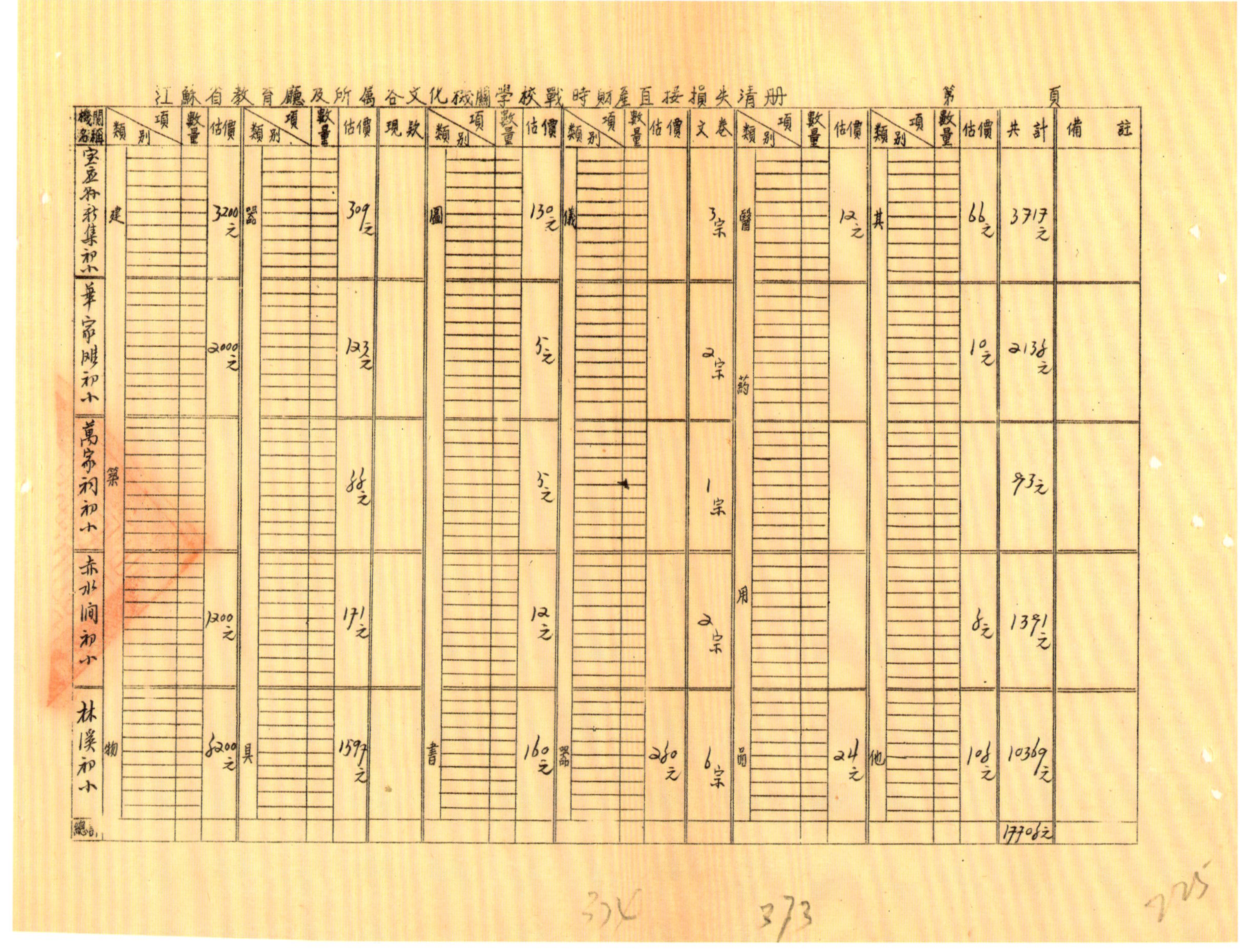

江蘇省教育廳及所屬各文化機關學校戰時財產直接損失清冊　第　頁

機關名稱	建築物			器具			現款	圖書			儀器			文卷	醫藥用品			其他			共計	備註
	類別項	數量	估價	類別項	數量	估價		類別項	數量	估價	類別項	數量	估價		類別項	數量	估價	類別項	數量	估價		
宝应孙新集初小			3200元			309元				130元				3宗			12元			66元	3717元	
華家朋初小			2000元			123元				5元				2宗						10元	2138元	
萬家祠初小						88元				5元				1宗							93元	
赤水涧初小			1200元			171元				12元				2宗						8元	1391元	
林溪初小			8200元			1597元				160元			260元	6宗			24元			108元	10369元	
總計																					17708元	

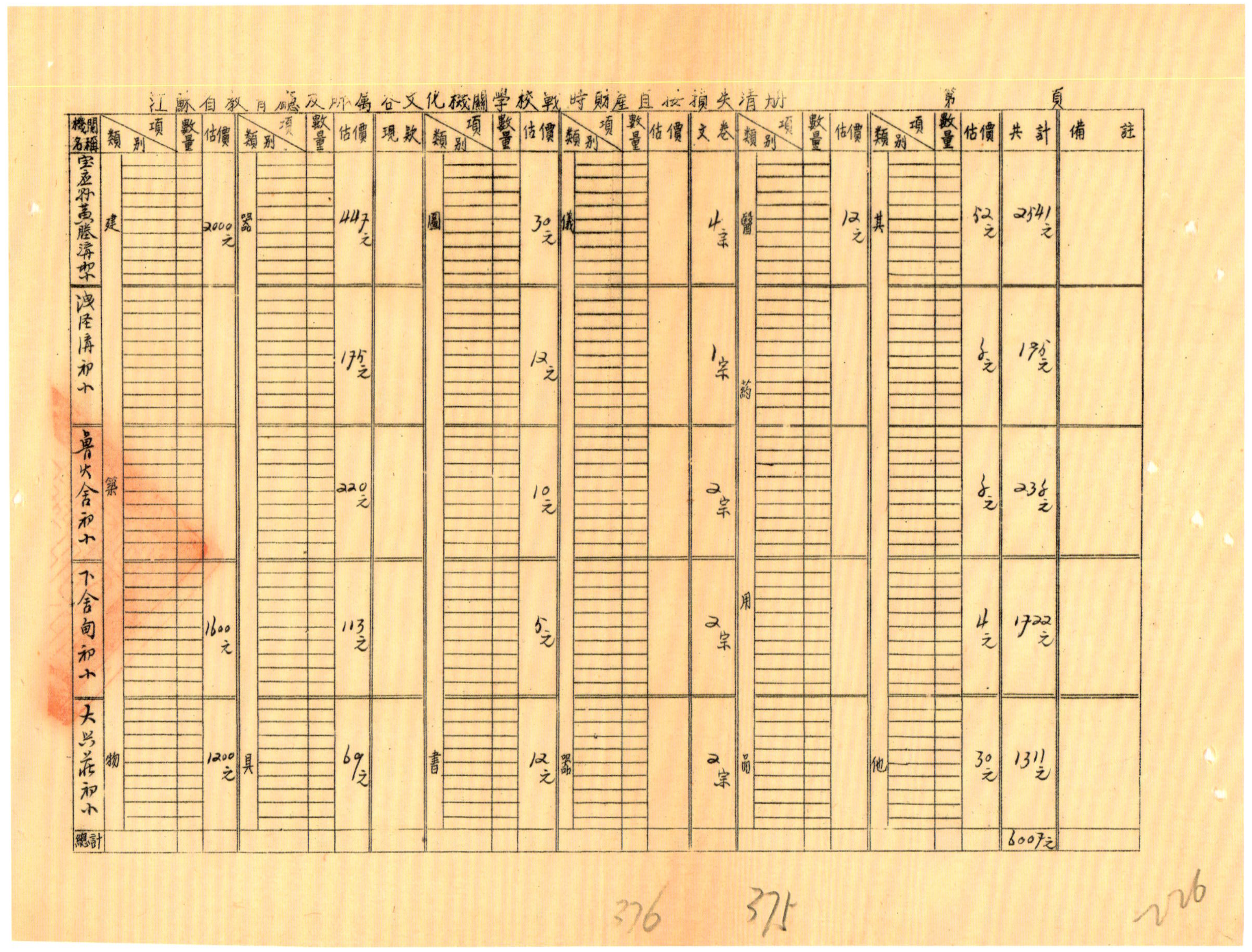

江蘇省教育廳及所屬各文化機關學校戰時財產直接損失清冊　第　頁

機關名稱	建築物 類別	數量	估價	器具 類別	數量	估價	現款	圖書 類別	數量	估價	儀器 類別	數量	估價	文卷	醫藥用品 類別	數量	估價	其他 類別	數量	估價	共計	備註
宝应縣萬勝濟棠			2000元			447元				30元				4宗			12元			52元	2541元	
洩陸濟初小						175元				12元				1宗						8元	195元	
魯火舍初小						220元				10元				2宗						8元	238元	
下舍甸初小			1600元			113元				5元				2宗						4元	1722元	
大興荘初小			1200元			69元				12元				2宗						30元	1311元	
總計																					6007元	

376　375　226

江蘇省教育廳及所屬各文化機關学校戰時財產直接損失清册　第　頁

機關名稱	建築物（類別項）	數量	估價	器具（類別項）	數量	估價	現款	圖書（類別項）	數量	估價	儀器（類別項）	數量	估價	文卷	醫藥用品（類別項）	數量	估價	其他（類別項）	數量	估價	共計	備註
宝应縣朱家莊初小			1000之			185之				15之				2宗						8之	1211之	
宋家舍初小						181之				16之				3宗						36之	235之	
梁岱廟初小			2800之			265之				12之				3宗			5之			14之	3096之	
小梁初級小学			2400之			160之				12之				3宗						5之	2577之	
黃浦初小			1600之			173之				8之				2宗							1781之	
總計																					8900之	

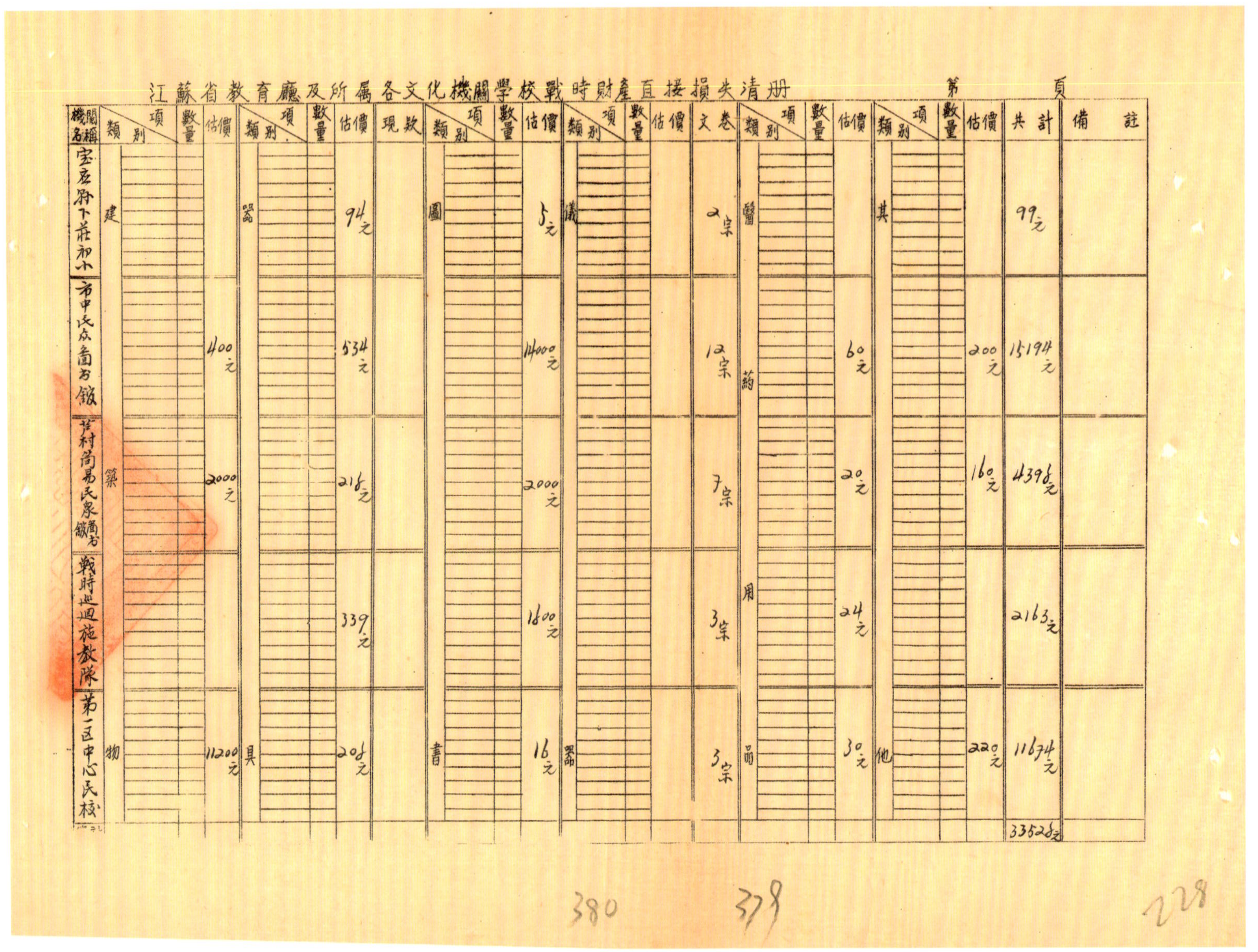

江蘇省教育廳及所屬各文化機關學校戰時財產直接損失清册　　　第　　頁

機關名稱	建築物 類別	數量	估價	器具 類別	數量	估價	現款	圖書 類別	數量	估價	儀器 類別	數量	估價	文卷	醫藥用品 類別	數量	估價	其他 類別	數量	估價	共計	備註
宝应府下庄初小						94元				5元				2宗							99元	
市中民众图书馆			400元			534元				14000元				12宗			60元			200元	15194元	
芋村简易民众图书馆			2000元			218元				2000元				7宗			20元			160元	4398元	
戰時巡迴施教隊						339元				1800元				3宗			24元				2163元	
第一区中心民校			11200元			208元				16元				3宗			30元			220元	11674元	
																					33528元	

380　379　228

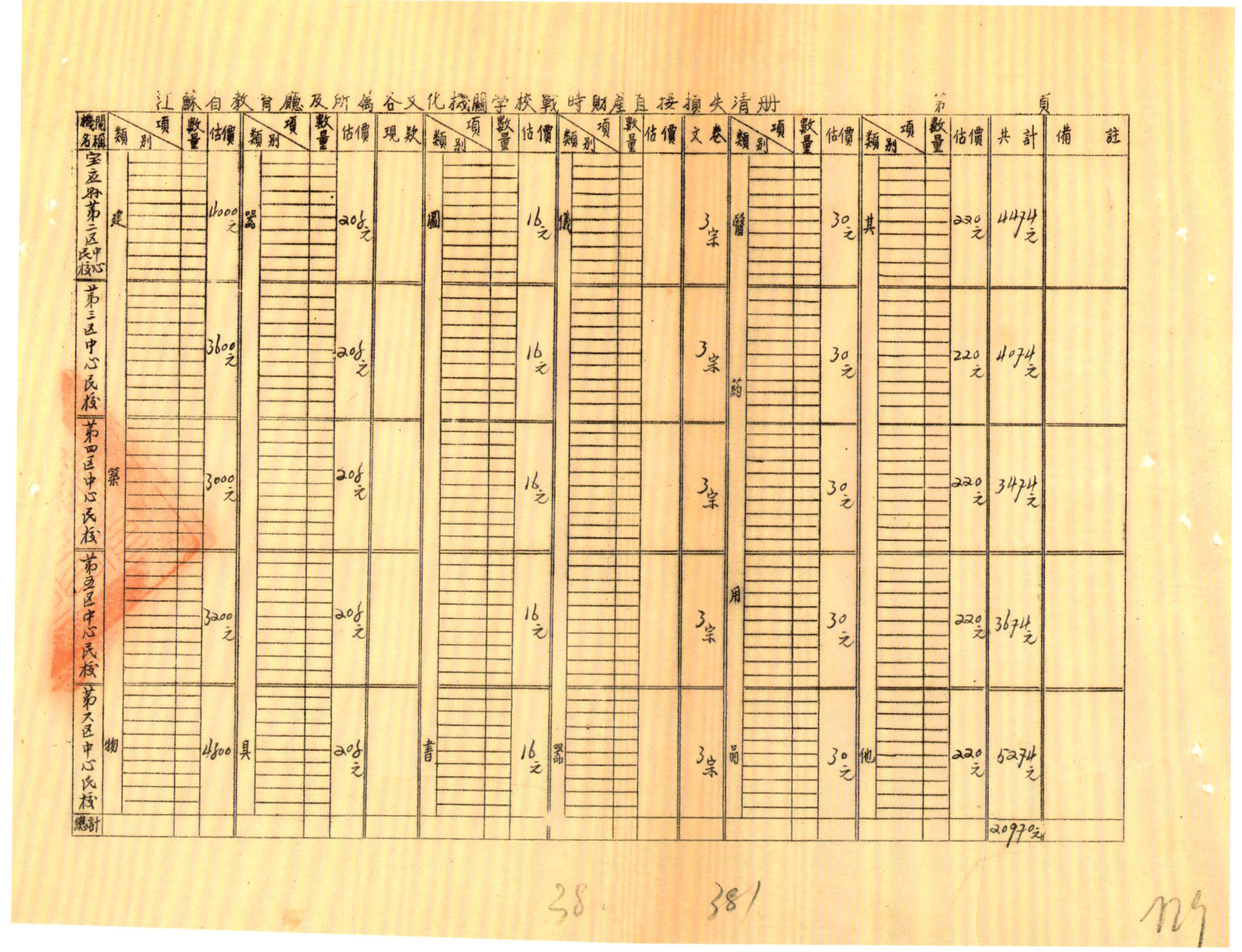

江蘇省教育廳及所屬各文化機關學校戰時財產直接損失清冊　第　頁

機關名稱	建築物 類別	數量	估價	器具 類別	數量	估價	現款	圖書 類別	數量	估價	儀器 類別	數量	估價	文卷	醫藥用品 類別	數量	估價	其他 類別	數量	估價	共計	備註
宝应縣第二区中心民校	建築物		4000元	器具		208元		圖書		16元	儀器			3宗	醫藥用品		30元	其他		220元	4474元	
第三区中心民校			3600元			208元				16元				3宗			30元			220元	4074元	
第四区中心民校			3000元			208元				16元				3宗			30元			220元	3474元	
第五区中心民校			3200元			208元				16元				3宗			30元			220元	3674元	
第六区中心民校			4800元			208元				16元				3宗			30元			220元	5274元	
總計																					20970元	

38　381　119

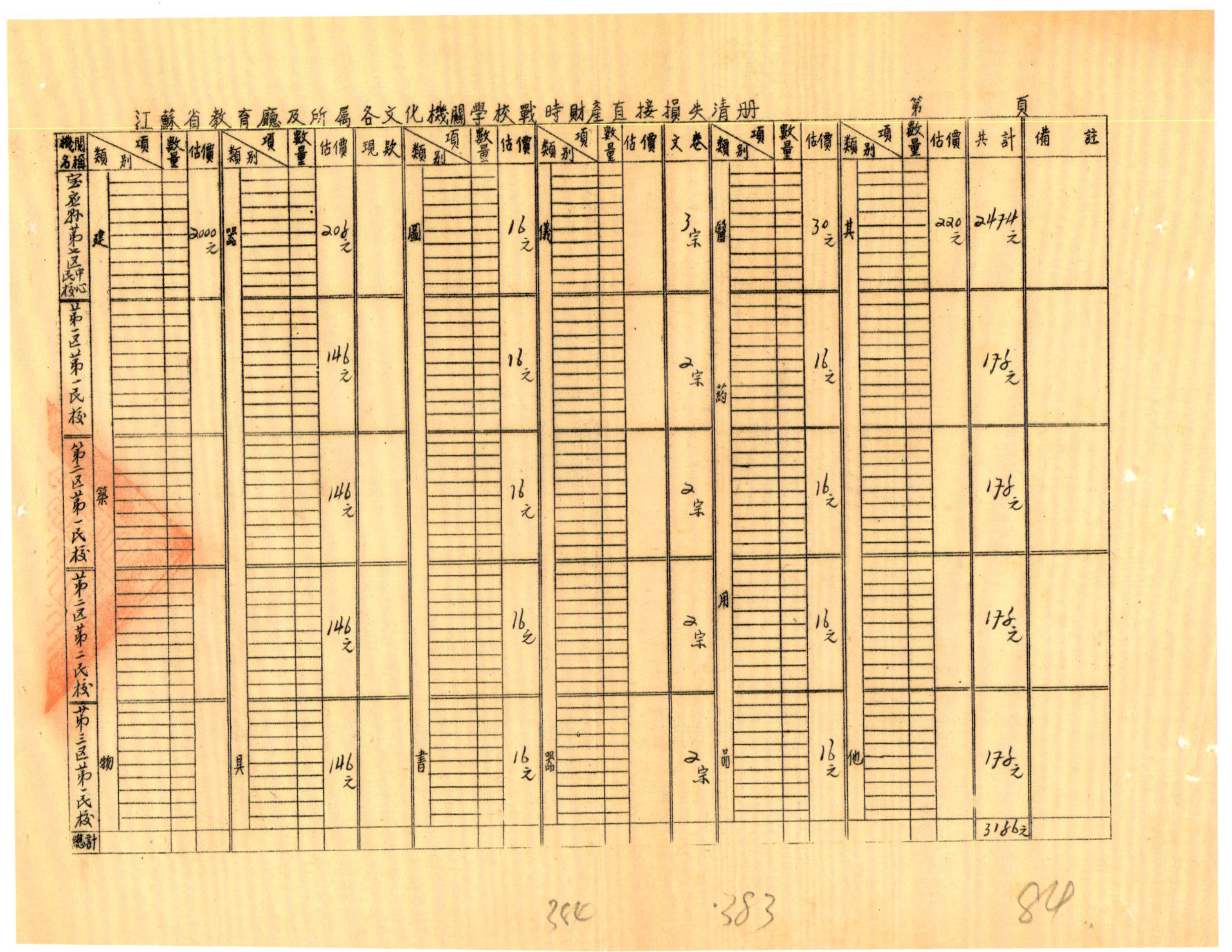

江蘇省教育廳及所屬各文化機關學校戰時財產直接損失清册　第　頁

機關名稱	類別項：建築物	數量	估價	類別項：器具	數量	估價	現款	類別項：圖書	數量	估價	類別項：儀器	數量	估價	文卷	類別項：醫藥用品	數量	估價	類別項：其他	數量	估價	共計	備註
宝应县第二区中心民校			2000元			208元				16元				3宗			30元			220元	2474元	
第二区第一民校						146元				16元				2宗			16元				178元	
第二区第一民校						146元				16元				2宗			16元				178元	
第二区第二民校						146元				16元				2宗			16元				178元	
第三区第一民校						146元				16元				2宗			16元				178元	
總計																					3186元	

386　383　84

江蘇省教育廳及所屬各文化機關學校戰時財產直接損失清冊　第　頁

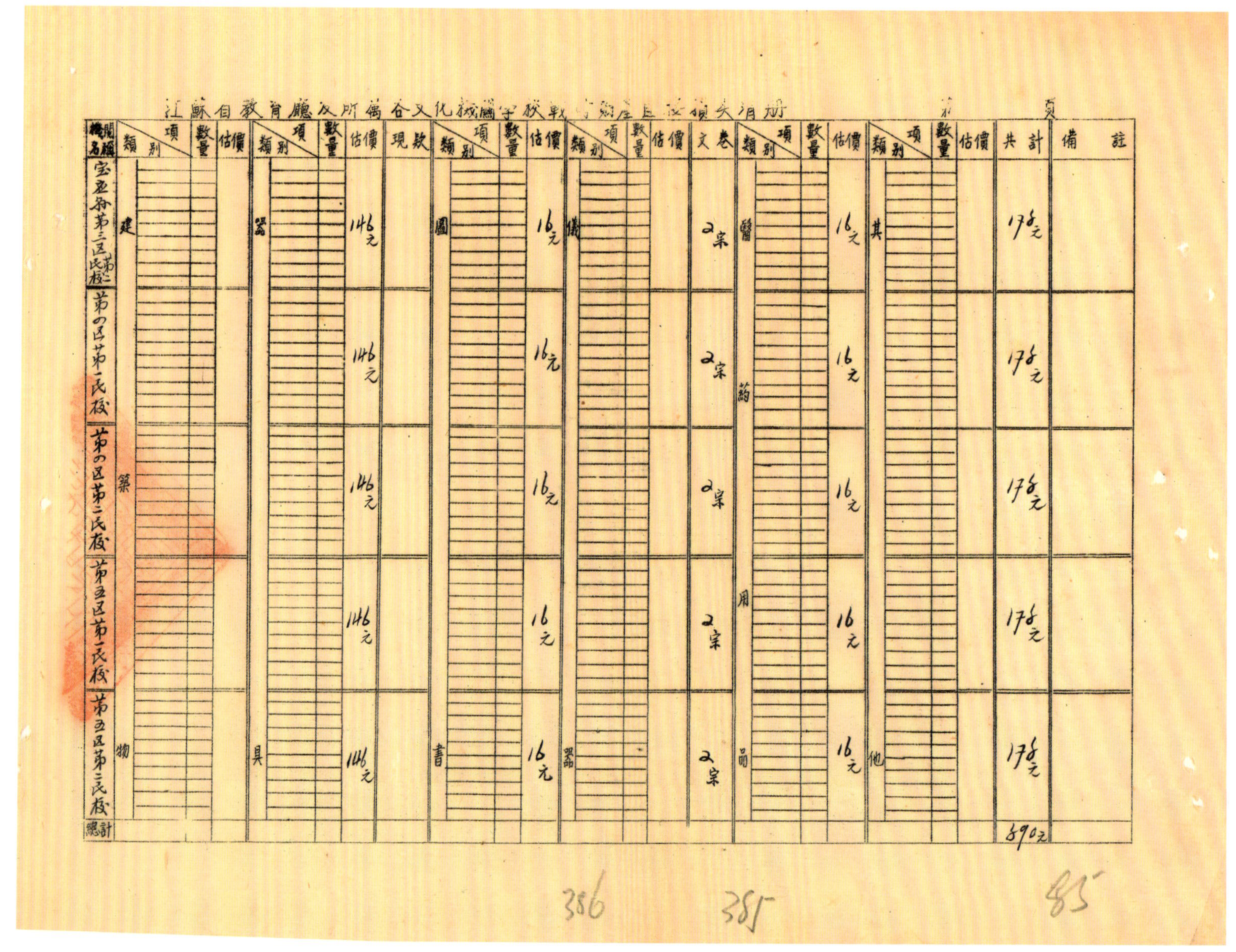

機關名稱	建築物 類別	建築物 數量	建築物 估價	器具 類別	器具 數量	器具 估價	現款	圖書 類別	圖書 數量	圖書 估價	儀器 類別	儀器 數量	儀器 估價	文卷	醫藥用品 類別	醫藥用品 數量	醫藥用品 估價	其他 類別	其他 數量	其他 估價	共計	備註
宝应县第三区第二民校						146元				16元				2宗			16元				178元	
第四区第一民校						146元				16元				2宗			16元				178元	
第四区第二民校						146元				16元				2宗			16元				178元	
第五区第一民校						146元				16元				2宗			16元				178元	
第五区第二民校						146元				16元				2宗			16元				178元	
總計																					890元	

386　385　85

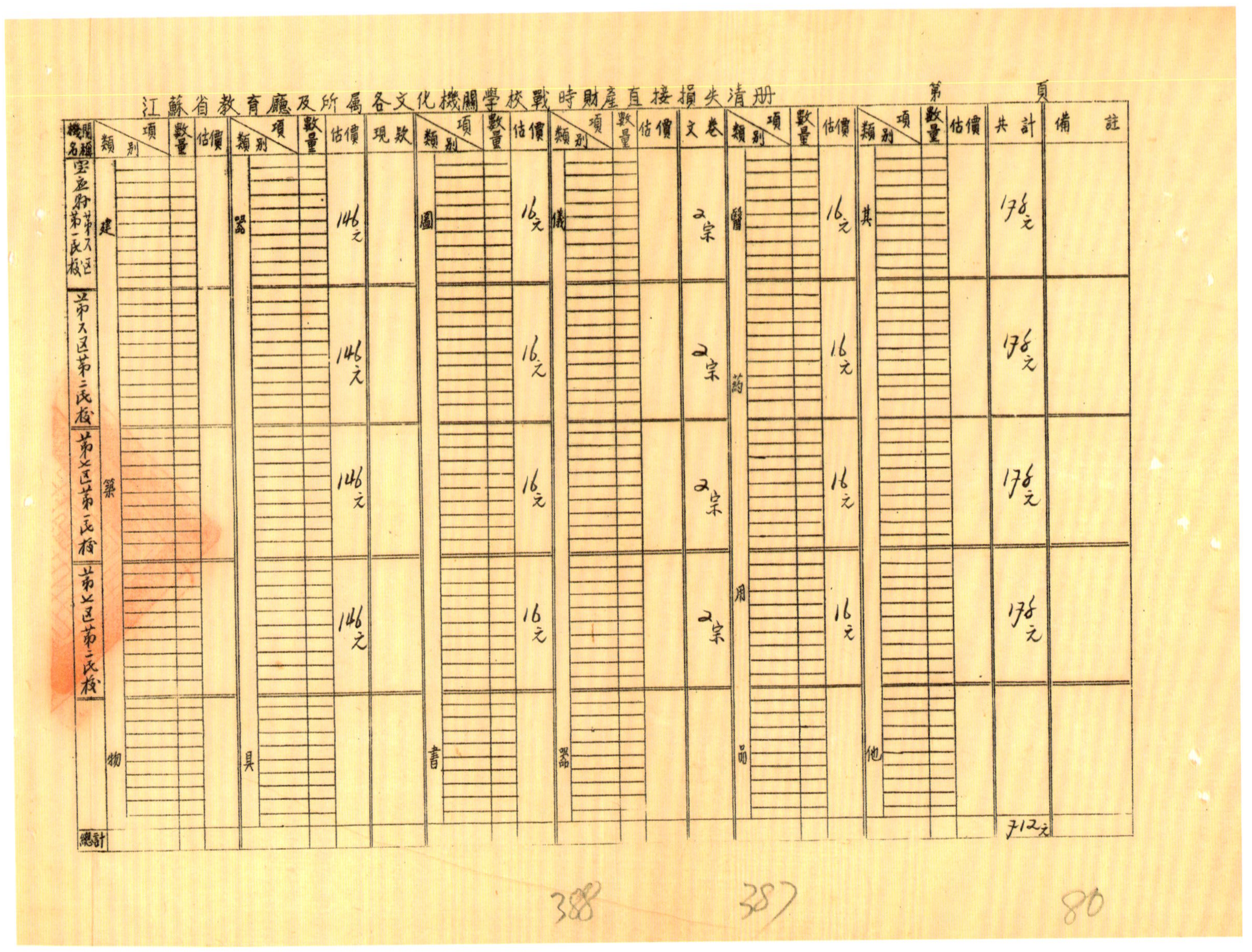

江蘇省教育廳及所屬各文化機關學校戰時財產直接損失清册　第　頁

機關名稱 \ 項別	建築物 類別	數量	估價	器具 類別	數量	估價	現款	圖書 類別	數量	估價	儀器 類別	數量	估價	文卷	醫藥用品 類別	數量	估價	其他 類別	數量	估價	共計	備註
宝应县第八区第一民校						146元				16元				2宗			16元				178元	
第八区第二民校						146元				16元				2宗			16元				178元	
第七区第一民校						146元				16元				2宗			16元				178元	
第七区第二民校						146元				16元				2宗			16元				178元	
總計																					712元	

388　387　80

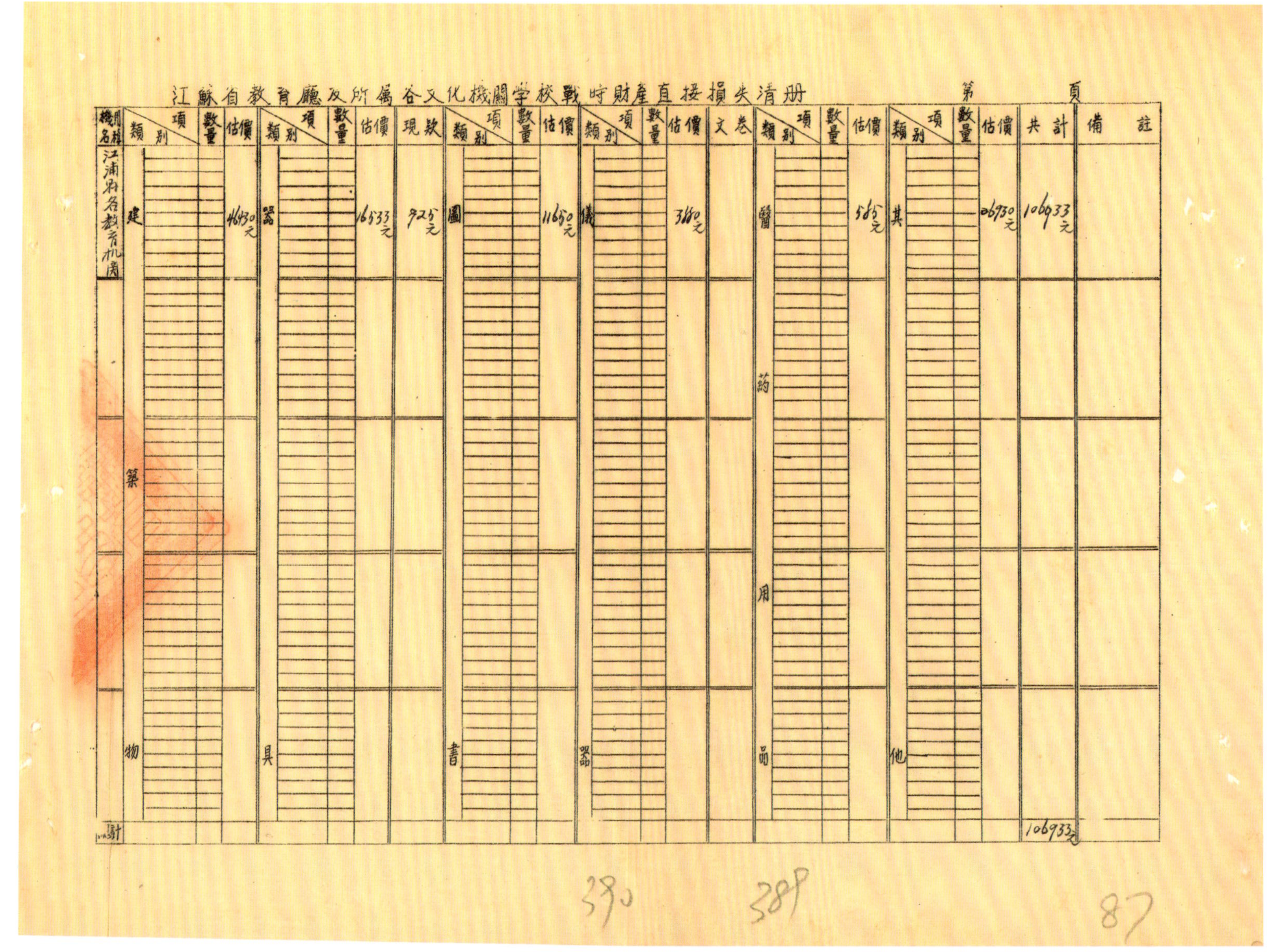

江蘇省教育廳及所屬各文化機關學校戰時財產直接損失清冊　第　頁

機關名稱	類別／項	數量	估價	類別／項	數量	估價	現款	類別／項	數量	估價	類別／項	數量	估價	文卷	類別／項	數量	估價	類別／項	數量	估價	共計	備註
江浦縣各教育机関	建築物		46430元	器具		16533元	925元	圖書		11650元	儀器		3880元		醫藥用品		585元	其他		26930元	106933元	
計																					106933元	

390　389　87

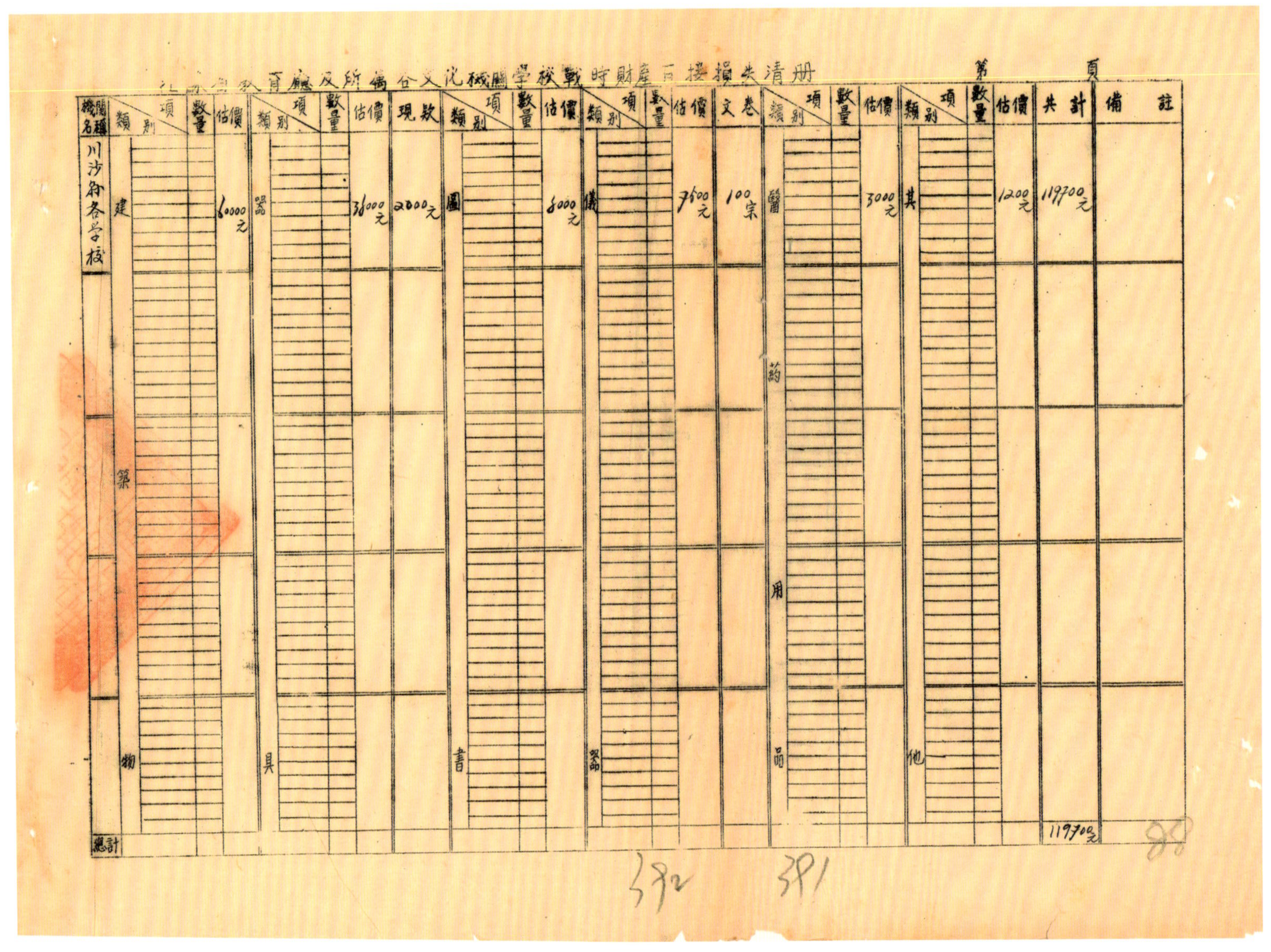

江蘇省教育廳及所屬各文化機關學校戰時財產間接損失清冊　　第　頁

機關名稱	建築物			器具			現款	圖書			儀器			文卷	醫藥用品			其他			共計	備註
	項類別	數量	估價	項類別	數量	估價		項類別	數量	估價	項類別	數量	估價		項類別	數量	估價	項類別	數量	估價		
川沙縣各学校			60000元			38000元	2000元			8000元			7500元	100宗			3000元			1200元	119700元	
總計																					119700元	

382　381　88

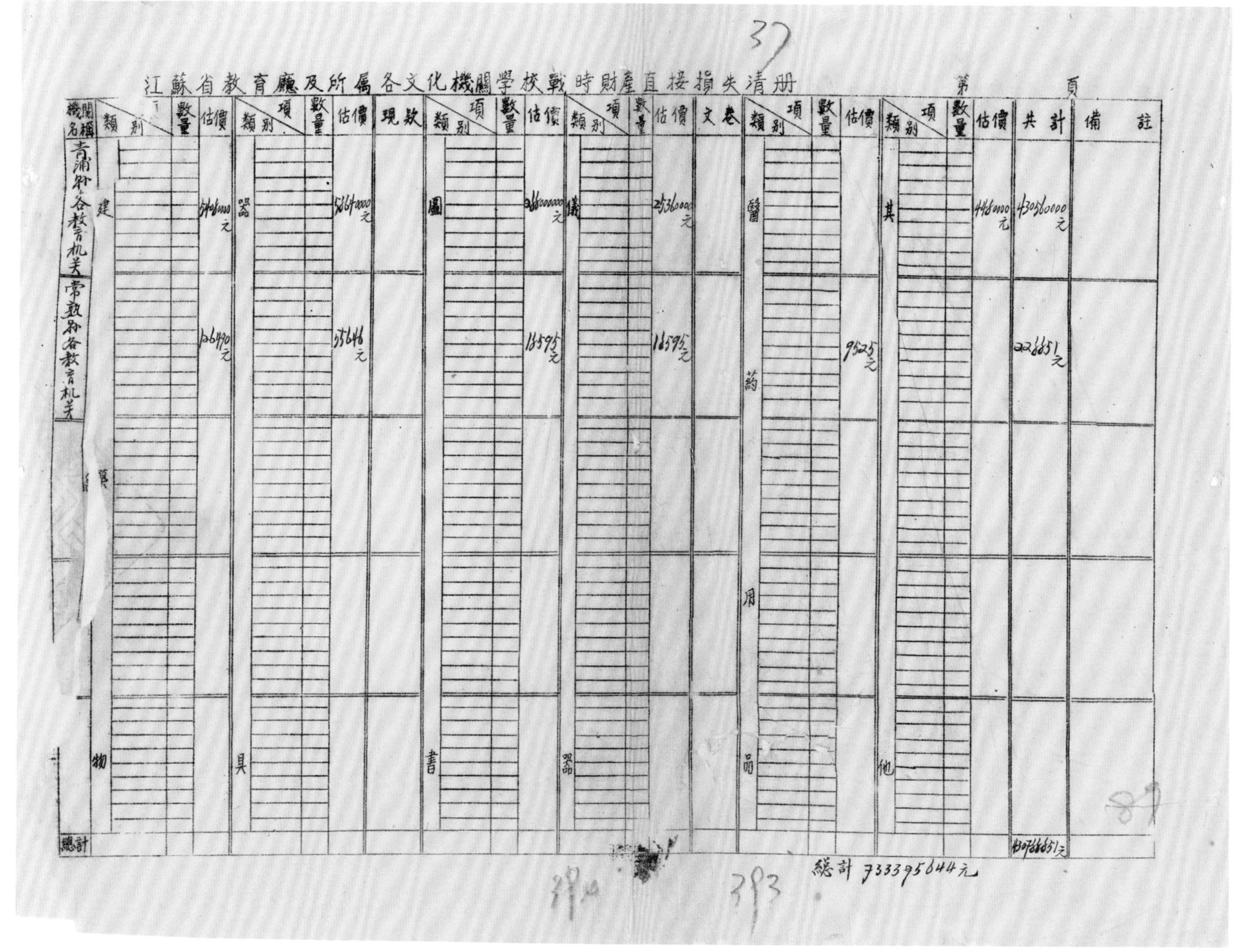

江蘇省教育廳及所屬各文化機關學校戰時財產直接損失清冊　第　頁

機關名稱	建物 數量	建物 估價	器具 數量	器具 估價	現款	圖書 數量	圖書 估價	儀器 數量	儀器 估價	文卷	醫藥用品 數量	醫藥用品 估價	其他 數量	其他 估價	共計	備註
青浦縣各教育机关		54080000元		58640000元			288000000元		25360000元					4480000元	430560000元	
常熟縣各教育机关		126490元		55646元			16595元		16595元			9525元			228851元	
總計															430788851元	

總計 733395644元

江苏省教育厅所属各单位人口伤亡调查（一九四六年至一九四七年）

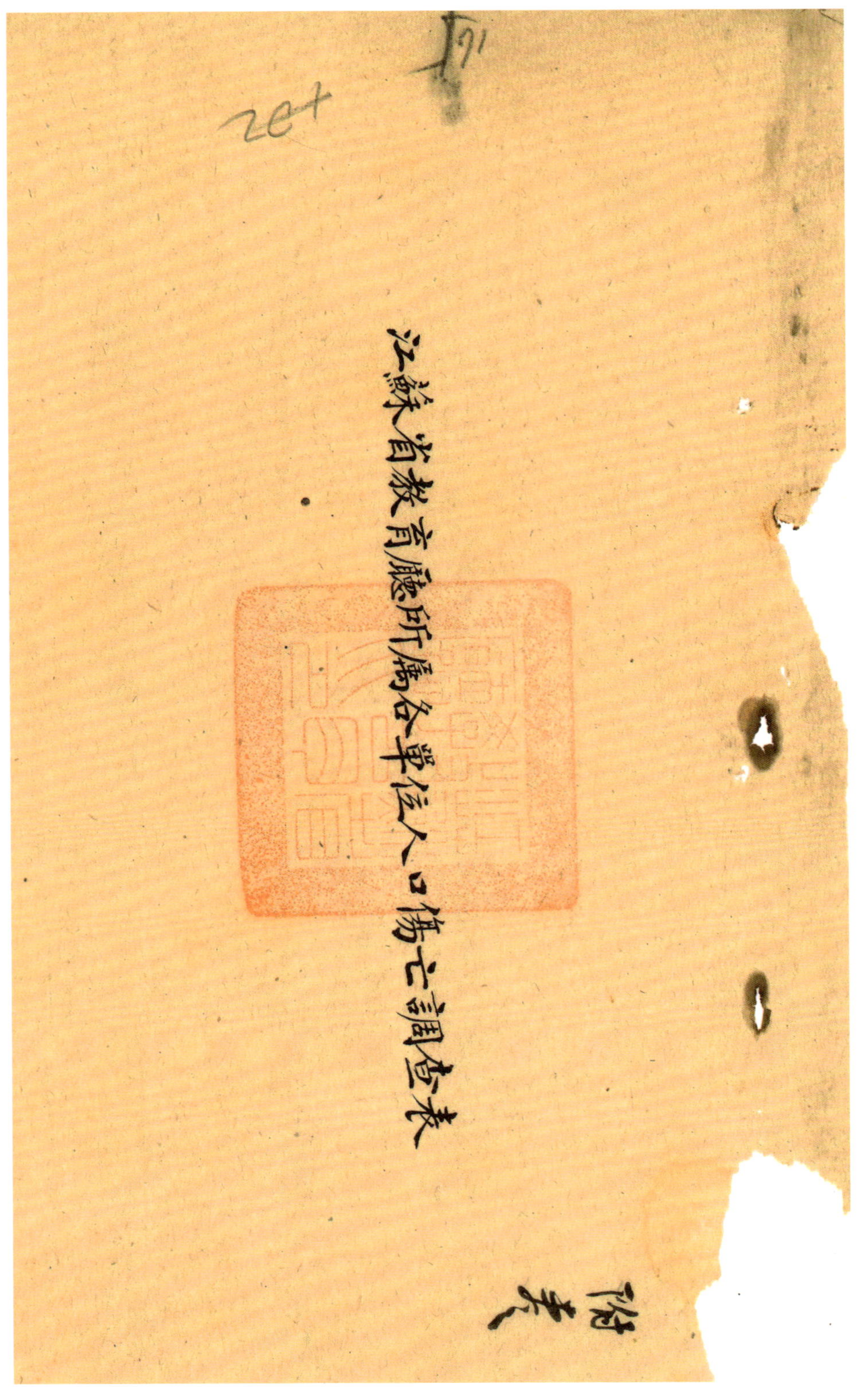
江苏省教育厅所属各单位人口伤亡调查表

附表

溧水县政府关于填报战时教育人员伤亡表致江苏省教育厅的呈（一九四六年十二月二十一日）

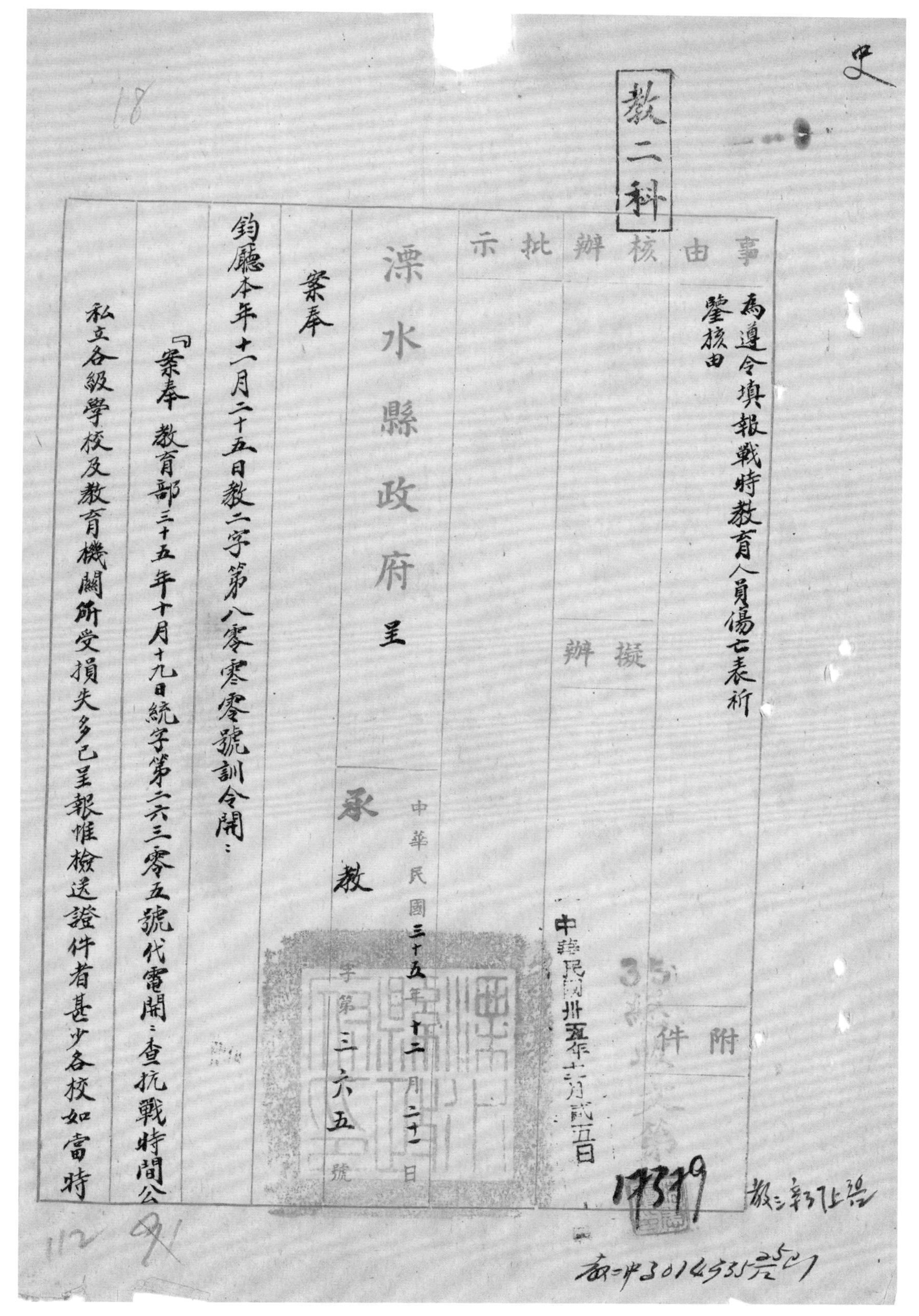

教二科

事由：為遵令填報戰時教育人員傷亡表祈鑒核由

核辦

批示

擬辦

附件

溧水縣政府呈

中華民國三十五年十二月二十一日

承教字第三六五號

案奉

鈞廳本年十一月二十五日教二字第八零零零零號訓令開：

「案奉教育部三十五年十月十九日統字第二六三零五號代電開：查抗戰時間公私立各級學校及教育機關所受損失多已呈報，惟檢送證件者甚少，各校如當時

中華民國卅五年十二月貳五日

攝有照片現尚存留者可速寄呈本部照片背面務須註明學校地址名稱及損毀
日期情形等項如有其他證件足以證明敵人之殘暴行為者亦應檢送又教育人員
傷亡調查表各校亦多未報茲檢發表式一份仰即遵照並轉飭所屬遵照辦理等
因附發教育人員傷亡調查表一份奉此除分行外合行檢發原表式一份令仰遵照
辦理並轉飭所屬遵照辦理關於教育人員傷亡表應填具一式二份以便存轉」
等因，並附發教育人員傷亡表式一份奉此。查關於戰時損失照片無從搜集擬請免報至本縣抗
戰時期教育人員傷亡者有傅于驥一員抗戰忠烈條例一條三項之規定理合將該故校長殉難事實
填表報乞
鑒核
謹呈

19

江蘇省教育廳廳長陳

附呈本縣抗戰時期教育人員及其家屬傷亡調查表兩份

溧水縣縣長謝　泌

校對潘尚志

監印周毓纖

114　42

附：抗战时期教育人员及其家属伤亡调查表（一九四六年十二月二十一日）

抗戰時期教育人員及其家屬傷亡調查表

姓名	性別	年齡	籍貫	服務或讀書之學校或教育機關	職務	受傷或死亡	傷亡情形			費用（國幣元）		備註
							時期年月日	地點	事件	醫藥	葬埋	
傅千驥	男	三一	溧水	溧水縣後傅村初級小學校	校長	死亡	二十八年七月十四日	京建路側馬家廟湖岸	二十八年七月十四日黎明敵僞軍進攻國軍挺進第五團時已遭其包圍該校長出爲引導國軍突圍被俘不屈致遭殺害			案經前任曾報江南行署核定勝利後並經李前任據情請示在案

填報日期三十五年十二月二十一日　　　　填報者

萧县抗战时期教育人员及其家属伤亡调查表（一九四七年二月七日）

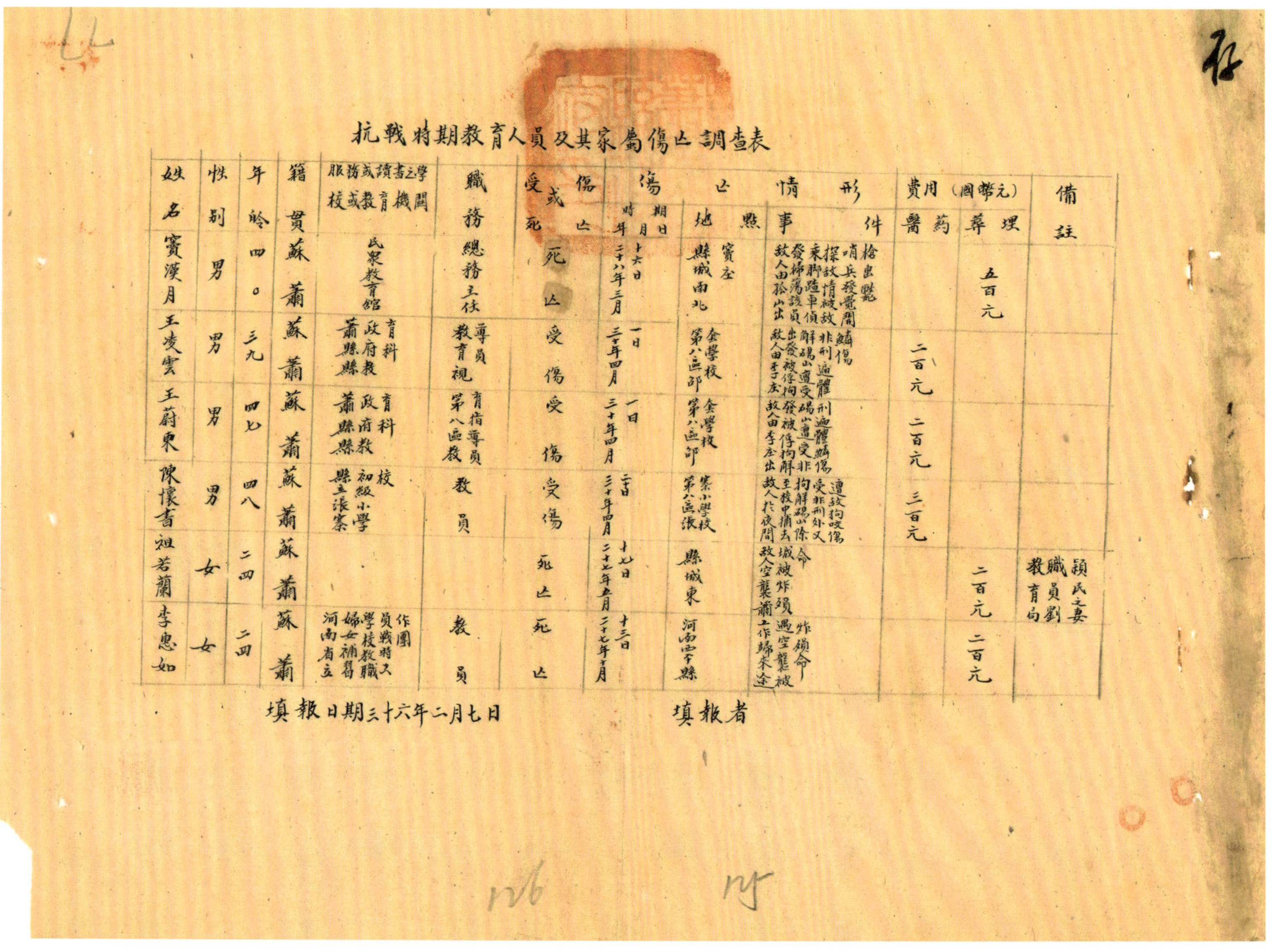

抗戰時期教育人員及其家屬傷亡調查表

姓名	性别	年齡	籍貫	服務或讀書之學校或教育機關	職務	受傷或死亡	傷亡情形 時期（年月日）	傷亡情形 地點	傷亡情形 事件	費用（國幣元） 醫藥	費用（國幣元） 葬理	備註
竇漢月	男	四〇	蘇蕭	民衆教育館	總務主任	死亡	二十八年三月十六日	縣城南北竇庄	敵人由孫山出發掃蕩該員乘腳踏車偵探敵情被敵哨兵發覺圍槍斃		五百元	
王凌雲	男	三九	蘇蕭	蕭縣縣政府教育科	教育視導員	受傷	三十年四月一日	第八區郝金學校	敵人由李庄出發被俘拘解碭山遭受非刑遍體鱗傷	二百元		
王蔚東	男	四七	蘇蕭	蕭縣縣政府教育科	第八區教育指導員	受傷	三十年四月一日	第八區郝金學校	敵人由李庄出發被俘拘解碭山遭受非刑遍體鱗傷	二百元		
陳懷書	男	四八	蘇蕭	縣立張案初級小學校	教員	受傷	三十年四月二十日	第八區張案小學校	敵人於夜間至校中捕去拘解碭山除受非刑外又遭敵狗咬傷	三百元		
祖若蘭	女	二四	蘇蕭			死亡	二十七年五月十九日	縣城東	敵人空襲蕭城被炸殞命		二百元	教育向職員劉頴氏之妻
李惠如	女	二四	蘇蕭	河南省立婦女補習學校教職員戰時工作團	教員	死亡	二十七年十月十三日	河南西平縣	蕭工作歸來途遇空襲被炸殞命		二百元	

填報日期三十六年二月七日　　填報者

江浦县教育人员及其家属伤亡调查表（一九四七年二月十三日）

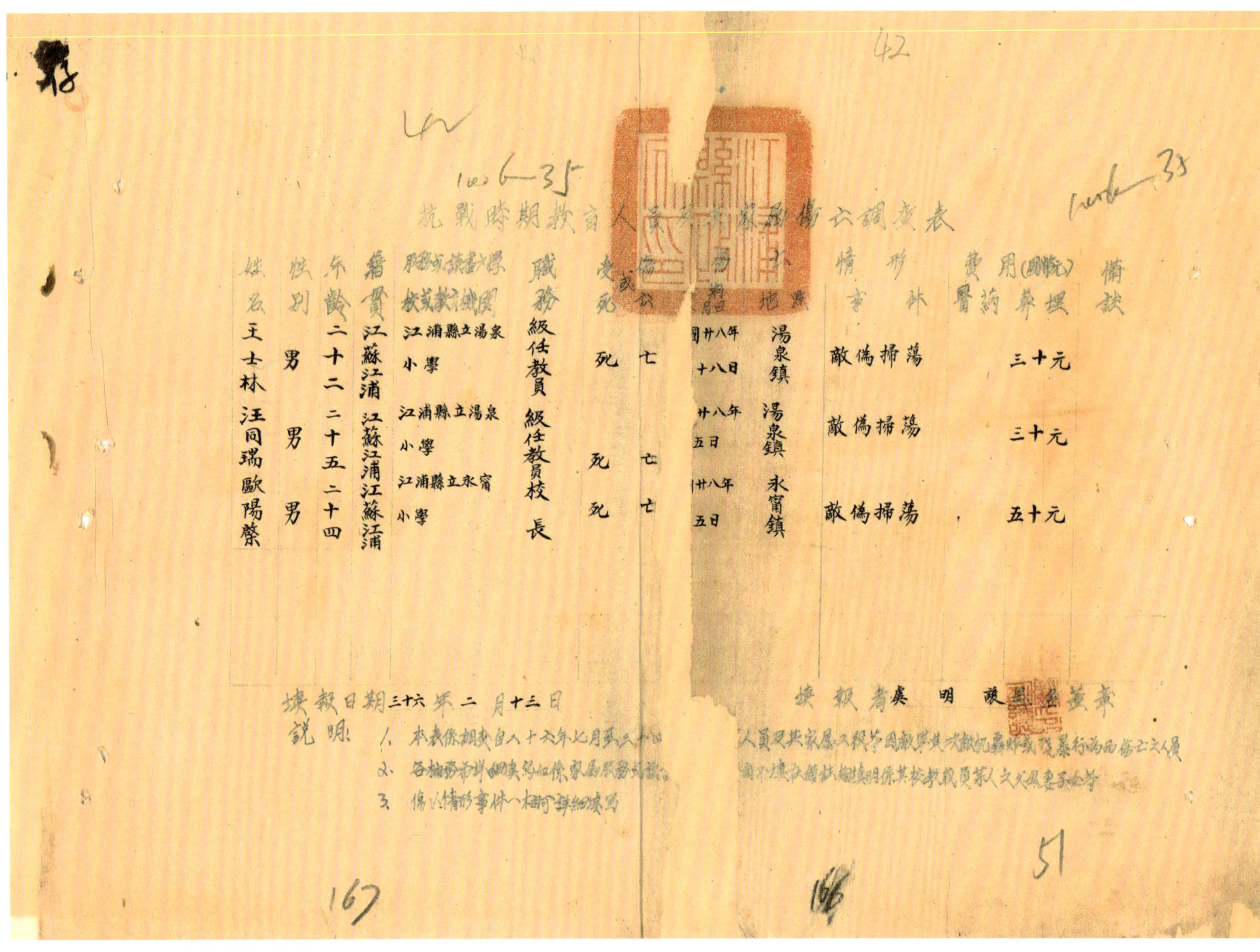

抗戰時期教育人員及其家屬傷亡調查表

姓名	性別	年齡	籍貫	服務或肄業之學校或教育機關	職務	受傷或死亡	傷亡日期	地點	事件	費用（國幣元）醫藥	費用（國幣元）葬埋	備註
王士林	男	二十二	江蘇江浦	江浦縣立湯泉小學	級任教員	死	廿八年七月十八日	湯泉鎮	敵偽掃蕩		三十元	
汪同瑞	男	二十五	江蘇江浦	江浦縣立湯泉小學	級任教員	死	廿八年七月五日	湯泉鎮	敵偽掃蕩		三十元	
歐陽縈	男	二十四	江蘇江浦	江浦縣立永甯小學	校長	死	廿八年七月五日	永甯鎮	敵偽掃蕩		五十元	

填報日期三十六年二月十三日　　填報者虞明謙（印）蓋章

說明：1、本表係調查自二十六年七月至三十[illegible]人員及其家屬之被害因敵軍其次敵機轟炸或殘暴行為而傷亡之人員

2、各欄務希詳細填寫如係家屬服務或肄業之[illegible]欄不填但備註欄填明係某校教職員某人之父母妻子女等

3、傷亡情形事件一欄可詳細填寫

泗阳县抗战时期教育人员及其家属伤亡调查表（一九四七年二月二十七日）

抗戰時期教育人員及其家屬傷亡調查表

姓名	性別	年齡	籍貫	服務或肄業或畢業之學校或教育機關	職務	受傷或死亡	傷亡情形			費用（國幣元）		備考
							時期（年月日）	地點	事件	醫藥	葬埋	
孟繼暘	男	三五	泗陽	泗陽縣立師範學校畢業	泗陽孟莊初小校長	死亡	二十九年九月	興化	抗戰期間任中央獨立第六旅第十六團第二營第四連連長抗戰陣亡			
谷應輔	男	四五	泗陽	同上		死亡	三十一年二月	成河鄉第三保	敵寇於三十一年一月到二區一帶搜索在谷應輔家將其帶出至門前槍害		由其家屬埋葬	
羅作民	男	四二	泗陽	上海哈同大學畢業	泗陽縣中教員	死亡	二十七年九月	宿遷双蔡圩	抗敵因傷致死		由其家屬埋葬	
朱義覺	男	四五	泗陽	泗陽縣城中小學	城中小學公役	因傷致死	二十七年九月	泗陽城中小學	飛機投彈受傷致死			

填報日期三十六年二月二十七日　　填報者朱慧蒼簽名蓋章

扬中县人口伤亡调查表

揚中縣人口傷亡調查表

事件 遇敵格鬥被俘殺死
日期：二十九年、三十年、三十一年
地點：揚中三、四、五區興隆順八字橋[illegible]地

姓名	性別	職業	年齡	最高學位	傷或亡	費用（國幣元）		證件
						醫葯	葬埋	
冷瑞麟	男	教育	四五	棲霞鄉師畢業	死亡		460元	
奚文藻	男	政	四〇	揚中師訓班畢業	死亡		485元	
陳國斌	男	教育	四六	栖霞簡師畢業	死亡		415元	
王鑫	男	教育	五八	江蘇省立一師畢業	死亡		1300元	
徐秉鈞	男	教育	四二	揚州鄉鎮民校訓練所卒業	死亡		1150元	
劉越石	男	教育	四六	江蘇教育學院畢業	死亡		670元	
劉禎祥	男	教育	四五	中央大學卒業	死亡		620元	
李煥文	男	教育	三六	揚州鄉鎮民校畢業	死亡		52000元	
蘇士禎	女	教育	三三	湖州女師畢業	死亡		4800元	
陸益三	男	教育	三九	揚中師訓班卒業	死亡		3200元	
陸如亮	男	教育	五一	揚中師訓班卒業	死亡		340000元	
李同文	男	教育	五八	小學教師檢定合格	死亡		210000元	
張錫坤	男	教育	二七	鎮江黄墟簡師卒業	死亡		210000元	
虞清	男	教育	四三	教育學院卒業	死亡		490元	
張充喬	男	教育	四五	江蘇第一中學畢業	死亡		530元	
施燮陽	男	教育	六〇	區長訓練班畢業	死亡		600元	
何彬	男	教育	四〇	塾師	死亡		410元	

代填報者揚中縣政府

抗戰時期教育人員及其家屬傷亡調查表

姓名	性別	年齡	籍貫	服務或讀書之學校教育機關	職務	受傷或死亡	傷亡情形 時期 年 月 日	傷亡情形 地點	傷亡情形 事件	費用（國幣） 醫藥	費用（國幣） 葬埋	備註
朱維成	男	三六	江蘇儀徵	曾在棲霞師範畢業服務儀徵縣鍾集鎮義務學校校長	教界	死亡	於民國廿八年二月廿四日被敵捕至揚州敵軍憲兵隊於同年三月廿日被其殺害	揚州東門外義塚內		無	計約百餘元	現遺母一人妻一人子一人女二人生活無着曾由其妻針線度日

填報日期 三十六年 月 日 填報者 簽名蓋章

說明 1. 本表係調查自二十六年七月至三十四年八月教育人員及其家屬之因敵軍進攻敵機轟炸或殘暴行爲而傷亡之人員

2. 各欄務希詳細填寫如係家屬服務或讀書之學校一欄不填在備註欄填明係某校教職員某人之父母妻子女等

3. 傷亡一欄可詳細填寫

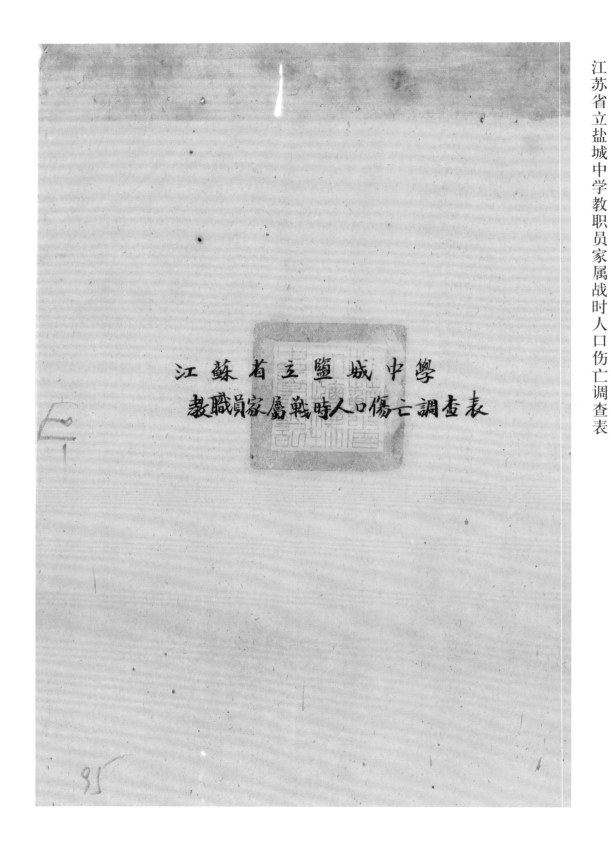

江苏省立盐城中学教职员家属战时人口伤亡调查表

江蘇省立鹽城中學
教職員家屬戰時人口傷亡調查表

江蘇省鹽城縣（市）人口傷亡調查表

事件：日機轟炸掃射
日期：三十年二月十二日
地點：固门鎮

姓名	性別	職業	年齡	最高學歷	傷或亡	費用（國幣元）醫藥	葬埋	證件
蕭啓德	男	教育	三十	國立暨南大學畢業	亡	400元	600元	

直轄機關學校團體或事業名稱 江蘇省立鹽城中學 印信

填報者 蕭鏡塘

姓名 李西垣　服務處所與所任職務 校長　通信地址 江蘇鹽城省鹽中

江苏省盐城市县人口伤亡调查表

事件：日机轰炸
日期：民国30年1月
地点：盐城城区

姓名	性别	职业	年龄	最高学历	伤或亡	费用（国币元）		证件
						医药	葬埋	
陈昊	男	学生	16	苏省三临中肄业	亡	370元	540元	

直辖机关学校团体或事业名称 江苏省立盐城中学印信

填报者 陈亦舟 姓名 李西垣 服务处所与所任职务 江苏省立盐城中学校长 通信地址 盐城本校 盖章

87

江蘇省鹽城市縣人口傷亡調查表

事　件：日軍進攻鹽城被俘擄迫令服役不從被槍殺

日　期：民國二十七年四月

地　点：工商至草堰口間楊巷

姓名	性別	職業	年齡	最高學歷	傷或亡	費用 醫藥	國幣元 葬埋	證件
魏伯珊	男	中醫士	五十三	大學生	亡			

直轄机關學校團体或事業名稱：江蘇省立鹽城中學印信

填報者 魏階平

姓名 李西垣 服務處所與所任職務 校長 地点 鹽城 通信 江蘇省立鹽城中學

江蘇省鹽城市縣人口傷亡調查表

事件：日軍進攻潘劉莊机槍掃射
日期：民國30年4月21日
地點：鹽城九區潘劉莊

姓名	性別	職業	年齡	最高學歷	傷或亡	費用（國幣元）醫藥	費用（國幣元）葬埋	證件
潘犀堅	男	學生	12	私立亭湖中學肄業	亡	320元	480元	
潘小康	〃	農人	48	小學程度	傷	56元		

33

直轄机関学校團体或事業名稱：江蘇省立鹽城中學　印信
填報者：潘子秋
姓名：李西垣　服務處所與所任職務：省立鹽城中學校長　通信地點：鹽城本校

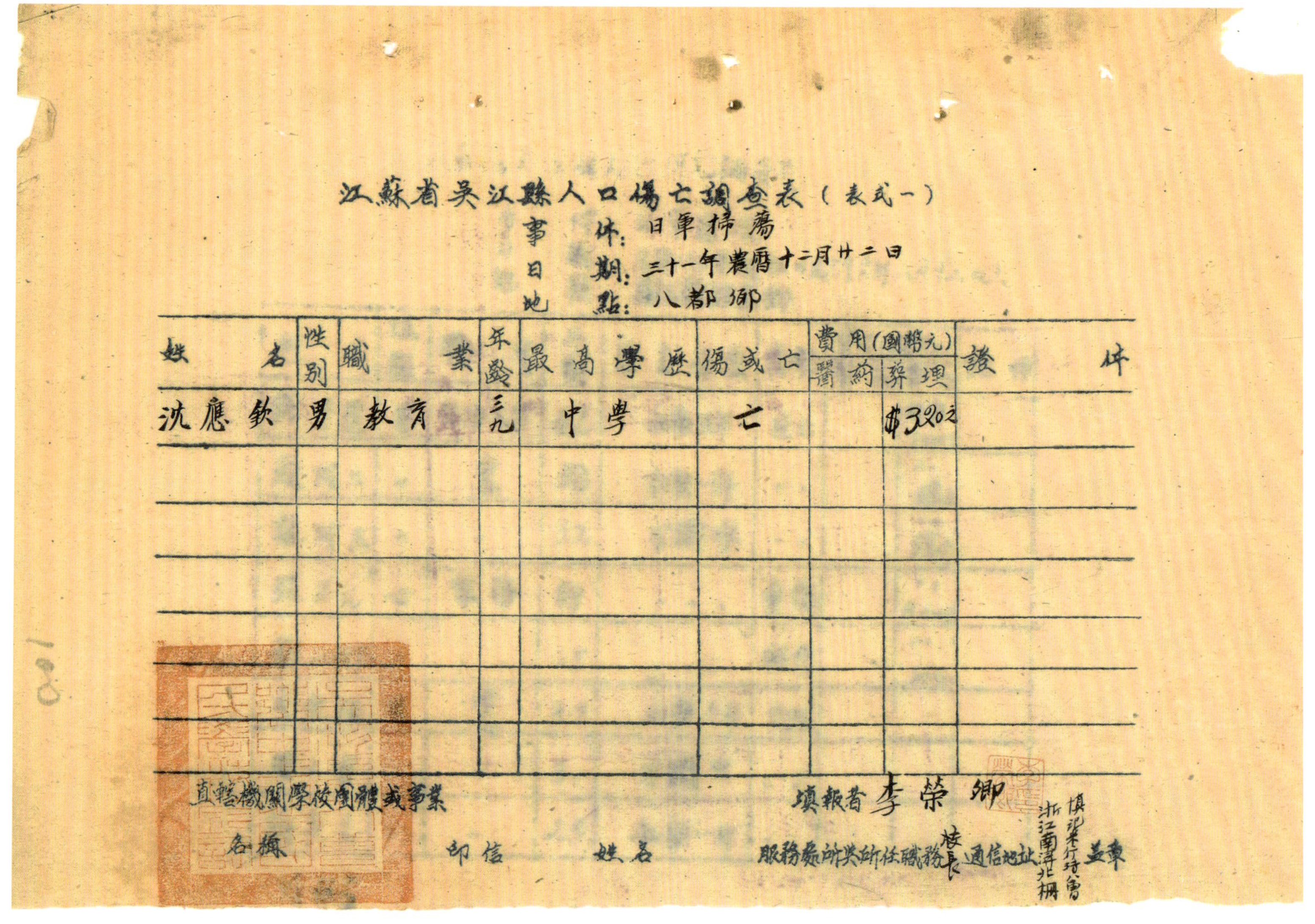

江蘇省吴江縣人口傷亡調查表（表式一）

事　件：日軍掃蕩

日　期：三十一年農曆十二月廿二日

地　點：八都鄉

姓名	性别	職業	年齡	最高學歷	傷或亡	費用（國幣元）		證件
						醫藥	葬埋	
沈應欽	男	教育	三九	中學	亡		$320元	

直轄機關學校團體或事業　名稱　印信　姓名

填報者　李榮卿

服務處所與所任職務　校長　通信地址　浙江南潯北柵鎮米行公會　東益

江蘇省吳江縣人口傷亡調查表

事　　件：日軍進攻
日　　期：民國二十六年九月十五日至三十六年八月十五日止
地　　點：吳江縣紱萸鄉

姓名	性別	職業	年齡	最高學歷	傷或亡	費用（國幣元）		證件
						醫藥	葬埋	
錢中選	男	自治人員	42	私塾五年	死亡		國幣1,000元	
趙阿二	〃	農	38	私塾一年	〃〃		〃〃580元	
趙阿三	〃	〃	32	不識字	〃〃		〃〃580元	
張王氏	女	家務	48	〃〃〃	重傷		〃〃3000元	
劉三娜	〃	〃〃	25	〃〃〃	輕傷		〃〃560元	
李金福	男	農	32	私塾六年	失踪			
周六官	〃	〃	30	不識字	〃〃			
蔣長生	〃	〃	25	私塾二年	〃〃			

填報者　吳江縣紱萸鄉中心國民學校

費桂林　任紱萸鄉中心國民學校校長

通訊地址吳江盛澤紱萸鄉鄉公所轉

南滙縣人口傷亡調查表

事件：日軍無故慘殺

日期：民國三十三年二月六日

地點：新場鎮

姓名	性別	職業	年齡	最高學歷	傷或亡	費用（國幣元）		證件
						醫藥	埋葬	
倪立	男	校長	31	浦東中學畢業	殺死			
滕三官	女	教員	30	縣立女中肄業	殺死			
滕松柏	男	教員	34	縣中畢業	殺死			
張売官	男	學童	13	在校肄業	殺死			
倪秋霞	女	學童	14	在校肄業	殺死			

直轄機關學校團体或事業名稱 印信 填報者 姓名 嚴静安 服務處所與所任職務 通信地址 蓋章

昆山县人口伤亡调查表

崑山縣人口傷亡調查表（表式1）

事件：日軍空襲時或日機轟炸

日期：抗戰期内迄勝利

地點：崑山縣境

姓名	性別	職業	年齡	最高學歷	傷或亡	費用（國幣元）醫藥	費用（國幣元）葬埋	證件
錢二觀	男	農	48	△	死亡		（民34年）約15000元	
周仕賢	〃	〃	40	△	〃		仝	
朱毛愛	〃	〃	△	△	〃		（民33年）約10000元	
周小官	〃	〃	△	△	〃		（民29年）約600元	
朱惆全	〃	〃	△	△	〃		仝	
顧八官	〃	商	19	小學	〃		（民33年）約10000元	
王友梅	〃	〃	40	〃	〃		（民28年）約150元	
祿邑明	〃	農	44	△	〃		（民31年）約3000元	
顧執中	〃	商	25	△	〃		（民28年）約300元	
陸阿龍	〃	農	△	△	〃		（民27年）約150元	
李金珍	〃	〃	△	△	〃		仝	
朱阿炳	〃	〃	40	△	〃		仝	
顧阿久	〃	〃	23	△	〃		仝	
張勝甫	〃	〃	30	△	失蹤			
陶云卿	〃	〃	60	△	死亡		（民26年）約70元	
張秦氏	女	〃	46	△	〃		仝	
馬金氏	〃	〃	41	△	〃		仝	
楊韓氏	〃	〃	75	△	〃		（民26年）約70元	
楊壽生	男	〃	48	△	失蹤			
沈錢氏	女	〃	70	△	死亡		（民26年）約70元	
陸陶氏	〃	〃	72	△	〃		仝	
唐阿大	男	商	60	△	〃		仝	
葛世壽	〃	農	45	△	〃		仝	
葛阿根	〃	〃	37	△	〃		仝	
朱寶喜	〃	商	64	△	〃		仝	
曹阿六	〃	〃	40	△	〃		仝	
葛老太	女	專業	72		〃		仝	

徐阿妹	女	農	50	△	死亡		(民26年)約70元	
黃阿金	男	無業	8	△	〃		仝	
顧惠生	〃	農	50	△	失蹤			
沈陸氏	女	〃	67	△	死亡		(民26年)約70元	
鄒洪慶	男	〃	65	△	〃		仝	
金張氏	女	〃	24	△	〃		仝	
朱和尚	男	〃	40	△	〃		仝	
朱沈氏	女	〃	66	△	〃		仝	
朱阿三	男	△	12		重傷		(民27年)約3000元	
沈金妹	女	△	12		〃		仝	
陸介良	男	農	36	△	〃		仝	
鄒楊氏	女	〃	29	△	失蹤			
金阿林	男	公務	23	△	〃			
金沈氏	女	農	50	△	死亡		(民27年)約70元	
朱永林	男	〃	62	△	〃		仝	
顧郭氏	女	〃	64	△	〃		仝	
金金生	男	〃	48	△	〃		仝	
金阿三	男	〃	13	△	〃		仝	
金阿大	〃	〃	42	△	〃		仝	
黃沈氏	女	〃	43	△	〃		仝	
朱仲榮	男	〃	39	△	重傷		(民26年)約1000元	
陳沈氏	女	〃	37	△	死亡		(民26年)約70元	
陳洪氏	〃	〃	37	△	重傷		(民26年)約1000元	
嚴月松	男	商	19	△	死亡		(民26年)約70元	
嚴金生	〃	農	46	△	失蹤			
陳蘭亮?	〃	〃	24	△	〃			
孫[illegible]春	〃	〃	21	△	死亡		(民26年)約70元	
[illegible]金氏	女	〃	50	△	〃		〃	
周樊氏?	〃	〃	55	△	〃		〃	
周根生?	男	〃	64	△	〃		〃	
周朱氏	女	△	65	△	〃		〃	
周錦林	男	△	41	△	〃		〃	
王楊氏	女	農	28	△	〃		〃	

桑桑氏	女	△	35	△	死亡		(民26年)约70元	
桑狄氏	〃	△	53	△	〃		仝	
陳樹德	男	農	42	△	失踪			
張葛氏	女	〃	31	△	〃			
王阿三	男	〃	40	△	死亡		(民26年)约70元	
鄒金元	〃	〃	36	△	〃		〃	
徐阿二	〃	〃	28	△	〃		〃	
戴六奎	〃	〃	45	△	〃		〃	
唐文彬	〃	商	38	△	〃		〃	
王阿泉	〃	農	40	△	〃		〃	
高阿大	〃	〃	45	△	〃		〃	
傅阿毛	〃	〃	18	△	〃		〃	
周乃幸	〃	〃	30	△	〃		〃	
張家忠	〃	業	26	中學	〃		〃	
煥金民	〃	商	18	〃	〃		〃	
龔　遂	〃	〃	20	〃	〃		〃	
周啟明	〃	〃	34	△	〃		〃	
張家平	〃	〃	15	△	〃		〃	
唐友石	〃	〃	42	△	〃		〃	
唐乃向	〃	〃	17	△	〃		〃	
唐乃康	〃	〃	14	△	〃		〃	
唐乃英	〃	〃	19	△	〃		〃	
桑張氏	女	△	42	△	〃		〃	
施樹德	男	農	60	△	〃		〃	
沈福林	〃	〃	61	△				
姚聚福	〃	〃	40	△	失踪			
朱　氏	女	〃	55	△	死亡		(民26年)约70元	
周阿金	男	〃	25	△	〃		〃	
戴阿同	〃	〃	26	△	失踪			
胡阿妹	女	〃	61	△	死亡		(民26年)约70元	
蔣許氏	女	〃	54	△	〃		〃	
胡阿金	男	〃	55	其他	〃		〃	
胡阿根	〃	〃	58	〃	〃		〃	

葉徐氏	女	農	21	△	死亡		(民26年)约70元	
劉王氏	〃	〃	38	△	〃		〃	
王錦春	男	〃	64	△	〃		〃	
徐阿還	〃	〃	20	△	受傷後死亡		〃	
陳祥林	〃	〃	47	△	死亡		〃	
蔣阿金	〃	〃	38	△	〃		〃	
馮阿八	〃	〃	20	△	〃		(民29年)约600元	
姚慶雲	〃	〃	45	△	〃		(民27年)约150元	
戴阿本	〃	〃	11	△	〃		(民30年)约1200元	
金阿福	〃	〃	28	△	〃		(民31年)约3000元	
翁慶福	〃	〃	60	△	〃		〃	
陶如才	〃	〃	30	△	失踪			
陸生林	〃	〃	40	△	死亡		(民27年)约150元	
王阿金	〃	〃	41	△	失踪			
戴阿五	〃	農	23	△	死亡		(民30年)约1200元	
陳心田	〃	〃	60	△	死亡		仝	
陳阿弟	〃	〃	23	△	失踪			
陳阿根	〃	〃	25	△	死亡		〃	
陸杏樓	〃	〃	54	△	死亡		(民26年)约70元	
徐阿大	〃	〃	23	△	失踪			
孫坤金	〃	〃	52	△	死亡		(民26年)约70元	
錢金元	〃	〃	18	△	〃		〃	
夏小弟	〃	〃	19	△	〃		〃	
何風金	〃	〃	45	△	〃		〃	
何阿木	〃	〃	38	△	〃		〃	
張林寶	〃	〃	56	△	〃		〃	
陸阿秉	〃	〃	34	△	〃		〃	
陸竹根	〃	〃	37	△	〃		〃	
陳阿英	〃	〃	38	△	〃		〃	
蔣炳生	〃	〃	58	△	〃		〃	
沈社芳	〃	〃	50	△	失踪			
張阿木	〃	〃	25	△	〃			
林小濤	〃	〃	28	△	〃			

林文氏	女		53	△	死亡		(民26年)约70元	
林小弟	男	農	23	△	〃		(民30年)约1200元	
紀小貴	〃	〃	53	△	〃		(民26年)约70元	
許金富	〃	〃	72	△	〃		〃	
趙阿根	〃	〃	5[illegible]	△	〃		〃	
周紀發	〃	理發	58	小學	〃		〃	

送報機關學校團體或事業　　　　填報者

名稱 崑山縣政府　印信　姓名 沈霞飛　服務處所與所任職務 崑山縣縣長

江蘇武進市縣人口傷亡調查表（表式1）

事　件：石塘灣慘案

日　期：民國二十七年農曆四月初三日

地　點：石塘灣運河船上

姓名	性別	職業	年齡	最高學歷	傷或亡	費用（國幣元） 醫藥	葬埋	證件
葉金林	男	農工	三六	初中畢業	慘殺			證件並無同時被害者有十七人之多，所共知尚有被害家屬蔣細山金毓嘉等可作證明
蔣細山	〃	〃	三八	高小畢業	〃			仝上事由
金毓嘉	〃	〃	〃	〃	〃			〃

受損失者名稱：武進縣第二區錢橋鄉（機關學校團體或事業）　印信

填報者姓名：副鄉長許桂生

服務處所與所任職務

通信地址：黃亭

江蘇教育廳史筆收轉

說　明

1. 「事件」指發生損失之事件如日機轟炸日軍進攻等。
2. 「日期」指事件發生之日期如某年某月某日或某年某月某日至某年某月某日。
3. 「地點」指事件發生之地點如某市某縣某鄉某鎮某村等。
4. 「職業」可分（1）農業（2）礦業（3）工業（4）商業（5）交通運輸業（6）公務（7）自由職業（8）人事服務（9）無業等類。
5. 「學歷」分為（1）大學（2）中學（3）小學及（4）其他，視傷亡者最高之學歷屬於何種分別填列。
6. 「傷或亡」分為四種即（1）輕傷（2）重傷（3）死亡（4）失蹤——包括被敵擄掠；所謂重傷即（子）毀敗一目或二目之視能（丑）毀敗一耳或二耳聽能（寅）毀敗語能味能或嗅能（卯）毀敗一肢以上機能（辰）毀敗生殖之機能（巳）其他於身體或健康有重大不治或難治之傷害，輕傷則為不成為重傷的傷害，視傷亡者受傷情形分別填列。
7. 「費用」如係當地幣制，除折成國幣填列外並附填原幣名稱及數額。
8. 如有證件，應將其名稱與件數填入「證件」欄內。
9. 如傷亡者姓名不知，即畫一「△」形符號代之，其他各項有不明者做此。
10. 表格紙幅一律長28公分寬20.5公分。

江苏武进市县人口伤亡调查表（表式1）

事　件：战乱被害

日　期：民国二十八年四月十三日

地　点：观渎乡第六保陈家村

姓名	性别	职业	年龄	最高学历	伤或亡	费用（国币元）		证件
						医药	葬埋	
陈李氏	女	农	六〇	无	流弹致死		稻三十担	同时损毁房屋三间至今痕迹尚在

直辖机关学校团体或事业名称：观渎乡公所　印信　江苏武进县第九区观渎乡填报者：陈志富

姓名：蒋正和　吴其祥　服务处所与所任职务：乡长　保长　通信地址：江苏武进土桥观渎乡公所　盖章

说　明

1、「事件」指发生损失之事件如日机轰炸日军进攻等。

2、「日期」指事件发生之日期如某年某月某日或某年某月某日至某年某月某日。

3、「地点」指事件发生之地点如某市某县某乡某镇某村等。

4、「职业」分（1）农业（2）矿业（3）工业（4）商业（5）交通运输业（6）公务（7）自由职业（8）人事服务（9）无业等类。

5、「学历」分为（1）大学（2）中学（3）小学及（4）其他视伤亡者最高之学历属於何种分别填列。

6、「伤或亡」分为四种即（1）轻伤（2）重伤（3）死亡（4）失踪——包括被敌掳掠；所谓重伤即（子）毁败一目或二目之视能（丑）毁败一耳或二耳听能（寅）毁败语能味能或嗅能（卯）毁败一肢以上机能（辰）毁败生殖之机能（巳）其他与身体或健康有重大不治或难治之伤害，轻伤则为不成为重伤轻微伤害视伤亡者死伤情形分别填列。

7、「费用」如系法币则除折成国币填列外并附填原币名称及数额。

8、如有证件应将其名称与件数填入「证件」栏内。

9、如伤亡者姓名不知则画一「△」形符号代之，其他各项有不明者仿此。

10、表格纸幅一律长28公分宽20.5公分。

江都縣教育人員人口傷亡調查表

12

江都 市/縣 人口傷亡調查表（表式八）

事件：日軍屠殺

日期：

地點：

姓名	性別	職業	年齡	最高學歷	傷或亡	費用（國幣元）		證件
						醫藥	葬埋	
王叔涵	男	大學教授 經史專家		震旦大學畢業	亡		200元	日軍進城時遭其槍殺

負報機關學校團體或事業　名稱　印信　姓名

填報者　服務處所與所任職務　通信地址　蓋章

江都 市/縣 人口傷亡調查表（表式八）

事件：日軍圍攻

日期：

地點：泰縣李下莊

姓名	性別	職業	年齡	最高學歷	傷或亡	費用（國幣元）		證件
						醫藥	葬埋	
范壽柏	男	縣立体育場指導員			亡		1800元	任縣府保安隊上尉軍需時遭敵包圍陣亡

填報機關學校團體或事業　　名稱　　印信　　姓名

填報者　　服務處所與所任職務　　通信地址　　蓋章

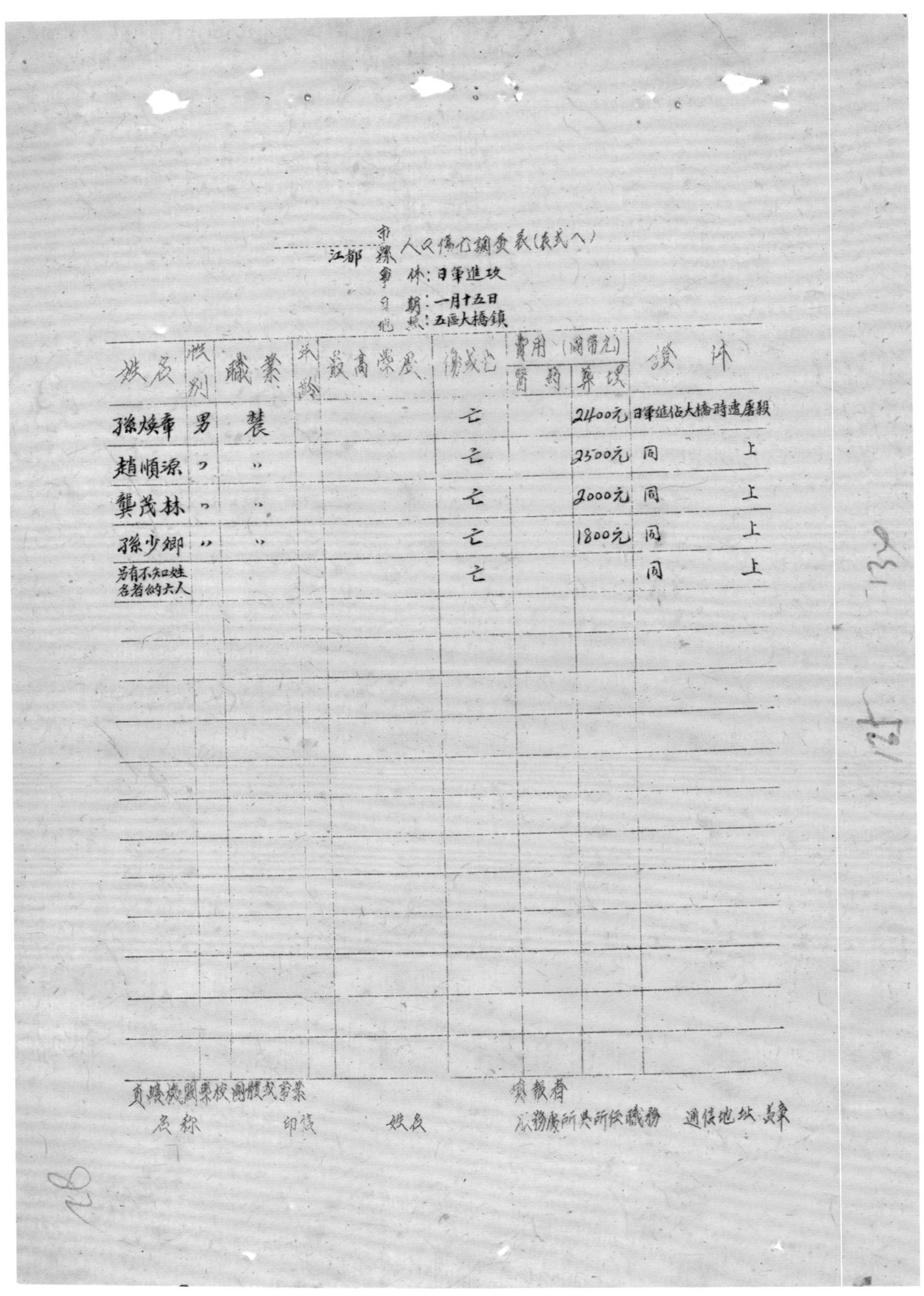

江都 市/縣/鄉 人民傷亡調查表(表式八)

事件：日軍進攻

日期：一月十五日

地點：五區大橋鎮

姓名	性別	職業	年齡	最高學歷	傷或亡	費用(國幣元)		證件
						醫藥	葬埋	
孫煥章	男	農			亡		2400元	日軍進佔大橋時遭屠殺
趙順源	〃	〃			亡		2500元	同上
龔茂林	〃	〃			亡		2000元	同上
孫少卿	〃	〃			亡		1800元	同上
另有不知姓名者約六人					亡			同上

負填機關學校團體或事業 名稱 印信 姓名

填報者 服務處所與所任職務 通信地址 蓋章

江都（縣）人民傷亡調查表（表式八）

事件：日軍掃蕩

日期：十二月

地點：二區揚子橋鄉

姓名	性別	職業	年齡	最高學歷	傷或亡	費用（國幣元）		證件
						醫藥	葬埋	
李季氏	女	持家			亡		850元	遭敵酋桂五郎等搶姦致死
李君達	男	農			亡		760元	遭桂五郎部下砍殺
仇老板	男	木材店老板			亡		480元	同上
不知姓名約十餘人					亡			在揚子橋用機槍掃射百姓証明

負責機關學校團體或事業　　　　　　填報者

名稱　　印信　　姓名　　　　服務處所與所任職務　　通信地址　　蓋章

江都县（市）人口伤亡调查表（表式八）

事件：被日军俘获

日期：三月四日

地点：六区宜陵镇

姓名	性别	职业	年龄	最高学历	伤或亡	费用（国币元）		证件
						医药	葬埋	
韩克弼	男	教育部巡廻督导团主任		大夏大学毕业	伤	累计至现在无法计算		被日军俘送宪兵队搒打

负责机关学校团体或事业　　　　　　　　　　填报者

名称　　　印信　　　姓名　　　　　　　　服务处所与所任职务　　通信地址　盖章

江都市/縣人口傷亡調查表（表式八）

事件：日軍進攻

日期：八月三十日

地點：六區塘頭鄉

姓名	性別	職業	年齡	最高學歷	傷或亡	費用（國幣元）		證件
						醫藥	葬埋	
辛德增	男	縣教育局高級局員		私立揚中高中部畢業	亡		350元	縣教育局遷至塘頭時日軍炮轟驚恐病故
卯洪鑄	男	縣教育局會計		省立鎮江師範畢業	亡		350元	縣教育局遷至塘頭時日軍進入該鎮驚恐而死

直轄機關學校團體或事業　名稱　印信　　姓名

填報者　服務處所與所任職務　通信地址　蓋章

江都 市/縣 人口傷亡調查表（表式八）

事　件：日軍進攻

日　期：五月二十一日

地　點：六區周樓鄉

姓名	性別	職業	年齡	最高學歷	傷或亡	費用（國幣元）		證件
						醫藥	葬埋	
丁瑞麃	男	縣立邵伯小學教員		省立第五師範畢業	亡		750元	推進地下教育工作積勞成疾

填報機關學校團體或事業　名稱　印信　　填報者　姓名　服務處所與所任職務　通信地址　蓋章

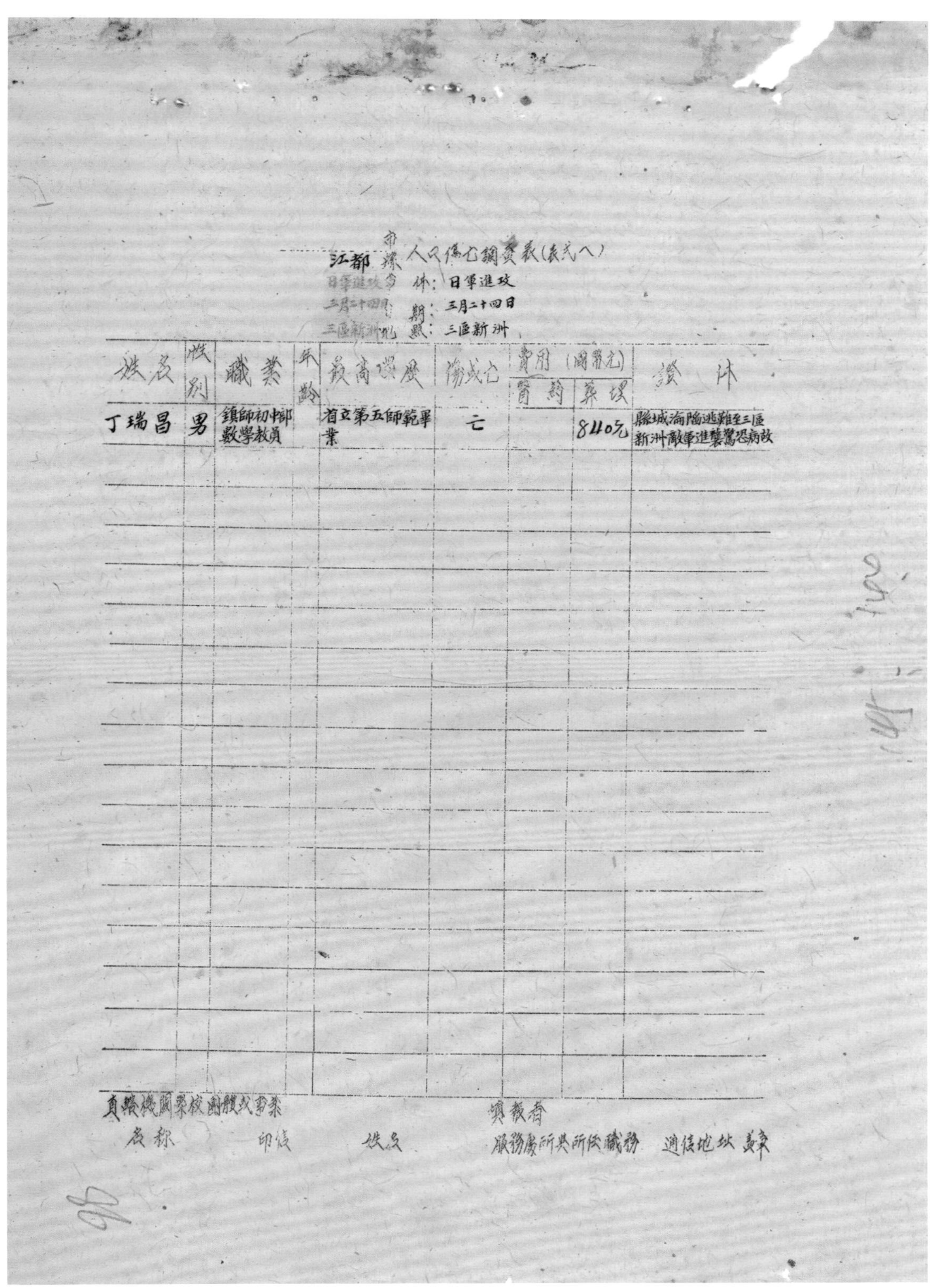

江都 市/縣 人民傷亡調查表（表式八）

事件：日軍進攻

日期：三月二十四日

地點：三區新洲

姓名	性別	職業	年齡	最高學歷	傷或亡	費用（國幣元）		證件
						醫藥	葬埋	
丁瑞昌	男	鎮師初中部數學教員		省立第五師範畢業	亡		840元	縣城淪陷逃難至三區新洲敵軍進襲驚恐病故

負責機關學校團體或事業

名稱　印信　姓名

填報者

服務處所與所任職務　通信地址　蓋章

太仓县抗战人口伤亡调查表

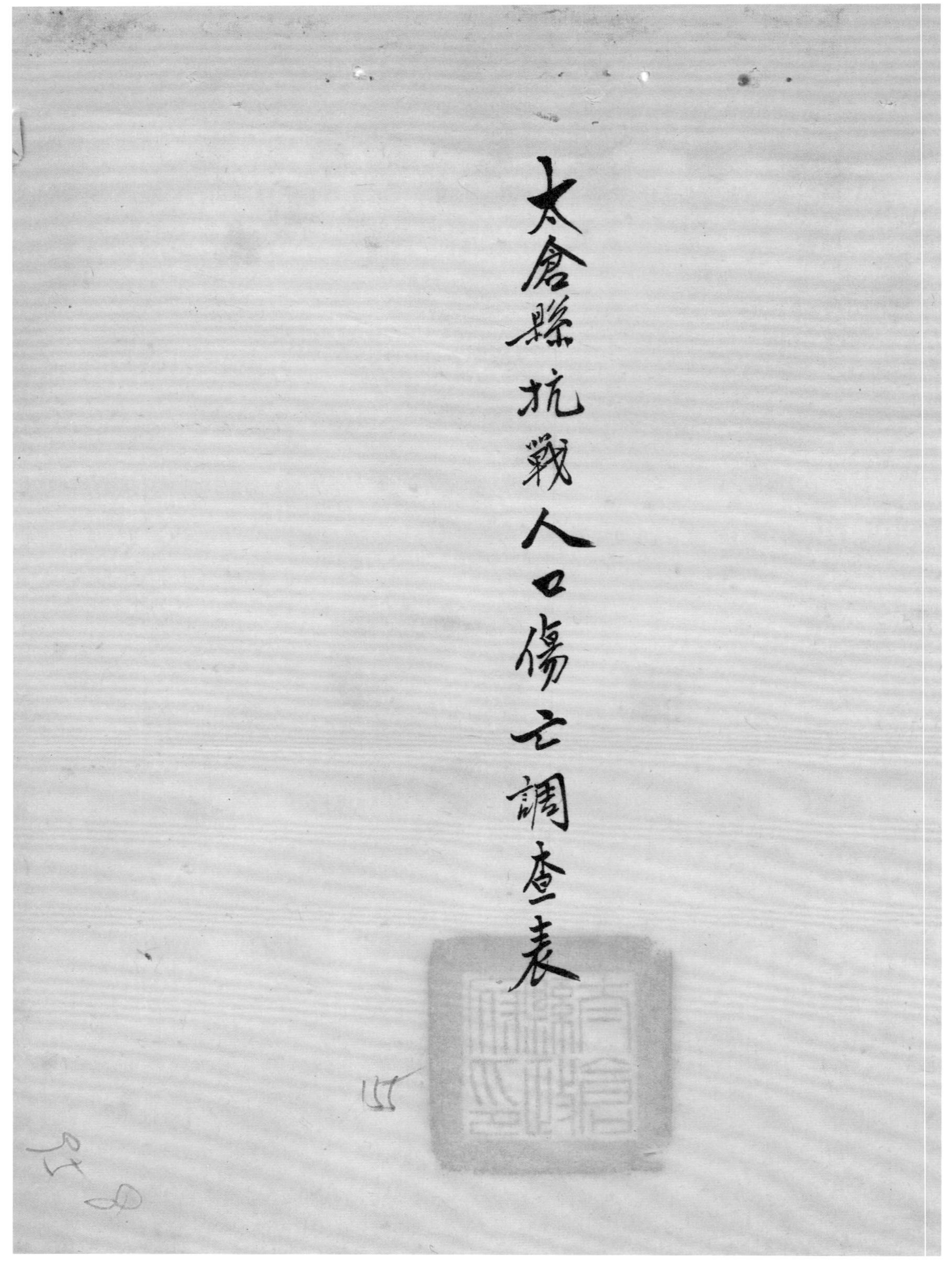

太倉縣岳王鎮人口傷亡調查表

事件　日機轟炸

日期　二十六年十月七日上午九時

地點　太倉縣岳王鎮

姓名	性別	職業	年齡	最高學歷	傷或亡	費用（國幣元）		證件
						醫藥	葬埋	
顧芬	女	商	12	小學	重傷毀敗一肢以上之機能	當時費用600元		
王佩	女	農	19	小學	炸傷面部及手足	當時費用200元		
胡墉錦	女	公務	35	中學	乳部炸傷甚烈	當時費用800元		
尚有同時在岳王鎮北街陸氏竹園中炸斃十七人姓名不知								

填報者　太倉縣岳王鎮中心國民學校校長王壽蕃　通訊處　太倉縣岳王鎮北街

156

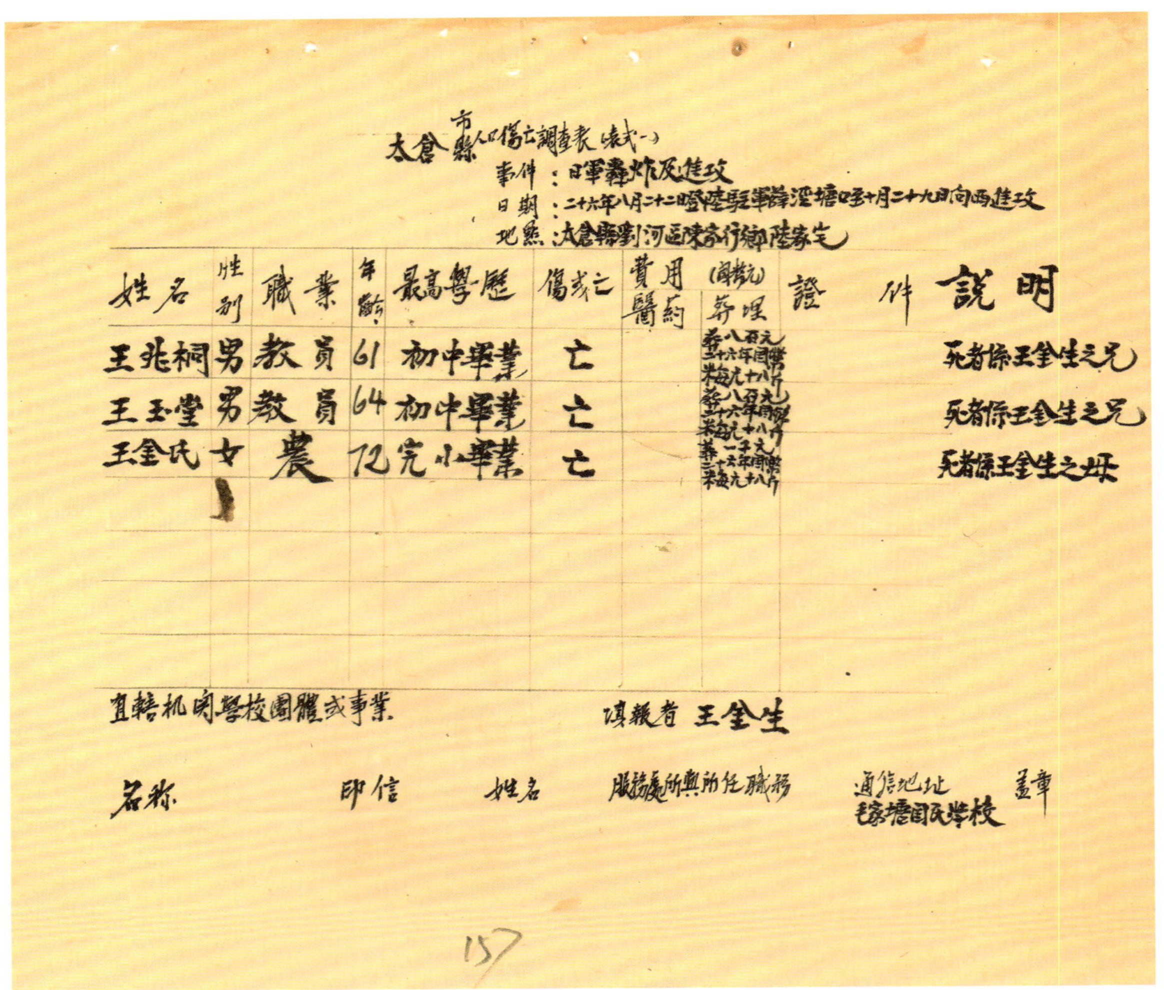

太倉縣(市)人口傷亡調查表(表式一)

事件：日軍轟炸及進攻

日期：二十六年八月二十二日晨登陸駐軍薛涇塘口至十月二十九日向西進攻

地點：太倉縣劉河區陳家行鄉陸家宅

姓名	性别	職業	年齡	最高學歷	傷或亡	費用(國幣元) 醫藥	費用(國幣元) 葬埋	證件	説明
王兆桐	男	教員	61	初中畢業	亡		葬八百元 二十六年国幣 米每元十八斤		死者係王金生之兄
王玉堂	男	教員	64	初中畢業	亡		葬八百元 二十六年国幣 米每元十八斤		死者係王金生之兄
王金氏	女	農	72	完小畢業	亡		葬一千元 二十六年国幣 米每元十八斤		死者係王金生之母

直轄机關學校團體或事業　　填報者　王金生

名称　　印信　　姓名　　服務處所與所任職務　　通信地址 毛家塘国民學校　　盖章

157

太倉縣牌樓鎮人口傷亡調查表

事件 日軍逮捕傷害

日期 民國二十九年一月

地點 太倉西門外

姓名	性別	職業	年齡	最高學歷	傷或亡	費用（國幣元）		證件
						醫藥	葬埋	
錢道修	男	學	三四	中學畢業	亡		弍萬元	
王樹林	男	商	三四	小學畢業	亡		弍萬元	

直轄機關學校團體或事業名稱 牌樓中心國民學校 印信

填報者 姓名 張念祖 服務處所與所任職務 通信地址 蓋章

說明

1. 「事件」指發生損失之事件如日機轟炸日軍進攻等
2. 「日期」指事件發生之日期如×年×月×日或×年×月×日至×年×月×日
3. 「地點」指事件發生之地點如×市×縣×鄉×鎮×村等
4. 「職業」可分（1）農業（2）礦業（3）工業（4）商業（5）交通運輸業（6）公務（7）自由職業（8）人事服務（9）無業等類
5. 「學歷」分為（1）大學（2）中學（3）小學（4）及其他視傷亡者最高之學歷屬於何種分別填列
6. 「傷或亡」分為四種即1.輕傷2.重傷3.死亡4.失踪——包括被敵擄掠。所謂重傷即（子）毀敗一目或二目之視能（丑）毀敗一耳或二耳聽能（寅）毀敗語能味能或嗅能（卯）毀敗一肢以上機能（辰）毀敗生殖之機能（巳）其他於身體或健康有重大不可治或難治之傷害 輕傷則為不成為重傷程度傷害 視傷亡者死傷情形分別填列
7. 「費用」如係當地幣制除折成國幣填列外並附填原幣名稱及數額
8. 如有證件應將其名稱與件數填入「證明」欄內
9. 如傷亡者姓名不知即用一、二、三……符號代之 其他各項有不明者做此
10. 表格紙幅一律長28公分寬20.5公分

158

太倉 市/縣 人口傷亡調查表

事件 日軍進攻時

日期 民國二十七年二月十八日

地點 牌樓鄉第四保董家村

姓名	性別	職業	年齡	最高學歷	傷或亡	費用（國幣元）		證件
						醫藥	葬埋	
嚴鑫鐸	男	農	五	高小畢業	亡		弍伯元	

直轄機關學校團體或事業

名称太倉縣譚家宅國民學校印信

填報者

姓名譚生源 服務處所與所任職務 校長 通信地址 牌樓[illegible]國民學校

說明

1. 「事件」指發生損失之事件如日機轟炸日軍進攻等
2. 「日期」指事件發生之日期如×年×月×日或×年×月×日至×年×月×日
3. 「地點」指事件發生之地點如×市×縣×鄉×鎮×村等
4. 「職業」可分(1)農業(2)礦業(3)工業(4)商業(5)交通運輸業(6)公務(7)自由職業(8)人事服務(9)無業等類
5. 「學歷」分為(1)大學(2)中學(3)小學(4)及其他視傷亡者最高之學歷屬於何種分別填列
6. 「傷或亡」分為四種即1.輕傷2.重傷3.死亡4.失蹤——包括被敵擄掠，所謂重傷即(1)毀敗一目或二目之視能(2)毀敗一耳或二耳聽能(3)毀敗語能味能或嗅能(4)毀敗一肢以上機能(5)毀敗生殖之機能(6)其他於身體或健康有重大不可治或難治之傷害輕傷則為不成為重傷輕傷傷害視傷亡者死傷情形分別填列
7. 「費用」如係當常制除折成國幣填列外並附填原幣名稱及數額
8. 如有證件應將其名稱分件數填入證明欄內
9. 如傷亡者姓名不知即以「一」「□」形符號代之其他各項有不明者倣此
10. 表格紙幅一律長28公分寬20.5公分

159

98

太倉縣人口傷亡調查表（表式一）

事件　日軍登陸

日期　27年1月

地點　陸公市

姓名	性別	職業	年齡	最高學歷	傷或亡	費用 醫藥	費用 葬埋	證件
張文虎	男	學	三五	初中畢業	亡	350元	1,500,000元	
楊世民	〃	商	四	初小畢業	〃		1,000,000元	
施啟生	〃	農	四	仝上	〃		300,000元	
楊金奎	〃	〃	三	仝上	〃		900,000元	
董銀福	〃	〃	三五	仝上	〃		1,000,000元	

名稱　陸公國民學校　印信　160　姓名　楊虎寶

江蘇省太倉縣人口傷亡調查表(表式一)

事　件：日機機關槍掃射
日　期：民國二十七年二月八日
地　點：太倉縣牌樓鄉陳溝園

姓名	性别	職業	年齡	最高學歷	傷或亡	費用(國幣元)		證件
						醫藥	葬埋	
顧福榮	男	農業	三一	小學	重傷	36元		毀壞一目
王蔭廷	男	農業	四六	中學	重傷	54元		毀壞一臂

直轄機關學校團體或事業名稱　唐家宅國民學校　印信
填報者姓名　唐景昌
服務處所與所任職務　校長
通信地址　太倉縣牌樓鄉陳溝園　蓋章

說　明

1、「事件」指發生損失之事件如日機轟炸日軍進攻等。
2、「日期」指事件發生之日期如某年某月某日或X年X月X日至X年X月X日。
3、「地點」指事件發生之地點如X市X縣X鄉X鎮X村等
4、「職業」可分(1)農業(2)礦業(3)工業(4)商業(5)交通運輸業(6)公務(7)自由職業(8)人事服務(9)無業等類。
5、「學歷」分為(1)大學(2)中學(3)小學(4)及其他視傷亡者最高之學歷屬於何種分別填列。
6、「傷或亡」分為四種即(1)輕傷(2)重傷(3)死亡(4)失踪——包括被敵擄掠;所謂重傷即(子)毀敗一目或二目之視能(丑)毀敗一耳或二耳聽能(寅)毀敗語能味能或嗅能(卯)毀敗一肢以上機能(辰)毀敗生殖之機能(巳)其他于身或健康有重大不治或難治之傷害,輕傷則為不成為重傷較微傷害,視傷亡者負傷情形分別填列。
7、「費用」如係當地幣制除折成國幣填列外並附填原幣名稱及數額。
8、如有證件應將其名稱及件數填入「證明」欄內。
9、如傷亡者姓名不知即以「△」形符號代之,其他各項有不明者倣此。
10、表格紙幅一律長28公分寬20.5公分。

161

江苏省立淮阴师范附属小学人口伤亡调查表

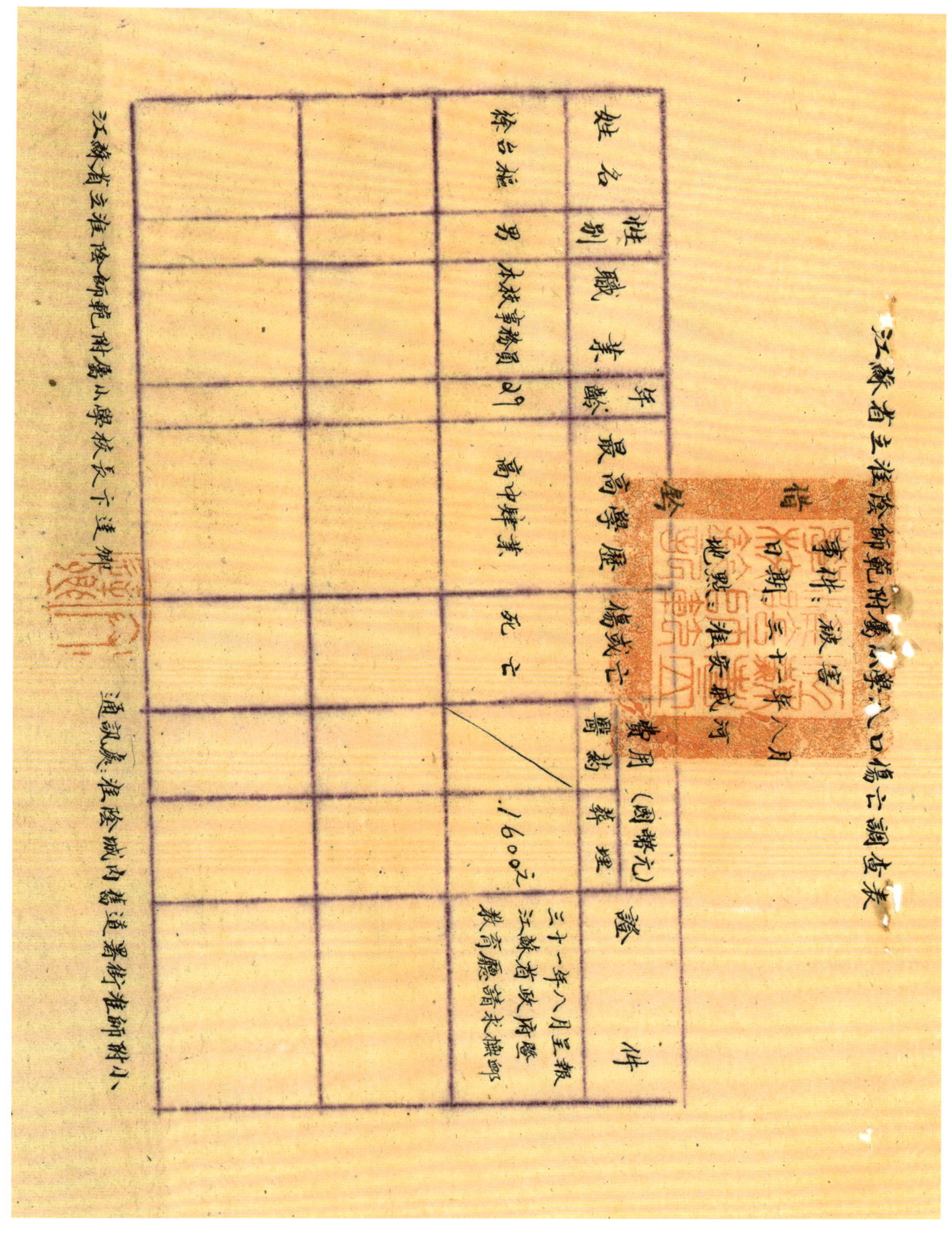

江蘇省立淮陰師範附屬小學人口傷亡調查表

事件：被害
日期：三十一年八月
地點：淮安縣戚河

填報

姓名	性别	職業	年齡	最高學歷	傷或亡	費用（國幣元）醫藥	費用（國幣元）葬埋	證件
徐占龍	男	本校事務員	29	高中肄業	死亡	/	1600元	三十一年八月呈報江蘇省政府暨教育廳請求撫卹

江蘇省立淮陰師範附屬小學校長 丁廷卿

通訊處：淮陰城内舊道署街淮師附小

句容县人口伤亡调查表

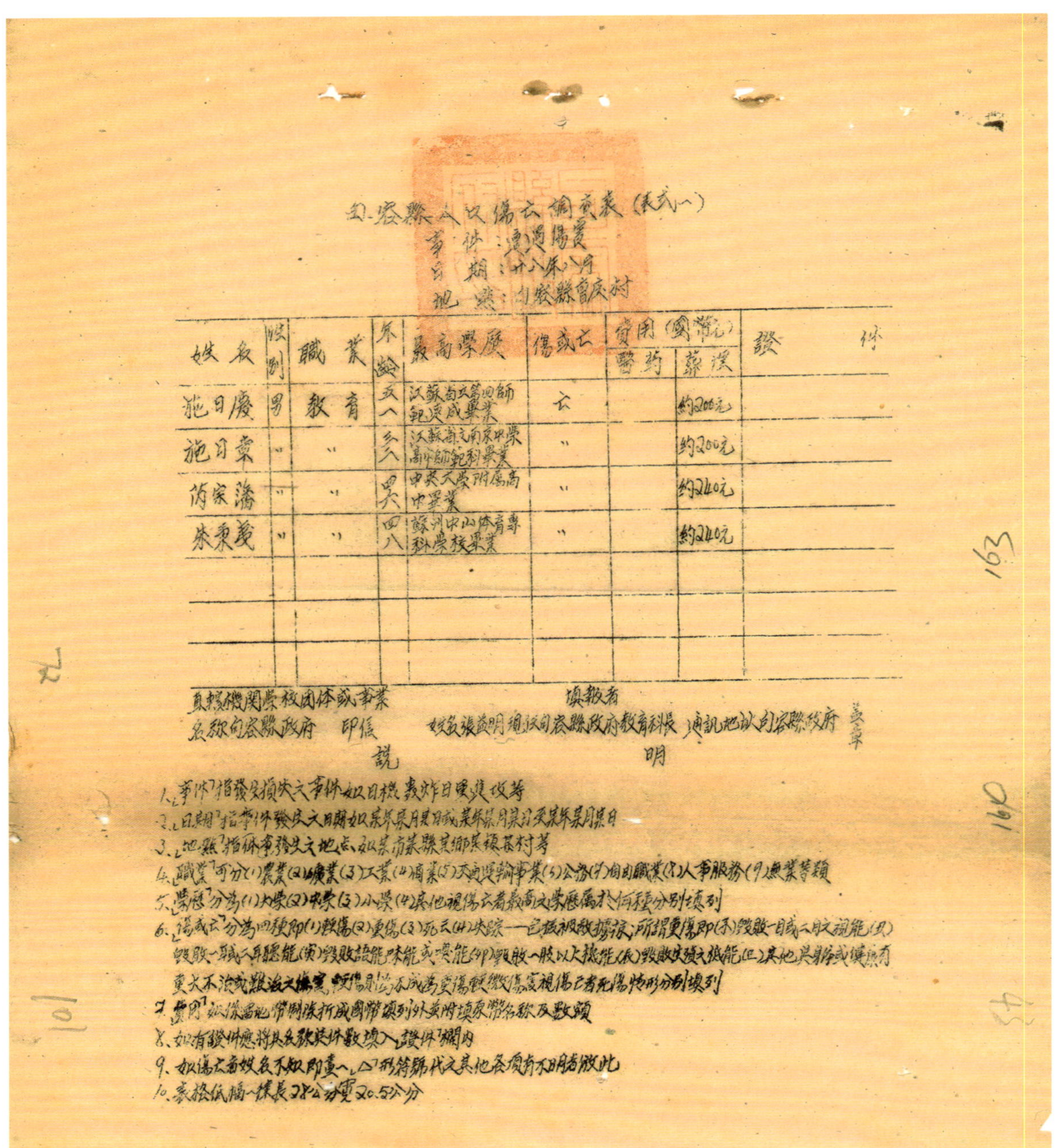

句容县人口伤亡调查表（表式一）

事件：遭遇伤害

日期：廿六年八月

地点：句容县曾庆村

姓名	性别	职业	年龄	最高学历	伤或亡	费用（国币元）		证件
						医药	葬埋	
施日庆	男	教育	五八	江苏省立第四师范毕业	亡		约200元	
施日棠	〃	〃	三八	江苏省立南京中学高中师范科毕业	〃		约200元	
荀家藩	〃	〃	四六	中央大学附属高中毕业	〃		约240元	
朱秉羲	〃	〃	四八	苏州中山体育专科学校毕业	〃		约240元	

受损机关学校团体或事业名称句容县政府 印信

填报者 姓名张益明 职务句容县政府教育科长 通讯地址句容县政府 盖章

说明

1、"事件"指发生损失之事件如日机轰炸日军进攻等

2、"日期"指事件发生之日期如某年某月某日或某年某月某日至某年某月某日

3、"地点"指事件发生之地点如某市某县某乡某镇某村等

4、"职业"可分(1)农业(2)矿业(3)工业(4)商业(5)交通运输事业(6)公务(7)自由职业(8)人事服务(9)无业等类

5、"学历"分为(1)大学(2)中学(3)小学(4)其他视伤亡者最高之学历属于何种分别填列

6、"伤或亡"分为四种即(1)轻伤(2)重伤(3)死亡(4)失踪——包括被敌掳掠；所谓重伤即(子)毁败一目或二目之视能(丑)毁败一耳或二耳之听能(寅)毁败语能味能或嗅能(卯)毁败一肢以上机能(辰)毁败生殖之机能(巳)其他于身体或健康有重大不治或难治之伤害，轻伤则为不成为重伤轻微伤害视伤亡者死伤情形分别填列

7、"费用"如系当地币制应折成国币填列外并附填原币名称及数额

8、如有证件应将其名称及件数填入"证件"栏内

9、如伤亡者姓名不知即画一"△"形符号代之其他各项有不明者仿此

10、表格纸幅一律长28公分宽20.5公分

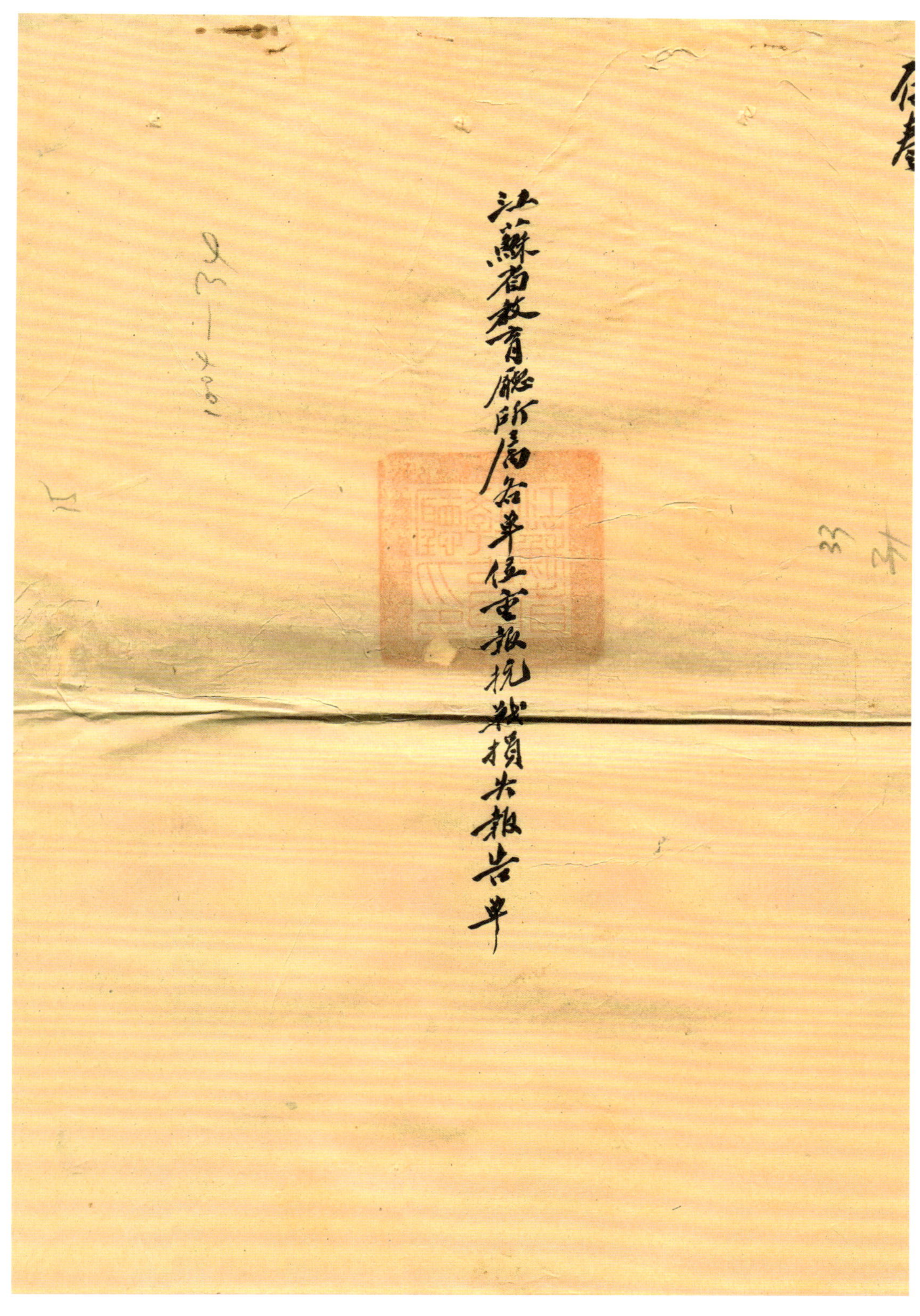
江蘇省教育廳所屬各單位重報抗戰損失報告單

財產損失報告單

填送日期民國卅六年四月日

損失年月日	事件地點	損失項目	購置年月	單位	數量	價值(國幣元)		證件
						購置時價值	損失時價值	
民國卅一年四月	阜寧陶官尖	槍枝	十年至卅□年	枝	叁	壹萬元	肆拾萬元	週縣皆知
民國卅二、三四月	阜寧蔡家橋	食糧	卅一年收穫	斛	伍百	伍拾萬元	貳千萬元	
民國卅三年四月	阜寧蔡家橋	首飾	十五至卅年	兩	金十二 銀五十	拾貳萬元 伍萬元	伍百萬元 貳百萬元	
民國卅三年	阜寧蔡家橋	衣服	廿年至卅二年	箱	四	伍拾萬元	貳千萬元	
民國卅四年九月	阜寧四明鎮	食糧	卅四年四月至九月	斛	叁百	伍拾萬元	三千万元	

負責機關學校團体或事業名稱印信　受損失者劉德吾

填報者 江苏鎮江七里甸省立鎮江中學 劉德吾

姓名　服務處所與所任職務　與受損失者之關係　通信地址　蓋章

說明

1. 「損失年月日」指事件發生之日期如某年某月某日或某年某月某日至某年某月某日
2. 「事件」指發生損失之事件如日机之轟炸日軍之進攻等
3. 「地點」指事件發生之地點如某市某縣某鄉某鎮某村等
4. 「損失項目」指一切動產(如衣服什物財帛舟車證券等)及不動產(如房屋田園礦產等)所有損失逐項填明
5. 「價值」如係當地幣制折成國幣填列並附填原幣名稱及數額
6. 如有證件應將名稱與件數填入證件欄內
7. 受損失者如係私人填其姓名如係机關學校團体或事業填其名稱
8. 私人之損失由本人填報或由代報者填報机關學校團体或事業之損失由各該主管人填報
9. 本表紙幅一律長28公分寬20.5公分

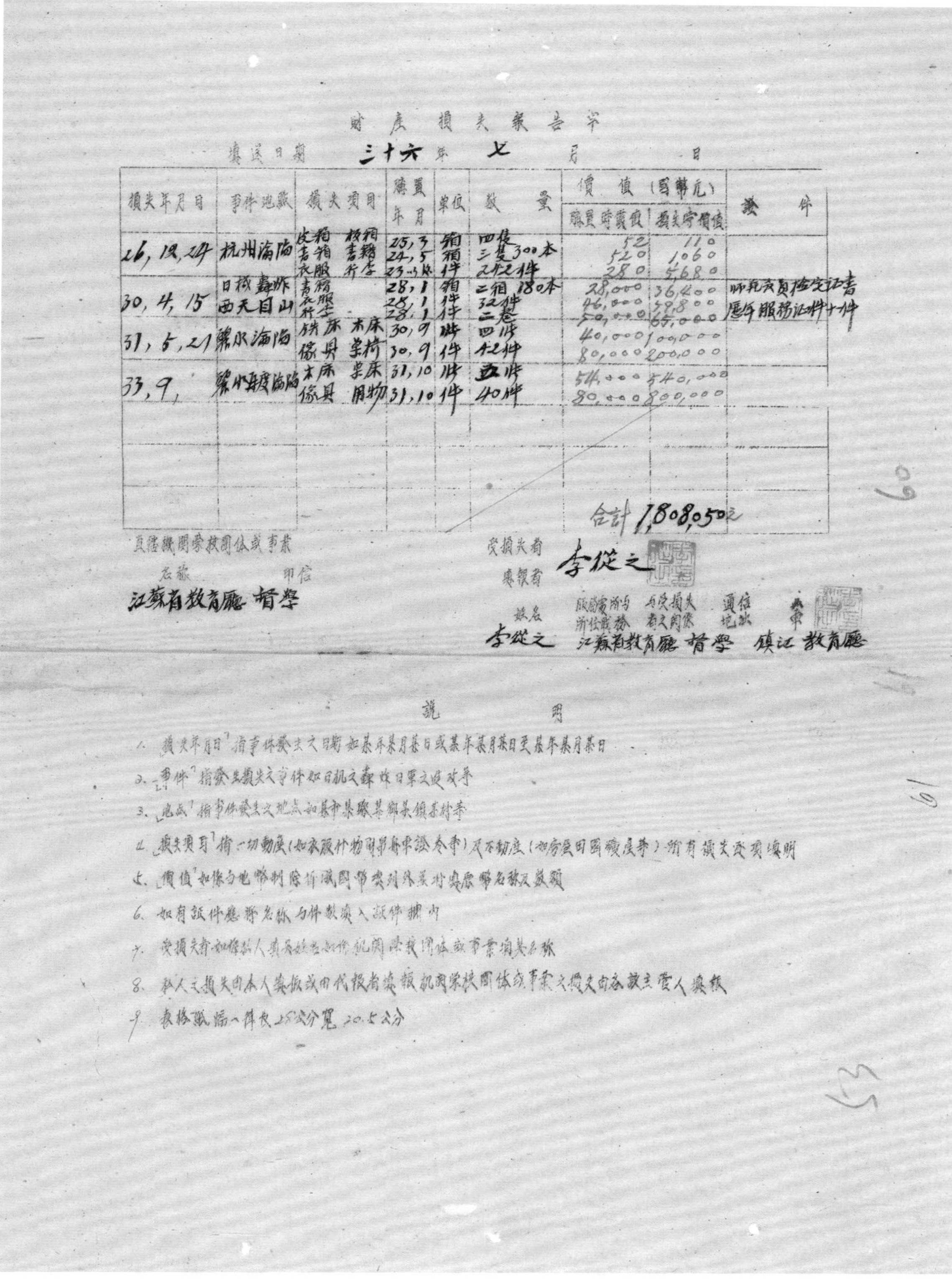

財產損失報告單

填送日期　三十六年　七　月　日

損失年月日	事件地點	損失項目	購置年月	單位	數量	價值（國幣元） 購置時價值	價值（國幣元） 損失時價值	證件
26，10，24	杭州淪陷	皮箱　板箱 書箱　書籍 衣服　行李	25，3 24，5 23-3	箱 箱 件	四隻 三隻 300本 242件	52 520 280	110 1060 5680	
30，4，15	日機轟炸 西天目山	書籍 衣服 行李	28，1 28，1 28，1	箱 件 件	二箱 180本 32件 二卷	28,000 46,000 50,000	36,400 59,800 65,000	師範人員檢定證書 歷年服務證件十件
31，5，21	麗水淪陷	鐵床　木床 傢具　桌椅	30，9 30，9	張 件	四張 42件	40,000 80,000	100,000 200,000	
33，9，	麗水再度淪陷	木床　桌床 傢具　用物	31，10 31，10	張 件	五張 40件	54,000 80,000	540,000 800,000	

合計 1,808,050元

直屬機關學校團體或事業　名稱　印信

江蘇省教育廳 督學

受損失者　李從之

填報者

姓名　李從之
服務處所與所任職務　江蘇省教育廳 督學
與受損失者之關係
通信地址　鎮江 教育廳
蓋章

說明

1. 「損失年月日」指事件發生之日期如某年某月某日或某年某月某日至某年某月某日
2. 「事件」指發生損失之事件如日機之轟炸日軍之進攻等
3. 「地點」指事件發生之地點如某市某縣某鄉某鎮某村等
4. 「損失項目」指一切動產（如衣服什物財帛舟車證券等）及不動產（如房屋田園礦產等）所有損失之項目填明
5. 「價值」如係當地幣制應折合國幣填列外幣應註明幣名及數額
6. 如有證件應將名稱與件數填入證件欄內
7. 受損失者如係私人填其姓名如係機關學校團體或事業填其名稱
8. 私人之損失由本人填報或由代報者填報機關學校團體或事業之損失由各該主管人填報
9. 表格紙幅一律長28公分寬20.5公分

10

68

財產損失報告單

填送日期　36年　10月　日

損失年月日	事件地点	損失項目	購置年月	單位	數量	價值（國幣元）購置時價值	價值（國幣元）損失時價值	證件
26年11月	日軍佔領蘇州城南團鎮	書畫	19年	3.5元	28条	98元	117.6元	
		門窗	19年	8元	20扇	160元	192元	
		金手飾	26年	8元	15兩	120元	144元	
		銀手飾	25年	3元	57兩	171元	205.2元	
		電器	20年	30元	4件	120元	144元	
		時鐘	24年	30元	4具	120元	144元	
		自由車	26年	60元	1輛	60元	72元	
		米	26年	10元	2石	20元	24元	
		法幣	歷年積蓄	5元	600張	3000元	3000元	

名稱　江蘇省立蘇州實驗小學　印信

受損失者　蔣鑑秋（印）

填報者　姓名　服務處所與所任職務　與受損失者之關係　通信地址　蓋章

財產損失報告單

填送日期　36年　10月　日

損失年月日	事件地点	損失項目	購置年月	單位	數量	價值（國幣元）購置時價值	損失時價值	證件
26年11月	日軍佔領苏州城南圓鎮	花瓶插鏡	25年	169元	2件	338元	203.6元	
		總計				9860.9元	11233.08元	

名稱　江蘇省立蘇州實驗小學　印信

受損失者　蔣鑑秋

填報者

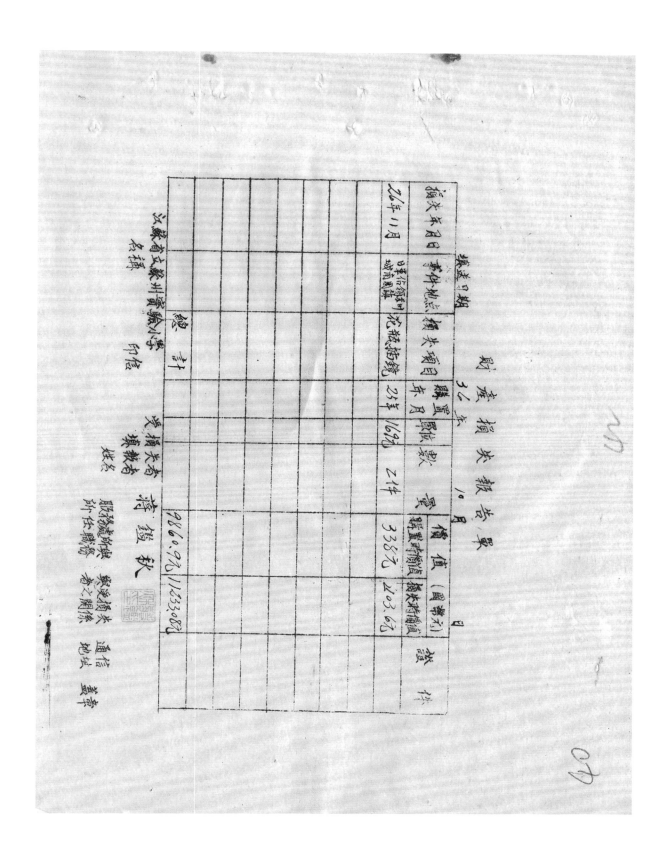

姓名　服務處所與所任職務　與受損失者之關係　通信地址　蓋章